華人生涯理論與實踐：
本土化與多元性視野

台灣生涯發展與諮詢學會　策劃

金樹人、黃素菲　主編

目次

作者簡介   iii

第五屆理事長序   vii

第四屆理事長序   ix

主編序   xiii

楔子：文摘與回應   xvii

微調

第一章　生涯動機：行為目標、需求目標和策略目標   003
　　　　鄧志平

第二章　阿德勒心理取向華人生涯諮商   047
　　　　楊瑞珠

第三章　靈性取向與優勢中心生涯諮商   087
　　　　王玉珍

探幽

第四章　社會認知生涯理論諮商模式與介入策略   119
　　　　林蔚芳

第五章　建構理論觀點之生涯諮商   151
　　　　吳芝儀

第六章　生涯混沌理論的本土化實踐   201
　　　　楊淑涵

詮釋

第七章　社會建構發展觀：華人生涯之錨與生涯諮商   233
　　　　楊育儀

第八章　敘事治療中的時間觀與空間觀   287
　　　　黃素菲

共舞

第九章　全觀當下：華人的時間與機緣　　　　　　　　　　　343
　　　　王思峯

第十章　自我認同與生涯發展：雙文化自我之生涯發展論　　365
　　　　洪瑞斌、楊康臨、莊騏嘉、陳筱婷

創新

第十一章　緣起緣滅：東方緣觀與生涯諮商　　　　　　　　399
　　　　　金樹人

第十二章　德性存在生涯模式：易經和現象學之啟發　　　　441
　　　　　劉淑慧

作者簡介
（按章節順序排列）

鄧志平　教學研究專長是生涯和心理治療的理論與實務（習），重視做事體驗興趣，培養認真負責和問題解決情緒和認知能力，更勝於探索夢想和願景。強調聽懂個案、獲取準確資料後，再進行理論式概念化，以避免用理論框架聽個案講話所造成的偏頗。現任國立彰化師範大學輔導與諮商學系助理教授，曾經擔任國中數學教師、高職輔導教師、大學諮輔中心主任。最高學歷是美國伊利諾大學香檳校區（University of Illinois at Urbana-Champaign）諮商心理學博士，實習機構在加州大學柏克萊分校（University of California, Berkeley）的 Counseling & Psychological Services。取得加州心理師證照#22212。

楊瑞珠（Julia Yang）　美國俄亥俄州州立大學諮商哲學博士，「我們的」勇氣生活工場主持人。主要著作：《勇氣心理學：阿德勒觀點的健康社會生活》（*The Psychology of Courage: An Adlerian Handbook of Healthy Social Living*）（英文原著，中文、韓文及日文譯本）。教學經驗：臺灣國小教師、美國伊利諾州、加州、賓州州立大學、國立高雄師範大學輔導研究所教授。組織領導：國立高雄師範大學輔導研究所創所所長、美國生涯發展學會（NCDA）國際關係委員會創會召集人、美國伊利諾州州立州長大學諮商與心理系主任、伊利諾州生涯發展學會理事長、伊利諾州諮商學會理事長、臺灣阿德勒心理學會創會理事長。主要專業認可：北美阿德勒心理學會 Diplomate（代言人）、美國國家諮商師、美國國際營養學院認證健康教練。

王玉珍　國立臺灣師範大學教育心理與輔導研究所博士，現任國立臺灣師範大學教育心理與輔導學系教授兼學生輔導中心主任。也是臺灣諮商心理師、美國生涯發展學會（NCDA）國際生涯發展講師（Career Development Facilitator Instructor, CDFI）以及國際生涯發展總教練（Career Development Master Trainer, CDM）。致力於教學與研究工作外，也從事諮商實務以及訓練督導工作。相信對話帶來新意，以及建構希望與力量的重要，努力將此相信實踐於實務工作與生活日常中。

林蔚芳　國立臺灣師範大學教育心理與輔導研究所博士，現任臺北市立大學心理與諮商學系副教授。中華民國諮商心理師、美國生涯發展學會（NCDA）國際生涯發展講師（Career Development Facilitator Instructor, CDFI）以及國際生涯發展總教練（Career Development Master Trainer, CDM）。曾兼任臺北市立大學心理與諮商學系系主任、澳門特別行政區澳門大學訪問學者、臺灣輔導與諮商學會理事、臺灣輔導與諮商學會副秘書長。

吳芝儀　國立臺灣師範大學教育心理與輔導研究所碩士、英國雷汀大學（University of Reading）社區研究博士。現任國立嘉義大學輔導與諮商學系教授。曾任師資培育中心主任、學生輔導中心主任、學生職涯發展中心主任、輔導與諮商學系主任兼所長等職，為美國生涯發展學會（NCDA）專業訓練師（Master Trainer）之一。從事心理輔導與諮商工作二十餘年，在生涯諮商與諮詢、學校輔導與諮商、後現代取向諮商、諮商專業倫理、質性研究方法學等方面都有獨到的研究成果和見解。著有《生涯輔導與諮商：理論與實務》及《生涯探索與規劃：我的生涯手冊》等書，2007 年由北京經濟日報出版社出版《我的生涯手冊》一書。

楊淑涵　國立臺灣師範大學教育心理與輔導學系諮商心理學組博士，現任臺北市立中山女高輔導教師。過去擔任過中山女高輔導主任、淡水商工輔導教師。專業證照有諮商心理師高考及格（諮心字第 000024 號）。專長為表達性藝術治療、生涯諮商、兒童與青少年諮商、諮商督導。

楊育儀　成長於臺南，在臺北讀碩士時開始思考如何從心理諮商領域，提供符合組織「需要」及個人「想要」之職場應用途徑。到倫敦讀博士和學習生活開啟了看待生涯現象之視野，而後逐漸偏好透過人際脈絡與情緒經驗探討生涯發展的動機歷程，想知道更多足以影響探索、決定，以及付諸於規劃和行動之改變機制及力量。他選擇站在非主流位置，讓自己保持清醒、能聽到和表達不一樣的聲音。學習用不同語言思考及持續書寫，是他呼吸的方式；不想耽溺於舒適而跟異溫層有所互動來體驗存在的感覺，是他前進和跑步的動力。他喜歡音樂，也喜歡聽創作者的生命故事，很享受無中生有的過程。

黃素菲　國立臺灣大學心理系學士、碩士，國立臺灣師範大學博士，加拿大約克大學博士後研究，上海交通大學特聘教授。臺灣認證諮商心理師（諮心字第 000431）、美國生涯發展學會（NCDA）認證「生涯發展諮詢師」、「生涯發展訓練講師」（CDF, CDFI, 2012）。在大學教書並從事心理諮商三十餘年，連續十二年獲陽明大學醫學系網路評鑑優良教師。致力於敘事治療、生涯諮商等，擔任一對一諮和一對多諮商督導逾二十年。並長期擔任政府及民間單位心理諮詢顧問。曾任臺灣輔導與諮商學會理事逾十年、臺灣生涯與發展學會理事長。專書著作《敘事治療的精神與實踐》、《組織中的人際關係訓練》等作者，並譯有《敘事取向的生涯諮商》、《敘事治療三幕劇：結合實務、訓練與研究》等書。

王思峯　現任輔仁大學心理學系教授，臺灣生涯發展與諮詢學會第四屆理事長。專長在工業與組織心理學、生涯諮詢、培訓與發展、人才分析等，曾開發或參與生涯資訊平臺：CVHS：由輔仁大學、北一區與高東屏區域教學資源中心支援，供大學生使用；CCN：支援資料庫與興趣量表開發前期；勞動力發展署求職端 TWS 工作風格測評與求才端 PPRF 工作風格分析；ColleGo：大考中心大學選才與高中育才輔助系統專案研究顧問；蘇派生涯 SY360：創新設計以貼近江蘇高中生處境與需求。

333

洪瑞斌　輔仁大學心理學博士，現任中國文化大學心理輔導系教授。專業參與包括臺灣員工協助專業協會副理事長、臺灣生涯發展與諮詢學會理事、力人協會 EAP 特約講師及諮商心理師、新北市就業服務處就服員督導、擺渡系統顧問公司特約顧問等。曾任中國文化大學學生諮商中心主任、中央大學諮商中心專任輔導老師等。專業研究及實踐領域包括生涯發展與諮商、職場健康心理學、員工協助方案、生命敘說與自我轉化、組織發展與諮詢等。另三位協同作者是：楊康臨，現任輔仁大學兒童與家庭學系助理教授；莊騏嘉，現任力人心理治療所諮商心理師；陳筱婷，現任醒吾科技大學諮商輔導中心諮商心理師。

金樹人　現任國立臺灣師範大學教育心理與輔導學系名譽教授、澳門大學教育學院客座學者、臺灣生涯發展與諮詢學會常務監事。美國伊利諾大學（香檳校區）博士（1986）與訪問學者（1995），曾經擔任臺灣輔導與諮商學會秘書長、理事長，國立臺灣師範大學教育心理與輔導學系主任。專攻諮商心理學、生涯發展與輔導、心理師「個人治療理論」（personal therapeutic theory, PTA）的開展等領域。近年來特別關注原創性的華人心理諮商心法與方法，聚焦在本土化生涯諮商的發展與應用、心理位移的發展與應用，以及涵攝東方智慧的諮商心理學。

劉淑慧　以探問「為何活、如何活」為一生懸命，透過西方生涯理論、西方現象學觀點、東方《易經》智慧，提出德性存在生涯模式，運用既掌控又悅納的剛柔並濟方法，朝向既安身又立命的兼容並蓄目標，展開自我與他者之無限可能性。據此建立華人生涯網及生涯錦囊系列影片。以終身學習、教學相長自許。擔任國立彰化師範大學輔導與諮商學系教授，廣泛涉略《易經》、現象學、倫理學、敘事學、身心靈健康、表達性藝術治療等，投入跨領域對話，翻轉研究法、生涯輔導與諮商。

第五屆理事長序
不確定時代下的人們，需要更多生涯的關懷

2006 年，筆者收到來自就業服務中心的邀請，因為聽聞筆者過去曾經創辦過網路公司，也曾擔任過上市公司集團人事主管，因此希望筆者能從業界的角度，協助非自願離職民眾重返職場。

坦白說，當時自己對公部門就服體系相當陌生，不太確定應該要如何提供協助，但隱約覺得這是件好事，因此花了將近半年的時間整理相關資料後，才於 2007 年開始第一場演講，之後便展開全臺的巡迴演講；這 14 年來的足跡遍及國中、高中、大學以及各地就業服務中心，每年演講與諮詢的場次超過 300 場；近年來更將足跡擴大到中國大陸，已陸續在北京、上海、廣州、杭州等地，培訓教師學習如何進行學生的職涯規劃以及就業輔導。除了演講與授課之外，更於 2012 年和林俊宏博士共同創辦擺渡人生學校，開始系統化培訓生涯發展諮詢師（NCDA CDA），期許能集結更多志同道合的夥伴，一起協助處於各生涯階段的來訪者，解決生涯、職場與就業等難題。

在這些年的實踐經驗中，印象比較深刻的有兩次重大事件：一次是 2008 年從美國開始的金融風暴，臺灣大約在 2009 年左右開始受到影響，大批失業民眾湧入各地就業服務中心，就服體系也在那段期間進行軟硬體的升級，包括空間的改善以及服務流程的精進等；另一次就是目前仍然是現在進行式的 COVID-19 事件了，臺灣雖然因為疫情防控得宜，醫療系統及日常作息仍運作如常，不像許多國家因為疫情失控導致醫療系統崩潰、商業活動停擺，導致過去幾十年來所形成的全球化經濟體系也因此受到重擊，臺灣的部分產業也無法倖免，因此即使政府祭出各種紓困措施，仍然可以感受到自 2020 年 3 月開始，到就業服務中心申請失業認定的民眾顯著增加，需要協助重返職場的需求不斷攀升。

除此之外，尚在工作崗位上的職場工作者也不輕鬆。疫情發生前已經

喊得震天價響的第四波工業革命：自動化、大數據、物聯網、人工智能、5G 等新興科技迎面來襲，對職場生態可能產生的衝擊也不容小覷。身處如此劇烈變動處境下的工作者，愈來愈難掌控的未來，也讓愈來愈多人對自己的職涯發展感到焦慮，再加上人口結構少子女化與高齡化雙重趨勢，職涯和生涯的重疊性將愈來愈高，人們所面臨的問題已不再是過去的就業輔導這麼簡單，而是愈來愈錯綜複雜的生涯或職涯議題，長久以來所仰賴的學理基礎恐怕已經不敷所需了。

身為一個在就業、職涯與生涯場域實踐的助人工作者，深深感受到自己所受的訓練需要持續精進與提升，才能在第一線提供妥適的介入。目前雖然不乏國外的研究文獻與專業書籍，但以華人視角切入，兼具本土性與多元性的生涯理論與實踐經驗則尚未能有機會整合起來一窺堂奧，本書承蒙上屆理監事及諸位老師們在百忙中，無私分享多年來各自在生涯領域所投入的心血結晶，不只可以讀到許多近代與後現代的理論，也可領受到老師們以華人視角重新檢視與調整的用心，實在是我輩之幸。撰寫此序時適逢教師節，在此也向諸位老師傳道、授業、解惑的精神表達無限敬意。

呂亮震

臺灣生涯發展與諮詢學會第五屆理事長
擺渡人生學校共同創辦人暨執行長
2020 年 9 月 28 日

第四屆理事長序
華人視角的凝觀與對話

　　學術領域發展與其歷史有著隱含的深層關聯，回顧歷史可以幫助我們更清楚本書的貢獻與定位。以下簡單回顧歷史，以彰顯學會之所以出版本書的緣由與定位。

華人生涯領域的第一次起源與中斷

　　華人世界中生涯領域的起源，最早可追溯到 1917 年，起源時的概念是職涯輔導，知識脈絡乃接至 Frank Parsons 於 1907 年在波士頓的職涯指導工作，背景是農業轉工業化下，大量人口由農村流動至城鎮與工業區；1917 年的上海也有著類似的背景，因此由黃炎培聯合教育界、實業界的蔡元培、梁啟超、張謇、宋漢章等 48 位知名人士，創立了中華職業教育社。

　　在那個時代中，career 這個語彙就是「職業」與「謀生」之意，「職業教育」則有兩重意義：職涯輔導（vocational guidance）與職業技術教育（career technical education），而這兩重意義都反映在中華職業教育社的業務上。

　　關於中華職業教育社，兩岸史料中是如下記載的。新華網指出：中華職業教育社是以倡導、研究和實施職業教育為職志的全國性群眾團體，曾先後在上海、昆明等地開辦職業補習學校、職業指導所等。1941 年，參加發起組織「中國民主政團同盟」（後改稱中國民主同盟）。臺灣教育研究院則記載著：中華職業教育社的宗旨是謀個性之發展，為個人謀生之準備，為個人服務社會之準備，為國家及世界增加生產能力之準備。中華職業教育社於 1918 年在上海創設中華職業學校，培養技術及管理人才。自 1919 年起，舉辦各種類型的職業補習學校，同時開展中小學畢業生的升學和就業職業指導，並相繼在上海、重慶、昆明等地設立職業指導所，對社會失業人員提供就業諮詢與幫助。

在這段歷史中，中華職業教育社接軌到 Parsons 人職匹配的學術脈絡，但此脈絡隨著 1949 年的大時代改變而中斷，並沒有在兩岸有所傳承。

華人生涯領域的第二次起源與發展

臺灣的生涯領域應當是起源於留學生至美國學成後將此領域的相關知識帶回臺灣的，例如：林幸台教授、金樹人教授、夏林清教授、林一真教授等人，這一代學者在臺灣默默耕耘生涯與諮商領域，後期也到中國大陸與澳門等地講學，對生涯領域發展的影響既深且廣。

這一代學者經歷過適配論與發展論兩種學術脈絡之交疊，這反映在早期對 career 的命名。林幸台教授曾將 career 翻譯為「生計」，一方面反映著 Parsons 人職匹配的學術脈絡，另一方面則因當時三民主義的民生主義是每個人都耳熟能詳的，故期透過大眾已認知的熟悉語彙「民生」，來認識新概念「生計」。

夏林清教授則將 career 翻譯為「生涯」，其乃出自莊子「吾生也有涯，而知也無涯」，這個用語傳神地表達了 Super 等人在發展論中對 career 的概念化──生涯是整個生命時幅與生命廣度的議題。

在臺灣，生涯領域一開始是在兩個場域中發展：勞動力發展署的職業訓練與就業服務，以及中學的學生輔導工作。勞動力發展署是效法美國勞動部的體制與作法，由官方機構出資建立起官方自己的職業訓練與就業服務體系，以服務國民之就業、轉業與再就業等需要，故其逐漸建立起就業服務員與技術士證照的資格制度。生涯領域學者則協助於就業服務之考試、培訓與工具發展等業務，例如：林一真教授等人於 1984 年所編製的「我喜歡做的事」職業興趣量表，至今仍然在使用。

臺灣校園的生涯輔導是從國中開始，再推廣至高中，最後到大學。國民中學輔導工作的歷史約五十年，起源自 1968 年九年國民義務教育的推動，在 1980～1990 年代已有較系統性的生涯輔導計畫；高中端系統性推動的生涯輔導，則是以 2002 年啟動的大學多元入學考招變革為背景，2005 年起設立高中生涯學科中心。金樹人教授所修訂的生涯黃金三角，至今仍是中學推動生涯輔導的重要方法論。

大學端生涯輔導的推動則與 2008 年金融海嘯後之青年就職不易與低薪為背景，在 2012 年立法院質詢下，教育部高等教育司與青年發展署開始系統性地推動大專生涯教育與輔導，並支持了 UCAN、CVHS、CCN、大鵬網等生涯平臺。

中國大陸的生涯輔導進程則與臺灣相反，而是先在大學端推動，其背景與時間大抵與臺灣相當，而後則因 2014 年啟動的高考改革，於 2015～2016 年起開始探索高中端的生涯輔導。

香港的學校生涯輔導亦有其歷史，最早可追溯至 1950 年代出現在中學的職業輔導，2002 年採全方位輔導體系下，將「職業」（即生涯）納入個人成長課的一環，包含生活計畫、處事態度及職業資訊等內涵。

開放社會中的學會與本書

生涯領域在兩岸的發展，都與公部門的政策息息相關，不論是各級學校之生涯輔導，或是各級政府的生涯中心與就業職涯服務，都是由政府支持。政府資源乃受民意監督，只能花費在公共性高的地方，例如：各級學校、弱勢群體、多元族群、公民救急等。但是，在二十一世紀高速變動與模糊不確定的時代，每一位公民都面臨著愈來愈複雜的生涯問題與困擾，這些部分則難以由政府資源所覆蓋，因此除了學校與公部門之外，私部門的個人或組織也逐漸應運而生，在開放社會中提供生涯服務，以滿足社會上多樣而複雜的生涯需求缺口。

臺灣生涯發展與諮詢學會在 2012 年時，即是在此背景中成立，歷年的業務都是與此背景息息相關，包含協助兩岸私部門組織之生涯諮詢師培訓與認證、發展進階培訓課程、報導生涯領域新知與訊息、提供持續進修發展之研討會與工作坊等。

學會出版本書，亦是基於同樣背景，但其有兩個特別重要的策略意涵。首先，如前文所述，適配論與發展論都是因時代背景所需而發展出的學術理論。然而，當代開放社會所發生的生涯問題與需求，其複雜性與多樣性遠高於適配論與發展論所能涵蓋的部分，因此本書不僅引入了建構論、機緣論、混沌論等理論，更以華人視角重新審視與調整，以期能更契

合於華人社會所需。

　　其次，生涯是發生於個體置身在社會而產生，不論是個體、社會以及置身互動，都是具文化性與歷史性，無法剝離於這個社會或歷史的。因此，若要有效回應當代人們的生涯議題與困頓，除了新一代的理論範式外，也需要對本土的文化性加以理解與洞察。因此，本書透過華人的重要思想源頭——儒家、易經、道家、佛學等——與本土現象及當代理論的對話，指出一些本土生涯工作更能覺察與洞察的要點，以更貼近於華人社會所需。

　　本書僅是個開頭，華人社會在生涯領域能否譜出更燦爛的下一篇章，端視本書讀者是否能將本書與自身處境和議題進行深度對話！而這正是學會的期待，與大家一起共勉之！

王思峯

臺灣生涯發展與諮詢學會第四屆理事長

輔仁大學心理學系教授

2020 年 5 月 30 日

主編序
共舞與創新

　　西方生涯理論的發展，從傳統的特質因素論到後現代的生涯建構理論，其科學哲學的發展典範，大抵遵循本體論、知識論與方法論這種由上而下的發展模式。這些邏輯思維嚴謹地推演了體系所形成的生涯前沿理論（frontier theory），結合了「科學人─實務人模式」（scientist-practitioner model），同時兼顧研究的科學精神與實踐的本土經驗，從而主導了一個世紀以來生涯領域的教學、輔導、諮詢與諮商。

　　兩岸四地生涯領域發展的前期，也大量採用了這些西方的生涯理論與方法，包括西方的理論模式、專業術語、測評工具與技術等。但在華人本土的教育與工商企業實踐場域，隨著經驗的積累，我們慢慢發現西方理論是「含攝西方文化」的知識系統。

　　Sapir（1927/1994）在其著作《文化心理學》（*The Psychology of Culture*）中提到，世界有五個文化板塊：西方（西歐、美國）、撒拉辛（伊斯蘭）、印度東亞（中國、韓國、日本）、突厥（阿爾泰）。就此看來，所謂中西文化差別的「中」是指漢語文化，也可視為漢傳佛教文化（簡稱「華人」），而相對的「西」並非「印歐文化」，而專指「西歐、美國」（簡稱「歐美」），並不包含西土印度文化、西亞／中東／西南亞的撒拉辛伊斯蘭文化，以及位於中亞／東歐於 1993 年成立之突厥文化國際組織的突厥阿爾泰文化。

　　所謂「含攝西方文化」的心理學，意味著大多數的歐美心理學家所提出的心理學理論、模式、概念，都是在當地文化下生產知識，都夾帶著濃厚的在地文化成分。以 Maslow 的自我實現理論為例，與其說是「心理學上的自我實現理論」，不如說是「美國文化下的自我實現理論觀點」。這種文化思維模式，重視「自我意識」的覺察、開展與實現，採取由自身內部向外關照的取向（inside-out-perspective）。生涯實踐主要在於彰顯個人內在

的資質，強調適性發展。然而，極少數能提出深刻反思與修正者如 Kenneth Gergen（1934-），則認為關係的歷程先於個體，從關係中來看人的存有，重視主體間的相互溝通和影響，強調知識的發展是一種社會現象，並且只有在溝通中產生意義。在歐陸，Martin Heidegger（1889-1976）的學生 Emmanuel Levinas（1906-1995）提出一種「為他」（for the other）的生存型態，強調人的生存應當是在關係中生存，而且應是將自己與他人關聯在一起。這些學者的論點雖不直接談及文化，但他們絕對是歐美極少數具有文化敏銳度的學者。

文化結構基本上包括表層的物質文化、中層的制度文化、深層的精神文化。深層的精神文化是文化的核心，最能體現出一種文化的精髓。我們發現，透過生涯實踐所接觸到的雖是物質文化與制度文化，卻隱藏著深層文化中華人的精神底蘊。特別的是，經由生涯諮詢與深度的諮商，更會碰觸到東方與西方在文化深層的矛盾與衝突，包括了意識活動中經年累月育化出來的民族性格、思維方式與價值觀念等。

表層物質文化、中層制度文化、深層精神文化，若轉置到社會建構論觀點，則是經由典型化（typification）、制度化（institutionalization）、正當化（legitimation）來建構成為所謂的「真實」，經常夾帶著「權力與宰制」型態的社會互動結果，因此制度文化很適合成為橋接深層文化到生活世界的提繩（水桶入井打水的提桶繩）。若要生產本土生涯知識，從理解政策體制、制度規範，不失為重要入口，例如：聯考制度（誰得利？）、升學管道（壓迫誰？）、人力仲介系統（保護誰？）、勞動力發展政策（服務誰？）等。

總括來說，華人生涯夢想的實現不僅是個人的願景，也必須調和家族或社會的期待。深層文化中積澱自儒家思想的集體主義，強調個人實踐的目標是由自身外部向內關照的取向（outside-in-perspective）。個人必須「同時」考慮在家族、社會制度與文化系統的和諧與穩定前提下，完成自己的生涯夢想。這種文化結構上的雙重關注，普遍存在於深受東西文化衝擊的兩岸四地，以及新加坡與馬來西亞等地的華人社群。當代華人面臨的是東方關係主義與西方個人主義並存的「雙文化現象」，因此如何在「維護和

諧的華人關係主義」與「獨立自主的西方個人主義」之間維持建設性之平衡，成了當代華人生涯發展過程中最主要的困境與挑戰。

基於上述的體認，從「含攝文化」的角度思考，無論是沿用本土的實踐經驗檢視西方後現代思潮影響下的理論，或是提出東方智慧與西方生涯前沿理論的照映，我們不斷地思考如何透過反思西方生涯理論的精華，把本土文化的特色契入這個系統，進而期待推衍出適合華人文化或語境的生涯發展模式，以應用在華人社會的生涯教育、生涯諮詢與生涯諮商之中。

1980 年代在哈佛大學舉辦了一個「中國、日本和印度的人格研討會」（Seminar on Personality in China, Japan, & India）。在研討會上，哈佛大學醫療人類學教授 Dr. Arthur Kleinman（1941- ）探問當時發表演講的臺灣心理學界大老級的楊國樞教授（1932-2018 ）：「我非常好奇想了解一下，假如你們沒有在美國心理學、西方心理學這樣一個優勢的壓力之下，使你們不動腦筋、不加批評就套用西方的理論，而是不受其支配、扭曲，讓你們獨立發展出一套本土心理學、中國人的心理學，那究竟是一個怎麼樣的心理學呢？」Dr. Kleinman 欲言又止的是，華人的心理學除了西方心理學之外，還剩下什麼？這個大哉問，開啟了楊教授本土心理學的學術旅程。本土心理學研究，至今成果豐碩，本書也可以說是本土心理學花園裡的其中一縷芬芳。

本書的主軸分布在兩大區塊：一是西方生涯諮商理論應用之本土化，二是生涯諮商的本土理論或模式。在形式與方法上，涵蓋了從「本土化」到「本土」的多元性的視域：(1)微調：西方理論在華人生涯領域應用的調理；(2)探幽：西方生涯理論中掩隱的東方元素；(3)詮釋：東方哲思對生涯理論的註解；(4)共舞：東方智慧與西方生涯理論的交映；(5)創新：本土特色的生涯理論模式。

若從兩大區塊（西方生涯諮商理論應用之本土化、生涯諮商的本土理論或模式）再細分為五個維度（微調、探幽、詮釋、共舞、創新），這本書的十二篇文章，看起來就有如彩虹般瑰麗的光譜了。

本書從構思、籌劃、邀稿到成書，先後經過臺灣生涯發展與諮詢學會歷任理事長的催生，以及黃正旭前秘書長、輔仁大學博士候選人陳志業先

生、所有撰稿作者等人的幕前幕後協助，加之以心理出版社林敬堯總編輯
精心編校，在此一併敬致謝忱。

金樹人

臺灣生涯發展與諮詢學會第四屆常務監事

國立臺灣師範大學名譽教授

黃素菲

臺灣生涯發展與諮詢學會第三屆理事長

輔仁大學心理學系兼任教授

`2020 年 10 月 10 日

楔子：文摘與回應

黃素菲、金樹人

生涯動機：行為目標、需求目標和策略目標　鄧志平

　　為了區辨目標和意願，作者將動機定義為「行動意願程度」，「行動目標」則為影響動機因素，又分為「行為目標」、「需求目標」和「策略目標」三個面向。初步乍看以為作者想處理實驗設計的變項，後來發現作者視野很大，企圖從 Super 生涯發展任務、生涯準備度、生涯成熟度、生涯因應力等，統整出生涯行為目標。又從 Holland 六種類型工作需求、工作調節理論（theory of work adjustment, TWA）、自我決定理論（self determination theory, SDT）、TWA 工作價值觀、Maslow 需求類型和 SDT 心理需求等，架構出生涯需求目標。再採用調節焦點理論（regulatory focus theory, RFT）的「促進－預防」焦點和策略，將策略目標與生涯動機連結，發展出生涯策略目標。

　　文末作者以範例說明實務應用，以自我檢核形式執行：行為目標（發展任務行為、活動任務行為）衡鑑工作者面臨的生涯發展任務和主要工作活動任務，以及工作者對面臨的生涯發展任務和主要工作活動任務之準備度；需求目標（滿足之程度九項，享受程度六項）衡鑑工作者的工作需求和工作環境提供報酬，了解工作者和工作環境之間的工作需求適配程度；策略目標（以強迫選擇答題，分成執行工作的意義與策略）衡鑑工作者的調節焦點傾向和工作執行策略。概念框架很龐大，實務操作頗為複雜，可能需要很多的練習，才能熟稔。

阿德勒心理取向華人生涯諮商　　楊瑞珠

　　作者幫我們回顧了生涯諮商在 APA 的發展歷史，1987 年先組成生涯興趣小組，1994 年終於在諮商心理部門（Division 17）成立 APA Society of Vocational Psychology 小組（section），至今才不過二十五年。接著介紹阿德勒本人和阿德勒學派的大將 Rudolf Dreikurs，並詳述阿德勒心理學核心概念：個體心理學、整體觀、早期經驗與性格的形成、行為目的、自卑感的補償、虛擬導向、權能意志、生命風格、社會情懷、工作的生命任務，並以「生涯調適」做收尾，十分完備。最後拉開視野，整頓出阿德勒生涯取向，在個人與團體諮商、社區生涯諮商、學校本位生涯諮商的應用。

　　文中作者還詳述阿德勒取向生涯諮商歷程：心理評估相關的晤談技術、生涯風格晤談、生命風格晤談和測驗工具舉隅。其中蘇格拉底式提問、「生命風格晤談」和「我的生涯故事」中「我的生涯自傳寫作指引」，十分具體實用，非常能刺激實務工作者的想像力。最後忍不住好奇，作者的話說從頭（生涯諮商發展史），跟阿德勒的話說從頭（強調早期經驗），似乎不謀而和都是阿德勒取向生涯諮商的一種風格。

靈性取向與優勢中心生涯諮商　　王玉珍

　　本文鎖定靈性取向（spirituality perspective）與優勢中心的生涯觀點，靈性取向強調生涯召喚和生涯目的感，關注個人之內在、主觀與獨特面向，著重提升生活平衡、幸福感與意義感等靈性層面。優勢取向生涯諮商則源於正向心理學，重視優勢力的正向特質，同時加入社會情境、發展性、歷程性的觀點，調整過去以問題評估與衡鑑為焦點的視野，轉而關注個人如何能維持機能，以及個人如何能在困頓情境中存活。作者針對兩個主題整理相關文獻，論點爬梳豐富而深入，本文可以看成是作者企圖整合靈性取向與優勢中心的生涯觀點之重要里程碑。

　　作者雖然在「生涯實務」的段落中都有實例說明、對話展示（生涯目的感），或原則建議（生涯召喚、優勢中心）等，作者僅僅略提生涯召喚生涯實務和目的感生涯實務，身為讀者立場，深覺意猶未盡、尚有一探入

裡之想望，希望能繼續看到作者深入靈性取向的諮商歷程研究，以及進一步論述優勢諮商與靈性之諮商的美妙融合。

社會認知生涯理論諮商模式與介入策略　林蔚芳

　　一個有二十五年歷史的學派，至今累積超過六千多篇論文。Lent 與 Brown 並於 2006 年拓展 SCCT 的模式，結合幸福感的理論提出「SCCT 滿意度模式」，又於 2013 年結合 Super 的 生涯發展論及 Savickas 的生涯適應理論，提出生涯管理模式理論，內容涵蓋：興趣發展、生涯選擇、成就表現、生涯滿 意度、生涯管理等五個模式。本文作者主要依據 Lent 等人於 1994 年所提出的 SCCT 選擇模式為代表，並融入興趣模式及表現模式的概念，探究 SCCT 模式於生涯諮商上的運用。

　　作者首先介紹社會認知生涯理論模式及其重要構念，詳述認知因子意涵、形塑歷程（非常完整）。接著，依據 SCCT 模式將社會認知生涯諮商分為「尋夢」：探尋具動力的生涯目標（適用對象是目標不明確或無法辨識其目標背後的預期信念者），以及與「築夢」：選擇與執行（適用對象是已有明確的興趣與目標選項者），以說明社會認知生涯諮商模式與介入策略。作者依序介紹「尋夢」三個次目標的理論意涵、尋夢的諮商策略，並結合職業組合卡，認為它可用作探究個體的興趣選項是否受自我效能及價值觀的負向影響的工具 。然後，說明「築夢」的諮商歷程：築夢兩個次目標的理論意涵、築夢的諮商策略，並分析模式中各個要件的評估、介入方法。作者行文條理清晰、步驟簡單扼要，對此模式陌生者，足以提供完整輪廓；對此模式熟悉者，足以互相切磋臨床實踐經驗。

建構理論觀點之生涯諮商　吳芝儀

　　本文先說明建構論（constructivism/constructionism）強調個人是經驗或環境訊息的主動建構者，並主張多元真實，挑戰實證論的因果推論邏輯和找到本質、真理的思維。接著，說明建構論的理論基礎，詳述由 George Kelly 的個人建構理論，到生涯諮商的應用。作者以網路版 WebGrid 5 的套裝程式，引用具體範例與數據，繪製群聚分析圖、成分分析圖、同心圓模式

圖、生涯決定的發展性架構圖等，並具體說明實施步驟，可說是應用「角色建構詞錄方格」中的三角比較法及階梯技術的最佳指導方針。作者同時也介紹了 Peavy 建構取向生涯諮商、Cochran 敘事取向生涯諮商、Brott 故事取向生涯諮商、Savickas 生涯建構理論與人生設計諮商等相關理論，就介紹新理論而言，本文絕對可以作為生涯領域實務工作者前行的探照燈。

作者在文中提出建構論與社會建構論的六點相同之處，我倒是對兩者的差異比較感興趣：(1)社會建構論認為所有的自我認同都是被建構的，因此會關注來訪者的反思性與意識藍圖；(2)社會建構論對於論述產生的權力議題極其敏感，因此敏覺於來訪者的主流敘說的權力結構，包含來訪者覺知的心理師的專家位置 。這兩項是社會建構論比建構論更明顯強調的重點。

生涯混沌理論的本土化實踐　楊淑涵

作者先做介紹生涯混沌理論（chaos theory of careers, CTC）的主要概念，述及蝴蝶效應、碎形、限制、奇異吸子等內容，接著說明生涯混沌理論的特色：從行為的分析預測轉為「模式辨認」、從整體脈絡的觀點來理解生涯決策、「有界無限」突破限制創造無限可能，並重新審視失敗和不確定的正面意義。接著作者以臺灣中小學代理教師生涯混沌團體方案的建構為文，結合「生涯混沌理論」主要核心概念，透過行動研究方法，從教育實務現象場所觀察與關注中小學代理教師目前的現象與困境。將研究文本資料繪製為影響輪，連結華人文化的關係脈絡觀、陰陽變易觀進行理解與詮釋。

本文提供了以團體方式實際操作生涯混沌理論的範例，尤其是有助於在中學教育現場生涯諮商／團體／教育課程融入「混沌生涯」觀，以及點明華人文化特性的理解角度，具有實務上應用的價值。

社會建構發展觀：華人生涯之錨與生涯諮商　楊育儀

從碩士論文起，作者即鎖定「生涯之錨」為研究主題，歷時多年的學術生涯，中間看似離開其實是更加靠近（揉完麵團後，都要醒面熟成後，

再進烤箱），讓出空間納入社會建構視野之後，使得看似個人化的生涯之錨理論，更貼近生活處境而長出全新的觀點，才有了這篇佳作。

　　人生的路從來都不會白走，我也不同意「少繞彎路」這種論調，作者就是明證，他從教育到工商領域，再從熱衷於組織生涯著重的職涯定位、前瞻職涯、人才管理（talent management），回歸至漫長教育歷程中，這使得生涯之錨理論模式與主要概念，從 Schein 的理論基礎上，重新批判、省思及拓展，而更加豐沛飽滿，終而才能得出重要的新觀點：(1)從「脈絡觀」詮釋生涯自我概念及其持續更新現象和生涯動力；(2)以「時間軸」呈現知覺心理特性在生涯開展過程中的穩定及改變現象，以能運用生涯之錨理論回應當前職場普遍可見的工作適應及職涯管理議題。堪稱作者學術思想階段性整合之作。

敘事治療中的時間觀與空間觀　黃素菲

　　經由現象學心理學位置，作者說明時間不是客觀的線性存在，而經常以一種非線性的主觀「側敘」發展，比較像是 Márquez 的《百年孤寂》（Cien años de soledad）的敘事方式，因此強調敘事治療師必須讓來訪者有如親臨現場再次經驗而非再次訴說，才能將治療現場「時與境」不可分割的經驗得以再現，使得看似「不在」的故事，有機會成為「在」的故事。由此進而推導敘事治療的時間觀，是「有」與「無」的陰陽互倚、相互生成，呼應著「在」與不在，以及「不在」的在。時間跟空間連在一起成為時空的概念，猶如故事（content）與脈絡（context）相互生成的觀念，藉此，敘說時間得以從「絕對過去」到「未定當下」往「開放未來」。

　　再藉由華人文化日常生活各種俗諺、隱喻來論述敘事的空間觀，作者羅列「退」與「轉」的日常生活的自我安頓之道，點出華人讓出空間，得以動彈，關注眼前腳下，朝往目標移動的特色，並隱喻敘事心理師跟庖丁一樣，都是「因其固然」而能「游刃有餘」。敘事治療創造出「心理師與來訪者之間」和「來訪者與問題之間」兩種空間，以「距離拉遠、全局視野」助於來訪者發展出具有反思性的意識藍圖。最後將敘事治療的時間觀與空間觀應用到生涯諮商。以 Savickas 生涯建構的生活設計諮商（life-design counseling for career construction）中的「早期回憶」實作活動設計，作為敘事時間觀的展演媒材，以虛擬案例為媒介，作為敘事空間觀的對話示範。

作者總結：敘事是生命經驗以「時間」組建的心理質變，敘事治療是生命知識以「空間」」構作多元視角的技藝，敘事治療機轉是敘事時間與敘事空間的交錯與疊加，也就是說敘事治療機轉來自重組個人經驗時間史，在敘事視框的心智空間所產生的心理轉化。

全觀當下：華人的時間與機緣　王思峯

本文由文化現象為起點，闡明探究時間觀與機緣等文化議題對生涯領域的重要性，最令人驚豔的是，這篇實證性研究，將「當下因」與「積極隨緣」概念化全觀當下，編制測量工具並檢驗此構念的信效度。作者將看來像是方外修行人字眼的「全觀當下」，或是 Carl Jung 的共時性和 John Krumboltz 的機緣論，從抽象概念搖身一變成為可操作性的工具，我們需要更多這種「大腦」來支持生涯諮商實務工作。

其實作者是從一個很「實務現場」的思維為入口，從「關心大學考試中心」的實務出發，又從生活日常的「要用心，不要操心」借路，再整理出全觀當下有關的華人時間性概念與現象，經過嚴密的論述，推導出全觀當下量表題項與結構成分，計算信效度並建立常模，並細說應用方式。這讓我想到 Carl Jung 對物理學的興趣，他也曾說 Albert Einstein 對他思想上的影響，聽說他們並未達到共識。我不禁好奇，本書另一作者金樹人與本文作者王思峯，可否也來一場科學與哲學的對話？會得出什麼共識嗎？沒有也值得期待，智慧火花足矣！

自我認同與生涯發展：雙文化自我之生涯發展論　洪瑞斌、楊康臨、莊騏嘉、陳筱婷

自我認同從 Erikson 在社會心理發展階段論的第五階段，至今近六十年仍然繼續發酵，作者也提到臺灣青年生涯定向及自我認同確定之比例較低的事實，並分析其原因，概分三大面向，即環境脈絡因素、心理認知因素

（含自我效能）、人際關係因素。本文從本土研究發展適合臺灣青年的生涯理論架構，作者提出雙文化自我生涯發展論（現代西方個人取向的「獨特性」與傳統華人社會取向的「關聯性」），將臺灣青年區分為「他人取向」、「自我取向」、「居間取向」、「無動力取向」等四個生涯類型。其中「居間取向」可再細分為四種型態，包括「往復協商」、「折衷平衡」、「衝突堅持」、「迂迴化解」等。作者主張四種生涯類型背後反映「個我」與「大我」兩組生涯主軸及動力。作者企圖以雙文化觀解釋華人文化下的青年面對兩種文化價值及其生涯動力的往覆拉扯、辯證、持續交互作用，會延長生涯決定的過程，也使生涯定向歷程變得複雜、困難與充滿挑戰。

　　最後，作者針對「雙文化自我生涯發展論」的生涯諮商應用，提醒實務工作者要對臺灣本土文化特殊性加以理解及提升多元文化敏感度、對「他人取向」、「自我取向」、「居間取向」及「無動力取向」等不同青年生涯諮商的工作，也分別提出原則與提醒。這是一篇與文化對話、與理論對話，也與其他學者對話的文章，能夠引導本土生涯理論發展的思考。

緣起緣滅：東方緣觀與生涯諮商　　金樹人

　　玉玦、莊子、老子、蘇東坡、曾國藩、諸葛亮……不不不，這無關文學也不是歷史；因陀羅網、因緣、次第緣、緣緣、增上緣、此緣性、相待性、空寂性……不不不，這不是佛學也無關宗教。

　　如果整個文化是一座深不見底又浩瀚無垠的大海，讀這篇文章，最好的方式是在海邊散步，邊走、邊咀嚼、邊回味，為佳。首先品味到緣觀心理語意的構念分析，這當然無法越過「依因待緣、空寂之性」的終極立足位置，感受到含苞新蕊的芬芳。接著，融合儒道佛三家思想，將「緣」與「分」回到關係處境，體驗到緣分運作與心理適應的微妙契合。然後，輝煌大度地將生涯混沌理論（穩定又失序）、善用機緣論（迴互對應）、共時性現象（時空契合），跟因緣觀連結，感知到一霎時群英飛舞，然豐厚有序。最後，緣起論對生涯諮商的啟示，闡述八個原則，感動於一只雄鷹幡然落地，山水寂靜。　這還只在海岸線一角散步而已，要知海岸線絕對混

沌，還得要不停繼續摸索前行，才能稍見堂奧。

德性存在生涯模式：易經和現象學之啟發　劉淑慧

　　雖然本文是從《易經》出發行文，詳細論述《易經》的元亨利貞四德，但是本文很自然地「遇見」中庸。尤其是作者提出的「掌控落實與悅納變通兩種籌劃策略和諧辯證」與中庸思想中的「顧全大局」、「以和為貴」、「不走極端」、「恰到好處」等原則不謀而合；「安身與立命兩個生涯願景層面相生相成」既看重我他交往又強調趨吉避凶，一方面追求意義、實踐倫理，另一方面盡性立命天人合一，繼之以《易經》的對立轉化、生生不息的陰陽轉化原則「適時而動」，對應到中庸哲學的「以全局思維，察覺自己所處情境，適時地調整或節制自己的行為」。

　　這篇文章幾乎可以說是作者一生學術生涯的濃縮精華，以西方現象學和東方《易經》作為後設理論架構，中西合璧整合出生涯發展本質論述與輔導運作模式，既提出理論概念框架，又落實具體實務操作。文中三種生涯發展取向之理論比較，其中德性存在的「終極關懷」是「在世間活出天道」。明顯要把後現代的終極關懷（在多變脈絡中建構個人認同）給比下去！哈！服輸！

總結

　　若以序言末段的分類來看，從兩大區塊：西方生涯諮商理論應用之本土化、生涯諮商的本土理論或模式；再細分為五個維度：微調、探幽、詮釋、共舞、創新。

　　以兩大區塊來分類本書十二篇文章，大致如下：

　　第一區塊：西方生涯諮商理論應用之本土化，是屬於西方生涯理論之本土化應用，共八篇：

　　1. 生涯動機：行為目標、需求目標和策略目標（鄧志平）。

　　2. 阿德勒心理取向華人生涯諮商（楊瑞珠）。

　　3. 靈性取向與優勢中心生涯諮商（王玉珍）。

　　4. 社會認知生涯理論諮商模式與介入策略（林蔚芳）。

5. 建構理論觀點之生涯諮商（吳芝儀）。

6. 生涯混沌理論的本土化實踐（楊淑涵）。

7. 社會建構發展觀：華人生涯之錨與生涯諮商（楊育儀）。

8. 敘事治療中的時間觀與空間觀（黃素菲）。

第二區塊：生涯諮商的本土理論或模式，是關於創發型本土生涯理論，共四篇：

1. 全觀當下：華人的時間與機緣（王思峯）。

2. 自我認同與生涯發展：雙文化自我之生涯發展論（洪瑞斌、楊康臨、莊騏嘉、陳筱婷）。

3. 緣起緣滅：東方緣觀與生涯諮商（金樹人）。

4. 德性存在生涯模式：易經和現象學之啟發（劉淑慧）。

以五個維度來分類本書十二篇文章，大致如下：

1. 微調：(1)生涯動機：行為目標、需求目標和策略目標（鄧志平）。
   (2)阿德勒心理取向華人生涯諮商（楊瑞珠）。
   (3)靈性取向與優勢中心生涯諮商（王玉珍）。

2. 探幽：(1)社會認知生涯理論諮商模式與介入策略（林蔚芳）。
   (2)建構理論觀點之生涯諮商（吳芝儀）。
   (3)生涯混沌理論的本土化實踐（楊淑涵）。

3. 詮釋：(1)社會建構發展觀：華人生涯之錨與生涯諮商（楊育儀）。
   (2)敘事治療中的時間觀與空間觀（黃素菲）。

4. 共舞：(1)全觀當下：華人的時間與機緣（王思峯）。
   (2)自我認同與生涯發展：雙文化自我之生涯發展論（洪瑞斌、楊康臨、莊騏嘉、陳筱婷）。

5. 創新：(1)緣起緣滅：東方緣觀與生涯諮商（金樹人）。
   (2)德性存在生涯模式：易經和現象學之啟發（劉淑慧）。

走筆至此，本書作者們呈現出的生涯認識論立場，除了林蔚芳、鄧志平、洪瑞彬等三位偏向「實證主義典範」（positivist paradigm）之外，王思峯偏向實徵理路（empirical research，本文暗藏著後生涯的積極隨緣，兼走兩道），金樹人、劉淑慧除了融入東方哲思，尚且兼採「存在現象學」

（existential phenomenology）；其他作者或側重「後現代主義典範」（post-modernism paradigm）。這條從「現代」朝向「後現代」挪移的大道，其實暗濤洶湧，在生涯這塊社會土地上，歧異之後如何靠近與相互理解？多元之後如何能彼此合作？應該是下一波生涯研究者，無法迴避的責任。

後記

我（金樹人）提議，以「以交換日記方式完成序文」，也就是以對話的遞迴方式（recursion）為這本書作序：一個人先寫一段，另一個人來回應；傳回去，再針對這個人增寫的內容繼續作補充、回應，如此歷經 5～6 次循環，方完成〈主編序〉。我覺得素菲在〈楔子：文摘與回應〉的行文活潑俏皮，大致都保留她的風格，我僅就本土與本土化、現代與後現代、實證與建構等幾個觀點進行對話，希望有益於讀者快速掃描本書的章節輪廓。

我（黃素菲）剛一聽聞要寫序文和文摘，覺得有點膽怯擔憂，繼之亦驚亦喜，及自開始投入其中，細讀每一篇文章，發現「驚」不見了，「喜」如流水汩汩不絕！作者們都不吝嗇的或闡述理念思想，或展示研究結論，或分享實踐經驗，何等福分先睹為快，又能與老師對話，豈不快哉！

微調

第一章　生涯動機：行為目標、需求目標和策略目標（鄧志平）

第二章　阿德勒心理取向華人生涯諮商（楊瑞珠）

第三章　靈性取向與優勢中心生涯諮商（王玉珍）

第一章　生涯動機：行為目標、需求目標和策略目標

鄧志平

摘　要

　　動機影響著個人生涯發展和工作表現，然而動機可以指行動意願和影響行動意願的因素。本章首先區辨動機（motivation）和動機因素（motive）的差別，動機是指行動意願，而動機因素是影響行動意願的因素。接著依據現有理論及國內研究結果，討論影響動機的三種因素：行為目標、需求目標、策略目標。生涯的行為目標包括：工作任務目標和發展任務目標。Holland 的職業人格類型理論可用來探討工作任務目標，發展任務則採用 Super 的生命階段和生活廣度理論（Life-Span, Life-Space Theory）裡發展任務和生涯成熟度（career maturity）來做說明。需求目標主要根據國內研究得到的三個需求面向（具體事務、意義和感受），再輔以 Malsow 需求階層（hierarchy of needs）理論的需求、Dawis 與 Lofquist 工作調節理論（Theory of Work Adjustment, TWA）的工作價值觀（work value），以及 Ryan 與 Deci 自我決定理論（Self-determination Theory, SDT）的基本心理需求（basic psychological need）。策略目標則由 Higgins 調節焦點理論（Regulatory Focus Theory, RFT）的促進焦點和預防焦點，延伸出不同的策略目標。最後，討論利用三種動機因素來檢核和增進生涯動機的實務應用，以及未來的研究方向。

壹、前言

動機是行動目標，也是行動意願程度。行動目標引導行動方向，並且影響行動意願。行動意願則關係著行動的啟動和持續，進而影響行動執行和結果，例如：他會坐在書桌前讀書的動機是想獲取好成績（目標），但實際上他要讀書的動機不高（意願程度），所以常拖延讀書時間，或者讀不到一會兒就開始滑手機（行動執行），當然成績一直不理想（結果）。為了區辨目標和意願，在此將動機（motivation）定義為「行動意願程度」，「行動目標」則是影響動機的因素（motive）。引發行動意願的動機因素包括：行為、需求和策略。所以，這裡以「行為目標」、「需求目標」、「策略目標」三個面向來討論動機（行動意願程度）。

行為目標部分，Holland（1959, 1997）的職業人格類型理論，可用來說明工作活動任務行為；Super（1980）的生命階段和生活廣度理論，則可用來說明生涯發展任務行為和生涯行為準備度。需求目標部分，採用 Maslow（1943）需求階層（need hierarchy）裡的五個需求、工作調節理論（TWA）（Dawis & Lofquist, 1984）的工作需求（work need）和工作價值觀，以及自我決定理論（Ryan & Deci, 2000）的基本心理需求，然後根據國內研究結果，整理成工作需求三面向模式。策略目標部分，採用 Higgins（1998）提出的調節焦點理論（RFT）來說明行動策略這個動機因素。

本章重點如下：
- 行為目標：生涯發展任務和工作活動任務、行為準備度（生涯成熟度和因應力）。
- 需求目標：具體回饋、意義和感受。
- 策略目標：促進調節焦點、預防調節焦點和調節焦點適配。

貳、行為目標

行為目標是想要進行什麼活動的動機因素，它引導活動的挑選，並影

響著執行活動的動機（意願程度）。在上述例子裡，「讀書」和「滑手機」就是兩個不同的活動，顯然當事人對於這兩個活動有著不同的行動意願。生涯行為可以分成：生涯發展任務行為及工作活動任務行為。生涯發展任務行為旨在培養因應生涯發展的知能，工作活動任務行為是執行工作時要進行的業務活動。Holland（1959, 1997）的職業人格類型理論整理出六種工作活動任務類型，個人可以依自己對於這些工作類型的喜好程度，找出適配的工作活動任務類型。然而，Super（1983）認為在生涯適配之前，要先發展出足夠穩定的生涯特質，並且有做決定的準備度，於是他提出生涯發展任務和準備度。Super 的五個生涯發展階段裡，都有其對應的生涯發展任務行為（Super, 1980）。在準備度的部分，他剛開始用「生涯成熟度」來探討青少年執行他們的生涯發展任務（即探索和做決定）之準備度，後來拓展到成人的生涯調適力（career adaptation）（Super & Knasel, 1981）。之後，Savickas（1997）沒有特別區辨青少年或成人，統一用生涯調適力來代表個人生涯發展任務的準備度。

一、工作活動任務行為目標：Holland 職業人格類型

Holland（1959）因應要了解及協助個人做職業選擇的需求，分析個人對於職業的偏好結果，歸納出六種類型職業任務活動，分別是：實用型任務（realistic）（使用機械、手動、勞力和運動的活動）；研究型任務（investigative）（抽象思考、智力分析及解決問題的活動）；藝術型任務（artistic）（運用想像力、表達創意的活動）；社會型任務（social）（與人溝通互動、服務或教導別人的活動）；企業型任務（enterprising）（說服、領導管理人的活動）；事務型任務（conventional）（整理庶務、注重細節的活動）。

在國內，Holland 的類型有經過客位（etic）取向的證實（即利用本土資料去驗證 Holland 類型理論），普遍用來分類大學科系和職業，以及做興趣量表的編製，是目前國內協助學生生涯探索及決定依據的主要理論之一。然而，客位取向的研究只能證實 Holland 類型之存在，卻無法證實它們是否

完全涵蓋國內的興趣類型，況且 Holland 類型已被證實不能完全代表目前美國職業興趣架構（Deng et al., 2007）。蔡馨慧（2018）調查國內國三學生對於現有高中職及五專科別的興趣程度，進行因素分析後得出六個高中職五專興趣類型，它們分別是：藝術民生、理化工程、語文應用、商業管理、設計美工、農產食品。並且發現，此六個興趣類型對於國中生高中職志願選填的預測力高於 Holland 的六個興趣類型。

另外，國內研究發現，Holland 類型適配程度可以預測工作者的工作滿意度，但對於學生的升學或就業決定預測力，則有科別上的差異，例如：林麗珠（2015）調查公司人事專員或主管，發現利用 Holland 類型來做為興趣適配指標，可以預測 18% 的工作滿意度；楊翎（2017）針對教師興趣的研究發現，教師 Holland 社會型碼的分數能預測 26% 的工作滿意度。然而，蔡佩珊（2015）調查高職畢業生的 Holland 興趣首碼與畢業流向，發現 Holland 首碼對於高職生升學是否延續原來科系相關生涯路徑之影響，有科別上的差異，例如：舞蹈科學生選讀與高職相關大學科系就讀者，他們在該科的 Holland 首碼分數（藝術型分數）就大於選讀與不相關大學科別的同學；資料處理科選擇相關大學科系就讀的學生，他們在該科別的 Holland 首碼分數（事務型分數），反倒低於選讀高職不相關大學科系的同學；餐飲科學生在這方面，則沒有顯著差異。可見，Holland 類型對於工作者的工作滿意度有好的預測力，但對於高職生升學決定的影響，則要視科別而定。

二、生涯發展任務行為：Super 發展任務

Super（1980）提出五個生命發展階段（life span）：成長（growth）、探索（exploration）、建立（establishment）、維持（maintenance）、衰退（disengagement），所有階段裡都有探索式歷程和建立式歷程（Super, 1953）。探索式歷程包括：幻想（fantasy）、試探（tentative）、現實檢核（realistic）的歷程；建立式歷程包括：嘗試（trial）和穩定（stable）的歷程，例如：成長期裡，個人會期待自己學會某個技能的情況（幻想），透過試著學習（嘗試）與現實表現和回饋之檢核（現實檢核），開始形成自

己在這方面能耐的看法（**試探**），多次嘗試和回饋後，確認自己穩定的能力範圍（**穩定**）。

Super 認為，每個階段都有其特定的生涯發展任務：

- 成長階段的發展任務是：培養關心未來、決策控制感、追求成就承諾與工作習慣和態度。
- 探索階段的發展任務是：形成職業自我概念、認識職業資訊、形成職業認同，以及決定、求職、獲取工作職位。
- 建立階段的發展任務是：適應工作環境和職場文化、有穩定的工作表現以保住職位、有晉升的工作表現、晉升到更好的職位。
- 維持階段的發展任務是：在原職位上持續地創新或精進、維持勝任該職位的知能，或轉職到其他職位。維持階段後期任務是「思考規劃退休」。
- 衰退階段的發展任務是：執行退休規劃和過好退休生活。

統整上述各階段的發展任務，可知人生中要有的生涯發展任務行為包括「學習」、「探索」、「適應」和「問題解決」。這些行為在每個階段都會有，但不同階段有其主要行為，它們分別是：

- 成長階段：養成生涯相關態度和知能之學習行為。
- 探索階段：找尋生涯方向和獲取工作之探索行為。
- 建立階段：因應和晉級之調適行為。
- 維持階段：創新、維持工作知能；思考轉職可能性；退休規劃之問題解決行為。
- 衰退階段：發展並且執行退休生活之調適行為。

三、生涯成熟度與生涯調適力

生涯成熟度是執行生涯任務的準備度，Super（1983）用五個面向檢視青少年對生涯規劃和探索行為的準備度，分別是規劃（planfulness）、探索（exploration）、資料（information）、決策（decision making）、現實定向（reality orientation），說明如下：

- 規劃：規劃的自主控制感、反思過去和預測未來之意願，以及自我效能。
- 探索：探問、使用資源和參與。
- 資料：對「工作世界」、「自身偏好的職群」、「職業與生活角色」等資料的知識。
- 決策：決策原則、風格、應用的知識。
- 現實定向：認識自身和外在環境、生涯和生活角色的定向及融合。

　　規劃和探索是態度，資料和決策是認知（知識），現實定向包含態度和認知。後來，Super 與 Knasel（1981）有鑑於生涯成熟度應用到成年人身上的限制，因而使用生涯調適力來代表成年人的生涯準備度。

　　Savickas（1997）統一使用生涯調適力來定義因應生涯議題（包括生涯任務、生涯轉銜、工作創傷）的準備度。他統合 Super 理論裡的三個主要概念（生命階段、自我概念和生活角色），認為生涯議題包括生涯任務、生涯轉銜、工作創傷。除了統整 Super 的理論之外，Savickas 的生涯調適力也破除年紀和發展階段之限制（即生涯調適力是因應生涯發展會遇到的生涯議題之能力）。Savickas 提出生涯調適力的四個面向（dimension）：關注（concern）、好奇（curiosity）、掌控（control），以及信心（confidence）（Savickas, 2005），說明如下：

- 關注：對生涯議題之關注程度。
- 好奇：對解決生涯議題需要的相關資訊之好奇程度。
- 掌控：認為生涯議題的解決關鍵在於自己之程度。
- 信心：認為生涯議題可以被解決之信心程度。

　　Savickas（2005）的生涯調適力有三個階層：面向（dimension）、中介變項（intermediate variable）、因應行為（coping behavior）。三個介於面向和因應行為之間的中介變項是：態度（attitude）、信念（belief）、能力（competence）。其中，態度和信念決定能力的培養和使用，能力決定因應行為的執行結果。後來，Savickas 與 Porfeli（2012）帶領國際研究團隊發展「生涯調適力量表」（Career Adapt-Abilities Scale, CAAS）時，區辨出生涯調適序列的四個概念：因應動機（adaptivity）、因應力（adaptability）、因

應行為（adapting）、因應結果（adaption）。此四個概念的序列是：「因應動機」啟動「因應行為」，「因應力」執行「因應行為」，「因應行為」產生「因應結果」。雖然沒有看到此四個序列概念與因應力三個階層對照之相關文獻，不過根據Savicaks對因應三個階層的定義，可知它們的對應如下：

- 中介變項裡的態度和信念是**因應動機**，能力是**因應力**。
- 針對四個面向的**因應行為**和**因應結果**分別為：
  「關注」―「覺察」／「主動積極地關注生涯議題」。
  「好奇」―「探索」／「好奇地探索生涯議題之因應資訊」。
  「控制」―「嘗試」／「對生涯議題因應有控制感」。
  「信心」―「堅持」／「有信心生涯議題可以獲得解決」。

四、生涯成熟度和因應力的測量

測量生涯成熟度和生涯調適力常用的工具有：「生涯發展量表」（Career Development Inventory, CDI）（Super & Thompson, 1979）、「生涯成熟量表」（Career Maturity Inventory, CMI）（Crites, 1978），以及「生涯調適力量表」（CAAS）（Savickas & Profeli, 2012）。CDI除了測量Super生涯成熟度的五個面向之外，也測量對探索和建立階段裡的生涯發展任務和歷程之知識。Crites（1978）的CMI包含態度和能力兩個部分，態度部分包括：

- 妥協（compromise）：有彈性地面對生涯議題。
- 獨立（independence）：因應生涯議題的自主性。
- 確定性（decisiveness）：決策的確定感。
- 參與意願（involvement）：解決生涯議題的意願。
- 定向（orientation）：生涯方向的明確度。

能力部分包括下列五個面向的知識和能力：

- 自我了解（self-appraisal）。
- 職業資訊（occupational information）。
- 目標選定（goal selection）。

- 規劃（planning）。
- 問題解決（problem-solving）。

由於 CMI 能力部分填答耗時（共 100 題，填答方式是四選一的選擇，通常需要二至二個半小時），所以不常被使用。Savickas 與 Porfeli（2011）擷取 CMI 的態度分量表 75 題版本裡的 24 題題目，修訂成新版 CMI。所以，他們的新版本 CMI 沒有能力的題目，其測量結果為五種分數：四個分量表分數和一個生涯成熟度總分。四個分量表分別為：關注、信心、好奇、諮詢（consultation）。其中，諮詢分量表不被稱為控制分量表的原因是，此分量表的題目主要測量「參考重要他人意見」的態度，代表的是生涯決定之人際資源，而非控制面向裡的個人內在生涯成熟度。他們認為人際資源（諮詢分量表）的應用雖然不是個人內在的準備度，但有助於生涯議題的因應，所以留住這個分量表，不過驗證式因素分析（confirmative factor analysis）結果發現，諮詢分量表與生涯成熟度總分相關程度太小，於是它不包括在生涯成熟度總分。所以，生涯成熟度總分是「關注」、「好奇」和「信心」這三個分量表的總和。

若想要測量生涯調適力的知識和能力，可以採用 Savickas 與 Porfeli 在 2012 年與國際研究團隊建製的 CAAS，因為它測量生涯調適能力的自我效能感。除了生涯調適力四個面向（關注、好奇、控制、信心）之外，CAAS 還包括「合作分量表」（Cooperation Scale），此分量表就是上述新版 CMI 諮詢分量表的自我效能版本，雖然不能被納入屬於內在生涯調適力，但它是使用人際資源知能的因應能力。

國內生涯成熟度大多採用 Super 的概念，量表則參考或採用 Crites 的「生涯成熟量表」。而生涯調適力常採用 Savickas 的概念，所以常用量表是 Savickas 國際團隊編製的「生涯調適力量表——臺灣版」（CAAS International 2.0-Taiwan）（Tien et al., 2012）。

國內生涯準備度相關研究的兩個焦點是：(1)影響生涯成熟度和因應力的因素；(2)生涯成熟度和因應力影響的生涯結果。影響生涯成熟度或因應力的因素分成：外在因素和內在因素，例如：沈煜棠、管貴貞（2015）研究發現，與科技大學學生的生涯調適力有正相關的因素分別為：家庭功能

（外在因素）、工作經驗和正向心理資源（內在因素）。生涯成熟度或因應力會影響的生涯結果有：學習行為、就業力、工作表現，例如：在工作表現方面，許境頤、余芷瑩（2019）研究發現，員工的生涯調適力分別透過促進焦點和預防焦點的中介，影響著他們在組織裡的促進式建言和抑制性建言；李怡禎等人（2011）研究發現，在職員工的生涯成熟度正向地影響著訓練遷移動機的學習行為；林淑惠等人（2018）研究顯示，科技大學學生的生涯成熟度和就業力為正相關。

五、小結

　　Super 生涯發展任務對應出生涯發展任務行為，指出生涯發展要執行生涯行為。Holland 六種類型工作活動任務，協助探索及適配偏好的生涯方向，並且檢核影響生涯滿意度和表現。了解生涯準備度，進而能架構適宜之生涯行為目標，並教導生涯準備養成方法（Crites & Savickas, 1996）。另外，生涯準備度也可以輔助興趣量表結果的解釋（Savickas & Porfeli, 2011），例如：當生涯探索的興趣缺缺時，探索行為的動機就會低落，此時進行的興趣測驗結果，可能會缺乏可信度。當生涯決定的能力尚未成熟時，提供的生涯資訊只會徒增壓力，達不到效果（Holland, 1959）。

■ 參、需求目標

　　需求目標是指行為預期產出物，通常以「需求」或「回饋」來做討論。驅力取向（drive approach）討論「需求」匱乏感，誘因取向（incentive）則把焦點放在「回饋」。「回饋」是用以滿足「需求」，所以它們兩個其實是相互呼應的概念，例如：「想找工作」是需求，「找到工作」則是滿足「想找工作」這個需求之回饋。需求也常以回饋來命名，例如：Maslow 的「自我實現需求」要得到的回饋就是「自我實現」。接下來要探討的三個理論：Maslow 需求階層理論、TWA 和 SDT，都是討論需求的理論，由理論裡的需求名稱，可以推知滿足該需求的對應回饋。

一、Maslow 需求階層理論

　　Maslow（1943）的需求階層有五個層次的需求，由底層（最基礎）起，分別是生理（physiological）、安全（safety）、愛與隸屬（love/belonging）、尊嚴（esteem）、自我實現（self actualization），說明如下。

（一）生理需求

　　衡定和胃口之需求。衡定是血液內衡定的狀態，此狀態靠食物、水和其他體內必備物質維持。胃口是對於食物的選擇偏好，選擇偏好受到血液裡缺乏的物質影響，假若體內缺乏某種營養成分，就會想食用富含該營養成分的食物。Maslow 提到的生理需求偏向食物和營養的衡定，其實身體能量衡定也應是生理需求，能量衡定有兩種方式：開源和節流。能量開源的需求是休息，以補充能量；節流的需求則是對輕（放）鬆做事的偏好，以節省能量。另外，生殖和繁衍也是人類的生理需求。

（二）安全需求

　　追求當下或未來的安全穩定之需求。Maslow 認為由嬰孩對於危險的反應，以及他們對穩定的需求，最能純粹地看到這個需求。成人對安全穩定的需求，已隨著學習而有所壓抑，變得較複雜。

（三）愛與隸屬需求

　　人際情感式連結的需求。連結來自在別人心裡或團體裡占有特定的地位，且涉及給愛和被愛。Maslow 將性愛與愛做區別，他認為愛是心理層面的，有別於生理層面的性愛。

（四）尊嚴需求

　　能夠有好的自我評價之需求。自我評價來自實際表現和他人回饋。實際表現帶來成就、信心和獨立自主的自我評價。他人回饋帶來名聲、威

望、認可、關注、尊重和賞識的自我評價。

（五）自我實現需求

　　實現自我能力和潛力之需求。Maslow 與 Rogers 都相信人有自我實現的
傾向，Higgins（1987）將要被實現的「我」區分成：「理想我」（ideal
self）和「應該我」（ought self）。它們是兩種對行為的自我引導（self-
guide），「理想我」引導行為去造就想要的自己，「應該我」引導行為去
變成必須的自己。Higgins（1998）認為，「理想我」和「應該我」各自驅
動不同的行動策略，並造成對成敗結果的不同感受。這樣的差異，於本章
後面再做詳細說明。

　　Maslow 用缺乏（deprivation）和滿足（gratification）來說明需求階層的
主導（domination）和引發（activation），它們的序列是：缺乏、主導、滿
足、引發。當低層次需求「缺乏」時，此需求就成為「主導」的動機需
求。當該層次需求「滿足」後，接著「引發」下一個層次需求的「缺
乏」，變成「主導」的動機需求，例如：當生理需求缺乏時，滿足生理需
求就主導個人的行為，一旦生理需求被滿足後，就會引發安全需求之缺
乏，進而安全需求就變成主導的動機需求。上述序列雖有其普遍性，但也
會有個別差異。Maslow（1965）表示，對於有高度成長和自我實現動機需
求的人來說，自我實現需求滿足後，會引發更多的自我實現需求；也就
是，自我實現需求仍是主導行為的動機需求。另外，需求一直無法被滿
足，雖然會造成固著，但長期的固著或壓抑低層次需求，也有可能引發高
層次的需求。

　　Maslow 並未將其需求理論連結到工作需求上（Wahba & Bridwell,
1976），但後來 McGregor（1957）以及 Alderfer（1969）分別利用 XY 理論
和 ERG 理論〔存在（existence）、關係（relationship）、成長（growth）〕
延伸 Maslow 的理論，將其連結到工作的需求上。McGregor 的理論探討員工
不同需求滿足後會帶來的不同結果，他將需求分成 X 需求和 Y 需求。X 需求
是生理和安全需求，Y 需求則是愛與隸屬、尊嚴、自我實現需求。X 需求滿

足後，可以避免員工對工作的「不滿意」，Y需求滿足後，可以讓員工對工作感到「滿意」。ERG 理論的存在需求是 Maslow 的生理需求和安全需求，關係需求是愛與隸屬需求和他人回饋的尊嚴需求，成長需求包括實際表現的尊嚴需求和自我實現需求。不過，ERG 理論的成長需求除了發揮自己潛力之外，還包括 Maslow 理論裡沒有的「自我超越」需求。

二、工作需求──工作調節理論

　　Dawis 等人（1964）認為，回饋是促成需求發展的關鍵因素，環境依個人表現結果給予增強物的回饋，環境裡常出現的增強物回饋就會形成個人特定的需求偏好。他們參考 Schaffer（1953）的「職業態度量表」（Occupational Attitudes Survey），整理出工作可以提供的增強物回饋，請受試者評估這些回饋之於自己的重要程度，經由數次問卷編製研究結果，整理出 20 個工作需求，再經由因素分析結果，得到 6 個工作價值觀（Gay et al., 1971），所以 MIQ 談的工作需求和工作價值觀是對工作增強物回饋的需求程度。美國勞工局建制的 O*NET 職業資料系統，採用並修改此 20 個工作需求和 6 個工作價值觀，用以制訂各式職業的職業增強物模式（occupational reinforcer patterns）（McCloy et al., 1999a）和兩份測量工作價值觀的量表：「工作重要性偵測量表」（Work Importance Locator, WIL）（McCloy et al., 1999b）和「工作重要性檔案量表」（Work Importance Profiler, WIP）（McCloy et al., 1999c），WIL 是紙本版測驗，WIP 是電腦版本的測驗。另外，WIP 包含了 21 個工作需求，在「獨立」這個分量表裡，增加「自主」這個工作需求。6 個工作價值觀和其對應的 21 個工作需求如下[1]：

- 成就（achievement）／成就（achievement）：能夠在工作上運用自己的能力和專長，並且看到具體的工作成效。包括的工作需求有：能力展現（abilities utilization）、成就感（achievement）。
- 自主（autonomy）／獨立（independence）：能夠在工作裡有獨當一

1　工作價值觀的名稱，前者是 TWA ／後者是 O*NET，例如：自主／獨立，表示 TWA 稱為「自主」／ O*NET 稱為「獨立」；工作需求詳細說明請詳閱表 1-1。

面的自主感和控制感。包括的工作需求有：創意（creativity）、責任（responsibility）、自主（autonomy）。

- 地位（status）／認可（recognition）：能夠在工作裡獲得聲望和晉升。工作需求有：晉升（advancement）、權威（管理）（authority）、認可（recognition）、社會地位（social status）。
- 利他（altruism）／關係（relationship）：能夠在工作上有好的人際互動，使別人受益，並且不做違反自己道德良知的事。工作需求有：同事（co-worker）、道德感（moral values）、社會服務（social services）。
- 安心（safety）／支持（support）：能夠獲得工作單位或主管的公平且良好之對待。工作需求有：組織政策（company policies）、督導支持（supervision-human relation）、督導訓練（supervision-technical）。
- 舒適（comfort）／工作條件（work conditions）：能夠有身心舒適的工作環境。工作需求有：活動性（activity）、報酬（compensation）、獨立性（independence）[2]、安定性（security）、變化性（variety）、工作條件（work conditions）。

　　然而，WIL 所有分量表都有內部一致偏低的問題，它們的 α 值介於 -.21～.42 之間，平均值為 .15。測驗編製者對於這種現象的解釋是，該測驗的自比式（ipastive）填答方式，容易造成內部一致性偏低的現象。何宜璟（2012）研究改良 WIL 量表，根據 TWA 的 6 個工作價值觀定義，參考其 20 個工作需求，發展出有 35 個工作需求的「工作價值觀量表」。此量表和 WIL 一樣是紙本版測驗，也採相同的自比式填答方式。分析高中生受試者的填答資料，得到分量表內部一致性的 α 值達到平均為 .65（介於 .57～.78），皆高於 WIL 分量表的內部一致性。經過改良後的量表內部一致性提升，同時也增加可供參考之工作需求。表 1-1 是 TWA 和何宜璟的工作需求描述對照。

2　在 TWA 裡，獨立同時是工作價值觀和工作需要，當是工作需要時，它存在「工作條件」這個工作價值觀裡。在此，作者用「獨立」代表工作價值觀，「獨立性」代表工作需要，以示區別。

表 1-1　TWA 工作價值觀與工作需求

工作價值觀[1]	工作需求描述[2]	工作需求
成就／成就	工作可以使用到自己的能力（貢獻所學專長）	能力展現
	工作提供任務完成感（賦予成就感）	成就感
	無（工作能激發潛能）	潛能
	無（看到具體的工作成效）	具體成效
	無（工作上有傑出的表現）	表現
	無（工作能增進自信）	自信
舒適／工作條件	工作提供好報酬（得到合理的工作報酬）	報酬
	提供穩定的雇用（職業是穩定的）	安定性
	有好的工作場所（提供好的工作環境）	工作條件
	工作總是有事情可做（工作步調快慢與個性相符）	活動性
	可以獨立工作（工作提供的自主程度與個性相符）	獨立性
	工作每天都有些不同的事情（工作內容的變化性符合自己風格）	變化性
	無（職業傷害少）	安全性
地位／認可	工作可以提供別人指導（提供擔任領導角色的機會）	權威
	工作受到認同認可（受到他人的推崇）	認可
	受到公司（工作組織）和社區裡的人敬重（工作讓自己有社會地位）	社會地位
	工作提供晉升機會（晉升到高的職位[3]）	晉升
	無（工作帶來名氣）	聲望
	無（對別人發揮影響力）	影響力
	無（管理他人）	管理
利他／關係	同事容易相處（和諧的同事關係）	同事
	不做違反自己道德觀的事（不違背道德價值觀）	道德感
	工作可以對別人有貢獻（為其他人付出）	社會服務
	無（可以團隊合作）	合作
	無（有志同道合的工作夥伴）	夥伴
	無（幫助需要被幫助的人）	慈善

表 1-1　TWA 工作價值觀與工作需求（續）

工作價值觀[1]	工作需求描述[2]	工作需求
安心／支持	工作組織的善待（良好的事務規劃與運作制度）	組織政策
	督導可以支持自己（公司或主管提供支持的工作環境）	督導支持
	督導可以提供員工好的專業訓練（良好訓練輔導系統）	督導訓練
	無（良好的員工福利）	福利
	無（良好的溝通管道）	溝通
	無（公平的升遷制度）	制度
自主／獨立	工作嘗試自己的想法（嘗試自己創意）	創意
	可以自主做決定（可以自己做主）	責任
	在極少督導下進行工作（照自己的方式工作）	自主
	無（獨力完成工作）	獨力
	無（自訂工作時間）	彈性
	無（展現個人風格）	獨特

註：1. TWA 名稱／O*NET 名稱，例如：自主／獨立，表示在 TWA 稱為「自主」，
　　　 O*NET 稱為「獨立」。

　　 2. TWA 的描述（何宜璟研究的描述），例如：無（展現個人風格），表示
　　　 TWA 無此描述，何宜璟研究的描述是「展現個人風格」。

　　 3. 未出現在何宜璟的研究裡，但應可加上的描述。

三、心理需求——自我決定理論

　　SDT（Ryan & Deci, 2000）根據研究和實務工作，推論歸納出來三個基本心理需求：效能感（competence）、自主感（autonomy）、連結感（relatedness）。他們認為此三個心理需求產生出做事情的能量，並帶起內在動機和意志，同時與內在動機、意志和身心健康有顯著關聯（Martela et al., 2018）。基本心理需求匱乏時，會造成能量萎靡進而造成心理傷害。心理需求飽滿地被滿足時，個人就會蓬勃發展且潛能得以充分發揮。

- 效能感：覺得「自己是有能力」的需求。效能感源自：(1)有效地處理完事務；(2)成功地開發自己的潛能；(3)獲得成長學習。

- 自主感：覺得「有自主控制」的需求。自主感源自：做事情和做決定時，能夠：(1)出於自己意願；(2)肩負起責任。然而，自主感和獨立感是不同的，獨立感是人際的（interpersonal），而自主感是個人內在的（intrapersonal），獨立感可能起源於自主或被外在要求的。
- 連結感：覺得「與他人有情感性連結」的需求。連結感源自：(1)接收到他人對自己的關懷；(2)他人接受自己提供出來的關懷。

四、內在動機和外在動機

除了基本心理需求之外，內外在動機也是 SDT 主要探討的焦點。內外在動機是以回饋增強物的來源而命名的動機因素類型，它們影響著行為啟動、持續和結果。回饋增強物出自行為任務本身則是「內在動機」，回饋增強物出自非行為任務本身則是「外在動機」。所以，「為了做事情，而做事情」是內在動機，「為了做完事情後，會附帶而來的報酬」是外在動機。在 SDT 中發展出的 6 個子理論裡，認知評鑑理論（cognitive evaluation theory, CET）在探討內在動機的定義、成因和影響效果；有機體統合理論（organismic integration theory, OIT）在探討外在動機，包括：外在動機的類型、區辨不同類型之機制。接著將整理 CET 和 OIT 的內容，並加上其他相關概念，對內外在動機做說明。

（一）內在動機

內在動機是不需要外在誘因（獎勵或壓力），個人就會主動積極地投入做事當中。學習新奇的事物、克服挑戰、遊戲玩樂都是常見的內在動機式活動（Ryan & Deci, 2017），它們都是隨性地自然發生，不需要外在獎罰誘因，因為回饋增強物就在執行活動所產生的享受感。「出於內在動機地做事情」其實是人的天性，但由於人類社會是複雜的，就出現要以外在獎罰誘發行為的情況，例如：學習本身是件令人享受的事情（內在動機），但因為想要進入的學校招生名額有限（社會因素），就要出自外在動機地學習入學所需的相關知能。Ryan 等人認為，在執行由外在獎罰誘因所引發

的行為時，若能增進自主感和效能感，就能提升內在動機的成分。相對地，若執行時只著重外在的獎罰誘因，則會削減自主感，破壞享受做事的內在動機，甚至阻礙內在動機的形成。另外，缺乏做事的知能，效能感不能形成，也是內在動機無法形成或持續的原因。自主感和效能感可以透過個人及外在環境塑造，例如：為了入學考試而學習時，學生能夠努力地弄懂學習的內容，並享受挑戰自己能力的學習歷程，就能產生效能感和自主感，進而提升學習的內在動機（個人內在）。外在環境方面，學習教材若貼近學生的學習能力、習慣和生活應用，讓學生更容易融會貫通，並且知道與自身實際生活的連結，也能增加學習的效能感和自主感。

（二）外在動機

做事的誘因不是自然地存在事情本身，就稱為「外在動機」，例如：金錢不是自然地存在工作本身，所以，為了金錢而做工作的動機，就是外在動機。生活在複雜的人類社會當中，常需要自我調節地去做符合「外在價值信念」所規範或認同的事情，以獲得行為帶來的附加式增強物回饋或避免行為帶來的附加式處罰回饋。外在價值信念可能來自人際、社會文化或客觀知識（如科學發現），例如：規律運動的行為剛開始可能是來自家人的鼓勵（人際）、媒體對特定身體意象的尊崇（社會文化）、身心健康研究文獻結果（客觀知識）。OIT 依個人內化（internalization）外在價值信念的程度，將外在動機區分成四種類型。

內化是將外在價值信念和規範，轉換成自己可以接受或認同的重要原則。內化是一種社會化歷程，有效能的社會化指的是：能夠吸收並且內化社會賦與的行為規範、態度和價值。內化不僅促成人際和社會適應，也會拓展自身價值信念、世界觀和能力，所以是個人願意去做的天生傾向。外在環境其實可以不用採取直接式強迫的方式，只要能對準個人的信念、價值觀和動機，進行適當的引導，個人就會自然而然地進行有利於自己的內化歷程。效能感和連結感是提升內化程度的因素（Ryan & Deci, 2017），能夠在舒適的人際環境裡做事，感受到能力的展現，會有助外在動機的內化。

執行外在動機式活動時，內化程度取決於知覺歸因焦點（perceived locus of causality, PLOC）（Ryan & Deci, 2017）。PLOC 指的是行為動機的歸因，它影響行為活力和意志。內化程度高時，做事心態傾向內在 PLOC，為自己做事情的感覺就愈多，提升做事的自主感。內化程度低時，做事心態傾向外在 PLOC，做事情時有被控制的感覺就愈多，降低做事的自主感。

外在動機內化程度影響執行者的自主感，Ryan 與 Deci（2000）依據內化程度將外在動機類型分成：外在調節（external regulation）、內攝調節（introjected regulation）、認同調節（identified regulation）、統合調節（integrated regulation）。通常外在動機式行為裡，會同時兼具一個以上的調節類型。

- 外在調節：行為動機歸因於外在獎罰，沒有內化外在價值信念。當獎罰不再時，行為即不會延續。因為個人執行行為時有被控制感，所以此類型的外在動機會傷害和阻礙內在動機的形成。
- 內攝調節：行為動機歸因於自我價值感，自我價值感的評判標準來自外在價值信念。個人根據自己想像的他人看法，評判自己的價值感，雖然內化程度已較外在調節來得高，但仍是受到外在標準所控制。成敗和自我價值感連結在一起，自我價值感隨著事情的順利與否而起伏，因此容易為了防衛自我價值感，而逃避或放棄，或者採用投機取巧的方式做事，只為了向別人證明自己的價值感。
- 認同調節：行為動機歸因於認定的事情之重要性，也就是已經認同外在價值信念所界定的重要性。因為覺得做的事情是重要的，而在意事情成敗。這類型的外在動機已經跨入自主式調節領域，會更有意志力去堅持和完成事情。然而，此種外在動機尚未達到統整的境界，因為認同的外在價值信念可能和自己原有的認知系統衝突，產生迷惘困惑，例如：師長們都在鼓吹讀書的重要性，學生也認同讀書的重要性，但對於自己能否讀好書沒有把握（認知系統裡的讀書自我效能低落），進而對於是否要用功讀書，感到舉棋不定。
- 統合調節：行為動機歸因於自身使命感，使命感不只是認同外在價值信念，而是源於身分認同，也就是已將外在價值信念統整融合到

已有的價值信念裡，成為一套新的價值信念系統，又或者外在價值信念本來就符合自身價值信念。行為和內在價值信念之間有一致性，做事情時有強烈的自主感，有高度的執行動機。

OIT偏重社會性的外在價值信念對於外在動機式行為的啟動及持續，然而外在價值信念應該還包括心理學或教育學研究或論述結果，例如：現在讀者在讀這篇關於生涯動機的文章，就是在接收能促使外在動機式行為之外在價值信念。

五、動機類型對動機的影響

根據自主程度，內外在動機被分成控制式動機和自主式動機。控制式動機是外在調節和內攝調節的外在動機，自主式動機包括：內在動機，以及認同調節和統合調節的外在動機。研究顯示自主式動機能產生較多的正向行為結果，例如：生產量和留職率（Gagné & Deci, 2005）。Howard 等人（2016）用潛模式分析（latent profile analysis）檢核內在動機和外在動機的各種調節類型，他們的研究結果顯示內在動機者和各式類型的外在動機同時存在著。他們研究主要結果是：影響工作表現和感受的是「內在動機」和「無動機」這兩個因素。做事的內在動機程度愈高，工作動機和工作滿意度就愈高。對於工作的執行若採取「不知為何要做這項工作」的無動機態度，則為低的工作動機，並且會有工作枯竭感。

動機類型除了影響行為表現和感受之外，還左右著行為持續度，例如：成就目標理論（achievement goal theory）（Dweck & Elliott, 1983; Dweck & Leggett, 1988; Nicholls, 1984）就是在探討個人面對挫折時，目標動機需求和行為持續性之間的關係。此理論取向將學習動機需求分成熟練目標（mastery goal）和表現目標（performance goal）。熟練目標者學習的目標需求在於獲得學習，抱持著成長心態（growth mindset），相信努力會帶來知能的增長，所以遇到學習困難挫折時，仍會堅持努力學習。表現目標者學習的目標需求在於展現已有的能力，抱持著固定心態（fixed mindset），相信個人知能是固定的，所以遇到學習困難挫折時，容易放棄學習。

六、國內工作需求調查研究

除了何宜璟（2012）修調 TWA「工作價值觀量表」的研究之外，國內工作需求調查研究還有林郁潔（2018）調查國小教師從事教職原因，她歸納出國小教師的工作需求。另外，鄧怡君（2016）找出 Holland 六個興趣類型底下的動機需求。

（一）教師的工作需求

重新整理林郁潔（2018）的研究結果得到 8 個教師工作動機（如圖 1-1 所示），它們的定義及對應到 TWA 工作價值觀、Maslow 需求階層和 SDT 心理需求的說明如下：

- 方便可得：經濟來源、工作機會和休息時間的方便可得性。雖然 Maslow 生理需求著重在營養攝取和體內物質的平衡，但方便可得帶來的身心放鬆感，應可算是生理需求。
- 安全穩定：經濟來源、工作機會及休息時間的穩定和安全。對應到 TWA 工作條件裡的安定性、Maslow 的安全需求。
- 個人生活：工作帶給個人生活的舒適和社會地位。對應到 TWA 的認可、Maslow 的尊嚴需求。另外，個人和家庭舒適安樂則是 Maslow 生理需求之舒適和繁衍。
- 家人支持：家人期待和支持的工作。對應到 TWA 的支持，但 TWA 的支持來自組織和主管，這裡的支持是來自重要他人。
- 工作特性：工作特性符合自己的偏好。對應到 TWA 提到與工作條件有關的工作條件、獨立性，以及關係裡的同事關係。工作特性可以提供的 Maslow 需求有生理（舒適）、愛與隸屬和自我實現，以及 SDT 的連結感和自主感。
- 個人志向：達成自己的志願，並且能在工作上施展自己的能力。對應到 TWA 的成就、Maslow 的自我實現需求、SDT 的自主感和效能感。

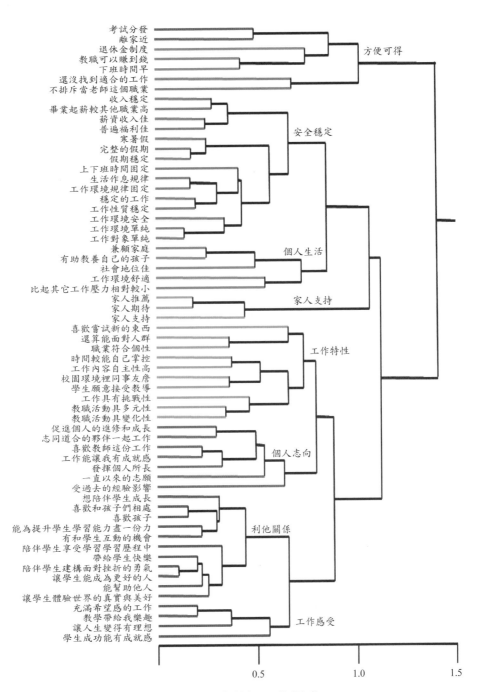

圖 1-1　國小教師工作需求

資料來源：修改自林郁潔（2018）

- 利他關係：工作時能與服務對象有好的互動關係，以及達到利他的效果。對應 TWA 的關係、Maslow 的歸屬需求、SDT 的連結感。
- 工作感受：工作任務執行帶來的正向感受，包括成就感、樂趣感、意義感、希望感。因為是事情本身帶來的回饋，所以是內在動機。對應到 TWA 的成就、Maslow 的自我實現需求、SDT 的效能感。

不同於 SDT 採用個人內化程度來區分行為動機需求類型，這裡分類的焦點在於回饋和工作任務之相關性。上半段的四個工作需求（方便可得、安全穩定、個人生活、家人支持）非關工作任務的回饋，在此將其稱為「工作報酬」，後四者（工作特性、個人志向、利他關係、工作感受）是工作任務相關的回饋，在此將其稱為「任務報酬」。任務報酬會讓個人喜歡工作任務的執行，而工作報酬帶來個人和社交生活的舒適和安定感。這樣的動機需求分類方式接近內外在動機的分法，都是以回饋和任務的相關性來做分類。工作報酬是外在動機，但任務報酬則可能包括了內在動機和外在動機，例如：對於志同道合工作夥伴的工作需求，就是屬於非任務本身自然會給的回饋，所以不是內在動機，但它是執行任務時所產生的回饋，屬於任務報酬。

對照 TWA 的工作價值觀，國小教師工作需求調查結果發現：

1. 「成就」工作價值觀可分為「個人志向」的自我實踐與成長，以及「工作感受」的工作執行產生的正向感受。
2. 「關係」工作價值觀分成「工作特性」裡的同事關係，以及針對服務對象關係的「利他關係」。
3. 「工作條件」工作價值觀分成「工作特性」和「安全穩定」。
4. 「獨立」工作價值觀包含在「工作特性」裡。
5. 「認可」工作價值觀包含在「個人生活」裡。
6. 教師需求調查發現的「支持」是來自重要他人，TWA 的「支持」則是來自組織和督導。
7. 「方便可得」是 TWA 沒有的工作價值觀。TWA 缺乏工作可以滿足家庭生活之需求（個人生活和家人支持）。另外，TWA 也沒提及「工作感受」裡的心理感受需求（樂趣感、希望感和意義感）。

對照 Maslow 需求階層，國小教師工作需求調查結果發現：

1. 工作帶來的「生理需求」是有錢可供生活、便利可得的工作機會、足夠的休息時間，以及孩子教養和家庭生活的繁衍需求。

2. 工作能滿足的「安全需求」，包括經濟來源、工作環境、工作任務和休假時間的安全穩定，以及工作單位及主管支持。

3. 工作帶來的「愛與隸屬需求」有來自與服務對象、同事、家人和社會大眾之情感連結。

4. 工作的「尊嚴需求」來自家人和社會認同、工作帶來的成就感。

5. 「自我實現」來自實踐志向、能力和興趣，以及工作裡的自主性。

6. Maslow 沒有提到的是，沉浸在工作執行裡時，還會帶來超越自我的意義感，以及對於未來的希望感。

對照 SDT 基本心理需求（感受），國小教師工作需求調查結果發現：

1. 自主感和效能感主要來自對工作內容和生活作息的掌握感，以及工作執行過程中的自我實現。

2. 連結感來自與工作的同事、工作單位和服務對象的互動，以及工作報酬帶來的重要他人相處關係（家人支持）。

3. 不同內化程度的工作動機需求由上而下清楚地陳列。上層四個需求是由外在賞罰或外在觀感所驅動的控制式動機，下層四個需求則是個人對於工作的態度和能力所驅動的自主式動機，最後一層「工作感受」更是內在動機。

4. 三個基本心理需求（連結感、自主感和效能感）大多來自「任務報酬」，表示 SDT 提及的心理需求只著重在工作本身會帶來的感受，並沒有關注到「工作報酬」帶來的舒適安全之心理感受。

5. 工作會產生的心理需求滿足不只有 SDT 提到的三種基本心理需求，工作還會帶來：舒適感、安穩感、興趣感、意義感和希望感。這些正向感受也都會提升身心健康和活力，讓個人更想在工作上有所發揮。

（二）Holland 類型的工作需求

　　Holland 職業人格類型區分出各種工作活動任務，通常用在生涯興趣的探索上。鄧怡君（2016）則找出 Holland 類型底下的動機需求，它們分別是：

- 實用型動機需求——具體成品。
- 研究型動機需求——智力發揮。
- 藝術型動機需求——美感創意。
- 社會型動機需求——利他關係。
- 企業型動機需求——影響領導。
- 事務型動機需求——有條不紊。

　　興趣類型動機需求提供興趣和工作需求之間的連結，讓 Holland 類型就不只是用在探索感到興趣的生涯方向，也可以在現有的生涯方向裡，用符合自己內在動機需求的方式來做事，例如：將教學活動進行得富有美感和創意，就是藝術型的人在社會型教育工作上可以做的調整。另外，Holland 類型動機需求是執行工作本身帶來的回饋，屬於內在動機。SDT 只有討論到內在動機的形成來自做事情獲得的效能感和自主感，但無確切說明要做什麼樣的事情。Holland 類型動機需求則可以解決這個問題，例如：喜歡實用型活動的人，他們藉由從事可以製造出具體成品的工作任務當中，獲得效能感和自主感，產生工作的內在動機。

七、工作需求三面向模式

　　統合 Maslow、TWA、SDT 和國內研究結果，可以把需求分成三個面向：具體事務、意義和感受。「具體事務」是回饋，回饋歸類整合成「意義」，「意義」背後產生「感受」。總共得到 51 個具體事務、13 個意義和 8 個感受（如表 1-2 所示）。此模式主要以林郁潔（2018）的研究結果為主，加入 TWA 的「（組織和主管）支持」。另外，鄧怡君（2016）研究提出的 Holland 類型之動機需求，用以補充執行何種類型工作活動可以帶來的

表 1-2　工作需求三面向

具體事務	意義 （TWA 工作價值觀／ Maslow 需求階層）	感受
尚未找到其他合適工作、考試分發結果、工作地點方便、可以賺到錢、下班時間早、有退休金	方便可得 （無／生理）	輕鬆感
工作環境安全、薪資福利好、工作穩定、假期穩定完整、工作對象單純、工作作息規律、工作性質穩定	安全穩定 （工作條件／安全）	安全感
可兼顧家庭、對孩子教養有幫助、社會地位佳、工作壓力小、工作環境舒適	個人生活 （工作條件／生理）	自主感
家人推薦、家人期待、家人支持	家人支持 （支持／愛與隸屬）	連結感
良好的事務規劃與運作制度、支持性的工作環境、良好訓練輔導系統、照顧員工的福利制度、暢通的溝通管道、公平的升遷制度	組織和督導支持 （支持／安全）	安全感、連結感
符合自己個性、有能力勝任、工作變化性適合自己、工作挑戰性適合自己、同事友善、工作自主性適合自己、時間可以自己掌握	工作特性 （工作條件、獨立、成就／自我實現）	自主感、連結感
志同道合的夥伴、促進個人進修和成長、有成就感、喜歡這份工作、可以發揮專長、一直以來的志願	個人志向 （成就／自我實現）	自主感、效能感
喜歡和工作服務對象相處、提升他人能力、陪伴他人成長、帶給他人快樂、可以幫助他人、執行工作任務	利他關係 （關係／愛與隸屬）	連結感
執行工作任務* （製造具體成品、運用智力解決問題、發揮創意製造美感作品、服務教導、說服領導創造利益、有條不紊地整理事物）	工作樂趣 （成就／自我實現）	效能感、希望感、樂趣感、意義感

註：*Holland 類型的工作需求。

「工作感受」。執行六種 Holland 類型工作活動任務皆可帶來好的工作感受，但這些好的工作感受之程度，應該會有個別差異，例如：社會型的人最享受「服務教導」式工作活動任務，藝術型的人則最享受「美感創意」式工作活動任務。

八、小結

Maslow 提出的五個需求著重在「意義」的層面，甚少涉及具體達到此意義的「具體事務」。TWA 的工作需求和工作價值觀有兼顧「具體事務」和「意義」兩個層面，但缺乏「感受」的層面。SDT 的三個基本心理需求（「效能感」、「自主感」和「連結感」）就是感受面向的工作需求，然而 SDT 也沒有特別強調滿足這些感受需求的具體事物，而且工作能夠提供的基本心理需求不只有三個。本章的需求三面向模式，不僅整理各個理論和研究提出的工作需求，同時也連結具體事務、意義和感受。在做工作需求衡鑑時，可以採用意義或感受去進行，然後連結到彼此，以及對照到具體事務之回饋，例如：若最在意可否由工作得到輕鬆的感受，此人應該最想要知道哪些工作可以提供經濟來源、工作機會和休息時間的方便可得性。

■ 肆、策略目標

動機理論除了要討論行為和結果的目標選擇（goal choice）之外，仍需關注達成目標（goal striving）的執行策略（Johnson et al., 2011）。Higgins（1998）提出兩個調節焦點（regulatory focus）來探討執行策略，分別是在意正向結果的「提升焦點」（promotion focus），以及在意負向結果的「預防焦點」（prevention focus）。調節焦點左右著執行策略取向，並影響情緒感受與情感記憶（Higgins, 1998）。

一、提升焦點和預防焦點

　　提升焦點在意「獲得」（gain），做事情的需求是成長（nurturance），受到「理想我」驅使，關注成長、晉升和願景，希望最大化現況和結果之間的差距，不想錯失良機，採取「反覆試驗」的摸索策略。事情的成敗造成興奮或沮喪（cheerfulness-dejection）的情緒：成功獲得時，就會感到興奮；沒有獲得時，除了感到沮喪之外，還容易引出以前沮喪事件的回憶。

　　預防焦點在意的是「保有」（loss）[3]，做事情的需求是保障（security），受到「應該我」驅使，關注安全、責任和規定，希望最小化現況和結果之間的差距，不想失去該（已）有的，採用「依循規則」和「避免錯誤」的安全策略。事情的成敗造成平靜或騷動（quiescence-agitation）的情緒：成功地避開失敗，會感到平靜；沒能避開失敗，除了感到騷動焦慮之外，還會引出過去焦慮事件的回憶。

　　整理調節焦點理論，可以得到三組調節焦點：「理想—應該」、「獲得—保有」和「成長—保障」。對應上述三組調節焦點的調節策略：「盡力—盡責」、「出擊—防禦」和「創新—守規」。提升焦點是「理想」、「獲得」和「成長」；預防焦點是「應該」、「保有」和「保障」。促進焦點採用渴求（eagerness）策略：「盡力」、「出擊」和「創新」。預防焦點採用謹慎（vigilance）策略：「盡責」、「防禦」和「守規」。

二、調節焦點的階層、組織層次和適配

　　Scholar 與 Higgins（2008）提出調節焦點動機的三個階層（level），分別是：系統（system）、策略（strategy）和權謀（tactic）。「系統」是習慣的調節焦點傾向，「策略」和「權謀」其實都是策略，只是他們將策略再細分成是原則式策略和情境式策略。為了做區辨，他們用「策略」來表示原則式策略，「權謀」代表情境式策略。雖然調節焦點和策略有其對應

3　原文是「失去」，但為了統一使用正向名詞，在此採用「保有」這一詞。

性，但 Scholar 等人認為，系統、策略和權謀可以是各自獨立的面向。不論是促進焦點或預防焦點，都可能透過促進策略（權謀）和預防策略（權謀）來達成，例如：重視有沒有學到東西的學生（系統：促進焦點），通常會找具有挑戰性的新事物來做學習（促進策略），但在面對沒有把握的新事物時，仍會小心謹慎地遵照老師交待的方法去執行（預防權謀）。

除了工作者的調節焦點和策略之外，Johnson 等人（2015）提出三個組織層次的調節焦點：小組織（micro-organizational）、中組織（meso-organizational）和大組織（macro-organizational）。小組織層次指的是人事管理層面的調節焦點，也就是，督導管理者和管理政策要求的焦點及策略；中組織是團隊集體的調節焦點（collective regulatory focus），是由團隊成員共同建構出來的焦點和策略；大組織則是決策階層的調節焦點，是由策略決策者依組織需求所制定出的調節焦點和策略。

Higgins（2006）用調節適配（regulatory fit）來標示焦點和策略（權謀）的符合程度，他認為調節適配與動機強度有關。促進焦點傾向者若採用促進策略（權謀），就是有高調節適配，進而有高動機。相對地，促進焦點傾向者若採用預防策略（權謀），則會有低調節適配，進而有低動機。調節適配也與員工的工作感受有關，例如：管理者配合工作者調節焦點取向，工作者會覺得有被重視（Hamstra et al., 2014），並且減少離職意圖（Hamstra et al., 2011）。

三、調節焦點的測量

測量調節焦點工具大多有其各自著重的部分，沒有特別區分焦點和策略，而且也沒有完全涵蓋所有的調節焦點和策略，例如：「調節焦點問卷」（Regulatory Focus Questionnaire, RFQ）（Higgins et al., 2001）之「促進焦點分量表」題目大多著重在「獲得」調節焦點的信心和態度，「預防焦點分量表」題目則在詢問「守規」調節策略的習慣和過去經驗。「調節焦點工作量表」（Regulatory Focus Work Scale, RFWS）（Wallace et al., 2009）之「預防焦點分量表」題目著重在「守規」、「盡責」這兩個調節策略，

「促進焦點分量表」題目則是在測量「獲得」調節焦點。「工作調節焦點量表」（Work Regulatory Focus Scale, WRFS）（Neubert et al., 2008）涵蓋六個調節焦點，沒有調節策略的題目。「普遍性調節焦點測量」（General Regulatory Focus Measure, GRFM）（Lockwood et al., 2002）著重「獲得」與「保有」這兩個調節焦點，以及它們相對應的「出擊」和「防禦」調節策略，而且「預防焦點分量表」裡的某些題目帶著負向情緒字眼（如焦慮和擔心）。

　　雖然同類型的調節焦點和策略之間有相關性，但它們畢竟不是一樣的概念，將其視為同一概念進行討論，會造成分歧的結果，例如：Johnson 等人（2011）研究發現「促進焦點」和成就動機理論的「表現目標」有正相關，「預防焦點」和「學習目標」有相關。但是，Gorman 等人（2012）後設研究結果卻發現相反的對應情況（即「促進焦點」和「學習目標」有正相關，「預防焦點」與「表現目標」有正相關）。Johnson 等人使用的研究工具是 RFWS，預防焦點是「守規」策略，促進焦點是「獲得」焦點。遵守原有規定行事之「守規」是學習不熟悉的新事物時要採取的策略，所以造成「預防焦點」和「學習目標」有正相關。想要最多成功次數（「獲得」焦點），以證明自己的能力（「表現目標」），所以在 Johnson 等人的研究裡，「促進焦點」和「表現目標」是正相關。然而，Gorman 等人的後設研究的「促進焦點」是想要學習新事物（「學習目標」）的「成長」，「預防焦點」是確保自己能力可以展現（「表現目標」）的「保障」。所以，他們得到的結果正相關配對才會是「促進焦點—學習目標」和「預防焦點—表現目標」。上述不一致結果證實「促進—預防」二分法的問題，不論在研究或實務應用上，都需要更細部地去區辨各種不同的調節焦點和策略。

　　國內探討調節焦點的生涯相關研究，大多探討調節焦點與工作表現或工作感受之間的關係。工作表現的研究方面，促進焦點和預防焦點都顯著地影響能力表現，但影響著不同的能力表現，例如：張旭中等人（2011）操弄受試者的「出擊—防禦」策略，發現促進焦點增進創新力表現，預防焦點增進批判力表現。廖英凱（2019）使用 RFQ（「促進焦點」主要測量

「獲得」焦點，「預防焦點」主要測量「守規」策略）作為研究工具，發現促進焦點與創新力有正相關。工作感受的研究方面，調節焦點與工作滿意度和工作承諾有關聯，例如：曾信超等人（2008）採用 GRFM 量表（「促進焦點」主要測量「獲得」焦點，「預防焦點」主要測量「保有」焦點），發現「促進焦點」和「預防焦點」與工作承諾和工作滿意度都有顯著正相關；在迴歸分析裡，也發現此兩種焦點都對工作承諾有顯著預測力，但只有「促進焦點」能顯著預測工作滿意度。

四、小結

調節焦點理論探討執行生涯目標時的調節焦點和策略，並且檢核它們對於動機及行動執行結果的影響。然而，目前同類型調節焦點和策略存在有內部變異性的問題，容易造成實務及研究上的混淆。目前的測量工具仍只採用「促進—預防」二分法，還需要發展能夠區辨各式調節焦點需求和策略的測量工具。

伍、動機因素與動機

雖然動機可以是行為目標或行為動力，不過本章將其做區分：動機指的行為動力，動機因素指的是行為目標。動機因素不是動機，但可以拼湊成動機，例如：歐若苹（2018）發現，工作報酬動機和任務報酬動機可以解釋 31%的工作動機變異量，此兩種動機需求因素對工作滿意度的解釋力是 35%，但工作動機對工作滿意度的解釋力卻達到 58%。這樣的結果顯示，動機因素影響著工作動機的強弱，但不等同於工作動機本身。若將動機因素視為動機作為促進工作結果的自變項，則會低估工作動機對於工作結果的影響力。

本章以行為目標、需求目標、策略目標這三個動機因素來討論動機，期待更能拼湊出動機的全貌，並且提供更多促進行為動機的方向和策略。行為目標討論兩種生涯行為（生涯發展任務行為和工作活動任務行為），

以及行為準備度。需求目標整理現有需求理論和國內研究結果，提出工作需求三面向模式：「具體事務」、「意義」和「感受」。策略目標採用調節焦點理論的「促進—預防」焦點和策略，討論策略目標之於生涯動機的關聯。因為原本的調節焦點二分法有內部變異性的問題，所以在此提出六個調節焦點和六個調節策略，以求在研究及實務上更準確地應用。圖 1-2 統整本章提到的概念，並連結它們之間的關係：

1. 生涯發展任務行為：「學習」、「定向」、「調節」和「問題解決」是因應生涯發展任務的行為，它們對應到 Super（1980）生涯發展任務分別是：成長的發展任務行為是「學習」生涯相關態度和知能；探索的發展任務行為是「定向」，進行了解自己和外在環境之間的適配情況和做決定之行為；建立的發展任務行為是對新環境的「調節」；維持的發展任務行為是處理工作議題的「問題解決」；衰退的發展任務行為是對新生活型態的「調節」。

2. 工作活動任務行為：Holland（1959）用六種類型來分類工作活動任務，它們的活動任務行為分別是：實用型活動的具體操作行為、研究型活動的推理分析行為、藝術型活動的美感創作行為、社會型活動的服務教導行為、企業型活動的說服領導行為、事務型活動的整理規劃行為。

3. 動機因素影響生涯行為動機：行為準備度、工作需求和調節適配度都是影響生涯行為動機的因素。Savickas（2005）的生涯調適力檢核生涯行為之準備度。在關注、好奇、控制和信心面向上，有積極的態度、充足的知能，並且採取適當的因應行為，就會有好的準備度和行為動機。工作報酬需求和任務報酬需求都會啟發行為動機，但任務報酬啟發動機的效果高於工作報酬。另外，高度行為動機也會來自調節策略和調節焦點傾向之適配（Higgins, 2006）。

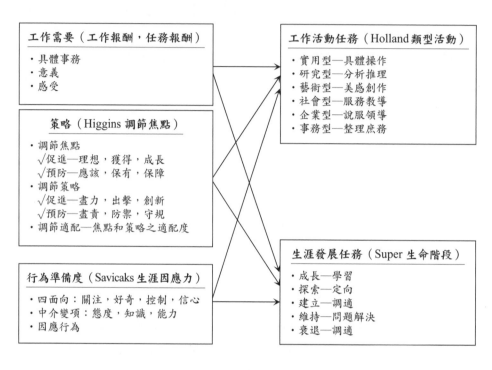

圖 1-2　動機因素與動機

陸、實務應用

　　動機理論概念的應用重視如何提升行為動機，主要應用機制有：衡鑑、適配和調適。理論概念提供架構衡鑑個人生涯特質和環境特性，決定人境適配程度。適配性愈高，行為動機愈高。個人和工作環境都在找尋適配，生涯規劃協助個人找到適配生涯特質的環境，工作環境則依個人生涯特質，將其安置在適當位置。適配情況發生問題時，個人和環境也都會做調適。TWA 提到主動式（active）調節和因應式（reactive）調節，主動式調節是主動要求適配，因應式調節是自身調節適配（Dawis, 2005）。就工作者而言，主動式調節是要求環境適合自己，因應式調節是改變自己適合工作環境。

一、生涯行為

　　生涯發展任務行為包括：學習、定向、調節、問題解決，每項行為都需具備足夠的態度和知能，生涯成熟度就是上述態度和知能的準備度。在協助生涯發展時，先了解正在面臨什麼樣的生涯發展任務議題，然後檢核其生涯發展任務之態度和知能的準備度，再與其討論如何因應的議題，例如：面臨要對未來做規劃準備的學生，知道學生重視探索的重要性，並且對自身特質具備足夠的自覺，再與其進行自評式興趣量表測驗。不在乎生涯探索或缺乏自我了解者，興趣測驗結果對他們的參考價值不高。對於探索這項生涯發展任務之準備度不高的學生，可以用生涯調適力的四個面向（關注、控制、信心、好奇）和三個中介變項（態度、知識、自我效能）更詳細地檢核他們在哪些面向和中介變項需要加強，以提高因應行為動機。

二、工作需求

　　工作需求三面向模式連結 Holland 興趣類型、TWA 工作價值觀、SDT 基本心理需求、Maslow 需求階層和國內研究結果，它的應用包括：(1)作為衡鑑個人工作需求、蒐集及建制生涯資料，以及人力資源管理及運用之參考架構；(2)對照使用各個理論的概念，來協助生涯探索或因應生涯議題，例如：個人如果重視工作感受，則採用 Holland 類型去探索可以產生正向工作感受的活動任務。若工作感受不是重要的工作需求，這時 TWA 工作價值觀歸類的生涯資料庫會更具實用價值。將控制式動機轉變成自主式動機，以Maslow 理論觀點來看，要先提供基本需求滿足，才能啟動自我實現的工作需求（即自主式動機）。以 SDT 理論的觀點，則提供有連結感的工作環境，並且讓工作者產生效能感，控制式動機就能內化為自主式動機。

三、執行策略

　　調節焦點理論用促進和預防的概念談執行策略的動機，促進和預防各有三組焦點（「理想─應該」、「獲得─保有」和「成長─保障」）和對

應的三組策略（「盡力―盡責」、「攻擊―防禦」和「創新―守規」）。焦點和策略之間適配程度影響動機的強度，適配程度愈高則動機愈強。能有意識地覺察調節適配度，則可調節行為動機。當情境許可時，儘量採用適配自身系統的策略，以擁有高度行為動機；若必須使用不適配的策略，亦可有心理準備地調適執行任務時的行為動機。除了個人的調節焦點之外，工作組織也有調節焦點。工作組織包括：小組織（督導和人事）、中組織（團體）和大組織（政策制訂者）。工作者對於此三個組織式調節焦點有所了解的話，則可以增進對執行任務之調節焦點和策略取向的掌握。

四、應用範例

行為目標

發展任務行為

1-1　目前你最需要培養的生涯發展任務是：_____
　　　(1)學習工作知能 (2)探索自己和環境之間的適配性 (3)適應新環境和新角色 (4)解決工作相關問題

1-2　用 1～10 回答下列各題。（分數愈高，表示程度愈高）
　　　（　）上述該件生涯發展任務對於你的重要程度為何（關注）？
　　　（　）你有多想知道上述生涯發展任務的相關資料（好奇）？
　　　（　）你覺得上述生涯發展任務的完成，你有多少程度的決定權（控制）？
　　　（　）你覺得你能成功完成上述生涯發展任務的可能性有多高（信心）？

活動任務行為

2-1　你目前工作活動裡，以下列何種性質的居多？_____
　　　(1)具體操作 (2)推理分析 (3)美感創作 (4)服務教導 (5)說服領導 (6)整理規劃

2-2　用 1～10 回答下列各題。（分數愈高，表示程度愈高）

（　）上述性質類型活動對於你的重要程度為何（關注）？

（　）你有多想知道上述性質類型活動的相關資料（好奇）？

（　）你覺得上述性質類型活動的完成，你有多少程度的決定權（控制）？

（　）你覺得你能成功完成上述生涯發展任務的可能性有多高（信心）？

應用說明

　　衡鑑工作者面臨的生涯發展任務（1-1）和主要工作活動任務（2-1），以及工作者對面臨的生涯發展任務（1-2）和主要工作活動任務（2-2）之準備度，針對工作缺乏的面向，再詢問態度、知識和能力，討論如何**調節**，以增進準備度之因應行為動機。

需求目標

3-1　你從事目前工作的主要原因順序：＿＿＿＿

(1)便利可得 (2)安全穩定 (3)舒適的個人／家庭生活 (4)家人的支持 (5)工作單位／主管的支持 (6)適合自己 (7)學習成長 (8)幫助別人 (9)工作樂趣

3-2　目前工作帶給你下列各項需求滿足之程度。（填入 1～10，分數愈高，程度愈高）

（　）便利可得。

（　）安全穩定。

（　）舒適的個人／家庭生活。

（　）家人的支持。

（　）工作單位／主管的支持。

（　）適合自己。

（　）學習成長。

（　）幫助別人。

（　）工作樂趣。

應用説明

　　衡鑑工作者的工作需求（3-1）和工作環境提供報酬（3-2），了解工作者和工作環境之間的工作需求**適配程度**。依據具體事務─意義─感受工作需求模式（如表 1-2 所示）。若要增加工作動機，可以討論工作者和工作環境可以做的**主動式調節**及**因應式調節**，例如：工作者的**主動式調節**是跟工作環境要求自己想要的工作需求，**因應式調節**則是試著培養自己的知能，讓工作環境願意提供自己想要的工作需求。

3-3　你執行各類型活動性質之享受程度。（填入 1～10，分數愈高，程度愈高）
　　（　　）具體操作。
　　（　　）推理分析。
　　（　　）美感創作。
　　（　　）服務教導。
　　（　　）說服領導。
　　（　　）整理規劃。

應用説明

　　衡鑑工作者內在動機的活動性質（3-3）和工作主要要求的活動類型（2-1），了解工作者與工作活動之間的**適配程度**。若要增加工作動機，可以討論工作者和工作環境可以做的**主動式調節**及**因應式調節**，例如：工作環境的**主動式調節**是鼓勵工作者培養勝任主要工作活動任務的知能，以及職場工作氛圍，以增進執行工作時效能感和連結感，以提升內在動機。因應式調節是分配會引發工作者內在動機之活動任務。

策略目標

4-1　能完成工作任務，對你的意義是？（每組兩個答案中，勾選最適合你情況的選項）

（　）a.達成想要的水準（理想）

（　）b.達到應有的水準（應該）

（　）a.一次成功的經驗（獲得）

（　）b.至少沒有失敗（保有）

（　）a.學習成長的機會（成長）

（　）b.自己能力的發揮（保障）

4-2　在執行工作任務時，你通常都會：（每組兩個答案中，勾選最適合你情況的選項）

（　）a.做到自己能滿意（盡力）

（　）b.把該做的事情做好（盡責）

（　）a.確保不出差錯（防禦）

（　）b.確保可以成功（出擊）

（　）a.嘗試不同方式做事（創新）

（　）b.遵照既有流程做事（守規）

應用說明

　　衡鑑工作者的調節焦點傾向（4-1）和工作執行策略（4-2），了解調節適配度之於工作動機的影響，並討論工作者和管理者可以做什麼樣的因應式和主動式調節，以更增進工作動機，例如：管理者的**因應式調節**是依據工作者的調節焦點，給予適配的工作執行策略引導。**主動式調節**則是提醒工作者調節適配度的落差，請工作者留意工作時的動機程度。

參考文獻

中文部分

何宜璟（2012）。高中學生工作價值觀對生涯選擇適配性之研究（未出版之碩士論文）。國立彰化師範大學，彰化市。

李怡禛、陳雅柔、湯淑貞、廖茂宏（2011）。生涯成熟度與訓練遷移動機之關係：目標導向之調節效果。人力資源管理學報，**11**（4），49-61。doi: 10.6147/JHRM.2011.1104.03

沈煜棠、管貴貞（2015）。科技大學學生家庭功能、正向心理資源與生涯調適能力之研究：以臺南市為例。學生事務與輔導，**54**（1），18-36。doi:10.6506/SAGC.2015.5401.03

林郁潔（2018）。國小教師工作動機因素量表之編製（未出版之碩士論文）。國立彰化師範大學，彰化市。

林淑惠、黃韞臻、林赫哲（2018）。科技大學學生生涯成熟度與其就業力之相關研究：以中部兩所大學為例。國立虎尾科技大學學報，**34**（1），41-52。

林麗珠（2015）。人力資源工作者人格特質、興趣、工作投入與工作滿意度之相關研究（未出版之碩士論文）。國立彰化師範大學，彰化市。

張旭中、邱發忠、陳學志、徐芝君（2011）。調整焦點動機、成功預期對創造力與批判性思考的影響。教育心理學報，**43**（2），499-520。

許境頤、余芷瑩（2019）。個人的生涯調適力對其建言行為之影響：以調節焦點理論之觀點觀之。管理資訊計算，**8**（2），129-150. doi:10.6285/MIC.201908/SP_02_8.0012

曾信超、李元墩、唐榮民（2008）。轉換型領導、工作滿足與組織承諾關係之研究：以調節焦點為中介變數。企業管理學報，**78**，84-121。

楊翎（2017）。中小學教師的 Holland 興趣類型與一般教師任務興趣對工作滿意度的影響之研究（未出版之碩士論文）。國立彰化師範大學，彰化市。

廖英凱（2019）。調節焦點與市場導向對於團隊反思及新產品開發績效之影響。科技管理學刊，**24**（1），57-90。

歐若苹（2018）。國小教師工作動機因素與工作滿意度之關係（未出版之碩士論

文）。國立彰化師範大學，彰化市。

蔡佩珊（2015）。**高職生職業興趣與畢業後流向之相關研究**（未出版之碩士論文）。國立彰化師範大學，彰化市。

蔡馨慧（2018）。**高職科別興趣類型之建置及其預測力之探討**（未出版之碩士論文）。國立彰化師範大學，彰化市。

鄧怡君（2016）。**以動機觀點探討高一學生 Holland 興趣類型之研究**（未出版之碩士論文）。國立彰化師範大學，彰化市。

英文部分

Alderfer, C. P. (1969). An empirical test of a new theory of human needs. *Organizational Behavior & Human Performance, 4*(2), 142-175. doi:10.1016/0030-5073(69)90004-X

Crites, J. O. (1978). *The Career Maturity Inventory* (2nd ed.). Monterey, CA: CTB/ McGraw-Hill.

Crites, J. O., & Savickas, M. L. (1996). Revision of the Career Maturity Inventory. *Journal of Career Assessment, 4*(2), 131-138. doi:10.1177/106907279600400202

Dawis, R. V. (2005). The Minnesota theory of work adjustment. In S. D. Brown & R. W. Lent (Eds.), *Career development and counseling: Putting theory and research to work* (pp. 3-23). Hoboken, NJ: John Wiley & Sons.

Dawis, R. V., England, G. W., & Lofquist, L. H. (1964). A theory of work adjustment. *Minnesota Studies in Vocational Rehabilitation, 14*.

Dawis, R. V., & Lofquist, L. H. (1984). *A psychological theory of work adjustment*. Minneapolis, MN: University of Minnesota Press.

Deng, C.-P., Armstrong, P. I., & Rounds, J. (2007). The fit of Holland's RIASEC model to US occupations. *Journal of Vocational Behavior, 71*(1), 1-22. doi:10.1016/j.jvb. 2007.04.002

Dweck, C. S., & Elliott, E. S. (1983). Achievement motivation. In P. H. Mussen (Gen. Ed.) & E. M. Hetherington (Ed.), *Handbook of child psychology* (Vol. 4) (pp. 643-691). Hoboken, NJ: John Wiley & Sons.

Dweck, C. S., & Leggett, E. L. (1988). A social-cognitive approach to motivation and personality. *Psychological Review, 95*(2), 256-273. doi:10.1037/0033-295X.95.2.256

Gagné, M., & Deci, E. L. (2005). Self-determination theory and work motivation. *Journal of Organizational Behavior, 26*(4), 331-362. doi:10.1002/job.322

Gay, E. G., Weiss, D. J., Hendel, D. D., Dawis, R. V., & Lofquist, L. H. (1971). Manual for the Minnesota Importance Questionnaire. *Minnesota Studies in Vocational Rehabilitation, 28.*

Gorman, C. A., Meriac, J. P., Overstreet, B. L., Apodaca, S., McIntyre, A. L., Park, P., & Godbey, J. N. (2012). A meta-analysis of the regulatory focus nomological network: Work-related antecedents and consequences. *Journal of Vocational Behavior, 80*(1), 160-172. doi:10.1016/j.jvb.2011.07.005

Hamstra, M. R. W., Yperen, N. W. V., Wisse, B., & Sassenberg, K. (2011). Transformational-transactional leadership styles and followers' regulatory focus: Fit reduces followers' turnover intentions. *Journal of Personnel Psychology, 10*(4), 182-186. http://dx.doi.org/10.1027/1866-5888/a000043

Hamstra, M. R. W., Yperen, N. W. V., Wisse, B., & Sassenberg, K. (2014). On the perceived effectiveness of transformational-transactional leadership: The role of encouraged strategies and followers regulatory focus. *European Journal of Social Psychology, 44* (6), 643-656. doi:10.1002/ejsp.2027

Higgins, E. T. (1987). Self-discrepancy: A theory relating self and affect. *Psychological Review, 94*, 319-340. doi:10.1037/0033-295X.94.3.319

Higgins, E. T. (1998). Promotion and prevention: Regulatory focus as a motivational principle. In M. P. Zanna (Ed.), *Advances in experimental social psychology* (Vol. 30) (pp. 1-46). New York, NY: Academic Press.

Higgins, E. T. (2006). Value from hedonic experience and engagement. *Psychological Review, 113*(3), 439-460. doi:10.1037/0033-295X.113.3.439

Higgins, E. T., Friedman, R. S., Harlow, R. E., Idson, L. C., Ayduk, O. N., & Taylor, A. (2001). Achievement orientations from subjective histories of success: Promotion pride versus prevention pride. *European Journal of Social Psychology, 31*, 3-23.

Holland, J. L. (1959). A theory of vocational choice. *Journal of Counseling Psychology, 6* (1), 35-45. doi:10.1037/h0040767

Holland, J. L. (1997). *Making vocational choices: A theory of vocational personalities and work environments* (3rd ed.). Odessa, FL: Psychological Assessment Resources.

Howard, J., Gagné, M., Morin, A. J. S., & Van den Broeck, A. (2016). Motivation profiles at work: A self-determination theory approach. *Journal of Vocational Behavior, 95-96*, 74-89. doi:10.1016/j.jvb.2016.07.004

Johnson, P. D., Shull, A., & Wallace, J. C. (2011). Regulatory focus as a mediator in goal orientation and performance relationships. *Journal of Organizational Behavior, 32* (5), 751-766. doi:10.1002/job.701

Johnson, P. D., Smith, M. B., Wallace, J. C., Hill, A. D., & Baron, R. A. (2015). A review of multilevel regulatory focus in organizations. *Journal of Management, 41*(5), 1501-1529. doi:10.1177/0149206315575552

Lockwood, P., Jordan, C. H., & Kunda, Z. (2002). Motivation by positive or negative role models: Regulatory focus determines who will best inspire us. *Journal of Personality and Social Psychology, 83*(4), 854-864. doi:10.1037/0022-3514.83.4.854

Martela, F., Ryan, R. M., & Steger, M. F. (2018). Meaningfulness as satisfaction of autonomy, competence, relatedness, and beneficence: Comparing the four satisfactions and positive affect as predictors of meaning in life. *Journal of Happiness Studies: An Interdisciplinary Forum on Subjective Well-Being, 19*(5), 1261-1282. doi:10.1007/s10902-017-9869-7

Maslow, A. H. (1943). A theory of human motivation. *Psychological Review, 50*(4), 370-396. doi:10.1037/h0054346

Maslow, A. H. (1965). *Eupsychian management: A journal*. Homewood, IL: Richard D. Irwin.

McCloy, R., Waugh, G., Medsker, G., Wall, J., Rivkin, D., & Lewis, P. (1999a). *Determining the occupational reinforcer patterns for O*NET occupational units*. Raleigh, NC: National Center for O*NET Development.

McCloy, R., Waugh, G., Medsker, G., Wall, J., Rivkin, D., & Lewis, P. (1999b). *Development of the O*NET Paper-and-Pencil Work Importance Locator*. Raleigh, NC: National Center for O*NET Development.

McCloy, R., Waugh, G., Medsker, G., Wall, J., Rivkin, D., & Lewis, P. (1999c). *Development of the O*NET Computerized Work Importance Profiler*. Raleigh, NC: National Center for O*NET Development.

McGregor, D. M. (1957). The human side of enterprise. *Management Review, 46*, 22-28.

Neubert, M. J., Kacmar, K. M., Carlson, D. S., Chonko, L. B., & Roberts, J. A. (2008). Regulatory focus as a mediator of the influence of initiating structure and servant leadership on employee behavior. *Journal of Applied Psychology, 93*(6), 1220-1233. doi:10.1037/a0012695

Nicholls, J. G. (1984). Achievement motivation: Conceptions of ability, subjective experience, task choice, and performance. *Psychological Review, 91*(3), 328-346. doi: 10.1037/0033-295X.91.3.328

Ryan, R. M., & Deci, E. L. (2000). Self-determination theory and the facilitation of intrinsic motivation, social development, and well-being. *American Psychologist, 55*(1), 68-78. doi:10.1037/0003-066X.55.1.68

Ryan, R. M., & Deci, E. L. (2017). *Self-determination theory: Basic psychological needs in motivation, development, and wellness.* New York, NY: Guilford Press.

Savickas, M. L. (1997). Career adaptability: An integrative construct for life-span, life-space theory. *The Career Development Quarterly, 45*(3), 247-259. doi:10.1002/j. 2161-0045.1997.tb00469.x

Savickas, M. L. (2005). The theory and practice of career construction. In R. W. Lent & S. D. Brown (Eds.), *Career development and counseling: Putting theory and research to work* (pp. 42-70). Hoboken, NJ: John Wiley & Sons.

Savickas, M. L., & Porfeli, E. J. (2011). Revision of the Career Maturity Inventory: The adaptability form. *Journal of Career Assessment, 19*(4), 355-374. doi:10.1177/10690 72711409342

Savickas, M. L., & Porfeli, E. J. (2012). Career Adapt-Abilities Scale: Construction, reliability, and measurement equivalence across 13 countries. *Journal of Vocational Behavior, 80*(3), 661-673. doi:10.1016/j.jvb.2012.01.011

Schaffer, R. H. (1953). Job satisfaction as related to need satisfaction in work. *Psychological Monographs: General and Applied, 67*(14), 1-29. doi:10.1037/h0093658

Scholer, A. A., & Higgins, E. T. (2008). Distinguishing levels of approach and avoidance: An analysis using regulatory focus theory. In A. J. Elliot (Ed.), *Handbook of approach and avoidance motivation* (pp. 489-503). New York, NY: Psychology Press.

Super, D. E. (1953). A theory of vocational development. *American Psychologist, 8*(5), 185-190. doi:10.1037/h0056046

Super, D. E. (1980). A life-span, life-space approach to career development. *Journal of Vocational Behavior, 16*(3), 282-298. doi:10.1016/0001-8791(80)90056-1

Super, D. E. (1983). Assessment in career guidance: Toward truly developmental counseling. *Personnel & Guidance Journal, 61*(9), 555-562. doi:10.1111/j.2164-4918.1983. tb00099.x

Super, D. E., & Knasel, E. G. (1981). Career development in adulthood: Some theoretical problems and a possible solution. *British Journal of Guidance & Counselling, 9*(2), 194-201. doi:10.1080/03069888108258214

Super, D. E., & Thompson, A. S. (1979). A six-scale, two-factor measure of adolescent career or vocational maturity. *Vocational Guidance Quarterly, 28*(1), 6-15. doi: 10.1002/j.2164-585x.1979.tb00078.x

Tien, H.-L. S., Wang, Y.-C., Chu, H.-C., & Huang, T.-L. (2012). Career Adapt-Abilities Scale-Taiwan Form: Psychometric properties and construct validity. *Journal of Vocational Behavior, 80*(3), 744-747. doi:10.1016/j.jvb.2012.01.010

Wahba, M. A., & Bridwell, L. G. (1976). Maslow reconsidered: A review of research on the need hierarchy theory. *Organizational Behavior & Human Performance, 15*(2), 212-240. doi:10.1016/0030-5073(76)90038-6

Wallace, J. C., Johnson, P. D., & Frazier, M. L. (2009). An examination of the factorial, construct, and predictive validity and utility of the Regulatory Focus at Work Scale. *Journal of Organizational Behavior, 30*(6), 805-831. doi:10.1002/job.v30:610.1002/ job.572

第二章　阿德勒心理取向華人生涯諮商[1]

楊瑞珠

摘　要

　　21 世紀的生涯助人工作是一個跨文化並已歷經時代變遷考驗的專業，阿德勒成立個體心理學也已逾一個多世紀，其認為包括工作的所有生活問題都是個人和社會互動下的問題，足夠作為一個超越各派生涯理論和時代需求的心理知識體系，並為專業助人工作者提供有普世價值的專業思考和抉擇之依據。在華人社會裡，可用來看待生涯議題的傳統思想架構、本土心理學和從西方引進的心理學派其實很多，筆者選擇阿德勒心理取向來看待生涯議題，其可用性主要目的有四：(1)其整體觀以個體和環境互動的生命經驗為前提，我們必須消弭上世紀對生涯諮商非個人諮商（personal counseling）的偏見；(2)其正向的意涵來自優先考量個人優勢與資產，從過去到現在的生命故事中我們看見一個個體如何藉由工作任務去實現生活的意義。在講求安穩、位階和競爭的華人社會心態中，我們可以鼓勵尋求兼顧內心自由和社會責任的自我創作；(3)阿德勒心理取向的生涯諮商或諮詢可運用在不同發展階段的對象及諮商情境中，也可和其他學派的觀點及技術有所結合；(4)其強調社會情懷（透過彼此合作與互助）和平等民主的歷程，這在不斷改變的外在世界中為所有個體之社會調適賦權，也為社會帶來和諧的可能。

1　本章雖命題為生涯諮商，內涵則反映專業歷史的演變，包括生涯發展輔導、生涯教育、生涯規劃、生涯諮商、生涯諮詢、生涯教練、組織心理與文化、職涯發展、職涯行為和職涯心理。因為從事專業生涯諮商或輔導的人士往往具有多元的學經歷及專業背景，本文不用諮商師為唯一的稱謂。

■ 壹、前言

　　輔導、諮商與心理領域一個多世紀以來，已經歷過精神分析、行為主義、人本主義、後現代／多元文化／社會建構，至今繼續強調的社會正義和靈性幾個大思潮，造就了實務應用從上世紀初的生涯輔導、學校輔導，到兩次世界大戰後的重視心理衛生的社區諮商，再到講求系統觀的家族治療之時代脈絡也清楚地烙印在生涯發展、諮商與諮詢的理論和工作模式之中。美國生涯發展與諮商學會（National Career Development Association, NCDA）成立於 1913 年，是美國諮商學會（American Counseling Association, ACA）的前身，百餘年來不遺餘力地在美國學校及全世界企業組織推動生涯諮商與諮詢專業標準和進修。相對的，在時代演進中被稱為諮商之母的生涯諮商與諮詢和社會價值、文化傳統、經濟體系及資訊媒體息息相關，在心理衛生開始受到重視之同時，生涯諮商卻被誤認為是職業輔導，而被強調心理創傷疾病之診斷療癒的諮商心理或心理治療領域所排斥（Gysbers et al., 2014）。美國心理學會在筆者恩師 Samuel Osipow 及其他有心者努力多年後，於 1987 年由 Mark Savickas 先組成興趣小組（The Vocational Behavior and Career Intervention Special Interest Group），1994 年在諮商心理部門（Division 17）成立 APA Society of Vocational Psychology 小組（section），至今才不過 25 年。

　　生涯諮商領域內有十多種理論作為協助了解人的生涯發展，各家生涯理論大概可以分為精神分析、生涯發展階段論、生涯特質論、生涯建構論等派別。本章以阿德勒心理學作為主要參考架構，主因在於筆者認為 21 世紀的生涯助人工作是一個跨文化並已歷經時代變遷考驗的專業，我們有義務和責任融會貫通前人努力的理論、實務與研究成果，縮短或消弭「個人情緒諮商」和生涯諮商分割的專業成見，提供各發展階段的個體和群體在不同的生活場域（如家庭、學校、企業組織、特殊需求或社經文化不利族群等）之全人、全方位的生涯服務。要做如此的追求，我們必須尋求一個超越各派生涯理論和時代需求的心理知識體系，以作為有普世價值的專業

思考和抉擇之依據。

　　阿德勒心理學對當代多家心理學派或諮商心理治療工作模式的影響（如社會建構論、人本／存在主義、認知行為、社會學習、正向心理學等）已是眾所皆知，但在生涯諮商文獻中對阿德勒心理學的貢獻論述卻很少見，早期阿德勒心理學派學者中特別討論生涯的文章也不多（Stone, 2007）。個體心理學全人整體觀點讓過往的學者很少單獨討論生涯，有關「工作」的討論常嵌入在有關生命任務（life tasks）、生命風格以及社會情懷的文獻中。比較特別的是，當代生涯風格評估工作模式起源於阿德勒心理學，十餘年來進而發展成為生涯建構理論，引發較多的阿德勒心理學派學者針對生涯調適的理論探討、研究及應用。

　　通常生涯諮商的源起被視為從上世紀開始，但在 1895 年從維也納大學醫學院畢業的阿德勒，早在 1898 年就出版了 *The Health Book for the Tailor Trade* 一書，關懷當時裁縫師在職場上的身心健康，不但成為健康心理學的先驅，也為其「人」和「環境」不可分割的個體心理學論點埋下伏筆，是最早的社會建構論者，更為當今助人專業的社會平等倡議的角色做了最好的示範。阿德勒稱工作乃為人生最重要的三大生命任務之一，該論點為時也超過一百年，阿德勒的追隨者當中對生命任務有精深探討者，莫過於 Rudolf Dreikurs（1897-1972）。筆者希望從阿德勒心理學的主要概念探討其與盛行於上世紀和當代的生涯諮商工作模式的聯結，進而試圖對當今社會文化趨勢中華人的職涯心理及工作議題提供深度的整體性理解和關懷。

■ 貳、阿德勒與 Dreikurs 的生平與生涯簡述

　　阿德勒（1870-1937）是出身於維也納的匈牙利人，在六個子女中排行老二，從小體弱多病加上弟弟死亡的親身經驗，讓他自幼即決定長大後要當醫生。自維也納大學醫學院畢業兩年後，於 1895 年和來自蘇俄追求社會主義的留學生結婚，據說夫人對阿德勒主張女權以及對孩子權益的著重有很大的影響，他們共育有四個小孩，其中大女兒也跟隨俄籍夫婿倡議自由與民主，後來在蘇俄被捕下獄，阿德勒生前的最後一封信便是寫給獄中的

女兒。老二和老三是兒子，他們前後也成為心理學家。

　　阿德勒於 1902 年結識佛洛依德（S. S. Freud, 1856-1939）後，對維也納精神分析學會有深度投入也曾擔任其會長，於 1907 年發表使他成名的器官缺陷之論文，但後來因佛洛依德太過主張生理的性驅力，和阿德勒自己以社會意識主導的個體主觀認知理念不合，故於 1911 年成立個體心理學會；同年，阿德勒亦成為維也納公民。目前在北美阿德勒心理學會仍持續出刊的《個體心理學期刊》（*Journal of Individual Psychology*）乃是在 1914 年由阿德勒創刊問世。在 1912 年阿德勒出版 *The Neurotic Constitution* 一書，該書以心理系統觀稱其心理學為個體心理學，其中「個體」意指人不可分割的（indivisible）性格。

　　1916 至 1918 年期間阿德勒曾在匈牙利軍隊當軍醫。第一次世界大戰讓維也納陷入一團混亂，也留下許多孤兒寡婦，阿德勒在 1918 年開始設立兒童諮商中心多方提供維也納學校諮詢服務，在許多觀眾面前為教師、家長和學生進行「開放式家庭論壇」（open family forum），旨在透過教育協助家庭，在當時為提供社會均等的服務而挑戰了傳統只有貴族才能接觸的心理治療模式；開放式家庭論壇也成為後人稱之為「團體諮商」和「社區諮商」的里程碑。因此筆者在《勇氣心理學：阿德勒觀點的健康社會生活》（*The Psychology of Courage: An Adlerian Handbook of Healthy Social Living*）一書中，便據而稱阿德勒心理學為普通人可使用的普通心理學。

　　1929 年，阿德勒出版了《認識人性》（*Understanding Human Nature*）一書，針對社會興趣的概念進行深入的探討。阿德勒心理學的許多概念，如自卑情結、出生序、社群感等，都因為這本書而成為非常受歡迎的大眾學概念。阿德勒於 1926 年始應邀至紐約哥倫比亞大學講學，1932 年在長島大學醫學院擔任主任，他的理論得到更多美國人的喜愛。1930 年時納粹黨開始在奧地利還有德國開始稱霸，因此阿德勒一家於 1935 年搬到美國。他在1937 有一趟歐洲講述之旅，卻於當年 5 月 28 日過世於蘇格蘭愛丁堡附近的一個小城。他的骨灰一直到 2011 年，也就是個體心理學一百週年時，才被世界阿德勒心理學會以奧地利國禮重新安葬在維也納。

　　從阿德勒本人的著作中較難揣摩他一生理論的演變和整體樣貌，阿德

勒本人的寫作風格通常不在表達淵博的學術，而是在於將文字帶向可行的具體行動。要對阿德勒心理學有整體性的了解，通常必須經過後代阿德勒心理學派學者的整理與翻譯。在這當中最能將阿德勒的理念持續在美國實現出來的人，即是從在維也納時期就跟隨阿德勒的 Dreikurs。阿德勒與 Dreikurs 都認為，個體心理學應該重視孩子在家庭和學校的教育，訓練孩子長大後能在社會上發揮健康的預防功能，比精神疾病的治療更值得關注。Dreikurs 於 1937 年從維也納搬到美國，在 1940 年初便在芝加哥建立美國第一個兒童諮商中心，也就是現在芝加哥阿德勒大學的前身。Dreikurs 繼續以開放式家庭論壇方式進行家庭諮商，推崇民主的家庭關係，在這樣的情境下，Dreikurs 將阿德勒心理學中的行為目的論延伸到孩子的四個偏差行為目的，並於 1962 年成立歐洲的阿德勒心理夏季國際訓練機構 International Committee for Adlerian Summer Schools and Institutes（ICASSI），該機構在 1972 Dreikurs 過世後，由目前仍在南伊利諾大學任教的女兒 Eva Dreikurs Ferguson 主持。本文特別介紹 Dreikurs，乃是因為他在阿德勒心理學中對「工作乃為人最重要之生命任務」的著述最具貢獻（Dreikurs, 1971/1994, 1989; Mosak, 1977）。

■ 參、阿德勒心理學的核心概念

阿德勒心理學認為自卑和社會情懷是天性，人願意克服自卑和實現社會情懷也是天性。我們超越自卑的方式則在於克服困境、朝向目標努力，或是運用補償的心理動能。人和社會有不解的關係，所以從阿德勒心理學的觀點來看，人從小會對其所屬的環境如家庭、學校形成主觀的評價，這個主觀的評價會影響人整體的認知、情緒和行為，也就是他獨一無二的性格。一個心理健康的人需有勇氣從以合作接納和參與貢獻之方式履行各項生命任務（愛、工作、社會關係，以及自己和宇宙生命取得和諧關係）中達到隸屬或意義感。

以上是筆者嘗試為工作坊學員定義的「三分鐘阿德心理學」簡介，希望能建立一個粗淺但較完整的初步介紹。基本上可以就每一個關鍵字先分

開加以定義，諮商心理輔導教科書中的解釋名詞很多，即使讀者了解每一個概念，仍然很難系統性地把握阿德勒心理學的整體精神。以下就阿德勒和其追隨者前後對其個體心理學發展的過程和內涵先加以整理和敘述，再就其主要概念擇要深入討論彼此之間的關聯。筆者建議有心的讀者可以先參考以下書籍：

- Adler（1927/1992），《認識人性》（*Understanding Human Nature*）。
- Adler（1929/2011），*The Science of Living*。書名後來改為 *Understanding Life*，為非專攻心理的讀者或想融合阿德勒如何看待及回應個人和社會需求的讀者而增編。
- Yang 等人（2010），*The Psychology of Courage: An Adlerian Handbook of Healthy Social Living*。中文版由蒙光俊等人（2010），書名為《勇氣心理學：阿德勒觀點的健康社會生活》。

一、個體心理學：從生理、心理到社會的發展

阿德勒的個體心理學理論前後經過三十餘年的發展和修正。第一個階段以其「器質性缺陷」的理論為代表，當中從生理的範疇裡，阿德勒已看到人的一體及獨特性。阿德勒在這階段也開始討論，人在自卑感的前提下會主觀地努力追求心理上可讓其得到權力的「補償」。他也開始提到，如此個人的努力需要在他人關係中得到認可。這個階段也被稱為「社會醫學」的時期，他從職業、社會經濟、疾病的相互關係中探討公共衛生裡的偏見並倡議社會健康。我們可以看到原本是生物性導向的探討，但在阿德勒心理學早期就開始走向心理的、社會的及整體性的觀點。

阿德勒理論發展的第二階段首重於「自卑感」和懷亨格（H. Vaihinger, 1852-1933）「假若」（As If，或譯為虛擬）的哲學對其神經質的看法之影響。阿德勒所主張的「虛擬的終極目標」和「行為目的論」乃為一個人形成性格或「生命風格」的基礎，一個人主觀的認知和社會因素處處都影響著人的生命風格。筆者曾多次在北美和世界阿德勒心理學會議發表，尼采的「創造性能量」（creative power）概念影響到阿德勒對一個人如何以此能

量超越自卑，追求其原屬虛構的終極目標，並從中得到補償所採取之立場。筆者也提出尼采（F. W. Nietzsche, 1844-1900）生前未完成的一個概念——「權能意志」（will to power）對阿德勒解釋人如何追求「優越感」有深刻的影響（如 Yang, 2011, 2017a）。

「社會情懷」是阿德勒理論發展的最後一個階段之最大改變和貢獻。他在戰爭前線完成軍醫的任務後，針對他自己的提問提出解答：居於人類和人類命運之中的最大連結是社會情懷。對阿德勒而言，所有的問題都是社會關係的問題，只有社會情懷可以用來「調節」個體和其社會的關係以達到雙方的期許和滿足。這樣的領悟使阿德勒對自卑感重新省思：固守自卑感是人生活的錯誤方式，人們在社會生活中之所以會努力追求優越感，是人基本的隸屬需求，無法獨立生存的個體只能在社群中找到自己存在的安全感、價值和意義（Adler, 2006）。所謂的神經質是從兒時帶來私有邏輯的我們對生活抱有多少挫折、氣餒或逃避的程度問題。一個健康的人則在於其是否願意或有預備在社會生活中採取合作和參與的態度。於是社會情懷成為心理健康的準繩，也是心理治療和教育的目標。

二、整體觀：身心與社會調適的當代科學基礎

阿德勒非常認同和他同時代的一位科學家 Smuts 對整體觀（holism）的創見，他認為人的身心是不可分割的一個系統，他在長島醫院對醫學院學生的演說中便倡議能包容身心靈的醫學心理學，主張醫生須顧及身體器官的成長是如何受到人的情緒和生活風格的影響，和傳統分析症狀再化約到單純的因果關係的醫療模式（reductionist）很不一樣，阿德勒認為要了解一個人的性格和行為，我們必須共同考量其生理、心理及社會環境因素（Ansbacher, 1994; Yang, 2017b）。

個體心理學是一套價值導向、主觀的心理學，一向視生命及其社會環境為不斷改變成長之有機體，肯定生命共同體，有生態觀。認為人的行為（含認知和情緒）是個體和環境互動的函數，重視全人發展多過於心理疾病防治，尊重人天生具有復原、療癒的能力。如此對個人有主動參與創造

自己的身心社會經驗的觀點，不但在上世紀中成為社會建構論的基礎，也在當代神經科學和表觀基因學的新發現中得到科學的高度支持。

舉例來說，我們是由不同單位的原子、細胞有秩序地組織而成的有機體，有機體會不斷成長和改變，經由大小元素自有的變更才有整體的再生。從整體觀來看，腦是一個系統，是一個可更生、可塑的有機體，與我們一生的經驗息息相關。神經可塑性（neuroplasticity，我們的腦神經能因應我們的內外在經驗而有結構上的改變）和神經再生（neurogenesis，人之神經元及神經迴路新生和發展是一輩子的現象）協助我們理解不同的神經組織隨時在交互地影響我們的認知、情緒和行為（Cozolino, 2010; Siegel, 2010, 2012; Sperry, 1992）。綜合阿德勒主張身心不可分割的整體觀，以及當代神經科學腦有其社會性的發現，我們性格的形成和改變其實和我們的環境與身心互動式息息相關。

人是能自我實現、不斷成長、生生不息的有機體，如果基因是英文字母，它拼寫出的字不但不可勝數也無法預測，這些字譜出的生命故事因人而異，但研究已指出我們的身體和心智一方面傳承了基因演化結果，一方面也會對生活中的一切做出反應。我們的大腦和基因隨著我們的自我觀、人我關係、環境的變化，隨時都在接送訊息，如果我們可以傾聽這些訊息，以及這些訊息如何不停地在譜出我們的生命故事，我們會驚嘆且同意我們的存在乃大於細胞的總和，我們就更願意相信我們不是身心疾病的受害者，相對的，我們可以有意識地選擇讓身心健康的生活途徑（Sperry, 1984, 2006, 2011a, 2011b, 2011c）。當我們選擇新生活型態，催化心智和身體的合作，知道一個小小改變能傳送正面訊息給基因以改變基因活動，我們就能喚醒身體健康的可能性。

整體觀在阿德勒心理學中，意味著人的心思、情緒和行為當中存在著一個系統性的關聯和動力，和個體想努力達成的生活目的息息想關。三大生命任務在一個個體的生活實踐中便不能分開來看，在其中一項任務的成就可用來作為另一任務的補償；在不同任務的背後也可能存在一些共同的生活目的或社會適應的議題。筆者曾以阿德勒心理學整體觀闡釋工作壓力的大腦、身、心與社會意涵（Yang, 2017b, 2017c）。就生涯調適的角度來

看，我們也是自己在各種生涯的議題或困難的參與者，可以透過澄清我們對生命目標或意義的追求和用社會情懷的指引來克服困難。整體來看，一個人的生涯問題和解決之道原來也是不能分開來看的！

三、早期經驗與性格的形成

阿德勒（Adler, 1927/1992）在《認識人性》（*Understanding Human Nature*）一書中，非常生動地描述性格的形成如何在嬰兒期便開始。尋求照顧者的關愛和認同，是所有孩子的共同目標，孩子和他人互動的經驗或印象會左右孩子對自己和別人的看法，也會成為孩子成長過程中遵循的軌跡，一個人最早的社會意識也在這時形成。人與生俱來的創造性能量使生理或心理有缺陷的孩子或未受到照顧者適當關愛的小孩，替自己不斷尋求不同的補償方式，孩子的心態和行為模式在成長過程和他人的反應中會慢慢定型。當現實環境和人主觀知覺不符合時，人會重組其人我關係以符合自己的認知信念，如此一來人便開始形成自己的獨特性、生命態度和整體的生命風格。

兒童出生在家庭的順位將決定他在家庭內的行為互動方式，隨後更將形成孩子面對生命任務的性格態度、生活目標及生命風格。這些特徵的發展通常奠基於兒童克服自卑感的創造性努力，以及父母、手足和其他重要他人對孩子早期生活抉擇和行為的回應。比較一個人的生理出生序與心理出生序，將會是我們理解他／她及其在家庭、工作或社群中與他人關係的重要線索。出生序不應以特質論的刻板印象來看待，同樣出生排行的人會因性別、角色楷模、生理特徵、健康、家庭經濟、父母教育程度、家人共同價值觀、文化傳統期待等因素影響，而有不同的經驗。

「家庭星座提供我們有關人們如何看待自己與生命的實用訊息。我們依照自我創意的與獨特的方式因應自卑感和建立歸屬感。」

〜阿德勒

基於早期經驗對性格和社會意識形成所扮演的重要角色，阿德勒的個體心理學特別著重孩子在家庭和學校的教育訓練。他主張我們可以從孩子對世界主觀的看法來了解其行為的意義；所有孩子都能有所學習，沒有一個孩子能被視為無望，因此我們要為每個孩子找到能協助他們的方法；因為自卑是天性，我們應鼓勵每一個孩子用獨特的方式努力尋得隸屬和價值感；家庭、學校和社區有義務提供讓孩子鍛鍊品格的理想學校和生活藝術。最重要的是，教育的最終目標在於讓所有人有社群感。

從孩子的遊戲和學校生活，我們可以觀察到孩子和環境如何互動，以及孩子的自我概念、創造力、社會意識、未來的工作興趣和態度。從一個孩子對工作的幻想中我們也可以猜測這孩子克服自卑感的需求，以及他／她優越和權能的創意表達。連結童年經驗和生活訴求讓我們更能了解一個人的內心世界和行為模式，在工作的生命任務中，我們也可藉童年印象對工作問題因應效能造成的影響加以評估。

四、行為目的、自卑感的補償、虛擬導向、權能意志

阿德勒認為，我們必須以整體來看待人的外在行為，在人整體的性格裡，有一個人生目標讓這個人在成長過程及生命任務的表現上有軌跡可循。從自卑和補償的動力舉例來說，因為人類的嬰幼兒期特別長，在能自立自足前需仰賴他人才得以生存，覺得自己不如人或想要和他人一樣或更有能力，乃是人之常情，自卑感開始讓人形成追求平等或優越的目標，這時候一個人社會意識的程度和其虛擬的最終目標加入，一起形塑其價值觀和達到目標的生活行為（Ansbacher & Ansbacker, 1956）。

阿德勒認為人渴望有隸屬感，當一般人從自卑感的起點透過努力和克服困難尋找融入社會的方式時，自覺缺陷程度較高者在和社會互動時可能會悲觀地放棄努力，或由其私有邏輯主導尋求以自己為本位偏離社會意識的權勢。Dreikurs 到了美國芝加哥之後，提出孩子的偏差行為來自其四大錯誤目標：獲取注意、尋求權力、採取報復和表現無能。Dinkmeyer 與 Carlson（2006）為青少年再加入尋求刺激、尋求同儕接納、尋求優越感三個行為

目標。錯誤的行目標常應用在阿德勒心理取向學校、家庭和社區親師及兒童青少年諮商工作中，也可用來推斷成人的行為型態。

> 「真實的內在力量不僅從天資，也會從勇敢與困難搏鬥中衍生而出。勝利是屬於成功克服挑戰的人。」
>
> ～阿德勒

哲學上，筆者認為尼采的權能意志（will to power）觀點為阿德勒的自卑感概念和虛擬導向的理論帶來結合的基礎（Yang et al., 2010, p. 51），這個「power」究竟是什麼，在阿德勒心理學界也有不同的說法，有時稱之為世俗的權力，有時又指克服、優越或是目標，有時又和虛擬導向放在一起形容神經質的特徵，相當不一致。筆者相信在個體心理學的脈絡下，權能意志和創造性力量相關，都存在於我們內心對完美的渴望和奮鬥中。

同樣受到尼采的影響，弗洛伊德強調愉悅、弗蘭克（V. E. Frankl, 1905-1997）強調意義（Yang, in press），只有阿德勒忠實地在其又哲學又強調實用的理論中繼續用power的字與義（Adler, 1966; Ansbacher, 1972; Kaufmann, 1972, 2013）。在幾番推敲之下，筆者同意如果 power 無法滋生更多的power，便不算是power（Papanek, 1972）！在我們都願意追求更豐富成功的人生，以及我們又都是獨一無二、不可分割的個體之前提下，筆者把權能意志的理念放入阿德勒取向的蘇格拉底式提問：究竟「我們要更多的什麼？」希望這樣的提問可加深我們了解人工作生命任務、工作調適，以及相關議題的心理意涵。

五、生命風格

在阿德勒心理學理論架構中，「生命風格」應屬最重要的概念。人不是被動地只因環境的影響而有所反應的存在，人有主觀的生活態度的選擇，人也具有努力實現人生目標的動力。因應環境的其實是人創造能量的表達，是一個不可分割的、一致性的自我或性格。「生命風格代表人對早期生活經驗的創意回應，這些早期生活經驗影響了人如何覺知自我與世

界，並進而形成隨之而來的思考、情緒和行為」（Yang et al., 2010, p. 56）。

我們的生命風格反映了我們的人生目標，以及我們面對生命任務時所做的抉擇，這些抉擇往往是依據我們從童年帶來的主觀認知和私有邏輯（Adler, 1927/1992）。生命風格由許多因素累積而成，包含隨著我們的成長和發展，以及我們自幼對環境的主觀評價。一般來說，這些元素包含我們的人生信念（我是誰、我對世界的評價）、價值觀（什麼對我來說是重要的）、目標期待（理想的我、人事時地物的「應該」）、主觀認知（我該達到的目標、我的行動策略）等。雖然常不在我們的意識之中，但生命風格決定性地影響我們的自我觀、人我觀和生命觀。

影響一個人生命風格的因素很多，其中包括環境生態、生理結構的缺陷或優勢、發展過程和經驗、文化價值、家庭動力與氣氛。生命風格除了是我們認知的藍圖外，在我們的生活裡也有許多功能（Eckstein & Kern, 2002）。生命風格協助我們組織心理活動、選擇我們的心理動向、偵測或預測情緒經驗、解決問題和掌控我們的生活經驗（Shulman & Mosak, 1995）。阿德勒本人甚至認為，人能透過安排其心理或精神症狀以達到其心中的目的，阿德勒心理學也因此被稱為「運用的心理學」。但並不是所有的生命風格都是健康的，有超常自卑感或被誇張的補償之個體會提高自我保護的需求，削弱社會意識。這樣的人容易犯一些基本卻不自覺的錯誤，如非贏不可或輸不起、一定要他人認可、不能接受批評、過度敏感、讓別人為他做決定，這些錯誤會讓人對人生下了錯誤的結論，影響其各項生命任務，追求錯誤目標、策略和效能。

在個體心理學中，人是能自我實現、不斷成長、生生不息的有機體。性格主導我們身心的互動，在環境的輸入與最終的輸出之間，有個體的選擇、創造性努力，以及有人的夢、理想、認知、情緒和社會意識在居中協調。自我是持續的累積經驗，是身體、情緒、社會、文化等多面向交織的歷程。了解生命風格如何引導一個人的自我統整其生活經驗、賦予事件主觀意義，以及性格如何影響人的認知、情緒和行為反應，對阿德勒而言是一門講究整體觀的科學。在生涯諮商中，阿德勒心理學強調工作者的主觀經驗，工作如何成就人對自卑感的克服或對其他生命任務的補償，實踐生

命任務的策略，以及評估生命風格如何影響一個人工作行為目標和心理動向（Stoltz & Apodaca, 2017）。

　　整體而言，阿德勒（Adler, 1927/1992）非常反對類型論強調人朝向虛擬目的之心理動向（movement）。後來的心理學者亦支持阿德勒不以類型評估及描述人的性格，但在「優先順序量表」（Priority Scale）中的四個優先順序包含「舒適」、「討好」、「掌控」、「優越」，目的在於協助使用者了解其自我、人我及世界觀，多用在諮商實務中（Dillman Taylor et al., 2019; Kefir, 1971, 1981; Kefir & Corsini, 1974）。在追求歸屬和接納的過程中，這個量表協助我們思考「什麼對我最重要？我最該避免的是什麼？」優先順序即信念（conviction）的縮影。我們的偏好就是我們言行的指導原則，包含我們的信念（我必須、我一定……）、價值觀、目的和認知。後來 Bitter（2011）指出，Kefir 的四個性格優先導向和後來 Satir 提出的四種面對壓力時的溝通風格如同出一轍（Superiority/Blaming, Comfort/Distracting, Control/Calculating, and Pleasing/Placating），其實所指就是生命風格。

六、社會情懷

　　生命風格可以帶我們走向成功，也可能誤導我們採取失敗或失效的生活策略，這取決於一個人的心理動向在面對生命任務時，是否朝向社會情懷的理想。阿德勒認為，健康的社會生活標準在於我們是否能藉由合作和貢獻於社會的共好生活態度，而感受到歸屬或意義。我們要能用整體觀的觀點才有了解社會情懷發展和心理運作的途徑。社會情懷雖是人天生的性向，但也需要後天的培養、成為能力，再加上個體主觀評估後所採取的態度三方發展配合才成立，因此家庭和學校在個體社會情懷的發展和訓練上，扮演了相當重要的角色。我們很難想像一個受到照顧者嬌寵、忽視、過度嚴厲管教的孩子，在社會情懷的發展上會是平順的。

　　如圖 2-1 所示，社會情懷可以從人如何回應社會生活要求來觀察。我們在努力取得社會隸屬及意義的目標時，在「自我」和「人我」關係上會有所取捨。圖中橫軸所代表的是人以合作接納的方式回應當下環境對我們生

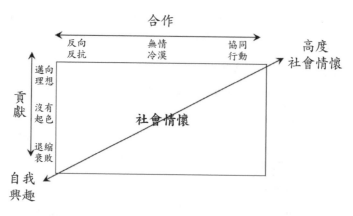

圖 2-1　社會情懷為心理健康的測量指標

資料來源：取自 Yang 等人（2010, p. 65）

活的要求（What is, is.）。具體來說，一個懂得合作的人須兼具施與受的能力，能看到自己是家庭、學校、社會、生命整體的一部分，能同時接受正向及負向生活經驗，以及具有當下問題解決的能力。縱軸所代表的則是我們發自內心的社會理想（What could be.）所採取的有參與和貢獻的行動。這樣的人所需的生活態度是「要求別人的少，給予他人的多」、不期待酬賞、整體的福祉高於個人的利益、有自我價值感、覺得自己有用、願意為社會進化努力。

　　圖 2-1 中的斜線所代表的，是一個個體在橫軸和縱軸交集下所有的心理抉擇之總和，就動力而言，我們社會情懷的發展很有可能是曲折迂迴的，社會情懷可向兩個相反方向延伸，當我們感到不安或害怕時，我們可能需要走向自我保衛；一個健康的個體若從家庭、學校得到良好的訓練，會本然地讓走向社會情懷。社會情懷發展的困難來自「合作」或「貢獻」的選擇通常無法同時並進，兩難的或矛盾的情境會讓個體覺得被「卡住」，而有焦慮和空虛的感覺。

　　　「只有對社會合作有所預備的人，才能夠解決生命加諸
　　　於我們的社會問題。」

　　　　　　　　　　　　　　　　　　　　　　　～阿德勒

　　在個體心理學的參考架構中，生命的意義在於人在因應多變的生活要求當中，仍能真誠地尊重內心的自由。人類的努力和奮鬥的歷程始於自卑感，伴隨著人的成長，在成長過程中，我們追求他人的認同和感覺隸屬，但若沒得到滿足，在往後的性格發展和社會生活適應上會有困難。

　　我們在工作及其他生命任務上的努力和追求完美[2]，需要有我們和他人皆為生命共同體的社會情懷伴同（Sperry, 2011c）。如一個人只為自己著想，他便無法與別人合作，只會追求更多的權勢，變成社會進步的阻礙。其實社會情懷對脆弱的個體是最好的補償，一個健康的人能真實面對各項生活的挑戰，超越自我保衛而邁向隸屬或意義的創造。如是，社會情懷常被視為心理治療和教育的策略與目標。以下提出四個以C開頭的字，具體說明如何透過教育和訓練培養社會情懷。這四個C分別為：我有可隸屬的地方（connect）、我相信我有能力做到（capable）、我能感到有意義（count）、我遇到怎麼樣的困難都願意去面對（courage）（Bettner, 2014; Bettner & Lew, 1998）。

七、工作的生命任務

　　阿德勒認為，所有人類的問題都是和社會有關的問題。工作便是阿德勒認為的人生三大問題之一。其實從佛洛依德開始，工作與愛情本就被認為是男性和女性共有的兩大生命任務，阿德勒後來再加入社會任務。工作、愛情和社會關係在阿德勒的說法裡，除了是「生命任務」，常常也是人社會生活的三大問題、要求或挑戰，意味著人的成長本然地需要以努力奮鬥朝向目標、克服困難及創意補償來面對這三個社會生活面向。Sonstegard 與 Bitter（2004）指出，只有在我們成功達成任務時，我們才能感受到歸屬感。阿德勒認為，我們面對這些問題的方式也揭示了我們對生命意義的詮釋。後來，Mosak 與 Dreikurs（Mosak, 1977）再加入和存在主義相關的自我接納和與世共處兩個生命任務，企圖更完備確切地描繪人類生活的要求。

2　參考權能意志。

工作是讓人類能繼續生存最重要的生命任務，因為沒有人能獨立生存，工作的任務需要和他人合作分工才能完成，也因此具有其心理和社會的意義。從人是人類社會整體生命中的一部分來看，工作在阿德勒心理學中，被視為是對他人利益福祉有所貢獻的活動（Dreikurs, 1989; Ferguson, 2014）。工作任務的實踐就像其他的生命任務一樣，需要個人有所訓練和預備並具有社會情懷，工作的挑戰則來自一個人無法和他人合作或是為保護自我而導致的不良補償。

工作任務之所以是問題或挑戰，乃在於一個人的工作就是其性格表現，需從一個人的生命風格評估做起，並檢視人用工作補償的本質（例如：為自身優越感而競爭，或為自己生計及社會貢獻而努力）。若從社會情懷來看，並非人人的社會參與和貢獻程度或機會都相等，也不用做到鞠躬盡瘁，因職業無貴賤，只要工作者以自己和他人的貢獻相得益彰來看待自己的價值便可。另外，工作的問題需要與其他生命任務一起思考，例如：職場的人際關係和社會經濟景氣的狀況，或界於性別、家庭和工作的角色方便，因此工作議題是一個自我和其生活環境協調、抉擇和性格統整與否的議題。

八、「生涯調適」：克服工作困境的權能意志

根據研究，「生涯調適」最早由生涯發展理論家 Super 提出，重點在於一個人跨越不同的發展階段時所應有的調適。近二十年來，在生涯諮商文獻中也常以 Savickas 在生涯建構理論中的說法為主，意指一個人一生中「生涯調適是能否成功所需的能力」，強調人需要有彈性、適應力和終身學習。已有許多跨國研究就 Savickas 四個面向的「生涯調適力」測驗工具進行考驗（如生涯關注、生涯好奇、生涯掌控、生涯信心）。

阿德勒心理學派學者 Savickas（1997）認為，孩子自出生便開始的「調適力」（adaptability）等同於人終身克服自卑的努力，也就是對優越感的追求（Stoltz et al., 2013）。就 Savickas（2005）自己所言，生涯調適的概念架構在一個心理社會的觀點，認為人之所以能建構自己的生涯，其前題是在

其生涯發展、轉換或困難當下，人能擁有自我調節與因應的態度、信念和能力，但對困難或創傷著墨不多（Del Corso et al., 2011）。其實阿德勒心理文獻中發現，三十幾年前已有學者提出生涯調適力是一個成人針對工作的生命任務所做的協商。生涯調適力的內涵除了「關注」、「掌控」、「好奇」、「信心」外，還有「承諾」和「合作」兩個面向。

　　我們不難看到，生涯調適和阿德勒心理學理論裡，超越自卑或困境中所需的努力、克服和補償有最直接的相關。影響阿德勒甚深的哲學家尼采和斯賓諾莎（Spinoza），其倫理思維讓阿德勒的「調適」有其哲學上獨到的看法。從權能意志（will to power）概念中，「power」本質上來自是克服自卑和追求意義的「力量」。「調適」和人的發展息息相關，調適是我們持續地、有效地因應外在世界要求的永遠的自我驅策（Adler, 1964/1979, p. 32）。從阿德勒心理學的社會情懷概念來看，生涯調適是社會調適的一環，一個人可藉由工作達到「更多的」自我興趣還是社會興趣的不同選擇。

　　筆者同意部分阿德勒學派學者的主張，21 世紀生涯諮商新派典可以生涯調適為核心來整合阿德勒心理學的觀點（Stoltz et al., 2011），認為生涯調適和阿德勒所提出的生命風格息息相關，因為是生命風格讓一個人以其獨特的方式解決生命之所有任務。具體來說，在個體心理學中，人追求優越感的生命風格可以從人尋求隸屬感的策略來觀察，這些策略包括：尋求注意、爭權、報復或退縮等：這些態度也可以用來了解一個人在工作的生命任務上如何面對困難和尋求克服之道。生命風格的評估於是成為生涯諮商或諮詢不可或缺的一部分。

■ 肆、阿德勒心理學生涯諮商之實務應用

　　上個世紀的生涯工作模式反映著從農業時代、工業都市化、現代化到現在資訊科技時代演進，21 世紀的生涯挑戰往往令人感到焦慮和困惑。在社會經濟結構和個人對文化價值的認同不停改變的時代背景襯托下，「彈性生涯」（protean career）一詞與其概念出現在生涯諮商文獻中已有一段時

間。筆者在《勇氣心理學：阿德勒觀點的健康社會生活》一書中，透過
「工作的勇氣」一章對彈性生涯議題有多方探討，在彈性生涯時代中的個
體，必須有和上一代以機構為中心的工作者不同的價值和意義的勇氣（如
表 2-1 所示）。

表 2-1　傳統生涯和彈性生涯的心理內涵

傳統生涯	vs.	彈性生涯
效忠機構	vs.	自主自立
升遷	vs.	成長
安定	vs.	遷動與適應
待遇的滿足	vs.	心理的成功
組織制度	vs.	承諾
特徵	vs.	有用

　　彈性生涯的心理內涵意味著，生涯發展和生涯諮商／諮詢的專業領域
內涵與方法產生了派典的更替。原來強調生涯發展和人境適配性的理論假
設，必須擴展到人和環境互動下個人意義的建構思維。多變的工作世界所需
的機動性替代了原來講求藉由工作以求生活穩定的價值觀；人和工作環境的
特質變成是我們必須懂得運用的資產。生涯諮商從原來的問題診斷變為對生
命主題的傾聽，本來藉由施測安置的科學數據現在只是人生故事撰寫的素
材。

　　Savickas（1989）認為，阿德勒心理學可以為講究媒合個人特質和環境
要求的生涯輔導和諮商給予概念上的深化。在特徵論中，人和環境的適配
性可以用阿德勒心理學中的追求隸屬感及社會情懷的目標來看待（我如何
在職場上有一席之地？我能有什麼貢獻？）與其強調物以類聚，不如強調
阿德勒所強調的人獨一無二的工作方式或達到目標的策略。「興趣」在阿
德勒心理學上可以是一個人遵循的生涯路徑，對某些人來說，興趣在休閒
或家庭角色中最能體會的到，不過並不是所有的人工作和興趣都能配合。
生涯的選擇不只是興趣和工作類別的搭配，我們可以探討一個人的抉擇如

何和其私有邏輯和信念有深度的相關，以下筆者希望先就一般諮商的歷程
與內涵加以討論。

一、諮商歷程

　　生涯諮商的歷程和一般阿德勒心理取向的改變歷程沒有兩樣，包含建
立關係、心理評估、產生洞察和重新導向，其相互關係如圖 2-2 所示。

　　首先，因為社會情懷的自覺和行動表達是阿德勒心理工作的評估策略
也是最終目標，生涯諮商師從建立關係的階段自始至終必須能以平等、尊
重、接納和鼓勵的態度與技巧，來贏得來談者在諮商過程中的合作和參
與。阿德勒心理評估工具的設計通常以早期回憶、出生序、家庭星座、行為
目標、生命風格為主，重點則在於來談者自己的生命任務、認知態度，以便
讓雙方共同看見其生命風格在工作或其他社會生活議題上的影響。

　　生涯諮商歷程中的心理評估需要在整體觀的前提之下，才有辦法協助
來談者達到自我了解的功能。生涯諮商師在做心理評估時可用的工具非常
多，大致可以分成投射的、客觀測驗的和建構式的心理評估三大類（Son-
stegard & Bitter, 2004）。生涯風格晤談即為建構式的心理評估，先藉由有結
構的蘇格拉底式提問引導來談者敘說其生命故事，了解當事人主觀的經驗
與意義，接著是諮商師和來談者對當下的生涯議題達到相互理解後，最後

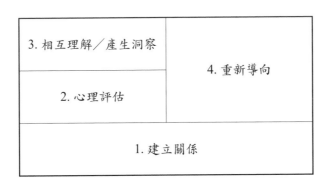

圖 2-2　促進改變的要素

資料來源：取自 Yang 等人（2010, p. 220）

才進入到重新導向、問題解決或改變的階段。在此階段，雙方共同檢視問題解決、行動方案的選項和可能有的正向或負向結果，諮商師完全尊重受諮商者之抉擇。

筆者在《勇氣心理學：阿德勒觀點的健康社會生活》一書第三部，蒐集了相當多阿德勒心理晤談腳本，可以由諮商師視諮商歷程中各階段之所需創意使用。本節特地為讀者舉隅和心理評估相關的晤談技術、生涯風格晤談、生命風格晤談和測驗工具。

二、蘇格拉底式提問

阿德勒心理取向實務工作通常不忌諱以提問進行心理評估。蘇格拉底提問的主要目的在於協助來談者能從找尋答案中，得到對自己問題的洞察並使諮商關係雙方能達到共識。提問者藉由傾聽和來談者共同反思所評估到的訊息，再依阿德勒心理原則給予概念化。筆者在《勇氣心理學：阿德勒觀點的健康社會生活》一書中，對蘇格拉底式提問的技巧使用意涵和原則有較詳盡的解釋（Yang et al., 2010, p. 213），也針對如何應用上，舉有許多例子說明（如工具一，p. 228）。以下筆者藉由生涯生命任務之蘇格拉底式提問的示範（如表 2-2 所示），希望也能協助讀者了解生涯的生命任務如何和其他生命任務不可分割，需要做整體評估。

三、早期回憶

人和社會取得關係的心理活動之源頭是童年早期，早期回憶則是助人工作者藉此來了解一個人的行為模式或生命風格的策略。阿德勒心理學中，早期回憶一向被視為是一個人的心理「投射」，是當事人不自知但有目的的一個選擇，所反映出來的是這個人對自己、他人和周遭環境所持有的主觀態度。

對一個事件的回憶不等同於經驗或故事的陳述。個人回憶起經驗彷彿歷歷在目，記憶的存在對他／她而言，就像一堂堂小型的生命課程，可在面對生命挑戰時成為下決定的指引，而個人對於所回憶事件的詮釋，則在

表 2-2　工作生命任務之蘇格拉底式提問範例

生命任務	工作任務的蘇格拉底式提問
職場	工作生活裡讓你感到最驕傲的是？工作上遇到問題時你如何解決？
愛	你或伴侶的工作如何影響你們的親密關係？約會時或結婚後，經濟上的安全感如何是（或不是）你對他／她的期待的一環？
社會關係	你的原生家庭對你的工作抉擇或態度有什麼樣的影響？你新來的主管提出了一些工作的新要求或作法，你是如何面對（或抗拒）改變的？
自我	我現在的工作能協助我成為我想要成為的自己嗎？我知道要如何預備好自己以面對彈性生涯中難預測的未來嗎？
世界／生命	你的工作如何讓世界更美好？我們如何可以傾聽生涯經驗的害怕，讓害怕促成必要的改變，有建設性地走向我們生命的目標呢？

提醒他／她對生活參與應有的目標和限制。早期回憶所揭示的是個人對自我、他人與世界的認知，也包括此人的倫理信念和行動計畫。我們記憶之浮現絕不是偶然拾得的，記憶的形成乃是我們基於孩提時代所發展的性格和我們當下的需求，針對現在生活調適有目標的經由提取、再造，甚至新創的一個「建構」的歷程。筆者在《勇氣心理學：阿德勒觀點的健康社會生活》一書的第三部分提供了幾個晤談工具（Yang et al., 2010, p. 281, 284）。除了傳統的早期回憶，諮商師也可請當事人回憶最快樂、傷心，或最有成就或成敗的記憶。

四、家庭星座和家庭氣氛

　　在工作的生命任務中，個體心理學學者常以早期回憶來預測一個人的職業選擇，用家庭星座和出生序探討人對自己是否感到成功。家庭星座是一個人在其最早的社會團體中的社會關係圖（sociogram）。從他／她在家庭中的地位、家人互動、生命早期經驗，我們能了解一個人的認知信念、態度、特質及生命風格（Grunwald & McAbee, 1985; Toman, 1993）。評估、了解一個人在其家庭的地位、家人關係和主觀經驗，是相當於家族諮商中家庭系統和家庭動力的觀點，在個體心理學中著重孩子的出生序和家庭氣

氛。家庭氣氛會塑造不同家庭成員不同的認知情緒經驗和行為反應，而形成家庭氣氛的因素非常多，通常包括出生序的影響、手足關係、父母作為所引起的孩子的反應、每個孩子在家裡扮演的角色、父母管教態度、家人關係、父母情緒和家庭生活秩序等。評估一個人家庭星座訊息即是在評估其生命史，通常以結構式訪談所做的性格測驗來進行評估。家庭星座和家庭氣氛的評估通常比較費時，讀者可改採筆者和同事所設計的「家庭首頁」（Milliren et al., 2008; Yang et al., 2010, p. 263）。

個人早期生活的家庭氣氛在進行阿德勒取向心理評估是重要範疇。在童年時期，不僅父母親彼此之間的互動、他們與孩子間的互動，以及在家庭中所形成的種種所產生的家庭氣氛形塑了一個人社會生活的標準與規則。然而，每位家庭成員都依據自己的方式詮釋這些訊息，也因此，家庭氣氛不是決定人格的直接因素，但卻是形成生命風格的重要關鍵。既然孩子會根據在家中所發生的事件經驗解釋其所接受到的訊息，故此，了解他們如何看待自己在家庭中的角色地位，也就能夠明白並掌握「生命藍圖」的基本認知信念。

五、生命風格晤談

從阿德勒心理學架構來看，每個人都以自己獨特的風格追求安全、社會連結、價值和意義。此風格緣起於早期家庭經驗，並且成為個人主觀的社會生活規則。生命風格的評估可以經由傳統個體心理學的晤談方式，或使用檢核表（如生活主題探討和手足評比）來進行，也可由經過信效度考驗的量化工具來蒐集資訊。

生命風格的評估資料來源應該多元，通常由諮商者和來談者共同以蘇格拉底式提問進行，來協助來談者之自我洞察及問題解決，例如：對隸屬認知：「在追求歸屬和接納的過程中，什麼對我最重要？」「我最該避免的是什麼？」晤談方式採雙方共同參與，晤談所得則為來談者主觀的認知。以下筆者先就生命風格晤談加以舉例：

- 在阿德勒心理學界最常使用的是「生命風格量表」（Life Style Inventory, LSI）（Shulman & Mosak, 1995）。諮商者和來談者從家庭星座和早期回憶進行資料蒐集之後，以三段論（synllogism）的演繹推論思考方式回答以下語句：

```
我　是＿＿＿＿＿＿＿＿＿＿的孩子
別人是＿＿＿＿＿＿＿＿＿＿
世界是＿＿＿＿＿＿＿＿＿＿
生命是＿＿＿＿＿＿＿＿＿＿
所以我＿＿＿＿＿＿＿＿＿＿
（例如：必須、一定、應該、決定……）
```

- 在生涯諮商情境中，筆者把生命風格轉換為工作風格：「我」是指工作職場上我所扮演的工作角色，「別人」是指同事，「世界」則是指職場，用最後一句「所以我 ＋ ＿＿（動詞）」，來探討一個人工作上的私有邏輯和工作風格。
- 另一個生命風格示範則來自 Walton 以五個提問（含兩個早期回憶），讓應答者能感受到重複出現的主題以及和現在主述問題的相關（詳見 Yang et al., 2010, p. 278）。晤談者也可加入和工作學習相關的早期回憶，如第一天上學的情景和第一個有待遇的工作經驗等。
- 在生涯調適的概念下，諮商者可以協助來談者進行自我探討：生涯關注：「我有未來嗎？」生涯掌控：「我的未來由誰來掌控？」生涯好奇：「我能為我的未來做些什麼？」生涯自信：「我做得到嗎？」生涯承諾：「我的哪些生活角色可以讓我去追求我的生涯目標？」生涯合作：「我可以和誰一起追求我的生涯目標？」（莊政彥，2017）。

六、生涯風格晤談

有鑑於阿德勒心理學生命風格評估需時冗長，且常讓人對童年和現在的生涯議題感覺不相關，Savickas 在 Sweeney（引自唐子俊等人譯，2007）

的書中提出了替代式的「阿德勒心理生涯風格晤談」（career style interview）。Savickas 自述其內容和方法則來自美國阿德勒心理學者在早期回憶和生命風格評估的工作模式，例如：Shulman 與 Mosak（1995）以及 Eckstein 與 Kern（2002）等。當時，有八個公式的生涯風格晤談（共八個公式）便是現在的「生涯建構晤談」（共五個公式）的前身。這八個公式為：

- 在你成長的過程中，你的英雄是誰？（從角色楷模看當事人的自我概念）
- 你最喜歡的雜誌或電視節目是什麼？（當事人可實現目標或價值的工作場景或環境）
- 你最喜歡的書或電影是什麼？（從喜歡的劇情中看當事人扮演之社會角色和人生劇本）
- 你最喜歡的座右銘是什麼？（當事人的自我教導）
- 你最喜歡的學科是什麼？（當事人有興趣和能力的領域）
- 你最喜歡的休閒活動是什麼？（當事人感到有信心和克服缺陷的活動）
- 在你 3～6 歲時最早的記憶或故事是什麼呢？你會為故事下什麼標題？（當事人努力想解決的生命議題）

很可惜的是，Savickas 後來針對生涯建構理論與生命設計（life design）的生涯策略（Savickas, 2005, 2012; Savickas et al., 2009）所發表的書籍篇章、期刊論文，以及演練示範時，很少再提到阿德勒心理學的根源[3]。Savickas（2019）的 DVD 教學手冊第二版內將生涯特質論、生涯發展階段論，以及自己的生涯建構論，特質論及發展論平行列為當代三大生涯諮商理論派典，

3　本章作者的寫作依據，除了主要的參考文獻外，有部分來自他在 NCDA 創立國際關係委員會、伊利諾州生涯諮商學會及其母會伊利諾州諮商學會理事長，以及和 Mark Savickas 在 NCDA 及全美諮商員教育與督導學會聯合任務小組共事十年的經驗（Yang, 2005, with Minor, Engle, Savickas）。筆者和 Savickas 到他服務的大學錄製其第一版教學 DVD 時曾經有一個對話，他確認澄清其生涯建構論之阿德勒心理學的根源，唯他認為生涯建構論不足自成一個生涯發展理論而是生涯諮商的一套工作模式。這樣的論點出現在其 2006 年的教學 DVD 手冊中，但在 2019 年再版時已不存在。

只有微微提到他「同意」阿德勒的早期回憶觀點。相對的，他比較在「生涯即故事」（career as story）的角度從社會建構論的角度，談「自我的創造」、「身分認同」的形成，以及「自傳式生涯故事」的語言敘述，並從敘事角度統整人的經驗，再從中看到生涯故事之主題並賦加意義。對 Savickas 而言，所謂的「生涯調適力」是一個人如何以其生命主題和工作經驗交織出過去現在和未來的一個生命故事，應超越人和環境的適配性。

七、生命風格心理測驗工具

生命風格評估是協助諮商者了解來談者之自我觀、人我觀及生命觀的最佳途徑，除了晤談以外也可透過心理計量工具取得。以下筆者就經過信度建立和效度考驗的工具且有中文版本者略加介紹：

- 「BASIS-A 生命風格量表」：生命風格的量化研究目前以 Kern 等人（1997）所研發的 Basic Adlerian Interpersonal Scale（BASIS-A）最有實徵和臨床研究基礎。此量表將早期回憶分為五個主題：「歸屬感—社會興趣」、「遵從」、「掌控」、「期待認同」、「謹慎小心」，這五個主題被視為是五個生命風格的要素。在臺灣由黃柏嘉首先譯為中文，並由陳偉任再度檢驗和修訂（陳偉任，2016；Chen et al., 2016）。

- 「優先順序量表」（Preferences Inventory）：此量表最先由 Kefir（1971, 1981）支持阿德勒不以類型評估及描述人的性格，但在他量表中的四個「優先順序」：「舒適」、「討好」、「掌控」和「優越」，在於協助使用者了解其自我、人我及世界觀，多用在諮商實務中，最近已經過因素分析檢驗成為正式測驗（Dillman Taylor et al., 2019）。

- 「生涯調適力量表」（Career Adapt-Abilities Scale, CAAS）：此量表由 Savickas 與 Profeli 於 2012 年整合生涯調適能力四個構面編製而成，分別為「生涯關注」、「生涯掌控」、「生涯好奇」、「生涯自信」。在臺灣，由田秀蘭等人針對其編譯版本進行信度分析及驗

證性因素分析（莊政彥，2017；Tien et al., 2012）。

- 「兒童與青少年社會情懷量表」：此量表由 Alizadeh 等人（2017）編製，含關注他人、勇氣和追求優越三個分量表，適合 4～12 歲兒童使用。中文版本可洽譯者（駱怡如，2020）。
- 「組織成員四 C 態度檢核表」：黃英俞（2017）根據 Bettner 與 Lew（1998）提出的親職教育方法所編製而成，含連結、能力、意義和勇氣四個元素。
- 「社會生活經驗感知量表」：張倪綸（2020）編製。

阿德勒心理學其實是一套價值體系，它可以和很多其他理論派典融合，在生涯特徵論學派內常用的心理測驗，例如：臺灣大學入學考試中心所採用的「興趣測驗量表」（根據 Holland 類型學）、筆者所編製的「楊氏華人十六種性格測驗」所測得的性格類型，在個體心理學的概念參考架構中都可以看做是一個人的問題解決的自然導向（Yang, 2003）。

八、洞察與重新導向

生涯建構論者 Savickas（2019）認為，個體如何在一生的工作變動和協調中，找到或不失去其自我價值和身分認同，應該是生涯諮商的重點。生涯諮商者需要有能力協助來談者知道自己是誰，活得有自我、有自主性，以及願意在終身學習中把握其內在價值，具有就業預備力和彈性。這樣的「創造或建構自我」的看法和強調性格一致性的個體心理學很雷同，唯阿德勒心理取向生涯諮商者相信人是社會的存在，人所有的行為都具有「想要隸屬或感覺有價值」的社會意義和目的。阿德勒心理取向生涯諮商者需要從社會生活情境和生涯議題中，更深入探討來談者的生涯調適。

現代人處在多變的工作世界和同時需要隸屬感的矛盾之中，在同時想尋求工作機會和意義中，我們感到受到限制，我們無根的不安與尋求安穩和滿足的習慣有所衝突，我們的工作地點、我們的親密關係和家庭角色必須重新定義，我們對未知充滿害怕。在這階段，生涯諮商者需要熟悉各種生涯議題，例如：雙生涯家庭、單親生涯、家庭工作生活衝突、文化偏見

與歧視、職場霸凌、失業、工作壓力、身心健康狀況改變、必須改變的生活技能等，所造成的生涯內外在阻隔之因素（Duffy & Sperry, 2011）。

　　無論是藉由投射的（如早期回憶）、客觀的性格測驗，或建構的晤談心理評估（如生命風格晤談），諮商者必須協助來談者看到人的行為、感受所表達的，如何是其獨一無二的生命態度和信念。在諮商歷程的洞察（或相互理解）階段，諮商者須取得來談者的合作，共同檢視生涯議題中是否含有個人生命風格中的錯誤信念、錯置的人生追求目標，進而共同界定符合來談者價值和人生目標所需的改變。在重新導向的階段裡，生涯諮商師的最終目的是引發、滋養、修復來談者的社會情懷，並鼓勵其嘗試從超越缺陷自卑，到在工作生命任務中建構工作者的尊嚴和價值，以及走向成功的動能。

九、我的生涯故事：個案概念化

　　在每個人的生涯故事中，我們是說自己故事的人（agent），我們的故事有其背景（setting，含環境、人物等）、因有需求和目標而有的行動（action）。Savickas（2019）綜述上世紀著重的適性和發展階段的生涯諮商派典，已經轉化成新的生命設計新派典。生涯諮商的目的在於彙整一生的生涯故事後建構一個生命的畫像（身分認同的一個敘事），然後在藉由共同建構的諮商歷程，把找出的身分認同置入現實社會裡成為行動計畫。在這過程中呈現一個人「自我」的主體性，以讓人在面對社會文化不同面向時能形成多重身分認同或角色。

　　筆者認為，阿德勒心理取向在生涯諮商之應用不只在於和上世紀的生涯發展理論有融合之處，或只是套用在當代的生涯建構論之架構當中。在彈性生涯時代前提下，工作的生命任務在個體心理學的參考架構裡，必須整體地從一個人獨特的生命風格和其環境互動的動力來了解，更重要的是，生涯諮商者需檢視來談者之社會情懷和工作議題主述的關係（如其和社會合作與貢獻的選擇及困境），在深入探討影響來談者工作身分認同的文化社會經驗和工作信念後，再探索改變的可行性。以下表 2-3 是筆者在進行生涯風格晤談後，會用來請個案共同參與（書寫或口語互動）的概念化指引。

表 2-3　我的生涯自傳寫作指引

我的生涯自傳寫作指引

一、背景

自述我的家庭（父母生涯、出生序／手足評比、家庭氣氛、教育、社會文化、時代背景和工作經歷等）。

二、主述

我目前對自己生涯所持有的關切是？（包含是否有不可抗逆之負向因素）

三、客觀評估資訊

我做過的人格測驗的結果對我的自我了解、生涯發展和抉擇有何意義？

四、我的生涯故事

針對生涯風格晤談中的提問，我從自己的回應裡看到什麼？

1. 從我的早期回憶中，我可以看到自己有哪些優勢和資源（如能力、社會資源、人際關係等）？
2. 我目前的生涯如何反映出我在以上早期回憶中所呈現的主題、想望和行動？
3. 長大的過程中，我解決問題或達到目標的方式和我心目中的英雄最相似的是（特質、價值觀、策略）？
4. 從我喜歡的網站或電視節目中，我猜我喜歡和_____的人，在_____的環境／地方從事_____的活動？
5. 我最喜歡的書或電影的劇情彷彿在我的生命中也在上演著？
6. 我最喜換的座右銘是？針對我目前生涯的感受、轉換或選擇，我願意給自己怎麼樣的忠告？
7. 我和別人一樣的重要，我平等待人也期待他人以平等待我？
8. 透過工作，我想要有更多的_____。
9. 我現在的工作能協助我成為我想要成為的自己嗎？
10. 我的工作如何讓世界更美好？工作讓我有精神上的歸屬感？

五、個人反思

在個案概念化的歷程上，阿德勒心理諮商或諮詢者並不全然區分是生涯諮商或一般性諮商，而是需要把用心傾聽各項主觀、客觀的或建構式評估而來的個案心理資訊，加以整理後呈現於諮商互動中，並鼓勵當事人用以反思及察覺。在生涯故事中有主角在開承起合間做抉擇時的心理動向，當面臨衝突或生涯困境時，助人工作者能擷取當事人克服困難的優勢或風格，觀察當事人努力的目標是傾向害怕而自我保衛，或願意與外在環境協調追求共好而不失自己的價值、原則、目標與意義（Yang, 2018）。在諮商或諮詢者會運用鼓勵技巧支持當事人鼓起勇氣冒險克服困境，覺察在內心自由和社會責任之間的衝突，綜合當事人的所有生命任務和社會調適做整體思考。

■ 伍、阿德勒心理取向生涯諮商在華人社會的應用

阿德勒常被喻為西方的孔子，因其心理學超越西方個體主義和資本主義的框架，著重家庭和社會對個體自我觀、人我觀和世界觀發展的影響，整體性地尊重教育和社會對心理健康所能發揮的功能。阿德勒心理學中連結個體和社會的社群感是個人健康的最高指標，筆者也嘗試將其和儒家稱為至善的仁相提並論。華人社會中的個體通常在傳統教導下知道自己是家或社會團體的一部分，生存的最終保護和供應需來自合作和共好的生活方式。阿德勒心理取向生涯諮商和諮詢應用在華人社會中，可兼顧個體獨一無二之生命風格，進而達到個體藉由生涯故事之創作，同時達到自我和社會理想。但近代華人社會的社經家庭結構以及全球性的趨勢都在急劇改變之中，阿德勒心理取向生涯諮商者在了解諮商對象和催化改變的歷程中，必須對在同一文化社會中有不同信念的個體和家庭有特別的敏覺，諮商者必須具有多元文化助人關係必備的自覺及知能。

一、個人諮商

在個人生涯諮商過程中，諮商者協助來談者看到其從小到大一生的經

驗如何影響其「自我」觀點的形成，在華人社會裡，諮商者如果使用生涯風格晤談，務必特別留意來談者本身和社會中傳統、家庭、性別、年紀、教育、社經、文化的心理距離，以及這些因素如何影響其工作身分認同（Yang, 1991）。諮商者和來談者共同探討工作在其人生中扮演的角色，再從其生命風格中評估其內在需求和對社會責任，是否有矛盾和會影響身心健康的不良壓力反應。最後諮商者再邀請來談者針對生涯的困境克服或朝向既有人生目標，探討做成的決定和行動承諾。

二、團體生涯諮商

阿德勒心理學視人是社會的存在，所有問題和社會有關，團體及其對個體成員的態度和行為的影響，很自然地讓團體治療成為阿德勒心理取向重要的助人工作模式，文獻指出阿德勒早於 1910 年便開始了團體心理治療，其中最有名的是開放式家庭論壇，旨在短時間內能為更多的人提供心理服務，在強調民主的團體氛圍裡，每個人的生涯議題和解決都可以是大家共同的關注。透過團體成員在家庭中的生理出生序和心理地位、家庭氣氛及生命早期經驗，我們可以更加了解影響成員生涯的認知信念、態度、特質及生命風格，也就是生涯風格。家庭星座用在團體中，更能提供成員如何看待自己與生命的實用訊息。團體動力，就如家庭動力，讓我們看到我們在職場如何依照自我創意的與獨特的方式因應自卑感和建立歸屬感。

在團體中的生涯諮商協助成員願意彼此觀察學習和支持，以達到團體的終極目的：引發、滋養、修復社會情懷。方法上強調透過彼此尊重和同理的接納，從反映或反思讓情緒得到表達，從觀人知己中產生自覺、回饋，指出共同的關注，講求實際的體驗，催化互助而非競爭的共好氣氛，以鼓勵引發勇氣和社會情懷。

阿德勒心理取向團體生涯諮商可以和許多工作模式結合。舉例來說，筆者為臺灣多元文化背景青少年培訓的生活教練人力資源，便結合生涯風格評估及體驗學習專業成分進行心理—社會—教育團體諮商，目的在催化團體成員自我探索及能感到有連結、有能力、有意義及有勇氣的社會情緒

處理技巧。

三、學校本位之生涯諮商

在華人社會講求寓輔於教的教育體制中，通常會有政策性的國家課程標準，這些課程標準會在每一波的教育改革中更新。生涯諮商在學校情境中的運用最為廣泛，可從教師學科教學或班級輔導裡的活動來達成，例如：協助學生探索和未來生涯之相關的學習經驗、學生的學業適應、學生的升學輔導或就業預備或親師諮詢等活動。阿德勒心理取向的學校生涯諮商超越時下的「適性輔導」，無論是個別或透過活動設計進行，都抱持著以下的信念：

- 孩子對世界主觀的看法可以協助我們了解其行為的意義。
- 所有孩子都能有所學習。
- 孩子應從「合作接納」及有「貢獻」中學習。
- 自卑是天性，每一個孩子會用獨特的方式努力尋得隸屬和價值感。
- 家／學校和社區有義務提供能讓孩子鍛鍊品格的教育。
- 我們要為每個孩子找到協助他的方法，沒有一個孩子能被視為無望。
- 理想的學校所教導的是生活的藝術。
- 教育的最終目標在於讓所有孩子有社群感。

「成績掛帥」的華人文化導取，讓諮商人員在生涯諮商輔導實務中，發現到許多學生因為缺乏生活經驗參照，而在探討或選擇升學或職業喜好程度時，容易反映出其接收到的家庭與社會期望。若能使用建構式生涯評估工具，往往更能激發當事人的故事敘說，從中能全面性地理解當事人的主體經驗、知覺與建構（林上能、李香盈，2019；莊政彥，2017）。

生涯諮商師也可藉由親師諮詢協助學生家長了解，家人對孩子的生涯發展有最直接的影響。家是孩子的第一個學校，父母長輩需要留意自己對工作或改變中的社會趨勢所持有的態度，如何在孩子生命早期造成正向或負向的影響，因為孩子自然地會仿效大人，家長可以留意自己職場上的人

際關係經營，以及自己是否有跟上時代所需的專業成長的要求。家人可以和孩子分享進行工作抉擇的歷程和對家庭生活所帶來的影響，對科技和社交媒體中對各種行業勾畫的真實性要加以檢核。

家庭生活的經營當中，可讓孩子直接或間接地接觸到生涯角色楷模，從娛樂或休閒活動中讓孩子有充分的機會參與規劃、執行和檢討。接納孩子及鼓勵孩子參與社區活動，可提供孩子認識自己和與他人建立關係的機會。觀察孩子在學校不同學科及社團活動的學習與參與以便知道其價值觀，關懷孩子交友情形並引導其自主、合作及領導的態度和能力，鼓勵為自己的大小事情做抉擇並為其抉擇負責。配合學校協助孩子參與生涯探索與實習，像是在社區擔任志工或實際打工都是促進孩子生涯發展的好機會。

四、社區生涯諮商

社區或成人的生涯諮商機會在華人社會對尋求專業諮商仍有保留的前提下，最可能的途徑是透過企業組織的員工輔導、社區本位的讀書會、演講，或是政府或民間單位針對特殊族群所執行的方案，如更生人生涯規劃、銀髮族二度就業、身心障礙者就業、失業等。阿德勒心理取向之生涯諮商和心理治療領域最不同的是，生涯諮商人員除了一般必備的助人技巧以外，還需能熟悉不同發展階段的不同工作生命任務內涵，運用心理評估晤談技術或測驗，以及和職涯相關之科技與資訊，並能進行一對一或團體諮商，也能在不同社會生活場景（家庭、學校、企業組織）扮演諮詢、顧問、教練或教育訓練的角色。生涯諮商者也需具有方案工作策略和能力，如需求調查、計畫撰寫、預算擬訂、組織領導、績效評量等能力。

阿德勒心理取向之生涯諮商在針對社區或職場之成人對象提供服務時，應顧慮到年齡、社經地位、性別、性向、性傾向，種族文化身分認同和相關議題。生涯諮商人員必須懷抱有促進多元文化及社會平等的自覺和知能（Yang & Blagen, 2013）。在工作的生命任務中大部分的衝突來自於缺乏平等，因偏見導致的職場歧視（discrimination）、微歧視（microaggressions）或霸凌不但影響到工作者家計收入、工作晉升、失業等，更引起各種生理、心理壓力反應，如缺乏自信、焦慮、憂鬱、失眠、無助、喪失動力、人際關係失能等，可以說是公共心理健康的議題（Dreikurs, 1971/1994; Sperry, 1984, 1992, 1996, 2000）。阿德勒心理取向生涯諮商者需要評估當事者生命風格中的私有邏輯，是否偏頗及是否有錯誤的自我形象，提供全人身心靈一體的關懷，協助當事者學習自我鼓勵和尊重，看見自己的優勢，走出自卑，找到內在的自由和平靜，重新在生命的大整體中找到夥伴關係和隸屬感。阿德勒心理取向諮商者相信透過相互尊重能引發人本然自我療癒的權能意志，社會情懷的修復是最終的生涯調適。

■ 陸、結語

　　阿德勒成立個體心理學已逾一個多世紀，其認為包括工作的問題都是個人和社會互動下的問題。本章旨在介紹讀者認識阿德勒獨到的人性觀和社會理想，並將其連結到當代生涯議題及在華人社會的應用。阿德勒心理學的整體觀點將人工作的生命任務放在人追求隸屬感和意義的社會連結中討論，可以和上世紀的生涯發展和特質論有所融合。在全球性的社會變遷當中，強調個體自主、生命故事創作的生涯建構論有其阿德勒心理學構念的根基，本章回歸到阿德勒心理學架構，探討在各個社會生活場景的生涯諮商實務在華人社會應用的各項可行性。

　　在華人社會裡可用來看待生涯議題的傳統思想架構、本土心理學和從西方引進的心理學派其實很多，筆者選擇阿德勒心理學來呈現其可用性的主要考量，在於用其整體觀超越傳統心理治療及行為改變視角，結合個人及生涯諮商，以當事人生命故事的繼續創作為主軸評估其生命風格和工作之生命任務的優勢及需克服的困境，並以社會情懷的發展為鵠的的為當事人建構生涯發展及調適策略。

　　本章在完稿之際，冠狀病毒肆虐全球幾近半年，對生存、社會、公共衛生、政治經濟體系的衝擊和威脅之影響程度，將扭轉歷史脈絡，讓我們對未來有很多想像和揣測。阿德勒心理取向生涯諮商專業角色和能力的新

挑戰，將包括理解後疫情的人們自立自足的安全需求、資源如何重新分配、新社會政策與秩序、產業改變趨勢、就業市場人力供需、領導者的角色、國家或民族主義如何加深種族歧視，以及貧富落差如何影響我們的生活認知、情緒和抉擇。疫情本身是外來的、不可抗逆的負向因素，為個人和社會帶來的除了當下的失落和創傷，還包括了不可預測、重複的焦慮和壓力反應。生涯諮商人員也必須有能力協助來談者體會失落與創傷的意義（Yang, in press），以及建立良性身心壓力反應的能力（Mansager, 2003; Yang, 2011）。講求整體觀、民主、自由和社會平等的阿德勒生涯諮商人員，認同世界的健康就是個人的健康，鼓勵來談者能平等地看待自己，平等地看待他人，能相互尊重，在建立信任、合作和修復社會情懷中在看見希望，體驗和諧。

> 「除非每個個體都被平等對待，並覺有安身之處，否則社群就不會有穩定和和諧。」
>
> ～Dreikurs（1971/1994）

參考文獻

中文部分

林上能、李香盈（2019）。尋‧嘗日：生活興趣探索小卡。臺北市：夜夢晨光工作室。

唐子俊、唐慧芳、孫肇玢、陳聿潔、黃詩殷（譯）（2007）。阿德勒諮商（原作者：T. J. Sweeney）。臺北市：五南。（原著出版年：1998）

張倪綸（2020）。社會生活經驗感知量表編制發展。發表於臺灣阿德勒心理學會2020年會暨學術研討會。國立臺北教育大學，臺北市。

莊政彥（2017）。生涯建構論在高中生涯規劃課程設計與教學之可行性初探（未出版之碩士論文）。國立高雄師範大學，高雄市。

陳偉任（2016）。生命風格評估及融合阿德勒觀點的單次動機式晤談於 D 型人格者心理治療求助態度促進之研究（未出版之博士論文）。國立高雄師範大學，高雄市。

黃英俞（2017）。資訊科技在非營利組織運作中所扮演之功能與績效初探：以臺灣阿德勒心理學會為例（未出版之碩士論文）。國立高雄師範大學，高雄市。

蒙光俊、簡君倫、郭明仁（譯）（2010）。勇氣心理學：阿德勒觀點的健康社會生活（原作者：J. Yang, A. Milliren, & M. Blagen）。臺北市：張老師文化。（原著出版年：2010）

駱怡如（2020）。阿德勒親師諮詢團體成效研究（未出版之博士論文）。國立高雄師範大學，高雄市。

英文部分

Adler, A. (1927/1992). *Understanding human nature*. Chatham, NY: One World Publications Ltd.

Adler, A. (1929/2011). *The science of living*. London, UK: George Allen and Unwin.

Adler, A. (1964/1979). Superiority and social interest: A collection of later writings. In H. L. Ansbacher & R. R. Ansbacher (Eds.), *Evanston, Ill* (p. 425). Evanston, IL: Northwestern University Press.

Adler, A. (1966). The psychology of power. *Journal of Individual Psychology, 22*(2), 166.

Adler, A. (2006). Fundamentals of individual psychology. In S. Slavik & J. Carlson (Eds.), *Readings in the theory of individual psychology* (pp. 33-43). New York, NY: Routledge.

Alizadeh, H., Ferguson, E. D., Murphy, J. M., & Soheili, F. (2017). Development of the Social Interest Scale for Iranian children aged 4-12. *Journal of Individual Psychology, 73*(1), 38-53.

Ansbacher, H. L. (1972). Adler's " striving for power," in relation to Nietzsche. *Journal of Individual Psychology, 28*(1), 12.

Ansbacher, H. L. (1994). On the origin of holism. *The Journal Individual Psychology, 17* (2), 486-492.

Ansbacher, H. L., & Ansbacker, R. R. (Eds.). (1956). *The individual psychology of Alfred Adler*. New York, NY: Harper & Row.

Bettner, B. L. (2014). *The six essential pieces of the parenting puzzle*. Media, PA: Creative Press.

Bettner, B. L., & Lew A. (1998). *Raising kids who can*. MA: Connexions Press.

Bitter, R. J. (2011). *Contributions to Adlerian psychology*. Bloomington, IN: Xlibris.

Chen, W.-J., Huang, P.-C., Tseng, T.-C., Yang, J., Kern, R. M., & Stoltz, K. B. (2016). The Basic Adlerian Scales for Interpersonal Success: Adult Form in Taiwan. *The Journal of Individual Psychology, 72*(1), 29-43.

Cozolino, L. J. (2010). *The neuroscience of psychotherapy* (2nd ed.). New York, NY: W. W. Norton.

Del Corso, J. J., Rehfuss, M. C., & Galvin, K. (2011). Striving to adapt: Addressing Adler's work task in the 21st century. *The Journal of Individual Psychology, 67*(2), 88-106.

Dillman Taylor, D., Bratton, S. C., & Henson, R. K. (2019). Confirming the constructs of Adlerian personality priority assessment. *Measurement and Evaluation in Counseling and Development, 52*(3), 191-206. doi:10.1080/07481756.2019.1595814

Dinkmeyer, D., & Carlson, J. (2006). *Consultation: Creating school-based intervention* (3rd ed.). New York, NY: Routledge.

Dreikurs, R. (1971/1994). *Social equality: The challenge of today*. Chicago, IL: Adler School of Professional Psychology.

Dreikurs, R. (1989). *Fundamentals of Adlerian psychology.* New York, NY: Greenberg.

Duffy, M., & Sperry, L. (2011). *Mobbing: Causes, consequences, and solutions.* Oxford, UK: Oxford University Press.

Eckstein, D., & Kern, R. (2002). *Psychological fingerprints: Lifestyle assessment and interventions* (5th ed.). Dubuque, IW: Kendall/Hunt.

Ferguson, E. D. (2014). Work as a life task in contemporary times. *The Journal of Individual Psychology, 70*(3), 245-250.

Grunwald, B. B., & McAbee, H. V. (1985). *Guiding the family: Practical counseling techniques.* Muncie, IN: Accelerated Development.

Gysbers, N. C., Heppner, M. J., & Johnston, J. A. (Eds.) (2014). *Career counseling: Holism, diversity & strengths* (4th ed.). Alexandria, VA: American Counseling Association.

Kaufmann, W. A. (1972). Nietzsche's concept of the will to power. *Journal of Individual Psychology, 28*(1), 3.

Kaufmann, W. A. (2013). *Nietzsche: Philosopher, psychologist, antichrist.* Princeton, NJ: Princeton University Press.

Kefir, N. (1971). *Priorities: A different approach to life style and neurosis.* Paper presented at the International Committee of Adlerian Summer Schools and Institutes (ICASSI), Tel Aviv, Israel.

Kefir, N. (1981). Impasse/priority therapy. In R. Corsini (Ed.), *Handbook of innovative psychotherapies* (pp. 401-415). New York, NY: John Wiley & Sons.

Kefir, N., & Corsini, R. J. (1974). Dispositional sets: A contribution to typology. *Journal of Individual Psychology, 30*(2), 163-178.

Kern, R. M., Wheeler, M., & Curlette, W. (1997). *BASIS: A inventory interpretive manual.* Highlands, NC: TRT Associates. (Original work published 1993)

Mansager, E. (2003). Adlerian psychology and spirituality in critical collaboration. In A. M. Savage & S. W. Nicholl (Eds.), *Faith, hope and charity as character traits in Adler's individual psychology: With related essays in spirituality and phenomenology* (pp. 61-69). Lanham, MD: University Press of America.

Milliren, A., Yang, J., Wingett, W., & Boender, J. (2008). The "Home Page." *Journal of Individual Psychology, 64*(1), 83-95.

Mosak, H. H. (1977). The tasks of life I. Adler's three tasks. In H. H. Mosak (Ed.), *On pur-*

pose (pp. 93-99). Chicago, IL: Adler School of Professional Psychology.

Papanek, H. (1972). Pathology of power striving and its treatment. *Journal of Individual Psychology, 28*(1), 25.

Savickas, M. L. (1989). Career style assessment and counseling. In T. Sweeney (Ed), *Adlerian counseling: A practical approach for a new decade* (3rd ed.) (pp. 289-320). Muncie, IN: Accelerated Development Press.

Savickas, M. L. (1997). Adaptability: An integrative construct for life-span, life-space theory. *Career Development Quarterly, 55*, 247-259.

Savickas, M. L. (2005). *The theory and practice of career construction.* In S. D. Brown & R. W. Lent (Eds.), *Career development and counseling: Putting theory and research to work* (pp. 42-70). Hoboken, NJ: John Wiley & Sons.

Savickas, M. L. (2012). Life design: A paradigm for career intervention in the 21st century. *Journal of Counseling & Development, 90*, 13-19.

Savickas, M. L. (2019). *Career counseling (2nd ed.): Theories of psychotherapy series (DVD).* Washington, DC: American Psychological Association.

Savickas, M. L., Nota, L., Rossier, J., Dauwalder, J. P., Duarte, M. E., Guichard, J., Soresi, S., & Esbroeck, R. V. (2009). A paradigm for career construction in the 21st century. *Journal of Vocational Behavior, 75*, 239-250.

Shulman, B., & Mosak, H. H. (1995). *Manual for life style assessment.* New York, NY: Routledge.

Siegel, D. J. (2010). *Mindsight: The new science of personal transformation.* New York, NY: Bantam.

Siegel, D. J. (2012). *Pocket guide to interpersonal neurobiology: An integrative handbook of the mind.* New York, NY: W. W. Norton.

Sonstegard, M. A., & Bitter, J. R. (2004). *Adlerian group counseling and therapy: Step-by-step.* New York, NY: Brunner-Routledge.

Sperry, L. (1984). Health promotion and wellness medicine in the workplace: Programs, promises, and problems. *The Individual Psychology: Journal of Adlerian Theory, Research & Practice*, 401-411.

Sperry, L. (1992). Recent developments in neuroscience, behavioral medicine, and psychoneuroimmunology: Implications for physical and psychological well-being. *Individual Psychology, 48*(4), 480-487.

Sperry, L. (1996). Work-focused psychotherapy and executives. *Individual Psychology, 52* (2), 193-199.

Sperry, L. (2000). Biopsychosocial therapy: Essential strategies and tactics. In J. Carlson & L. Sperry (Eds.), *Brief therapy with individuals and couples.* Phoenix, AZ: Zeig, Tucker & Theisen.

Sperry, L. (2006). *Psychological treatment of chronic illness.* Washington, DC: American Psychological Association.

Sperry, L. (2011a). The biological dimension in biopsychosocial therapy: Theory and clinical applications with couples. *The Journal of Individual Psychology, 67,* 310-317.

Sperry, L. (2011b). *Biopsychosocial therapy with individuals and couples: Integrative and biopsychosocial therapy: Maximizing treatment outcomes with individuals and couples.* Alexandria, VA: American Counseling Association.

Sperry, L. (2011c). The challenge of work: The influence of work orientation and stage of expertise on social interest. *The Journal of Individual Psychology, 67*(2), 162-171.

Stoltz, K. B., & Apodaca, M. (2017). The work life task: Adler's influence on career counseling and development. *The Journal of Individual Psychology, 73,* 296-306.

Stoltz, K. B., Wolff, L. A., & McClelland, S. S. (2011). Exploring lifestyle as a predictor of career adaptability using a predominantly black rural sample. *The Journal of Individual Psychology, 67*(2), 147-161.

Stoltz, K. B., Wolff, L. A., Monroe, A. N., Mazahreh, L. G., & Farris, H. R. (2013). Adaptability in the work life task: Lifestyle, stress coping, and protean/boundaryless career attitudes. *The Journal of Individual Psychology, 69*(1), 66-83.

Stone, M. (2007). The task of work in individual psychology. *The Journal of Individual Psychology, 63*(1), 96-109.

Tien, H. L. S., Wang, Y. C., Chu, H. C., & Huang, T. L. (2012). Career Adapt-Abilities Scale- Taiwan Form: Psychometric properties and construct validity. *Journal of Vocational Behavior, 80,* 744-747.

Toman, W. (1993). *Family constellation: Its effects on personality and social behavior.* Berlin, Germany: Springer.

Yang, J. (1991). Career counseling of Chinese American women: Are they in limbo? *The Career Development Quarterly, 39*(4), 350-359.

Yang, J. (2003). *Validity and reliability studies of the Yang's Chinese 16 Type Indicator:*

User's manual. Taipei, Taiwan: Yangs Associates.

Yang, J. (2011). *From suffering to healing: An Adlerian perspective*. Paper delivered at the 25th International Congress of Adlerian Psychology, Vienna, Austria.

Yang, J. (2017a). *Will to power, striving, and overcoming: The pursuit of wholeness*. Presented at the 27th Congress of International Association of Individual Psychology, Minneapolis, MN.

Yang, J. (2017b). Holism and stress: Brain, mind, and society. In S. Wadhwa (Eds.), *Stress in the modern world: Understanding science and society* (Chapter 7, Part I, Vol. 1). Santa Barbara, CA: ABC-CLIO.

Yang, J. (2017c). *Work and stress*. In S. Wadhwa (Eds.), *Stress in the modern world: Understanding science and society* (Vol. 1) (pp. 175-186). Santa Barbara, CA: ABC-CLIO.

Yang, J. (in press). The psychology of courage: Striving and overcoming "In-Spite-Of". In L. C. J. Wong (Ed.), *The new science of happiness through suffering: A celebration of Dr. Paul Wong's achievement in developing existential positive psychology*. Toronto, ON: INPM Press.

Yang, J. (with Minor, C. S., Engle, & Savickas, M.) (2005). *NCDA/ACES Commission Symposium*. Presented at the American Counseling Association, Atlanta, GA.

Yang, J. (with Vos, J., Alexander, B., Jacob, Y., Mayer, C., Neimeyer, R., & Wong, P.) (2018). *The courage of living, acting and dying: Meaning-centered intervention with community feeling*. Invited Speaker for the Summit on Meaning-Centered Interventions, The 10th Biennial Meaning Conference, Vancouver, CA.

Yang, J., & Blagen, M. T. (2013). Individual psychology in Taiwan: Promises and challenges. *Journal of Individual Psychology, 68*(4), 383-396.

Yang, J., Milliren, A., & Blagen, M. (2010). *The psychology of courage: An Adlerian handbook of healthy social living*. New York, NY: Routledge.

第三章　靈性取向與優勢中心生涯諮商

王玉珍

摘　要

本文主要介紹靈性取向（spirituality perspective）與優勢中心生涯諮商之概念與實務。過去以來，生涯諮商與實務多依循適配理論觀點，但隨著現代社會生活步調變動快速，生涯實務作法有開展和突破的必要。靈性取向中的生涯召喚（career calling）與優勢中心取向（strength based approach），在現在混沌的生活中，帶來了不一樣的、嶄新的思維，對生涯實務工作也開啟了另一個可能性。

壹、靈性取向生涯觀點

一、發展背景

面對變動、日趨混沌的大環境，後現代思潮帶來新的生涯觀點，像是 Cochran（1997）的敘事取向生涯諮商、Savickas（2011）的生涯建構諮商，而 Sterner（2012）也嘗試從整體與整合的角度，結合存在主義與生涯發展理論，提出發展—存在取向，進而探討如何追尋工作生活中的意義感與目標感。這些觀點都在反應大環境的變動已是常態，生涯諮商必須建構在這樣的常態之下，開始重視經驗脈絡對個人的重要，也關注個人在變動之中的狀態，需要學習忍受模糊，也開始重視回應與創造生活與生涯的獨特意義。生涯發展與輔導視角的挪動，從固定的、穩定的，開始朝向思考變動對個人生涯發展的影響，從被動地接受變動，到積極地思考變動的意義，包括如何在變動的生活中，掌握自己、安頓自己，進而創造自己，以迎變的思維，安頓、滋養內心，創造個人優勢生涯。

靈性取向生涯發展即在關注個人之內在、主觀與獨特面向，著重提升生活平衡、幸福感與意義感等靈性層面。職業工作不等同於生涯，靈性取向著重工作與生活的平衡，是從整體生涯的角度思考生活的平衡。過去討論平衡，是為了避免衝突，所以講求時間管理和生活的優先順序，但靈性取向的平衡，意味著關注生活中每個角色的內在意義與需求，透過關注個人內在聲音，體現、實踐和活出與內在呼應的生活。代表著一種覺知、安頓與關懷，不只是角色間的平衡，也是是一種內外在的平衡，甚至這種平衡即意味著整體，帶來個人深沉的意義、滿足與充實。靈性取向關注的是個人如何用一種有意義的方式投入於生命，並以超越個人的方式與世界產生連結，關注的並非只有職涯的面向，而是很全面性的，包括生涯、休閒和家庭的選擇等（Bronk, 2014）。從個人的整體生活而言，這些角色彼此間其實很難分割，也是相互影響的。

　　靈性取向的生涯觀點仍在發展當中，以下以生涯召喚和生涯目的感（career purpose）兩個主題來進行闡述。

二、生涯召喚

（一）生涯召喚的意涵

　　生涯召喚是指指引生涯或生活方向的內在力量，這份力量來自於內心的呼喚或者為他人、社會貢獻的推力，回應召喚能帶給個人意義感與使命感。生涯召喚是內在力量，但顯現於外則是生涯選擇或生活行動，具有生涯召喚的生涯選擇或行動，可說是覺知、回應與實踐生涯召喚力量的結果。雖然最早之時，召喚是指來自上帝的超然召喚，工作是用來服侍、榮耀上帝或視為是上帝的旨意（Dik & Duffy, 2009），但現今相關定義出現多元的觀點。Dik 與 Duffy（2009）認為，生涯召喚是指經驗到超越自我的驅力，將其定義為：「是一種超然的召喚，經驗到超越自我，以特定的生活角色來促進或產生目的感或意義感，此動機的根源是來自於抱持助人導向價值與目標」（p. 427），其強調超越自我之利社會的動機與意圖。Hirschi（2011）以及 Hall 與 Chandler（2005）則強調，生涯召喚是個人從工作中獲得的目的感（purpose）與意義感，認為生涯召喚來自個人生活經驗，其意義的內涵是來自生涯建構的歷程，是個人化的經驗。在這個概念之下，即便同一個工作，對工作中的每個人而言，意義可能是不同的。Bloch 與 Richmond（1998）較不探討目的感的層面，他們認為，當個人找到自己獨特內心的特質以及原有的樣貌，並能應用在工作當中，就會獲得更多的滿足和喜悅，也更能經驗到工作當下所產生的深沉的幸福（bliss）與流動感（flow）。相較於西方的概念，華人文化中生涯召喚除了來自於幫助他人、貢獻社會的處世價值外（劉淑慧，2000），也更強調貼近個人內在的本質，如我所是（金樹人，2011）、身心內外的中庸平衡（林以正，2014），以及自我提升、展現自我的成就感（王玉珍、吳清麟，2017）。整體而言，生涯召喚的內涵上可說是一多面向的構念，包括有利社會或宗教因素

的驅力、目的感和意義感，同時也可能來自個人內在本質、安適平衡、自我提升成就感等面向。有別於過去傳統觀點中的興趣與價值觀面向，靈性的召喚觀點，更為內在、穩定，帶來的影響也更為全面。

（二）生涯召喚的特性與發展

　　生涯召喚是行動的、主觀的、獨特的，也是能夠發展與培養的，可從個人內心與過去經驗去探索，同時也是一個開創與實踐的過程，我們每個人均可以透過反思與行動，用一種更有意義與目的感的方式來形塑工作與生活。Dik 等人（2012）指出，召喚並不是透過一次盛大的覺察活動就斷然發現的，也不是「隱身於坐墊底下的一把鑰匙，人們等待去發現並找到它，一旦找到便可以停止尋找，從此陶醉在工作的喜悅當中」，而是「一段開啟並持續的旅程」（p. 14），意味著生涯召喚是一種持續的覺知與實踐過程，可以選擇去追求，更可以在生涯中創造和培養的。Elangovan 等人（2010）也強調，靈性召喚是「實踐（doing）而不是存有（being），指的是一個行動的歷程」（p. 429）。而 Dobrow（2012）則認為，每個人都有此靈性層面，只是有著程度、強弱的差別，並非全有或全無的情況。某種程度而言，工作是可以實踐召喚、回應召喚的最佳場所，個人可以站在工作崗位上，思考如何以自身優勢或者從利他的角度，創造工作的意義與價值，也能從個人的內在與本質，思考其與工作的共鳴。若從此觀之，生涯召喚經驗應是無關乎工作場域或任何經驗的，主要還是取決於從事這工作的人們如何看待這份工作（Dik et al., 2012）。就廣泛的生涯而言，這些職志的追求、形塑也活出了這個人獨特的、有意義的一生，而工作部分可能只是其追求職志的其中一個表現面向。Bronk（2014）指出，生涯目的感之呈現大致有兩種形式：第一是個人發現了目的感，而且找到了一個工作，讓他可以透過工作來實現或達到這個目的，即工作就是活出生涯意義與生命目的的一種方法，又或是這個召喚可以有很多條實踐的道路，這份工作是其中一種，這份工作可以如何實踐也有其獨特性，你要如何回應、實踐、活出自身的天命或召喚，就是一條創造的道路。第二是有些個人是從工作

中找到或發現了目的與意義。個人若覺知自己的生涯目的與目標，必然在人生的不同角色間有著更有意義的連結。簡言之，我們要追求一個有意義的工作與生活，同時我們也要創造和提升工作和生活中的意義感受。

（三）生涯召喚的相關研究

在生涯相關變項方面，Hagmaier 與 Abele（2012）發現生涯召喚與工作滿意間有顯著正相關，而與憂鬱失能有顯著之負相關。而 Cardador 等人（2011）以 364 位健康照護領域的工作者為對象，研究發現召喚傾向愈高者，個人的組織認同感也愈高，而召喚傾向愈高者，其營利導向的欲望愈低，也發現組織媒介功能（像是能提供員工達成其目標的重要資源，如訓練、同儕等因素），是靈性取向與組織認同之間的中介因素。Duffy 等人（2011）以 370 位平均年齡為 44.6 歲的美國工作者為對象，探討靈性召喚與工作相關變項之間的關係，結果發現，靈性召喚與生涯承諾、組織承諾及工作滿意有正向相關，與離職傾向有負相關；更進一步也發現，這些預測變項與效標變項間的中介角色為生涯承諾，生涯承諾在靈性召喚與工作滿意間是完全中介的角色，對另外兩個效標變項則是部分中介的角色。此外，Bacchus（2008）以 203 位黑人女性專業工作者為研究對象，發現靈性介入是其面對工作壓力時最重要的因應策略與來源，而 Slattery 與 Park（2011）的研究亦發現，宗教與靈性對於日復一日的工作壓力而言，是極為重要的保護因子。此外，Kinjerski 與 Skrypnek（2008）以質性紮根理論方法探討 10 位工作者生涯召喚工作經驗，從中整理出四種靈性在其工作中的樣貌，分別是「始終都在」、「隨著工作注入」、「因著特殊事件才領受到」，以及「其領受隨著脈絡情境有所不同」，同時參與者也指出，工作意義感的產生來自於透過創意性的投入以及感受到對他人的幫助或服務。這也幫助我們對工作意義如何產生有更為具體的了解，這以 Hirschi（2011, 2012）及其同僚的研究最具代表，他們分別以 407 位大學生和 529 位在職工作者為對象，探討生涯召喚與自我效能的關係，兩個研究均發現，覺知生涯召喚的情形愈明顯，生涯自我效能的分數也愈高。而 Hirschi 與 Herrmann

（2013）以 589 位來自不同科系大學生為研究對象，研究發現生涯召喚與個人正向自我推估有關，其研究幾乎可以確認生涯召喚與自我效能與推估間具有明顯的關聯。另外，Domene（2012）以 855 位大學生為研究對象，探討生涯召喚、生涯結果預期與生涯自我效能之間的關係，研究也發現三者之間具有顯著的關聯；同時，生涯自我效能對生涯召喚與結果預期具有中介的角色。大學階段的成人開始為未來職業生涯做準備，是探索內在召喚的好機會（Arnett, 2004）。整理過去研究也發現，有愈來愈多以大學生為對象之生涯召喚研究，Hunter 等人（2010）研究結果發現，對大學生而言，生涯召喚是一個頗為常見的狀態，三分之二的學生有生涯召喚相關經驗，且多能肯定經驗為個人帶來正向影響。而 Duffy 與 Sedlacek（2010）以 5,523 位美國第一年入學的大學生為研究對象，進行生涯召喚調查研究，結果發現，僅有 9% 的大學生認為那是工作上才需要思考的，現在用不到，有 44%的大學生覺得自己具有靈性召喚的存在，而有 28%的大學生覺得自己還在追尋自己的靈性召喚。Duffy 與 Sedlacek（2007）的研究以 3,091 位第一年入學之美國公立大學生為研究對象，探討其靈性召喚的發展以及其與生涯發展之間的關係，結果發現，靈性召喚的存在與生涯定向、決定的安適、自我澄清等有顯著的關聯，而與未定向（indecisiveness）以及缺乏相關生涯資訊等有顯著負向關聯。且以階層迴歸分析發現，靈性召喚對生涯定向與決定的安適有 8% 及 5%的顯著之預測力。由上述研究可知，生涯召喚與大學階段之生涯定向、職業認同以及投入與參與等均有明顯的關聯。

（四）提升實務

　　多數學者認為生涯召喚不同於先天潛能，可以透過介入來培養和提升（Adams, 2012; Dik et al., 2012; Dobrow, 2012; Elangovan et al., 2010）。根據過去研究，生涯召喚在生涯諮商實務的應用上，特別是針對大學生以及成人工作者，提出以下的建議（Adams, 2012; Dik et al., 2012; Duffy & Sedlacek, 2007）：

1. 敏於覺知不同生涯召喚或生涯定向程度的大學生，並且對不同召喚程度的大學生，思考用不同的生涯諮商策略來幫助他們，對已有生涯召喚意識與覺察的大學生而言，需要的可能不是幫助他們區辨生涯目標，而是如何滿足（或呼應）其內心的召喚，但對於還在追尋自己想要什麼的大學生而言，諮商師運用傳統上興趣測驗或性向、價值觀測驗等方法可能還不夠，應該也需要幫助他們探索內在的召喚，像是什麼是他們感到有興趣的、什麼是重要的，以及什麼對他們而言是有意義的未來或生活。

2. 鼓勵大學生從有興趣的課程活動或打工工作當中，發現有意義、有熱情、有目標感的部分，並且嘗試將這一部分的探索與覺察，轉換應用到思考科系或未來的生涯選擇當中。雖然都是以提升工作意義與目標感為任務，但也必須考量學生不同的狀態。

3. 生涯諮商師應該幫助大學生建立他們生涯召喚的覺知，並協助他們從生活、學校、未來工作中思考如何適配的應用或豐厚生涯召喚經驗。每個人覺知生涯召喚的層面可能是不同的，若是來自於宗教層面，生涯諮商師也必須學習如何與靈性召喚來自宗教層面的學生工作。同時，生涯諮商師也可以幫助學生澄清思考看重的價值觀與生活生涯目標，以及其如何與未來工作搭配，並引導產生更多有意義的行動。

4. 若面對成人工作者，可以找一個有意義的工作，像是工作具有主導性、有機會施展技能、有產能或服務有認同感、對社會有貢獻感、跟隨熱愛工作的同仁等。若個人具有信仰，也可以嘗試將信仰與工作整合，將信仰帶入工作當中。此外，在工作中實踐個人之優勢；優勢的建立與實踐，能呼應內心召喚的層面。也要以更寬廣的方式來看待工作，尋找工作的價值，並且積極尋求工作中的利他層面。

三、生涯目的感

（一）生涯目的感的意涵與重要性

　　生涯目的感的概念主要來自目的感（Damonet al., 2003）。目的感是指「一種想要完成某件事的穩定和整體的意圖，不僅對個人具有意義，帶出的行動也為個人以外的社會及世界帶來重要的影響」（Damon et al., 2003, p. 121）。生涯目的感是目的感中的一個類別。生涯目的感的定義主要是指，針對青少年，從他們自己獨特的興趣、特質、能力與其他意義層面出發，了解到能從事什麼工作以及其如何達到服務世界的需求，而在運用與實踐的過程中，感到喜悅與滿足的感覺（Damon, 2008）。生涯目的感，相較於一般目標（goal），更難達成且更為穩定，而且是超越自我的、迎向世界的，包括希望世界有所不同，或許是對他人有貢獻，或者是創造一種新的事物，或者是完成自己的某些事情（Damon, 2008）。Damon（2008）認為，當生涯目的感體現於工作中，即是對生涯召喚（Dik et al., 2012）的回應。兩者相同之處在於其強調此方向或推力具有個人的獨特意義和利他之價值，同時所帶來的感受也屬於較為深沉的意義感和滿足。雖然它與生涯召喚概念十分相近（Bloch & Richmond, 1998），但生涯目的感的發展，主要針對尚未進入工作場域的青少年，其所懷抱的、對未來想要做什麼的想法，透過行動的嘗試中，所獲致的感受。就靈性觀點而言，培育生涯目的感是建構有意義未來的重要基礎，此觀點也開啟生涯輔導與諮商新的可能性。生涯目的感的概念，類似於華人社會中所提之志向。「志向」於《國語辭典》中的解釋是「關於立身行事的意圖與決心」，在《百科》的解釋則為：「志向，指人們在某一方面決心有所作為的努力方向。……從個人來說，志向主要通過選擇職業來體現，個人應選擇社會需要的、最能發揮個人特長的職業作為志向，並為實現志向而努力奮鬥。是遠大理想、目標」。生涯目的感或志向在實務上的價值，主要是從探討志向對青少年的意義，以及有志向的青少年對其生活、學習、生涯以及自我等層面帶來怎樣的影響，進而思考如何協助青少年培育志向，其焦點比較不是在於志向

的內容是甚麼。

　　生涯目的感在青少年族群中的存有狀態，可說因人而異。Damon（2008）等人根據青少年是否有未來之意圖、是否已經採取行動、其未來志向是否屬於利他層面等三個面向，將青少年歸納為利他夢想者（beyond-the-self dreams）、自我導向目標者（self-oriented life goals）、疏離者（drifting）、具有目的感者（purpose）等四類。在此分類下，疏離者主要是沒有採取任何行動或努力，也沒有個人以外的志向，可說是完全沒有人生目的的年輕人。利他夢想者則是指懷抱著利他的理想和抱負，但尚未採取行動、尚未嘗試付諸實現的人。自我導向目標者有參與一些活動，但對於活動的意義、自己的未來尚未有清楚的圖像，對於這些活動與自己希望的未來，二者間尚未有清楚的連結。有目的感的一群，則是已經發現並投入於意義活動的人，他們有一個較為理想的願景和職志，也開始朝此方向去實踐。在生涯輔導實務工作上，區辨學生目前生涯目的感的狀態，可能是可行的輔導作法，根據不同的狀態，思考投入的輔導策略，並給予不同的支持或輔導，或許能帶來事半功倍的成效。

　　生涯目的感對青少年深具意義。目的感是正向美德，擁有目的感能帶來深度的快樂和滿足（Han, 2015）。過去研究顯示，青少年目的感與許多重要正向概念有密切關聯，包括與生活滿意度有高度相關（Bronk & Finch, 2010）；與生活適應、自我認同發展，以及幸福感等有緊密關係（Burrow et al., 2010）；對持續生涯探索具有重要意義（Dobrow & Heller, 2015）。Bronk與 Finch（2010）研究發現，具有利他和自我導向目標者之生活滿意度最高，且具有較多外向開放的特質。Burrow等人（2010）以318位 14至18歲的青少年為對象，探討有無目的感的青少年，在適應力、希望與幸福感上的差異，結果發現，具較高目的感的青少年整體適應比沒有目的感者更好。Bronk 等人（2009）以青少年、青年及成年等三個不同年齡層416位參與者為對象，發現具有目的感者其生活滿意度較高，與自我認同有高相關，且能預測希望感。除此之外，Dobrow與Heller（2015）追蹤450位學習音樂的青少年，結果發現，較早具有目的召喚的青少年，覺知更多自身既有的能力能力，也更能持續在其音樂生涯上。由上述研究可知，發展生涯

目的感，其意義不僅在於擁有一個可以努力的方向或目標，其對於青少年
生活中的生活滿意度、意義感、希望感或正向情緒等均有所助益，更重要
的是，此時期也是自我認同發展的重要階段，生涯目的感帶來正向感受與
回饋，也讓青少年覺得自己與他人有所不同，是青少年建立自我概念的重
要來源。

（二）生涯目的感的發展與影響因素

生涯目的感大約從青少年期開始發展（Damon, 2008; Moran et al.,
2012），除了發展性因素外，與個人相關內在資源及環境經驗的形塑息息
相關。Savickas 等人（2009）指出，生涯適應力（adaptability）是協助個人
面對發展任務的重要內在資源，其內涵包括生涯關注、生涯控制、生涯好
奇、生涯信心、生涯承諾等。生涯關注與未來時間的概念有關，控制則是
指個人對自我及環境的掌控力，好奇是指能否對環境展開探索的行動，信
心則與個人對自我的預期和克服困難有關，而承諾則是指面對生活任務所
持之開放態度與行動性，擁有這些生涯內在資源，對促進目的感發展可能
具有助益。近來青少年研究也關注未來時間觀的概念（future time perspec-
tive, FTP）（陳慧娟等人，2017；Mello & Worrell, 2015）。陳慧娟等人
（2017）指出，未來時間觀是指個人構思未來以及如何引導目前行動與抉
擇的理論。具未來時間觀的青少年可能更能評估、分析與監控生活，進而
做出規劃（Mello & Worrell, 2015），因此與目標設定、動機影響等相關未來
生涯規劃與發展，具有密切的關聯（Seginer & Lens, 2015）。Balthip 等人
（2017）分析 21 位泰國青少年目的感的相關經驗發現，目的感的發展有其
機會因素存在，但同時也受到他人啟迪，特別是當被問到「你將來長大要
做什麼？」時，會帶來目的感的思考。青少年若對未來生活有關注和想
像，進而產生對未來的願景，將能對現在進行規劃並採取行動，進而促進
目的感的發展。此外，Malin 等人（2017）發現，相較於沒有目的感的青少
年，具有目的感者，在感激和熱情的優勢特質上更為明顯。顯示具有某些
面向之優勢特質，可能也是影響生涯目的感發展的重要因素。

許多學者強調生涯目的感可以培養、培育，並特別重視關係與環境等的脈絡影響（Bronk, 2012, 2014; Dik et al., 2011）。Mariano 與 Vaillant（2012）的研究就指出，兒童時期有較多正向經驗的人，比較容易在後來發現自己對未來的人生目的，Malin 等人（2013）也發現，青少年會將家庭成員視為未來生涯的典範。而 Bundick 與 Tirri（2014）以及 Mariano 等人（2011）的研究，都發現教師支持和引導，甚至是同儕朋友等重要關係，都是青少年生涯發展中具有影響力的資源。王玉珍（2018）研究也發現，具有具體志向的青少年，主觀認為受家庭因素的影響最多，特別是家人或家庭環境的薰陶，同時也與學校活動或社團經驗有密切關聯。上述這些研究都呈現了脈絡或關係因素對目的感發展的重要性。

為了了解目的感發展的歷程，Bronk（2012）曾以 9 位青少年為研究對象，透過縱貫研究結果，歸納出目的感發展的四個歷程：在承諾的初始階段，包括受到脈絡與生態因素以及早期經驗的影響形成承諾；在承諾的發展階段，包括受到熱情驅使，能力、社會需求、個人意義感三者間的調和，以及發展出能夠克服阻礙與挑戰的能力；在承諾的提升階段，受到同儕的支持以及其他重要支持者的鼓舞；在承諾的進化階段，發現致力於興趣投入的新方法、焦點擴展，以及看到新機會、資源、其他新經驗。Dobrow（2012）以 567 位就讀於音樂領域青少年為對象，以三年半的縱貫研究方式，探討靈性召喚的改變與相關因素。研究發現隨著時間，靈性召喚情形有了消長，當中是否持續行動投入，對生涯召喚的覺知有所影響。另一類似研究（Malin et al., 2013）發現目的感的發展有四個階段：早期從活動及助人的反思經驗中萌芽，接著是構想他們可以參與社會的角色，第三階段是重新評估和排序，最後則發展出可確認他們角色的路徑。從這幾篇研究中可以發現目的感的發展有其階段歷程，當中個人因素與外在因素相互影響。

青少年時期目的感逐漸萌芽，或許在其未來，目的感與目標有所轉變，但對其而言，可以提升對自身未來的關注，也是重要的引導力量，對其生活的幸福感等有所助益。

（三）國內生涯目的感之相關研究

國內其實與生涯目的感相仿的概念不少，例如：生涯願景、職志、使命或志向等，但以這些概念為主的相關研究並不多見。儘管如此，相關概念早有學者提出論述，像是金樹人（2011）指出，職業不僅是「一個人安身之處（making of a living），也是一個人立命之所（making of a life）」（頁90），個人意義與使命等如我所是的工作樣貌，能產生深沉的幸福。劉淑慧（2000）探討本土之生涯觀指出，儒家文化偏重透過貢獻社會來實現此生的價值，道家關注內在心靈的提升，佛教則著重修慧修福。華人生涯觀不僅能呼應生涯召喚的觀點，也包含了個人修為與處世的智慧，更是博雅而精深。相關研究方面，劉淑慧等人（2014）探討如何建構存在現象學取向的生涯輔導方案，認為生涯即是活出個人生命的獨特意義，也強調生涯經驗是真實體驗、領會籌劃、決心抉擇與實際行動的開展循環。同時，更進一步，盧怡任等人（2015）運用此概念，思考協助國中學生發展生涯願景，找到個人獨特的生涯路徑，對此階段的生涯實務而言，是極具意義的開始。王玉珍（2018）設計青少年目的感結構式訪談大綱，藉此探討青少年目的感的經驗。研究結果發現約有一半國中學生已產生具體志向，而志向的考量與個人興趣特質或專長、外在期待建議或條件、助人利他、存在意義等因素有關。由這些因素可見，除了外在期待建議或條件外，其他的志向因素的內涵能呼應目的感的概念，顯示於國中階段的青少年，已發展了目的感的概念。在王玉珍等人（付梓中）的另一個研究中，以21位在國中階段已有志向的學生為對象，透過為期兩年、前後共計兩次訪談的紮根分析結果發現，擁有志向對他們而言除了帶來成就感、滿足快樂等正向感受外，也帶來前進目標的動力與探索行動。另外，也發現志向的發展主要受到了家庭、學校、楷模、自我因素等的影響，而變動則是來自現實成長、意外機緣、家庭支持與否的態度。此研究結果多半能與國外研究成果呼應，特別是都發現擁有目的感能帶來有意義且正向感受，從這些研究中也進一步肯定了擁有目的感對青少年的重要，雖然未來志向仍有

可能變動，但卻是帶給當下青少年正向感受與自我認同，也帶來前進的動力。在這些結果中，較值得注意的則是志向變動的因素裡，除了現實上更為成熟、考量因素比以往多，以及一些機緣因素外，一些青少年提及的家庭支持態度，特別是雙親的態度也相當程度左右了青少年對志向是否繼續投入或者另尋志向。當然這個過程是相當複雜的，特別是雙親的態度、青少年與雙親的關係、彼此對志向的執著與彈性情形等也都影響著青少年在這個歷程中的抉擇與行動。

（四）以目的感為核心的生涯實務

　　正向的生涯發展歷程，可視為是一個發揮優勢、創造個人風格以及活出生命意義的歷程，發揮、創造及活出的行動歷程，與過去靜態適配概念的主張十分不同。因此可以將培育目的感視為是一個教育與輔導的歷程，目的感的現身與追求，也是從小到大逐漸探索的過程，培育目的感可說是從小做起，需要家庭和學校一起合作。培育目的感最重要的事情是給予兒童與青少年嘗試和行動的舞臺，並透過正向回饋，讓青少年感到有信心、成就感。從研究中的確發現，目的感從有興趣、有熱情及有成就感的事情開始，若能有更多嘗試與行動，展開探索的經驗，就有機會讓青少年從這些經驗中獲得正向回饋，進而有更多的追求與行動。因此如何有更為開放自由的探索空間，以及給予支持和正向回應青少年探索的需求，這是家庭和學校都可以嘗試的事情。

　　學校的輔導老師，可以透過協助探索青少年的志趣和生涯願景來培育目的感。在探究青少年獨特興趣與熱情的作法上，在過去經常使用測驗方法來協助探究，但測驗的限制在於，其中既定的分類與內容很容易就稀釋了個人的獨特性，所謂的適配也容易導致個人偏向尋求一個既定的答案，而非去開創、探索或建構一個個人偏好且具有意義的生涯。因此過去學者也強調，可以透過生涯故事敘說來探索個人的偏好以及其對個人的意義，他們提醒諮商師特別去傾聽學生說出這些答案的理由。舉例來說，假如一位同學的偶像是吳寶春先生，理由是因為可以「創造」出好吃的麵包，這

時我們先不用對號入座，認為學生未來就是要當廚師，朝著那個抉擇來進行，而是要把焦點轉到「創造、產出」這個要素，我們可以問：「那個創造對你而言像是什麼？回想看看，生活中有哪些跟創造有關的經驗呢？回想看看誰跟你說過你有創意？是什麼時候？那次是怎樣的經驗呢？」仔細傾聽出孩子的熱情與興趣，生命中對其有意義的、重要的、有興趣的「火花」，就能從這個提問與敘說的過程中逐漸展現。這些火花是培育目的感的基礎，透過讓孩子覺知自己的火花是什麼，從旁支持、給予信心，讓此火花不斷展現，就能幫助他們培育出目的感（Bronk, 2014; Damon, 2008）。

在培育生涯目的感的方向上，不只是談夢想，還可以進一步引導學生去思考，這個願景對自己的意義是什麼、有什麼重要性？對家人的意義是什麼、有什麼重要性？對社會可以產生哪些貢獻、帶來哪些不同、有什麼重要性？很多學生說從沒有想過對他人及社會有什麼貢獻這個問題，但透過這些問題幫助他們開始去思考，也讓他們覺得這些願景可以幫助到別人或者為他人帶來利益，或者不可或缺，透過這些思考，這個夢想的質量就會很不同。

在這些探索中，你可能會發現諮商師會問很多問題，的確，許多研究認為，讓目的感現身，可以透過有意義的問話，幫助青少年思考自身有意義的目的，除了上述的面向外，也可以包括像是：「你生活中最重視的是什麼？未來你覺得最理想的生活樣貌是什麼？你的志向是什麼？這個志向對社會的助益是什麼？」當他們說出目標時，可以接著鼓勵他們探索背後的原因，並討論如何形成未來計畫和目標，以及思考這些目標與生活其他方面的連結。

■ 貳、優勢取向生涯諮商

一、優勢力量的概念

優勢力（strengths）的發展，主要來自 1990 年末期至 2000 年早期間興

起的正向心理學。正向心理學主張從整體的角度看待個人的心理健康，不只包括原有心理學關注的心理問題，更重視正向的機能和光明面，除了解決問題外，也關心人如何可以活得更好（Seligman & Csikszentmihalyi, 2014）。其主要的理念在調整過去以問題評估與衡鑑為焦點的視野，轉而關注個人如何能維持機能，以及個人如何能在困頓情境中存活下來的正向特質與相關能力。優勢力觀點，也立基於後現代思潮與社會建構論（Wong, 2006）。個人對其優勢的形塑，主要來自系統、文化及政經社會等脈絡的影響。Seligman（洪蘭譯，2009）認為，優勢之所以重要，是因為人們能透過使用及發揮優勢，來建構愉悅和有意義的生活，有意義的生活來自於發展與實踐自我的優勢。而 Ryan 與 Deci（2000）指出，人們發展優勢是因為其可以作為一種能量，不僅達到基本心理需求，包括歸屬感、滿足、能力、安全感、自主，並可從中找到人生的意義感與目的感。整體而言，優勢力的觀點主要來自正向心理學與社會建構論的主張，關注如何透過正向力量的建立與培養，增進個人整體生活品質並建構正向意義的未來。

優勢力在正向心理學領域相當重要，可說是個人正向發展的重要成分，在青少年人生發展進程中，更扮演重要的角色（Park & Peterson, 2006）。Seligman 與 Csikszentmihalyi（2000）指出，優勢力為一性格特質（character），又稱之為正向個人特質（positive individual traits），Seligman 團隊（Peterson & Seligman, 2004）依此概念，建立了 24 種優勢力，並將其進一步歸納在智慧與知識、勇氣、人道與愛、正義、修養、心靈超越等六大類美德（virtues）領域當中，例如：「心靈超越」包含美的欣賞（appreciation of beauty and excellence）、感恩、希望、心靈／目標／宗教／靈性、寬恕與慈悲、幽默、熱忱等。Park 與 Peterson（2006）延伸此一看法，將優勢力定義為個人身上所擁有的、美善的性格特質。他們指出，能力資產（competence）包含社會、情緒、認知行為以及道德上的能力，用以導向對個人而言有價值與良善的目標或行為。而正向性格特質是能力資產的一部分，為建構美好生活必要的正向特質。Niemiec（2013）進一步指出，優勢力可說是心理歷程、機制與能力，用以思考、感覺、知覺與行動，以呈現出人類的美德與良善。根據上述幾位作者觀點，優勢力為個人身上所呈現

出正向與美善的性格特質，也是一種社會、情緒認知和道德上的能力，為一種思考感覺與行動的心理歷程與機制，以建構出美好生活。

　　此外，不同於上述觀點，Rawana 與 Brownlee（2009）認為優勢力雖然是個人內在特質，但卻與環境的互動息息相關，因此他們將優勢力視為鑲嵌於文化中，為個人和社會所賦予之一系列發展性能力與特質。因而個人發展優勢力內涵，包含心理和人際的優勢力。而 Lerner（2005）提出正向青少年發展（positive youth development, PYD）的五項內涵（5Cs），可視為是青少年的優勢力，包括：能力（competence）、信心（confidence）、性格（character）、連結（connection）、關懷（caring），並進一步發展出此五大優勢力的評估工具。

　　整體而言，優勢力的定義上，有些觀點較為具體且設限，有些則認為是發展性、歷程性的觀點。在具體且設限的定義中，Seligman 團隊（Peterson & Seligman, 2004）提出24種普同的優勢力特質，強調優勢力可以透過學習而建立，也可以鍛鍊及滲透（Seligman & Csikszentmihalyi, 2014），若能在生活或工作中，充分實踐招牌優勢力（signature strengths），能帶給個人豐富的充實感、滿足感和意義感。而 Clifton 團隊（Hodges & Clifton, 2004; Lopez et al., 2005）提出了 34 項優勢力，在其概念下，優勢力包含各種能力。這些優勢力透過分類與命名，對於實務或相關研究而言較容易理解和運用。

　　也有學者認為是發展性、歷程性的觀點，對當事人而言，帶來正向力量均可稱之（Jones-Smith, 2014）。的確，將優勢力分類，在諮商實務的應用上會造成侷限，也可能形成太過一致的觀點，無法顯現個人獨特的意義，此外個人必須從整體看待，並無法拆解為不同的特質所合成，也無法獨立於情境之外（Wong, 2006）。特質必須從脈絡中理解，無法驟下評斷認定某個特質是優勢或劣勢。因此在諮商當中，較多的治療師採取寬廣、發展或歷程的觀點。此外，Rashid 與 Seligman（2013）提出動態優勢評估（dynamic strength-assessment），除了鼓勵透過招牌優勢力的認識進而實踐外，運用在心理治療當中，也會依據優勢力的特性，分為一般通用（tonic）或特定情境（phasic），評估其使用脈絡情境的適切程度。也會以優勢

力的使用是不足的（underuse）或是過度的（overuse），來審視、評估當事人的困擾議題，因此在諮商或心理治療歷程中，優勢力的理解和運用可說是複雜而充滿動力的。

優勢力與潛能、興趣、技巧、價值觀和外在資源等的概念並不相同，主要是優勢力可以透過鍛鍊來培養發展，亦能反映自我概念（Niemiec, 2013; Seligman & Csikszentmihalyi, 2014; Smith, 2006），具有脈絡性（Rawana & Brownlee, 2009）。Brazeau 等人（2012）指出，過去量表多測量缺陷或問題，隱含有鼓勵學生聚焦於弱點的可能意涵，同時也讓心理專業人員多忙於確認、診斷進而標籤相關的問題，也因為如此，可能引出當事人更多負向的訊息。若可以協助青少年從過去或現在的正負向經驗中看見他們的優勢力，同時也幫助他們發展需要的優勢力，則能協助他們因應所處問題及挑戰，進而對自己更為滿意有信心，生活更有品質，對未來更有希望（Peterson & Seligman, 2004; Rashid, 2015）。

除了優勢力在個人諮商中的應用外，家庭優勢觀點也開啟了新的視野與作法。發展自 1970 年代的家庭優勢觀點，主要是嘗試平衡過去研究多聚焦於問題或弱點的思維，改從正向優勢的角度看待家庭，認為了解每一家庭獨特的優勢和資產，將帶來更多的可能性，可說是一個嶄新的方向（江麗美等人譯，2008；Asay & DeFrain, 2012; Munford, 2016; Munford et al., 2012）。根據研究發現（Gökler & Tiftik, 2014; Schumm, et al., 2001; Wong et al., 2012），家庭優勢並非是單一概念，而是多面向構念，內涵可能包括了共享的時光、尊重互動且親密的關係、開放的溝通，以及靈性信念價值與期待等面向。但隨著不同族群與對象的不同，也具有差異存在，臺灣的情形如何，值得進一步探討。此外，優勢特質並非是靜態、固定不動的，而是產生於許多生活經驗脈絡當中，而且許多的優勢力量來自於克服因應挑戰與困難的韌力經驗（Asay & DeFrain, 2012）。顏姿吟（2017）針對一醫生世家進行研究，發現志向的啟蒙雖有其個人因素，但也會連結到家人心存濟世、利他意義的觀念，而家庭中的穩定感等價值架構，以及家族緊密連結感所傳達出的期待與責任，進而將子代推向同樣的醫師志向。而家庭經驗中正負回饋交錯，但過程中努力穩定和調整，也帶來更為珍貴的力量。

因此家庭優勢不只是特質，更包括了因應、克服與調整的動態歷程與經驗。

　　家庭優勢強調賦能每個家庭，從缺陷與不足的視野，開始去探詢進而欣賞每個家庭帶來的獨特與力量。這個視野的挪動，也將帶給未來生涯諮商更多的可能性，特別是從負向不足轉移到正向，從靜止轉移到動態，從個人轉移到關係間的相互影響。

二、優勢力量的相關研究

　　臺灣針對相關優勢力架構或內涵的研究，主要來自於青少年為對象的研究。王玉珍等人（2019）發展了一個以國中學生為對象的「青少年優勢力量表」，所建立的正式量表包含九個構念，共 47 題。構念名稱分別為：內省負責、創意好奇、夢想企圖、活潑幽默、利他合群、幸福感恩、隨和友善、轉念釋懷、樂觀希望。研究並發現，國中學生在九個分量表中以創意好奇分量表的分數最高，活潑幽默分量表最低，當中僅利他合群具性別差異。此外，國外相關研究發現，家庭優勢對青少年生活與生涯發展有深遠影響，Johnson 與 Hitlin（2017）發現，青少年的自主發展受到雙親影響頗大，特別是父母親對孩子的生活期待，以及家庭的收入與樂觀性，對孩子的樂觀生活預期具有顯著關聯。而 Vela 等人（2015）發現，意義感的覺知和家庭中的連結、認同、親密的活動和凝聚力，能明顯預測青少年的生涯結果預期。緊接著相關研究亦發現家庭優勢與個人優勢，以及生涯目的感間存在著一定的關聯（例如：王玉珍等人，付梓中；Dietrich & Salmela-Aro, 2013; Storlie et al., 2017）。這些結果意味著，覺知父母參與和鼓勵，在青少年發展、追求志向及實現志向的過程中，頗為關鍵，亦即覺知家庭優勢除了帶給個人生涯的支持與希望感外，也可能是促進生涯目的感的主要因素。

三、優勢取向生涯諮商

　　優勢取向生涯諮商方法源自於優勢中心諮商（strength-centered counseling），以下先說明優勢中心諮商概念，再進一步探討優勢取向生涯諮商方法。

（一）優勢中心諮商之概念

優勢中心諮商受到後現代思潮、正向心理學和社會建構主義等影響，是指運用個人的優勢力量，作為促進當事人改變的一種諮商方法（Jones-Smith, 2014; Smith, 2006; Ward & Reuter, 2010; Wong, 2006）。優勢中心諮商的精神是相信個案若能具有力量與信心，自然能具有因應問題與挑戰的能力，有力量的正向情感，是優勢諮商主要的改變機制（generators）（Fitzpatrick & Stalikas, 2008）。而整個諮商的內涵與歷程，也環繞在評估、建立和應用當事人的優勢力量（Jones-Smith, 2014; Smith, 2006）。

優勢中心諮商是協助當事人看見內在深沉的本質，或者認識不同面向的自我，尋找內在重要泉源力量，進一步啟動希望、帶來改變，進而整合與平衡（Jones-Smith, 2014）。

（二）優勢取向生涯諮商

優勢中心生涯諮商是一個奠基於建構希望、意義和行動的後現代生涯諮商方法。透過建構希望是優勢中心諮商的本質，透過覺知和建立優勢力量，讓當事人對自身及未來具有希望感，此外也重視建構對理想未來的意義，透過朝向實踐與行動的過程也帶來意義。此取向的生涯諮商與過去探求適配觀點也有所不同，優勢取向生涯諮商強調個人化獨特經驗的重要，也重視創造與實踐，在這個取向中，職業、生活與個人不再是分開的三件事，而是一個整合、整體的觀點，職業可能是個人活出意義的舞臺，個人的獨特意義與優勢也讓職業展現出獨有的樣貌。職業與生活的界線也不再那麼清楚，因為更重要的是創造和活出個人理想的生涯生活，而不是受限於傳統職業的身分限制。

上述的觀點來自於許多學者對優勢取向生涯諮商的貢獻。D. A. Schutt（2007）結合優勢取向，發展生涯「優勢中心取向」諮商，他認為生涯諮

商的重點在於協助個案尋找、確認及增進生命動力（life giving forces）的方法，目的在於增進個人在面對人生課題的正向因應，增進個人的生涯幸福與生活各面向的平衡。也有學者認為，增進生涯召喚的主要作法就是充分實踐招牌優勢力（Dik et al., 2012; Jacobson, 2010; Kosine et al., 2008; Littman-Ovadia & Steger, 2010），將自己的獨特優勢運用在工作中或與他人的互動中，以及在工作中運用優勢有助於工作者發現意義感以及提升生活滿意度。也可以找尋可實現、發揮自身優勢的工作場所，或者結合自身優勢運用在工作的內容中，結合優勢的實踐，讓工作更具意義，也形塑出個人特有的工作風格。

基於上述的理念，優勢取向生涯諮商方法並沒有一定特定的步驟或作法。王玉珍（2018）參考 Schutt（2007）、Jacobson（2010）、Kosine 等人（2008）以及Jones-Smith（2014）的概念，建立的優勢取向生涯諮商整體步驟包括：(1)建立關係；(2)評估個人之內外在優勢；(3)發展個人內外在優勢；(4)建構理想願景；(5)注入力量與意義感；(6)行動與回饋。在其諮商架構中，具體發展優勢及力量的方法包括：(1)意義感的引發：透過Socrates式問句，促進當事人對意義感的思考，包括像是：什麼對你有意義、那件事為何對你重要？那件事對重要他人或其他人的助益是什麼？(2)透過描述成功經驗或走過困頓經驗，從中了解當事人工作或生涯熱情、韌力與其他優勢力量，並賦能當事人；(3)未來理想生活或生涯的圖像的建構；(4)以內在動力探索個人內在本質之獨特熱情與動力所在。從這些面向可知，優勢取向著重透過有意義的提問，開啟更多經驗的探索，而在諮商歷程與諮商關係中也充滿優勢的賦能意涵。

上述的諮商架構，在透過一個案例的諮商訪談後，當事人提及經歷此諮商覺得有助於她產生改變的因素，除了諮商師的因素外，透過歸納後還包括以下五類（王玉珍，2018）：(1)以探問需求的問句，以及打開空間與過去的自己對話，幫助案主發現來晤談的真正需要；(2)諮商師的理解與同在，幫助個案用不一樣的眼光來看待過去；(3)以探索召喚與意義感問話，幫助個案發現熱情與意義，進而確定未來方向；(4)諮商師引導過去經驗敘說，從中協助個案覺察過去的生命韌力；(5)透過探索內在核心優勢力量，

讓個案對未來產生希望。對當事人而言，發現內心真正的需要、用不同的眼光看待過去、探索熱情與意義進而確定未來方向，以及發現自己具有韌力，進而產生希望，是主要帶來改變的原因，而這些面向也是優勢中心生涯諮商主要的內涵。而優勢諮商的提問，不是為了診斷與評估，而是為了開展更多的新經驗。

優勢中心生涯諮商主要的特色在於：(1)語言是媒介，也是核心的角色。從個案敘說的語言中聆聽與理解個案，也透過諮商師正向語言與態度，讓個案透過對話來整合不同聲音的自己，也從更多的敘說中，開展個人新建構，因此諮商歷程以及諮商師的眼光如何帶著優勢的視野與態度是很重要的；(2)透過 Socrates 式問句，協助個案開啟新經驗探索，從中建構優勢力量。優勢諮商的提問，不是為了診斷與評估，而是為了開展更多的新經驗。個案沒有想過的問題，例如：走過困頓生命經驗的韌力，核心優勢力量，理所當然下的意義感、熱情與優勢，透過這些提問邀請，與個案一同探索與整合生命歷程；(3)建構多樣化的優勢力量。優勢中心諮商中的優勢，不只是優點、優勢，更是力量，包括個人內在獨特的、招牌的優勢力量，走過困頓產生的韌力力量，生涯專屬的意義感、熱情與利他，外在的優勢力（像是家人、同儕等的關係）。若個案能發現自己過去如何克服相關議題或困難，或如何存活沒有讓問題變得更糟，當事人能從受困於問題當中的位置，挪動到與問題分開——我應該也可以面對或度過的位置，因此在優勢取向諮商中建立韌力也是相當重要的歷程；(4)優勢中心取向對於諮商中當事人所帶來的生涯困擾，諮商師會仔細聆聽困擾下的渴望，以建設出回應渴望的趨近目標（approach goal）（Conoley & Scheel, 2018）。同時對於生涯方向的探索，也從當事人自身熱情經驗以及核心優勢來建立其理想願景。

整體而言，優勢中心生涯諮商的主要理念是相信個案是專家，尊崇個案獨特經驗與世界觀，相信力量能帶來賦能與改變。從個案敘說過去經驗中，諮商師得以與個案一起認識優勢、重新定義優勢，以及應用優勢。在優勢的理解與應用的探索過程中，諮商師都是陪伴與對話的角色，這需要諮商師願意對生命持續努力細膩地體會與經驗，並對生命能慈悲地尊重。

■ 參、結語

後現代取向的生涯諮商方法，帶來賦能、希望與意義。當中靈性與優勢中心生涯諮商方法著重內在的滿足，建構希望與帶來意義和行動，在充滿變動的現今社會，提供了一個鼓勵觀看內心、又能對未來抱持希望的新觀點與新作法，雖然不若過去生涯諮商方法講求具體與答案，但多樣的可能性和積極的觀點，是其主要的特色與貢獻。

參考文獻

中文部分

王玉珍（2018）。優勢中心生涯諮商與生涯召喚之諮商效果與影響經驗探究。中華輔導與諮商學報，**52**，19-50。

王玉珍、吳清麟（2017）。成人生涯召喚量表之編製及其信效度分析。**教育心理學報，49**（1），1-21。

王玉珍、李宜玫、吳清麟（2019）。青少年優勢力量表之發展研究。**教育心理學報，50**（3），389-406。

王玉珍、曾晴、陳之懷、簡明彥、林欣儀（付梓中）。邁向志向之旅：青少年生涯目的感發展之歷程研究。**教育心理學報**。

江麗美、李淑珺、陳厚愷（譯）（2008）。**家族再生：逆境中的家庭韌力與療癒**（原作者：F. Walsh）。臺北市：心靈工坊。

林以正（2014）。外柔內剛的中庸之道：實踐具自主性的折衷原則。**中國社會心理學評論，7**，221-235。

金樹人（2011）。**生涯諮商與輔導**（重修版）。臺北市：東華。

洪蘭（譯）（2009）。**真實的快樂**（原作者：M. E. P. Seligman）。臺北市：遠流。（原著出版年：2002）

陳慧娟、張維倫、劉怡佳、林秀玲（2017）。父母教養方式與高中生學業自尊之關聯性研究暨未來時間觀之中介效果分析。**創造學刊，8**（1），21-44。

劉淑慧（2000）。人生哲學：從華人先哲的論述來看生涯觀。**輔導季刊，36**（2），1-11。

劉淑慧、陳弈靜、盧麗瓊、盧怡任、敬世龍（2014）。存在現象學取向生涯輔導方案：以馬來西亞經驗為例。**輔導季刊，50**（3），13-23。

盧怡任、劉淑慧、敬世龍、尤家欣、邱瑞妏、張淑霞（2015）。「適性發展：活出個人生涯風格」方案介入臺南市國中生涯輔導之行動反思。**輔導與諮商學報，37**（1），57-77。

顏姿吟（2017）。家族生涯價值觀代間傳遞之個案研究：一個醫師世家的初探。**輔導季刊，53**（2），35-47。

英文部分

Adams, C. M. (2012). Calling and career counseling with college students: Finding meaning in work and life. *Journal of College Counseling, 15*(1), 65-80.

Arnett, J. J. (2004). *Emerging adulthood: The winding road from the late teens through the twenties*. Oxford, UK: Oxford University Press.

Asay, S. M., & DeFrain, J. (2012, May). The international family strengths model. In *World Congress of Families*. London, UK.

Bacchus, D. N. (2008). Coping with work-related stress: A study of the use of coping resources among professional Black women. *Journal of Ethnic & Cultural Diversity in Social Work, 17*(1), 60-81.

Balthip, K., McSherry, W., Petchruschatachart, U., Piriyakoontorn, S., & Liamputtong, P. (2017). Enhancing life purpose amongst Thai adolescents. *Journal of Moral Education, 46*(3), 295-307.

Bloch, D. P., & Richmond, L. J. (1998). *Soul work: Finding the work you love, loving the work you have*. CA: Davies-Black.

Brazeau, J. N., Teatero, M. L., Rawana, E. P., Brownlee, K., & Blanchette, L. R. (2012). The strengths assessment inventory: Reliability of a new measure of psychosocial strengths for youth. *Journal of Child and Family Studies, 21*(3), 384-390.

Bronk, K. C. (2012). A grounded theory of the development of noble youth purpose. *Journal of Adolescent Research, 27*(1), 78-109. doi:10.1177/0743558411412958

Bronk, K. C. (2014). *Purpose in life: A critical component of optimal youth development*. New York, NY: Springer.

Bronk, K. C., & Finch, W. H. (2010). Adolescent characteristics by type of long-term aim in life. *Applied Developmental Science, 14*(1), 35-44.

Bronk, K. C., Hill, P., Lapsley, D. K., Talib, T., & Finch, H. (2009). Purpose, hope, and life satisfaction in three age groups. *The Journal of Positive Psychology, 4*(6), 500-510. doi:10.1080/17439760903271439

Bundick, M. J., & Tirri, K. (2014). Student perceptions of teacher support and competencies for fostering youth purpose and positive youth development: Perspectives from two countries. *Applied Developmental Science, 18*(3), 148-162. http://dx.doi.org/10.1080/10888691.2014.924357

Burrow, A. L., O'Dell, A. C., & Hill, P. L. (2010). Profiles of a developmental asset: Youth purpose as a context for hope and well-being. *Journal of Youth and Adolescence, 39*, 1265-1273. doi:10.1007/s10964-009-9481-1

Cardador, M. T., Dane, E., & Pratt, M. G. (2011). Linking calling orientations to organizational attachment via organizational instrumentality. *Journal of Vocational Behavior, 79*(2), 367-378.

Cochran, L. (1997). *Career counseling: A narrative approach*. Thousand Oaks, CA: Sage.

Conoley, C. W., & Scheel, M. J. (2018). *Goal focused positive psychotherapy: A strengths-based approach*. Oxford, UK: Oxford University Press.

Damon, W. (2008). *The path to purpose: Helping children find their calling in life*. New York, NY: Simon & Schuster.

Damon, W., Menon, J., & Bronk, K. C. (2003). The development of purpose during adolescence. *Applied Developmental Science, 7*(3), 119-128. doi:10.1207/S1532480X ADS0703_2

Dietrich, J., & Salmela-Aro, K. (2013). Parental involvement and adolescents' career goal pursuit during the post-school transition. *Journal of Adolescence, 36*(1), 121-128.

Dik, B. J., & Duffy, R. D. (2009). Calling and vocation at work: Definitions and prospects for research and practice. *The Counseling Psychologist, 37*, 424-250.

Dik, B. J., Duffy, R. D., & Tix, A. P. (2012). Religion, spirituality, and a sense of calling in the workplace. In P. C. Hill & B. J. Dik (Eds.), *The psychology of religion and workplace spirituality* (pp. 113-134). Charlotte, NC: Information Age Publishing.

Dik, B. J., Steger, M. F., Gibson, A., & Peisner, W. (2011). Make your work matter: Development and pilot evaluation of a purpose-centered career education intervention. *New Directions for Youth Development, 132*, 59-74. doi:10.1002/yd.428

Dobrow, S. R. (2012). Dynamics of calling: A longitudinal study of musicians. *Journal of Organizational Behavior*, Article first published online: 11 Jun 2012. doi:10.1002/ job.1808

Dobrow, S. R., & Heller, D. (2015). Follow your heart or your head? A longitudinal study of the facilitating role of calling and ability in the pursuit of a challenging career. *Journal of Applied Psychology, 100*(3), 695.

Domene, J. F. (2012). Calling and career outcome expectations: The mediating role of self-efficacy. *Journal of Career Assessment, 20*(3), 281-292.

Duffy, R. D., Dik, B. J., & Steger, M. F. (2011). Calling and work-related outcomes: Career commitment as a mediator. *Journal of Vocational Behavior, 78*(2), 210-218.

Duffy, R. D., & Sedlacek, W. E. (2007). The presence of and search for a calling: Connections to career development. *Journal of Vocational Behavior, 70*, 590-601. doi: 10.1016/j.jvb.2007.03.007

Duffy, R. D., & Sedlacek, W. E. (2010). The salience of a career calling among college students: Exploring group differences and links to religiousness, life meaning, and life satisfaction. *Career Development Quarterly, 59*, 27-41.

Elangovan, A. R., Pinder, C. C., & McLean, M. (2010). Callings and organizational behavior. *Journal of Vocational Behavior, 76*(3), 428-440.

Fitzpatrick, M. R., & Stalikas, A. (2008). Positive emotions as generators of therapeutic change. *Journal of Psychotherapy Integration, 18*(2), 137.

Gökler, D. I., & Tiftik, N. (2014, February). *Measuring family strengths and capabilities: Reliability and validity of the Turkish version of the Family Functioning Style Scale.* Paper presented at the 4th World Conference on Psychology, Counseling and Guidance (WCPCG-2013), stanbul, 24-26 May, Procedia-Social and Behavioral Sciences.

Hagmaier, T., & Abele, A. E. (2012). The multidimensionality of calling: Conceptualization, measurement and a bicultural perspective. *Journal of Vocational Behavior, 81*(1), 39-51.

Hall, D. T., & Chandler, D. E. (2005). Psychological success: When the career is a calling. *Journal of Organizational Behavior: The International Journal of Industrial, Occupational and Organizational Psychology and Behavior, 26*(2), 155-176.

Han, H. (2015). Purpose as a moral virtue for flourishing. *Journal of Moral Education, 44*(3), 291-309.

Hirschi, A. (2011). Callings in career: A typological approach to essential and optional components. *Journal of Vocational Behavior, 79*(1), 60-73. doi:10.1016/j.jvb.2010.11.002

Hirschi, A. (2012). Vocational identity trajectories: Differences in personality and development of well-being. *European Journal of Personality, 26*(1), 2-12. doi:10.1002/per.812

Hirschi, A., & Herrmann, A. (2013). Calling and career preparation: Investigating developmental patterns and temporal precedence. *Journal of Vocational Behavior, 83*(1),

51-60. https://doi.org/10.1016/j.jvb.2013.02.008

Hodges, T. D., & Clifton, D. O. (2004). Strengths-based development in practice. *Positive Psychology in Practice, 1*, 256-268.

Hunter, I., Dik, B. J., & Banning, J. H. (2010). College students' perceptions of calling in work and life: A qualitative analysis. *Journal of Vocational Behavior, 76*(2), 178-186.

Jacobson, M. (2010). Positive psychology for career counselors. *Career Planning and Adult Development Journal, 26*(1), 26-39.

Johnson, M. K., & Hitlin, S. (2017). Adolescent agentic orientations: Contemporaneous family influence, parental biography and intergenerational development. *Journal of Youth and Adolescence, 46*(10), 2215-2229.

Jones-Smith, E. (2014). *Strengths-based therapy: Connecting theory, practice and skills.* Thousand Oaks, CA: Sage.

Kinjerski, V., & Skrypnek, B. J. (2008). Four paths to spirit at work: Journeys of personal meaning, fulfillment, well being, and transcendence through work. *The Career Development Quarterly, 56*(4), 319-329.

Kosine, N. R., Steger, M. F., & Duncan, S. (2008). Purpose-centered career development: A strengths-based approach to finding meaning and purpose in careers. *Professional School Counseling, 12*(2), 133-136. https://doi.org/10.5330/PSC.n.2010-12.133

Lerner, R. M. (2005, September). Promoting positive youth development: Theoretical and empirical bases. In *White paper prepared for the workshop on the science of adolescent health and development, national research council/institute of medicine.* Washington, DC: National Academies of Science.

Littman-Ovadia, H., & Steger, M. (2010). Character strengths and well-being among volunteers and employees: Toward an integrative model. *The Journal of Positive Psychology, 5*(6), 419-430.

Lopez, S. J., Hodges, T., & Harter, J. (2005). *The Clifton StrengthsFinder technical report: Development and validation.* Unpublished report.

Malin, H., Liauw, I., & Damon, W. (2017). Purpose and character development in early adolescence. *Journal of Youth Adolescence, 46*, 1200-1215.

Malin, H., Reilly, T. S., Quinn, B., & Moran, S. (2013). Adolescent purpose development: Exploring empathy, discovering roles, shifting priorities, and creating pathways. *Journal of Research on Adolescence, 24*(1), 186-199. doi:10.1111/jora.1205

Mariano, J. M., & Vaillant, G. V. (2012). Youth purpose among the "Greatest Generation". *Journal of Positive Psychology, 7*(4), 281-293. doi:10.1080/17439760.2012.686624

Mariano, J. M., Going, J., Schrock, K., & Sweeting, K. (2011). Youth purpose and the perception of social supports among African-American girls. *Journal of Youth Studies, 14*(8), 921-937.

Mello, Z. R., & Worrell, F. C. (2015). The past, the present, and the future: A conceptual model of time perspective in adolescence. In M. Stolarski, W. van Beek, & N. Fieulaine (Eds.), *Time perspective theory: Review, research and application* (pp. 115-129). Switzerland: Springer.

Moran, S., Bundick, M., Malin, H., & Reilly, T. S. (2012). How supportive of their specific purposes do youth believe their family and friends are? *Journal of Adolescent Research, 28*(3), 348-377. doi:10.1177/0743558412457816

Munford, R. (2016). Building strengths and resilience: Supporting families and disabled children. In C. DeMichelis & M. Ferrari (Eds.), *Child and adolescent resilience within medical contexts* (pp. 227-245). Switzerland: Springer.

Munford, R., Sanders, J., & Maden, B. (2012). Building strengths in families and communities. In J. Duncan & S. T. One (Eds.), *Comparative early childhood education services* (pp. 57-77). New York, NY: Palgrave Macmillan.

Niemiec, R. M. (2013). VIA character strengths: Research and practice (The first 10 years). In H. H. Knoop & A. D. Fave (Eds.), *Well-being and cultures* (pp. 11-29). Switzerland: Springer.

Park, N., & Peterson, C. (2006). Moral competence and character strengths among adolescents: The development and validation of the Values in Action Inventory of Strengths for Youth. *Journal of Adolescence, 29*(6), 891-909.

Peterson, C., & Seligman, M. E. P. (2004). Universal virtues? Lessons from history. In C. Peterson & M. E. P. Seligman (Eds.), *Character strengths and virtues: A handbook and classification* (pp. 33-52). Washington, DC: American Psychological Association.

Rashid, T. (2015). Positive psychotherapy: A strength-based approach. *The Journal of Positive Psychology, 10*(1), 25-40.

Rashid, T., & Seligman, M. E. P. (2013). *Positive psychotherapy in current psychotherapies* (10th ed.). Belmont, CA: Cengage.

Rawana, E., & Brownlee, K. (2009). Making the possible probable: A strength-based assessment and intervention framework for clinical work with parents, children, and adolescents. *Families in Society, 90*(3), 255-260.

Ryan, R. M., & Deci, E. L. (2000). Self-determination theory and the facilitation of intrinsic motivation, social development, and well-being. *American psychologist, 55*(1), 68.

Savickas, M. L. (2011). Constructing careers: Actor, agent, and author. *Journal of Employment Counseling, 48*(4), 179-181.

Savickas, M. L., Nota, L., Rossier, J., Dauwalder, J. P., Duarte, M. E., Guichard, J., ...Van Vianen, A. E. (2009). Life designing: A paradigm for career construction in the 21st century. *Journal of Vocational Behavior, 75*(3), 239-250.

Schumm, W. R., Bollman, S. R., Jurich, A. P., & Hatch, R. C. (2001). Family strengths and the Kansas Marital Satisfaction Scale: A factor analytic study. *Psychological Reports, 88*(3_suppl), 965-973.

Schutt, D. A. (2007). *A strength-based approach to career development using appreciative inquiry*. Broken Arrow, OK: National Career Development Association.

Seginer, R., & Lens, W. (2015). The motivational properties of future time perspective future orientation: Different approaches, different cultures. In In M. Stolarski, W. van Beek, & N. Fieulaine (Eds.), *Time perspective theory: Review, research and application* (pp. 287-304). Switzerland: Springer.

Seligman, M. E. P., & Csikszentmihalyi, M. (Eds.) (2000). Positive psychology: An introduction. *American Psychologist, 55*, 5-14. http://dx.doi.org/10.1037/0003-066X.55.1.5

Seligman, M. E., & Csikszentmihalyi, M. (2014). Positive psychology: An introduction. In *Flow and the foundations of positive psychology* (pp. 279-298). Switzerland: Springer.

Slattery, J. M., & Park, C. L. (2011). Clinical approaches to discrepancies in meaning. In P. T. P. Wong (Ed.), *The human quest for meaning: Theories, research and applications* (2nd ed.) (pp. 497-521). New York, NY: Routledge.

Smith, J. D. (2006). The self-regulated nature of self-concept and the life world: Investigating the process of personal change and transition. *Educate, 4*(2), 45-65.

Sterner, W. R. (2012). Integrating existentialism and Super's life span, life space approach.

The Career Development Quarterly, 60(2), 152-162.

Storlie, C. A., Albritton, K., & Cureton, J. L. (2017). Familial and social influences in career exploration for female youth of color: A study of relational cultural theory. *The Family Journal, 25*(4), 351-358.

Vela, J. C., Lenz, A. S., Sparrow, G. S., Gonzalez, S. L., & Hinojosa, K. (2015). Humanistic and positive psychology factors as predictors of Mexican American adolescents' vocational outcome expectations. *Journal of Professional Counseling: Practice, Theory & Research, 42*(1), 16-28.

Ward, C. C., & Reuter, T. (2010). *Strength-centered counseling: Integrating postmodern approaches and skills with practice.* Thousand Oaks, CA: Sage.

Wong, A., Wong, Y. J., & Obeng, C. S. (2012). An untold story: A qualitative study of Asian American family strengths. *Asian American Journal of Psychology, 3*(4), 286.

Wong, Y. J. (2006). Strength-centered therapy: A social constructionist, virtues-based psychotherapy. *Psychotherapy: Theory, Research, Practice, Training, 43*(2), 133.

探幽

第四章　社會認知生涯理論諮商模式與介入策略（林蔚芳）

第五章　建構理論觀點之生涯諮商（吳芝儀）

第六章　生涯混沌理論的本土化實踐（楊淑涵）

第四章　社會認知生涯理論諮商模式與介入策略

摘　要

　　本篇主要依據 Lent、Brown 與 Hackett 於 1994 年所提出的社會認知生涯理論（social cognitive career theory, SCCT），探究 SCCT 模式於生涯諮商上的運用。該理論係依據 Bandura 社會認知理論（social cognitive theory）中三方互惠的模式發展而來，然而 SCCT 理論為驗證其模型中各相關因子影響路徑的適配性，並未能陳明各因子間動態的影響歷程及認知自我調節機制。因此本文先依序介紹社會認知生涯理論模式、其所依據的理論觀點、重要構念內涵及其發展脈絡，並依諮商目標將社會認知生涯諮商分為「尋夢：探尋具動力的生涯目標」與「築夢：選擇與執行」兩部分，分別陳述兩階段諮商歷程中不同次目標的理論意涵及相關介入策略。

■ 壹、前言

社會認知生涯理論（SCCT）源自 Bandura（1986）的社會認知理論。自 Lent 等人於 1994 年，將社會認知理論概念應用於生涯議題上，並結合特質因素論、Krumboltz 的社會學習生涯決定論等諸多理論而提出綜合興趣發展、生涯選擇及成就表現三個模式的社會認知生涯理論，至今已有 25 年的時間。該理論與其他生涯理論的不同在於它致力於說明及探究影響個體生涯發展各因子之間所存在的影響路徑。Lent 與 Brown（2019）以 Google 引擎搜尋，發現已有 6,000 多筆的引用資料，顯示這 25 年間引用此理論的研究數量相當驚人，且多數的研究皆驗證此模式的有效性。在國內也有許多學者依據該理論進行驗證研究，同樣得到相當的支持，顯見該理論跨文化的適用性。Lent 與 Brown 並於 2006 年拓展 SCCT 的模式，結合幸福感的理論提出「SCCT 滿意度模式」，用以檢核個體的興趣發展、選擇結果及成就表現，最終是否讓個體對於自己目前的生活感到滿意；又於 2013 年結合 Super 的生涯發展論及 Savickas 的生涯適應理論，提出生涯管理模式理論（Lent & Brown, 2013），提醒個體在生涯發展路徑變化加劇的現代社會中，如何運用模式進行自我管理以持續追求其生涯目標。

因此，社會認知生涯理論共包括興趣發展、生涯選擇、成就表現、生涯滿意度、生涯管理等五個模式（Lent & Brown, 2006, 2013; Lent al et., 1994, 2002; Lent et al., 1999），探討個體的認知變項、表現行為和環境脈絡變項對生涯發展與選擇的影響路徑。本篇主要依據 Lent 等人於 1994 年所提出的 SCCT 選擇模式為代表，並融入興趣模式及表現模式的概念，探究 SCCT 模式於生涯諮商上的運用。

由於社會認知生涯理論已有紮實的研究基礎，驗證其模型中各相關因子影響路徑的適配性，因此可作為形成生涯教育或發展性輔導方案的依據，唯相關模式驗證並未能陳明各因子間動態的影響歷程。Lent 與 Brown（2019）也認為，SCCT 模式各變項間之影響路徑並不是靜態的，而是循環性動態，對於該理論所提出循環性動態的影響尚需更多縱貫性的研究驗證

之。筆者認為，若要運用社會認知生涯理論於生涯諮商，須先了解社會認知生涯理論所依據的理論觀點、重要構念內涵及其發展脈絡，故以下將依序討論社會認知生涯理論模式的依據及相關重要構念。

▓ 貳、社會認知生涯理論模式及其重要構念

一、SCCT 依循社會認知理論的三方交互影響因果模型觀點

Bandura（1986）認為，人類是具有先天能力及潛能的個體，而個體的潛能是否能充分發展則視個體的經驗而定。依據社會認知理論，人既不是全由內部力量所驅動，也不是僅被外部刺激所控制。個人的發展可以由 Bandura（1986, 1997）所提出的三方交互影響因果模型（triadic reciprocal causation）來解釋，該模型認為，環境因子、個人因子及表現出的行為三者是一個動力性的相互影響關係。個人因子包括認知、情緒及生理反應等，而其中 Bandura（1986）更強調自我效能、替代學習、自我調節及自我反思等認知因素，個體可以透過認知因子自我調節進行自我影響，與外部影響因子共同決定了個體將採取什麼行為、如何行動。而行動的結果又會成為個體自我調節的資訊來源，同時也會對環境產生影響（Bandura, 1997），個體就在此循環互動中形塑個人的經驗。由上所述可知，社會認知理論個人因子中的認知因子占有相當影響力。特別是個人的自我調節能力。

Lent 等人（1994）依據社會認知理論中三方交互影響因果模型提出 SCCT 選擇模式，其中環境因子又分為遠端及近端影響因子，遠端影響包括個人遺傳性因素（含背景變項及生理因素）、文化因素、社會脈絡支持，以及因此而產生的學習經驗；近端影響則包括近期所處情境中發生影響生涯發展的助力與阻力因子，如社會支持的變化、環境相關事件等。個人因子則聚焦於三個與生涯發展特別有關聯性的認知因子，包括自我效能、結果預期、有意圖之目標。行為因子，則指稱依據目標所採取的行動及表現。

　　此外，Lent 與 Brown（2013）所提出的生涯管理模式，因著新近的研究結果以及社會環境變化性大增的現況，增加了環境因子中情境脈絡近測支持及阻礙因素的影響路徑，一是對於自我效能及結果預期的直接影響，然後間接影響目標，另一是近側情境脈絡中重要他人的反應及相關資源的獲取等，也會影響行動的表現及行動一表現間的過程，或是影響行動後的結果，即使個體積極地採取行動，由於環境因素的變化，結果也可能不如預期，例如：積極的投履歷也不一定保證找到工作，而積極投履歷的動作也可能因挫折而減緩。本文亦依此修正 Lent 等人於 1994 年所提出的選擇模式圖，在圖 4-1 中以粗體的實、虛線標示所增加與 SCCT 選擇模式不同的路徑，作為本文說明 SCCT 諮商模式及介入策略之依據。

　　由圖 4-1 可知，各變項間只以單向箭頭說明影響的方向，並未如三方交互影響因果模型所述，呈現完整三者交互影響的路徑，Lent 等人（1994）說明，主要原因是為了與其他生涯理論建立清晰的連結，並且強調特別對生涯發展有影響的社會認知機轉，因此箭頭的方向也指陳其所相信具支配性的因果路徑。然而，Lent 等人也說明，模式中雖強調自我效能、結果預

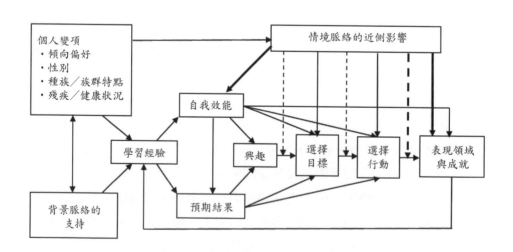

圖 4-1　社會認知生涯理論模式圖

資料來源：修改自 Lent 等人（1994）以及 Lent 與 Brown（2013）

期、興趣及目標等相關因子間的單向影響，但實際上各因子之間多具有雙向影響力，例如：即使個體對某個活動是有興趣的，但如果未來期待發展的目標並不具體或是不易達成，也會回頭阻斷興趣的發展；又或者個體的自我效能感足以激發個體的興趣，但是執行之後沒有獲得與預期相符的酬賞，個體對於該興趣也不易持久。因此在運用此理論進行生涯諮商概念化時，宜以三方交互影響因果模型為基礎，並考慮重要變項間的雙向影響力。

二、SCCT 認知因子的意涵

SCCT 聚焦於三個與生涯發展有關聯性的認知因子，包括自我效能、結果預期及目標，此三個認知因子也為 SCCT 生涯諮商的重要介入變項，然而由圖 4-1 可知，興趣是與此三個認知因子皆有直接關聯的變項，因此以下除分別說明各認知因子的意涵，亦說明其與興趣的關聯。

（一）自我效能

Bandura（1986）認為，自我效能信念是個體對於自己進行組織及達成特定型態表現所需能力的判斷。因此自我效能與個人的能力面向有關，是個人建構的結果（Bandura, 1997），因此與能力強弱並非絕對相關，也就是說一個人不見得具有與能力相當的自我效能信念，除了能力本身以外，過去的學習經驗、他人評價和自我評價標準，都會影響個體自我效能信念的建構。此外，自我效能信念是一個多向度且具指向性的概念，因此有其範圍的限制，例如：有些人對於自己的英語能力具有相當高的自我效能感，但對於自己的中文能力卻不具備高自我效能感；有些人對於小考的表現具有高自我效能感，但面對大考的表現則不見得也具有高自我效能感。

由 Lent 等人（1994）對於 SCCT 三個模式的描述也可得知，即使興趣模式、選擇模式及表現模式皆包含自我效能、結果預期及目標等三個認知因子在內，但不同模式中的自我效能內涵並不相同，在興趣模式中的自我效能指陳個體對執行興趣活動的自我效能感，而選擇模式中的自我效能則指

陳個體執行生涯選擇的自我效能感。以圖 4-1 來看，對於興趣產生直接影響的自我效能係指執行興趣相關活動所須能力的效能感，而直接影響目標的自我效能則指陳與選擇能力有關的效能感，因此在圖 4-1 中隨著自我效能直接影響因子的不同，所需評估的自我效能內涵也隨之改變。

具備高自我效能者除了有較高的動能執行該活動以外，也會較為努力及有堅持性，願意接受挑戰及更多的投入解決困難（Bandura, 1986）。如果個體在多面向上的自我效能感皆高，則興趣範圍廣，職業選擇的範圍自然就擴大；反之如果缺乏效能感，個體就容易迴避機會或者較無法保持努力及堅持性，導致無法拓展興趣的發展。Lent 等人（1987）認為，Holland 生涯理論中的諧和性固然可以說明個體的興趣與選擇的關聯，但無法說明個體選擇之後，如若遭遇困難是否願意在該領域堅持努力，但從自我效能的角度發展出的興趣，則能預測其未來的努力及堅持度。

（二）結果預期

結果預期指的是個體在表現特定行為後，所覺知目前、最近或未來可能獲得的結果（Lent & Brown, 2013），或是對於可能獲得結果的信念（Lent et al., 2002），亦即對於行為結果的預測。與自我效能相同，是個體經由生涯相關行動的經驗建構而來，個人依據經驗所形塑的價值觀來預期活動的結果對個人而言是否具有重要性，因此結果預期與個人的價值觀是一體的（Lent et al., 1994）。Bandura 並沒有探究個體價值觀的內涵，但他歸納個體基於認知因素對於行動結果的預期可分為三類：物質性（如薪資、休假、升遷等）、社會性（如人際關係、他人的尊敬與稱讚等）、自我評估（自我滿意的程度），並認為結果預期對於職業行為會有重要影響。生涯諮商強調對於不同選擇結果的權衡，也是一種隱含的結果預期。

Bandura 認為，自我效能感是決定個體是否行動的重要因素，畢竟如果自我效能感不高，即使個體對於結果有諸多的預期，也無法達成；但 Lent 等人（1994）認為，生涯興趣有一部分是源於個體對於該活動預期有價值或是對個人有重要性的結果。如若一個人對某活動的自我效能高，但對該

活動的結果預期不高，也就是說雖然有執行的能力，但該活動的結果對於個體不具意義，個體也不會對該活動有興趣。由以上論述，或可說自我效能感是個體行動的先決條件，但在此條件之下個體是否採取行動，則視個體的結果預期影響。然而，個體若有極高的結果預期，即使自我效能感不高，是否也會影響個體進行自我能力訓練以提升個體的自我效能感？Let 與Brown（2019）認為此點尚待研究。筆者則以為對於具有使命感般價值觀的個體，是有可能的。總而言之，自我效能感是能力與興趣之間的重要媒介，結果預期則是價值觀與興趣之間的媒介，共同引導個體趨向某個能滿足他們價值感或展現其能力的活動或環境。

（三）目標

　　生涯選擇、計畫與決策無一不與目標有關。在社會認知理論中，將目標與自我效能及結果預期一樣歸屬於認知因子，由此可知，目標並不只是一個靜態的標的，而是個人動機性的選擇。Bandura（1986）界定目標為，個人參與特定行動或產生特定結果的意圖，是個人內在動力的來源，由此亦可知目標必然導向行動。目標在自我調節行為中扮演著重要的角色，沒有設定個人目標也就沒有調節的方向，而設定目標後的行動即使沒有立即性的酬賞，也能持續一段長時間，並會增加獲得結果的渴望（Lent et al., 1994）。

　　Lent（2004）認為，當人們追求的目標符合下列特性時，能協助個體因應壓力及困境、促進個體的幸福感：

1. 對個人是重要的，或個人堅定追求的。
2. 與個人的動機或價值觀一致。
3. 自我決定的或因內在因素而追求。
4. 專注於具挑戰性且現實的活動。
5. 趨向性而非逃避性行為。
6. 有承諾性。

　　由以上六點描述可知，具動力能量的目標有以下幾項特徵：一是符合個人的價值意義；一是屬於個人自主決定，為追求自我實現而非外在酬賞

者；也因此目標所產生的行動也是積極正向，朝向挑戰而非迴避性質的行動。此外，依據林蔚芳（1997）對於生涯承諾的界定，有承諾性的目標在個體的認知、情意及行為上是一致的，因此目標不僅是認知判斷的決定，也是個體所認同並熱切期待、渴望達成的。

從圖 4-1 可知，興趣對於個體的目標有直接的影響力，而能與個體目標結合的興趣，絕非單純的興趣，而是能激發個體動力的興趣，有時個體設立目標只是習慣於符應社會要求，或說是一種並未考慮自我效能與結果預期的目標，因此有目標不一定能激發行動。因此 SCCT 生涯諮商的目的之一即為協助個體探尋能與興趣連結的動力性目標，以能引導個體展開積極行動。

三、認知因子的形塑歷程

社會認知理論認為個體有自主性，並非全然被環境所決定，但也非全然由個人內在所主導。所謂的自主性，主要是透過個體的認知功能運作。Bandura（1986）認為人們會對事件做出解釋，並會自己組織成因果推論，之後據此為自己定訂標準，以自我獎懲的方式進行自我調節。因此整體而言，自我調節可說是個體不斷透過經驗形塑自己認知功能的過程。雖然SCCT 的模式圖並未特別指出個體在生涯發展過程中的自我調節過程，然個體對於興趣的覺知、自我效能感的調整、未來行動方向的決策，多經由個體的自我調節做出最後決定。SCCT 模式各變項間的影響路徑，可視為個體自我調節的結果：當個體受興趣影響形成具意圖性的目的（目標設定）之後，即會依循此目標選定相關達成目標的行動，此時個體會對自己的行動過程及結果進行自我監控及自我評價，對行動評價的結果則會影響個體的自我效能感，進而影響個體的興趣及目標的意圖性。在此循環調節過程中個體自我調節的任一環節失去功能或有所偏頗，都會影響個體的發展。因此協助個體覺察並發展自我調節能力亦可視為 SCCT 諮商的重要目標之一。

此外，由圖 4-1 可知，具動力性的目標受自我效能、結果預期的直接、間接影響，以及興趣的直接影響，而結果預期又受自我效能的影響，這正

如社會認知因子所強調的，這三者具有相當重要的互動關係，且自我效能感對於目標的影響力較大，在 SCCT 模式中的關鍵因子亦為自我效能感，相信提升自我效能感可以有效影響個體的生涯發展。Betz（2004）自陳其超過 20 年的研究發現，自我效能預期的確對個體的生涯選擇、表現及堅持性有顯著的影響。因此以下將分別說明個體的自我調節歷程，以及影響個體自我效能的訊息來源。

（一）認知自我調節歷程

所謂的自我調節歷程，係指個體為了達成預期的目標，對自己的行為進行觀察及調節，以獲得預期的利益或是避免將來麻煩的過程，也是促進個體發展的內在動能的歷程。這個過程是不斷循環進行的，可以分為目標設定、自我觀察、自我評價及自我反應四個部分來陳述（葛樹人，2018；Bandura, 1986）。

1.目標設定

Bandura（1986）認為，自我調節有其方向性，因此行為制約才會對個體產生效果，但此制約過程中，個體並非全然的被動，而是為獲取利益或避免麻煩。因此個體的目標會受環境影響，如環境出現需要立即處理且會有相應後果的事件，個體的目標會設定為解除此事件；如若環境中未出現類似的目標，則個體會依據過去的經驗設立對個人具動機的目標，而人類動機的來源有二：生理性需求以及認知上所產生預期性的結果，包括物質性的、社會性的以及預期能自我滿意與實現所產生的目標。目標設定即為其自我調節的方向來源，若目標對個體具有意義及重要性，就會引發之後的自我調節機制。

2.自我觀察

個體需具備自我觀察的能力，能對自己的行為進行正確的觀察及分析，否則會影響自我評價及調節。因此，個體會蒐集自身行為的回饋資

訊，資訊來源包括自我觀察、他人回饋及生理反應等。當然，個體並不會接收所有的資訊，如果該活動對個體來說是沒有價值的，個體就沒有動機去關注相關資訊。然而並非所有人都有能力對自己進行正確的觀察及分析，我們可能會對自己所觀察的行為進行篩選，比如都觀察到正向結果的行為或是都觀察到負向結果的行為，又或是扭曲自己觀察的結果。

3.自我評價

個人會對自己所觀察到的行為表現進行評價，以作為自我調節的依據。個體的行為如若符合自己的評價系統，則會對自己感到滿意。評價標準是個體自行建構的，來源包括社會標準、觀察模仿或他人評價而形塑出的個人標準，或是由社會比較而來的參照標準，以及歸因方式（性別歸因、能力歸因、特質歸因等）的影響。如果評價標準過高、過低或是不符現實，甚至產生矛盾的標準（例如：他人評價與個人歸因不一致），都會影響行為調節的進行，甚至誘發自我沮喪或無能感，阻礙個體的發展。因此較為樂觀性的自我評價，或是傾向於將成功歸因於自己，失敗歸因於情境者，較不會有憂鬱的情緒（Bandura, 1986）。

4.自我反應

自我反應係指個體依據評價的結果給予自己獎勵或懲罰，以調節下一次行動的方向或動力。自我反應可分為評價性的自我反應、實質性的自我反應、沒有反應三類，Bandura（1986）提出促進個體自我調節能力的兩大因子，一是具備合宜的評價標準，如能有多重的訊息來源（如社會公認的規範、社會評價、榜樣示範、友伴的偏好等），個人可從中篩選合宜的評價標準；一是能得到外部的支持，個人自我調節的結果能得到外部的支持、獎勵，則會自我學習並發展更合宜的自我調節機制。可惜的是，這兩項促進個體自我調節能力發展的因子，在華人文化的教育過程中是較少接觸到的，我們比較多依據單一標準，也比較少接收積極性正向的評價或獎勵。因此協助個體發展合宜的多樣化策略，以及學習多運用自我激勵或獲取外部支持，皆能增進個體正向發展自我調節的能力。

　　由上述說明可知，自我調節是形塑個體的自我效能預期、結果預期、目標設定的內在機制，而 Bandura（1986, 1997）提及影響個體自我效能感的四種經驗（成功經驗、替代性經驗或楷模、生理訊息與情緒狀態、社會說服），亦可說是提供個體自我調節的資訊來源，可提升個體的自我效能及結果預期。以下將說明此四類經驗的意涵及其影響。

（二）自我效能經驗意涵及其影響

　　個體的自我效能信念是從經驗中建構而來（Bandura, 1997），愈多正向的經驗，個體就易形塑正向的自我效能信念，以下說明成功經驗、替代性經驗或楷模、生理訊息與情緒狀態、社會說服四類自我效能經驗意涵及其影響。

1.成功經驗

　　或稱精熟經驗，由於自我效能感是個體對自身能力是否足以完成任務的判斷，因此 Bandura（1986）認為，精熟的能力所帶來的成功經驗可以提升個體的自我效能感。因此所謂的成功經驗並不是偶發性的經驗，而是可以重複出現的經驗。諮商人員如若只從名詞本身做理解，引導當事人注意偶發性的成功經驗，實不易說服當事人。然而我們所面對的當事人多半會忽略自己的精熟（成功）經驗，因此我們不僅要引導當事人注意到自己的成功經驗，並要協助其覺察此成功經驗的可複製性。此外自我效能感具有類推性，在某一件事情上成功，個體對於類似的事情也會具有自我效能感。

2.替代性經驗或楷模

　　其他與自己相似的人的成功，可以使觀察者提高對自己自我效能感的知覺（Bandura, 1986）。Bandura 認為，當個體對於自身的能力有不確定感或不具備先前的經驗時，替代性經驗或楷模提供了一種社會比較的標準讓個體可以依循，因此在沒有直接經驗的證據時，觀察的替代性經驗提供了

自我評價的參照標準。

3.生理訊息與情緒狀態

個體的生理與情緒狀態會影響表現，這是眾所周知的，但是 Bandura 認為人們有時也會依賴自己的生理訊息來評價自己的能力。行動時的疲乏、痛苦、渙散、焦慮都會被視為是自己能力不足的訊號，降低自我效能感。如果個體可以比較少的情緒激發，例如：在執行任務時運用策略讓自己減少焦慮，則能增加其自我效能感。

4.社會說服

鼓勵與讚美是提升個體自我效能的不二法門，特別是自己信任的人所說的話，或是有證據力的語言。個體對於自我效能的評估是對於未來是否能執行任務之能力的評估，是一種預期性的評估，因此準確及樂觀性的評估較能促發個體的行動，悲觀性的評估對於激發個體行動並無幫助。然而，超過事實太多的讚美或說服則很容易讓說服者信譽掃地。筆者認為即使個案無法在生活中獲得社會說服的來源，在諮商過程中助人者透過自己的觀察與評估提供個案有證據力的言語說服，是提升個案自我效能感的重要資訊來源。

Betz（2004）依據 Bandura 的論述，說明此四個資訊來源對於個體行為的影響，其中高自我效能者其行為的結果包括：(1)趨向性的行為；(2)針對目標領域有高品質的行為表現；(3)面對阻礙以及令人沮喪的經驗時，能繼續堅持。而低自我效能者的行為結果則為：(1)逃避性的行為；(2)表現欠佳；(3)面對挑戰或失敗時傾向放棄。由於低自我效能者會傾向於逃避與放棄，因此也會損失許多嘗試的機會而更無法發展自己的效能感。Sheu 與 Lent（2015）整理相關實驗研究的結果，證明若提供此四類的經驗，則個體的自我效能、結果預期及興趣都是可以被調整及影響的。整理研究結果也可發現：(1)多重資訊來源較單一資訊來源效果較大；(2)四類資訊來源中，個人成功經驗影響力最大；(3)社會楷模與參與者的性別、年齡、種族及其他人口變項愈接近者，其影響力較大。

　　由自我調節的歷程來看，自我效能相關經驗所提供的資訊亦為個體自我觀察、自我評價、自我反應的參考。但從諮商實務工作中會發現，即使提供相關資訊來源，如若個體的自我評價系統無法對這些資訊做適切的評價或歸因，例如：僅相信單一標準，或是將成功經驗歸因於運氣，這些資訊來源對於提升個體自我效能感及結果預期的可能性就會降低。Bandura（1986）也曾說，所有訊息如果未經評價系統皆無法對個體發揮作用，因此協助個體調整自我評價標準也是生涯諮商中重要的一環。此外，Lent 與 Brown（2013）依據研究結果及因應社會經濟變動的趨勢，強調近側環境因子對於個體自我效能影響的路徑，代表不能忽視個體近期經驗對其自我效能的影響。如若因為環境變化，個體遭逢較多的負向經驗時，如要提升個體的自我效能感及結果預期，從自我調節的歷程來看，除了協助個案認識環境現況、學習相對客觀多元的自我評價以外，若未有表現合適的自我反應，也可能影響個體未來自我評價的標準以及再次表現的動力。因此也需要協助個體學習積極自我反應。

參、社會認知生涯諮商模式與介入策略

　　社會認知生涯理論的相關研究雖然更多運用於驗證模型中各相關因子間的影響力，但Lent與不同學者也致力於說明如何依據SCCT運用在生涯教育與諮商工作中（Brown & Lent, 1996; Dugger, 2016; Ezeofor & Lent, 2015; Lent, 2005, 2013a; Lent & Fouad, 2011; Lent et al., 2002; Sheu & Lent, 2015），特別針對遭遇選擇困難的情境，提出擴展興趣選項、提升個體自我效能感、因應阻礙三方面的策略，此亦可視為SCCT生涯諮商的特色，特別注重個體自我效能感在整個生涯選擇過程中的影響力。然而相關文獻卻未將諮商歷程中個體自我調節歷程的影響做清楚說明，故本篇試圖將上述認知形塑歷程的構念融入，說明社會認知生涯諮商介入策略。

　　不論從自我調節的觀點或是SCCT理論模式來看，明確的目標是重要的動力來源，能促發行動的目標是與個人價值觀相一致的、是個體自我決定的、是一種自律而非他律的表現，並且這個目標對個體而言是具有挑戰

性、實際可執行性、有承諾意願的。這樣的目標對個體來說是具有相當吸引力的，因此筆者將之稱為夢想。每個人都會希望自己可以擁有一個讓自己渴望投入的方向並且實現之，不論是大學生、想要轉職的工作者，或是退休人員，希望自己的生涯可以有一個更明確的方向以前行者，皆可稱為夢想實踐者。而由圖 4-1 的 SCCT 理論模式來看，夢想實踐者必須完成兩大任務，一是找尋與自我效能、結果預期一致的興趣，一是從這些興趣中決定對現階段的個體而言，具有挑戰性、實際可執行性、有承諾意願的目標並實踐之。

　　因此本篇依據 SCCT 模式，將社會認知生涯諮商分為「尋夢：探尋具動力的生涯目標」與「築夢：選擇與執行」兩部分。倘若當事人已有明確的興趣與目標選項，則從築夢階段開始即可，但若當事人雖有明確的目標但無法辨識其目標背後的預期信念，則宜先進行確認。因此不論當事人前來尋求諮商的目標屬於尋夢或是築夢，仍須以確認生涯發展目標之動力來源為起始。以下依序說明此兩諮商階段的理論意涵及介入策略。

一、尋夢的諮商歷程：探尋具動力的生涯目標

　　尋夢的諮商歷程在協助當事人探尋未來可能發展的目標，為達尋夢階段的諮商目標，本階段又可依當事人的狀況分為：探索與自我效能感、結果預期一致的興趣；拓展職業選項；探索與自我效能感、結果預期一致的職業目標等三個可能的次目標，以下先說明這三個次目標的理論意涵再分別說明可實施的介入策略。

（一）尋夢三個次目標的理論意涵

1.探索與自我效能感、結果預期一致的興趣

　　社會認知生涯理論所謂的目標是指個體有意圖、有動機從事的目標。由圖 4-1 可知，目標形成的近端影響因子包括興趣、自我效能感及結果預期，而興趣亦受自我效能感、結果預期的影響，由此可知，此處的探索非只探索單純喜歡的程度，而是需同時具備自我效能感與結果預期的興趣，

因不具自我效能感及結果預期的興趣並無法產生相應有意圖、有動機從事的生涯目標。然而 Lent 與 Fouad（2011）也提醒諮商師，SCCT 生涯選擇諮商的核心焦點包括催化個體正向、符合現實的自我效能信念，以及催化樂觀的結果預期兩項。雖然我們期望個體對於自己的表現進行客觀、公平的詮釋，以免判斷失準，但是太真實的自我效能判斷會產生自我限制，在非災難性的活動中，正向、樂觀卻也不偏離現實的預期信念會讓個體更能透過自我挑戰而達到成功（Bandura, 1997）。因此個體的自我效能感、結果預期若不及個體興趣的強度，我們可催化之，以提升個體的行動力。此步驟如果進行順利，則可直接進入下一階段築夢的諮商，然而如果個案的興趣明顯缺乏，或是在探索過程中發現個案的興趣、能力及價值觀間存在相當多的不一致，例如：有能力的項目個體沒有興趣，或是具有成功經驗者卻對自己沒有自信等，則須進行下一步驟。

2.拓展職業選項

社會認知生涯理論是起源於對於女性自我效能感的研究（Hackett & Betz, 1981），研究結果顯示，女性透過學習經驗所形塑的自我效能感多受過去職業刻板印象的影響，許多有能力的女性，對於自己的能力有低估的情形而影響其興趣的選擇，因此 SCCT 非常強調對於遭逢選擇困難的個體，協助其重新檢視過去放棄選項之原因的重要性。Brown 與 Lent（1996）認為，導致興趣被過早排除有兩個原因：一是過去經驗所導致的自我效能錯估才認為自己沒有興趣；一是缺乏適當職業資訊導致沒有產生適當的結果預期。因此協助破除個體錯誤的預期信念或提供適當的職業資訊，以拓展個體的興趣選項是諮商的重要次目標。

3.探索與自我效能感、結果預期一致的職業目標

有些當事人也可能不是因錯誤的預期信念而缺乏生涯興趣，而是受發展經驗或現實影響，缺乏可轉換為職業發展的興趣，例如：喜歡閱讀歷史故事，但沒有想要將此興趣擴展為職業；或是雖然有藝術的興趣與能力，但藝術領域發展的結果預期與個人價值觀不符等。也有人雖有具預期效能

且吸引自己的興趣，但在現實上遭逢阻力，無法按自己的理想前行，例如
Glosenberg 等人（2019）以網路施測的方式蒐集 74 國 81,445 份的資料，發
現集體主義文化下，經濟狀況不佳的個體，有可能因為家庭期望或經濟原
因而選擇了不感興趣的職業。在華人社會中家庭的期望往往對於個體的生
涯決定具有一定的影響力，再加上近年來國際經濟情勢發展的不穩定，排
除興趣因子而以現實考量的生涯抉擇或不少見。

　　以 SCCT 模式來看，直接影響個體目標選擇的因子，除了興趣以外還有
自我效能感及結果預期，因此個案如有選擇決定的時間壓力，或者能認清
自己現實的狀況，捨棄興趣變項，直接探尋符合個案自我效能及結果預期
的職業目標，則也可能成為本階段的諮商目標選擇之一。

（二）尋夢的諮商策略

　　由於社會學習理論認為個人因素中，自我效能及結果預期是影響動機
的重要因子，而自我調節過程則是進行自我改變的重要機制，因此在進行
生涯諮商時，不論是協助個體探索或做決策，皆須同時觀照個體的自我效
能感、結果預期、自我調節的運作情形。以下雖分別陳述相關的策略，但
不論在哪一個階段，皆須對當事人的自我效能、結果預期及自我調節機制
進行評估與提供調整的機會。

1.探索與自我效能感、結果預期一致的興趣之諮商策略
　　由於自我效能感是個體對於自己能力向度的效能感受，而結果預期是
個體對於未來執行該行動後，可能結果的預想以及該結果是否符合期待的
評估，因此個體從過去的經驗中所覺知的能力及價值觀為何，以及對於自
身能力的效能評估和結果預期評估是否合宜，亦會影響個體對於自身興趣
的覺察，因此在探索個體生涯目標的尋夢過程中，對於個體的興趣、能力
及價值觀；相應的自我效能及結果預期信念；個體的評估過程三個層次皆
須進行探索。

(1) 探索個體的興趣、能力及價值觀並找出交集

　　要尋找三者一致的選項，從任一變項開始探索都是可行的，我們可以為當事人實施生涯興趣、能力及價值觀的正式與非正式評估，並從中進行歸納及統整，以找出三者一致的選項。然而有時資訊會太過龐大，因此若能使用同一理論的分類方式，將當事人的興趣、能力及價值觀進行歸類，則較容易找到交集，例如：Holland 的類型論就是很好運用的分類架構。以下說明先探究當事人的興趣，再進一步了解當事人比較感興趣的選項是否有相對應的能力及價值觀的實施方式。

　　在進行興趣探索之後，邀請當事人選出興趣最高的 3～5 個職業（活動），並依下列流程進行探詢：

　　a. 說明喜歡該職業（活動）的原因（例如：可以與他人互動）。

　　b. 了解當事人對該原因的界定（例如：可以說說你喜歡的互動是怎麼樣的互動嗎）。

　　c. 探詢當事人執行該職業（活動）所具備相應的能力：可以從案主過去的相關經驗以了解案主相應的能力（例如：過去有類似的經驗嗎？你都是如何開始與他人互動的），也可以直接請當事人評估對於從事該職業自身所具備的優勢能力為何，以及其評估的依據。

　　d. 探詢當事人與該職業（活動）相關的價值觀：可詢問案主喜歡的原因對案主來說是否有特別的意義，或是可以滿足他哪些需求，以了解所感興趣的職業（活動）與當事人價值觀之間的關聯。

　　e. 邀請當事人一起歸納整理興趣、能力及價值觀的交集。

　　上述探問的過程即使不一定能找出交集，但也能催化當事人對自己的特質做進一步的觀察、思考或尋求新的資訊。

(2) 探究是否具備與工作人格（興趣、能力及價值觀）相應的自我效能感、結果預期

　　持續的興趣是奠基於個體視自己是有能力的（自我效能）及預期自己的表現會產生有價值的結果（Swanson & Fouad, 2015），因此不能僅關注個

案現有的興趣、能力或價值觀，而要關注其後的認知因子（Lent & Brown, 2002）。具自我效能感及結果預期的興趣，是透過個體對於自身執行經驗的觀察及對其結果的評價等自我調節的歷程而來，因此如果前一步驟是透過不同評量工具測得當事人的興趣、能力及價值觀並依理論架構尋找其交集者，尚須進一步與當事人確認，了解此興趣的形成過程及相關經驗。如若前一步驟是透過探詢、整理而得知興趣、能力及價值觀之交集者，則在探詢的過程依據當事人的回應，即可同時評估其對執行該職業（活動）的能力效能感為何，該職業（活動）的結果是否帶來預期的酬賞等訊息。

在了解個體相關的預期信念時，也可同時了解這些信念的經驗來源、當事人的歸因型態等，以能評估個體的預期效能信念是否受不適切之自我調節的影響。此外，要關注在當事人覺察自己興趣、能力及價值觀的交集時，是否對未來展現了希望感，如若沒有因這些發現而展現希望感，代表當事人可能還沒有產生足夠的動力，亦或是環境中還有其他的阻礙存在，需要進一步的探究。下一段將說明如何探究個體的自我評估是否合宜，而有關生涯阻礙的因應策略則將於築夢階段再做陳述。

(3) 探究個體的自我評估是否合宜

協助個體探索興趣、能力及價值觀交集的過程中，我們依賴的資訊來源皆為當事人的主觀判斷與評估，因此探究個體的自我評估是否合宜也成為諮商過程中的重要環節。我們可以透過以下三方面進行評估：

　　a. 多元的資訊管道：當事人的自我評估依據的是單一資訊來源或是多元資訊來源？除了聆聽案主陳述的邏輯性或思考模式外，透過蒐集不同角度的資料，也可以作為評估的參考，例如：可以詢問當事人不同興趣的選擇會各有哪些正向及負向的結果？你的家人及朋友對你的這個選擇會有怎樣的感覺或反應？如果成為……你對自己會有什麼感覺？（Lent & Fouad, 2011）以了解案主對於未來發展的思索是否多元、全面、客觀以及是否有可預見的阻力存在。

　　b. 評價標準：自我評價的標準是個體透過過去的經驗，自行組織建構而成。個體會依據此標準觀察並評估自己的行為是否合宜並做出判

斷與決策。如果個體過去的經驗是有侷限性，如受社會刻板化信念的影響，或者是設立的標準是不符現實的標準、矛盾的標準或是過高、過低，甚或是不明確的標準，個體的自我評估就有可能有所偏頗。探究個體過去相關的學習經驗，有助於了解其設立標準的依據。

c. 歸因習慣：除了評價標準外，評估的結果不論個體認為自己的表現是成功或失敗，對個體會產生影響還在於歸因的方式。即使是成功的經驗，個體如若歸因於外在因素，則可能負向影響個體對自身興趣及能力的判斷。特別是有關於能力的歸因，Bandura（1986）認為在孩子小的時候，教導孩子將成功歸因於努力是為了培養孩子努力的習慣，但如果只教導孩子歸因於努力而非能力，那些總是被稱讚「你很努力」的個體會認為這代表自己沒有能力只剩努力，這是會令人氣餒的。特別是對自我效能持懷疑態度的個體，將成功經驗歸因於能力，可以讓個體相信自己還有可以持續進步的空間，但若歸因於努力，個體可能容易覺得疲累而失去動力，因此更應協助其學習歸因於能力而非努力。

Brown 與 Lent（1996）認為，學習對成功做穩定的內在歸因（能力）而不是不穩定的內在歸因（努力）或外在歸因（運氣或是任務的容易度），是可以藉由不斷詢問當事人對於自己成功的解釋來達成，同時也鼓勵當事人對自己的表現及評估有替代性的解釋。

2.拓展職業選項的諮商策略

如若在前一個步驟進行之時，發現個體的職業興趣選項很少或沒有，Brown 與 Lent（1996）認為有可能是因為預期信念錯估或缺乏資訊而導致興趣被過早排除，因此需要先協助辨識錯誤的預期信念，拓展個體的職業興趣選項。

(1) 探索因預期信念錯估而受限的興趣選項

興趣因預期信念錯估而受限的訊號，會發生在當事人興趣與能力不一致、興趣與價值觀不一致的選項中，因此前一步驟中即使已探得當事人興

趣高的選項，仍要進一步探究當事人是否具備相應的自我效能感、結果預期。而從當事人興趣低或不明確的選項中，則可拓展因預期信念錯估而受限的選項。

職業組合卡是可用於探究個體的興趣選項是否受自我效能及價值觀之負向影響的工具（Brown & Lent, 1996; Lent, 2013a; Lent et al., 2002），實施步驟簡述於下：

a. 首先請當事人依據自己「可能會選擇作為職業」、「可能不會選擇為職業」，以及「不知道是否會選擇為職業」三個選項，將職業卡片分為三堆。

b. 邀請當事人，將「可能不會選」以及「不知道是否會選」的職業卡再細分為三堆，一堆是「如果我認為自己具備相關能力，就可能會選」（缺乏自我效能）、一堆是「如果我認為它們符合我的價值觀，我可能會選」（缺乏結果預期），以及最後「無論如何都不會選」的職業。

c. 針對上述缺乏自我效能的職業選項做進一步的能力檢核，了解當事人缺乏自我效能感的原因並尋找修正調整的可能。

d. 針對上述缺乏結果預期的職業選項做進一步的檢核，了解當事人對該職業的資訊是否正確。

當事人有可能因預期信念錯估而使選項受限這樣的理念，對於我們有很大的提醒。帶著這樣的提醒，面對選項不多或不清楚自己有哪些選項的當事人，除了使用職業組合卡以外，也可以透過心理測驗解釋或職業憧憬等活動進行探問，讓當事人有機會經由修正信念增加選項，上述 c 及 d 步驟的實施可參閱下述「調整自我效能感」及「調整結果預期」之策略。

(2) 調整自我效能感

面對「如果我認為自己具備相關能力，就可能會選」的興趣選項，我們可以邀請當事人談談與該興趣相關的學習經驗，列出拋棄該選項的理由，並與當事人一同檢視這些理由的合理性，以了解該興趣是否因錯誤的信念而被捨棄，協助當事人看到過去所習得的不正確信念如何影響他目前

的選擇。透過重新檢視拋棄選項的理由之後，當事人通常會更了解自己，同時拓展選項（Lent, 2013a）。

　　與此同時，我們也需要協助其調整信念。要調整當事人的自我效能感，增加其獲得自我效能的訊息來源（成功經驗、替代性經驗或楷模、生理訊息與情緒狀態、社會說服）是主要的策略。面對曾經被拋棄的選項，當事人也需要一些新的經驗來檢證自己是否的確具備未來發展所需相關能力，因此提供成功經驗、替代性經驗或楷模在此階段特別重要。然而此類經驗並不容易獲取，諮商師也需要先行了解當事人的生活環境是否具備此類觀察學習的來源（是否容易接觸相關人物、書籍、演講等活動），若否，則需要先協助其建立社會資源。當然，諮商師本身也就是最好的社會說服來源，諮商師或許不是當事人專業領域的專家，但諮商師對於當事人有一定程度的了解，可以成為專家式客觀（正向）評估自我效能感的重要來源。

　　但如只是增加資訊來源而不進一步了解當事人的自我調節機制，或修改其自我評價的標準，則可能事倍功半。特別是，如果當事人是因認知扭曲而做出錯誤歸因，或是無法觀察到自己的成功經驗時，則不僅是提供有關增加自我效能的訊息來源，也需要進行認知重整，以協助當事人得以觀察到自己的相關行為或能較為客觀的評估自己。

　　SCCT 並不假定調整個體的自我效能感總是有效的，如果當事人在特定領域的能力的確是不足的，那當事人需要的是增加技能或是思考轉換能力可及的領域（Lent et al., 2002）。

(3) 調整結果預期

　　如前所述，影響個體對於結果評估的兩個主要因子為職業資訊及個體的價值觀，如若個體對於所欲發展的職業需要哪些能力、可以滿足哪些價值觀、該職業領域未來的發展如何皆沒有概念，則亦不易有較符合現實的結果預期。結果預期也受社會刻板化信念的影響，在過去華人的社會觀念中，藝術是養不活自己的行業，因此許多對藝術有興趣的孩子受此信念影響，而捨棄了對於藝術的興趣。雖然 Bandura（1986）認為，影響個體自我

效能信念的訊息來源，也能影響個體的結果預期，然而提供確實的職業資訊是結果預期的基礎（Dugger, 2016）；Sheu 與 Lent（2015）也認為，提供可以獲得確實生涯資訊的管道、個人親身經驗（訪談、見習或實習）可影響其結果預期信念，也有可能修正個體的社會刻板印象。由於科技網路的發達，現代人有豐富的資訊來源，但其中屬於確實性的職業資訊卻不甚多，再加上產業變化快速，從一般網路資訊所獲得的職業訊息或是過於片斷或是有許多主觀經驗的陳述，搜尋及辨識資訊也是此階段當事人需要學習的技能。

二、築夢的諮商歷程：選擇與執行

依據 SCCT，目標的選擇應是水到渠成的結果，當個體探尋到與自我效能及結果預期一致的興趣時，具有動力的目標自然形成，且會促發個體行動。但事實上，當事人經由尋夢的諮商歷程，所找尋到的可能不只一個選項，也可能即使探尋到所傾心的選項仍遲遲無法決定並採取行動。從圖 4-1 來看，直接影響個體目標選擇及行動的因子，除了興趣以外，還有自我效能、結果預期、情境脈絡的近側因子。其中情境脈絡的近側因子並未影響個體的興趣發展，但在個體進入選擇模式時，開始發揮其影響力，不僅影響個體的目標選擇、行動選擇，也影響表現與成就。因此個體即使有足以產生動力的興趣與目標，也可能因近期遭逢的情境而受到影響，因此築夢階段的次目標即包括：提升生涯決策預期信念、管理環境阻礙與資源兩項。以下說明次目標的理論意涵及相關介入策略。

（一）築夢兩個次目標的理論意涵

1.提升生涯決策預期信念

如前所述，自我效能信念係指個體對自己在特定領域表現的能力判斷，係一種多向度的概念（Lent et al., 1994），因此圖 4-1 中直接影響個體決策與行動有關的自我效能信念，所指陳的是與決策及行動能力有關的效能信念。而在圖 4-1 中為求圖面的整齊，並未呈現的是情境脈絡的近側因子對

結果預期的直接影響（Lent & Brown, 2013）。本文中所稱生涯決策預期信念即包括生涯決策自我效能信念及生涯決策之結果預期。此外，Lent 與 Brown（2019）統整與 SCCT 選擇模式有關的後設研究分析結果發現，自我效能對於選擇目標的直接影響力不及透過結果預期及興趣所產生的間接影響力，而結果預期對於目標選擇的直接、間接影響力高於自我效能，也就是說個體的目標選擇受各因素同時的影響，但個體對於結果的預測較自我效能更影響選擇。故在此階段更宜關注個體對選擇的結果預期影響。由於生涯議題面對的是未知的未來，有許多無法預估的變化，因此催化正向、現實的自我效能信念以及樂觀的結果預期，有助於個體進行決定（Lent & Fouad, 2011）。

2.管理環境阻礙與資源

　　與其他的生涯諮商理論相較，環境管理的概念與策略可以說是 SCCT 生涯諮商的特色之一（Lent, 2013b），SCCT 假設如果個體擁有資源、對於可能遭逢的阻礙有合於現實的概念並具備因應阻礙的策略，他們會更想要追求自己所偏好的選項（Lent, 2013a; Sheu & Lent, 2015），因此 SCCT 的環境管理是採取預防的概念，於行動之前預防可能遭逢的阻礙並制定因應策略，並為自己的目標建立社會支持系統（Lent, 2013a）。

　　在圖 4-1 中，直接影響目標選擇與行動的近側環境影響因子，包括近期所處情境中發生影響生涯發展的助力與阻力因子，例如：社會支持的變化（如家人或朋友的認同與支持等）、環境相關事件（如社會大環境的變化、經濟資源、職業資訊等）（Lent, 2013a; Lent & Brown, 2006; Lent et al., 1994）。Lent 與 Brown（2019）統整與 SCCT 選擇模式有關的後設研究分析發現，阻礙對於目標選擇的影響力較大，而社會支持對於目標選擇的影響力中等，而阻礙對於行動的影響力則低於社會支持對於行動的影響力。

　　田秀蘭（1999）針對 12 位女性（3 位學生，9 位在職者）進行生涯阻礙知覺的訪談，並以紮根理論進行分析，結果發現女性所知覺的生涯阻礙可以被歸納為背景／情境、個人／心理、社會／人際三大類，這三類阻礙因素在個體遭逢阻礙時具交互影響的性質，且三類中以社會／人際的影響最

大。對女性而言，她們所重視的還是來自於家庭的責任以及來自於社會對女性的刻板印象。黃美華等人（2011）以女性護理人員為研究對象的研究結果則發現，受試者的生涯阻力呈現中等程度，其中多重角色壓力所帶來的阻力最大，性別上的差異待遇阻礙得分則最低。可見近年來刻板印象的影響或已降低，但在華人社會中家庭責任對女性所帶來的生涯的阻力仍有其影響力。即使不以女性為對象，毛菁華等人（2019）以大學生為對象的研究發現，學生自覺對父母期待做愈多，或達到父母期待程度愈高，其焦慮未定向程度愈低，顯示父母的期待可能成為大學生生涯發展的阻力來源。

而在社會支持因子方面，林蔚芳等人（2014）整理國外 SCCT 滿意度模式的相關研究結果，發現在所有社會認知因子中，社會支持對於滿意度的直接影響是最穩定的，而該研究本身亦發現澳門青少年的朋友支持、學校師長支持能正向直接或間接透過自我效能影響學校滿意度，但僅師長支持可以直接影響個體的學習行為。王婷（2018）整理國內相關文獻發現，社會支持對於個體的生涯探索行為影響力並不穩定，其以大學生為對象的研究結果也發現，社會支持對於生涯探索行為並無直接影響力，但社會支持對生涯自我效能及目標具直接影響，並透過生涯自我效能與目標對生涯探索行為產生間接影響，此與 Lent 等人（2016）驗證生涯管理模式的研究中，發現社會支持能顯著預測生涯自我效能的結果類似。顯見，社會支持對於目標選擇或行動的影響力較不穩定，但透過生涯自我效能可進而影響其他生涯相關之依變項。

近年來，社會經濟環境變化對個人的挑戰愈來愈高，管理阻礙與建立支持的策略也是個體對應環境的要求與變化的重要因應方式（Lent, 2013b）。

（二）築夢的諮商策略

1.提升生涯決策預期信念的諮商策略

(1) 提升生涯決策自我效能感

Taylor 與 Betz（1983）編製的「生涯決策效能量表」包括五個因素：目

標選擇、生涯探索、問題解決技巧、計畫技巧、現實性的自我評估技巧。由此可知，要做好的決策不僅需要決策的能力，也需要客觀的職業和自我資訊以及相關行動的能力，透過尋夢階段的諮商，當事人對自己的這些能力應已有所覺察或成長。然而生涯決策須考量多樣的個人及環境因素，是從實踐中成長的能力，紙上談兵式的學習相關知能並無法保證能在實際運用時成功。因此重新檢測過去的決策經驗，以及當事人對於這些決策經驗的觀點，是提升當事人生涯決策自我效能感的途徑之一。學習運用平衡單等有助於決策的工具，為提升當事人生涯決策自我效能感的途徑之二。此外，亦可應用林蔚芳（2019）所提出素養教學的循環性認知歷程模式，協助當事人評估目前生活中需要決策的議題，並從過去經驗中檢視自己已具有的相關能力及需要增進或修正的能力或觀點，擬定決策計畫並行動之，再與當事人一起針對決策過程進行反思，於實踐中增進其生涯決策的自我效能。

(2) 探究與結果預期相符應的生涯選項

結果預期與個人的價值觀及需求有關，過去有關SCCT的驗證研究多以對於完成某個階段性目標（例如：考上大學或是學業成績獲得高分）的正向期待評量個體的結果預期，評量的範圍較為狹窄且未包括負向預期的內涵。且每個人對於選擇的結果預期不盡相同，例如：張鈿富等人（2011）整理儒家文化與學習表現間的關聯，發現對於高學歷的期待一直深植人心。然而PISA 2009的資料顯示，澳門初三學生中只有35%的學生決定要完成大學學位（張國祥、薛寶嫦，2010）。故在諮商過程中，須與當事人做較詳盡的探究，可以運用的策略如下。

　　a. 透過工作價值觀評量，評估各生涯選項所能滿足的價值觀需求：如同工作適應理論認為個體的價值觀、需求與工作所能提供的福利愈吻合者，其工作適應狀況愈佳，SCCT理論亦認同此觀點，認為愈能符合個體結果預期的生涯選項對於個體愈具有意義也愈能激發個體的行動力。因此可透過對當事人的價值需求評量，並評估各生涯選項符應當事人價值需求的可能性，來協助當事人覺察與自己結果預

期相符應的選項。

b. 運用平衡單作為探究結果預期的工具：Jenis 與 Mann 於 1977 年所發展的平衡單係協助個體進行生涯決定的工具（金樹人，2011），當事人須於平衡單中填入各項選擇在個人及他人、物質及精神層面可能獲致的益處及損失。從另一個角度來看，當事人所填寫之可能獲致的益處及損失即為個體對選項的結果預期。因此我們可以藉由個體所填寫的項目，探究這些項目對於個體的意義，協助當事人覺察與自己結果預期相符應的選項。

與使用工作價值觀評量不同的是，所評估的結果預期內涵是由當事人自己依據生涯選項所填寫，一方面更能呈現當事人所看重的結果預期內涵，另一方面各預期結果也更能與選項對應。同時也能透過討論了解當事人具如此預測的思考脈絡是否合理，有機會協助當事人調整自己的預期認知。

2.管理環境阻礙與資源的諮商策略

(1) 確認具體的阻礙並思考因應策略

雖然 SCCT 的環境管理是採取預防的概念，但也重視評估阻礙是否確實可能存在，其目的在增加行動成功的可能性並避免不必要的負擔。阻礙管理可以分為下列三個步驟（Dugger, 2016; Lent & Fouad, 2011; Lent et al., 2002; Sheu & Lent, 2015）。

a. 列出預期達成生涯目標可能的阻礙：可以由當事人所知覺的阻礙談起，也可以從生涯平衡單中所列出對於自己及他人可能產生負向結果的項目談起，用以確認潛在的阻礙。一開始可以請當事人就這些訊息進行腦力激盪，拓展思考的範圍，之後可以再就所列出的項目中，選出當事人比較嚴肅以待的阻礙項目進行討論。

b. 分析阻礙存在的可能性及影響力：阻礙存在的可能性及影響力分析一方面可以邀請當事人自行評估，並說明其評估的依據，一方面也可以藉由蒐集資訊來進行分析，例如：當事人想要創業，但是缺乏

資金。缺乏資金是一件事實（當事人可能真的沒有積蓄）但同時也是一個抽象的概念（創業需要多少資金？可以如何評估？有沒有獲得資金的其他管道？），因此蒐集相關資訊才能進行較客觀的評估。如果當事人不了解可以如何蒐集資訊及進行評估，則這個狀況就應列為需要立即處理的阻礙，並先發展相關因應策略及行動，以能具備解決原有阻礙的基礎。

如果當事人所關切的議題無法進行具體的評估考驗，比如說家人可能對其生涯決定感到失望，則可以藉由 Socrates 式的提問，協助釐清當事人所擔心之事的正確性及有效性，例如：詢問擔心的緣由、最糟的狀況可能為何、無法解決的機率為何等，以對阻礙的影響力進行分析。

c. 發展因應策略：SCCT 的核心思考在於協助當事人了解，雖然可能遭逢阻礙，但他們同樣有可能克服之。故確認具體的阻礙並且經過評估，決定必須要處理的阻礙問題之後，即與當事人一起發展克服阻礙的因應策略。克服阻礙的因應策略，可視需要思考如何預防問題發生，或是發生後的因應策略兩方面。由於當事人可能因為訊息不充分、偏見或是習慣性的思考模式，較不易從不同的角度思考問題解決策略或替代方案，因此諮商師可以透過提問協助當事人拓展思考的廣度以及協助檢核其解決方案的有效性（能不能達到想要的結果？目標？）。而所擬定的解決策略如能鼓勵當事人與生活中的重要他人討論，獲取第三方的意見，可以使策略的擬定更為周延可行；此外，當事人對於所擬定的策略也需要有機會透過角色扮演、在生活中尋找楷模等方式熟練之，以增加執行的成功率。最後，因為不是所有的阻礙都能事先預測得到，因此保持計畫的彈性以及準備備案都較能協助當事人保持行動的動力。

(2) 開拓並建立社會資源

開拓並建立社會資源是環境管理的一部分，也可視為發展因應策略的一環。此處的社會資源所指陳的並非只有情感性的社會支持，而是含括物

質性、資訊性、工具性（提供相關知能或技術）等各類資源的支持。並且此處所強調的也非被動的等待資源而是積極主動的尋求及建立資源，目的在協助當事人目標的執行。

與當事人進行下列的討論，可以協助當事人思考他們需要哪些資源，以及何處可以獲得這些資源（Lent, 2013a, 2013b; Sheu & Lent, 2015）：

a. 將目標轉為行動，要採取哪些步驟？

b. 有哪些資源可以協助他們完成這些步驟？

c. 有哪些資源可以協助他們消除（或彌補）可能的困境？

這些討論與發展因應策略討論一樣，需要一些創意，也可能需要透過提問協助當事人拓展思考的廣度，或者增進個體冒險的勇氣，而在研擬出所需資源後，也同樣需要進行演練以增加執行的成功率。

(3) 催化行動

當個體已經有明確的目標，而此目標對個體來說具有意義性、挑戰性、現實性及承諾性時，個體就具備相當的動能，得以依據目標展開行動。除了協助當事人管理環境以外，SCCT 認為影響個體是否積極採取行動的因子還包括個體的態度、自我調節的能力（Lent, 2013a）。因此如要維持個體往主要目標邁進的動力，可依循 Bandura（1986）所提出催化個體採取行動的要素，包括：具體明確的主要目標以及排列有序的次目標、更快可達成的小目標以及立即可行的計畫、對此目標或計畫進行公開的陳述或對此目標有強烈的承諾等。

從社會認知理論三方互惠的觀點來看，行為本身也能對個人及環境產生影響。因此，如若個體現階段沒有理想的目標選擇，或者所選擇的目標是妥協的結果以致缺乏動力，SCCT 認為退而求其次的選擇也是一種選擇。鼓勵當事人為自己設定一個有意圖（即使動力不那麼高）的短期目標或小目標，並協助將此目標轉換為行動並執行之，執行的結果自然會提供更多回饋的訊息，協助個體自我調節，以能做出更符合自己預期的目標選擇。如同 Krumboltz 的社會學習生涯決定論所說的，當事人沒有目標是正常的，只要鼓勵探索、嘗試，就有機會創造個人獨特的生涯（Zunker, 2016）。

參考文獻

中文部分

毛菁華、許鶯珠、方紫薇（2019）。臺灣大學生父母期待對發展、焦慮未定向之影響：生涯自我效能的中介效果。**中華輔導與諮商學報，56**，17-57。

王婷（2018）。社會認知生涯自我管理模式驗證：以大學生生涯探索行為為例（未出版之碩士論文）。臺北市立大學，臺北市。

田秀蘭（1999）。女性對生涯阻礙知覺之質的分析。**教育心理學報，31**（1），89-107。

林蔚芳（1997）。**大學生職業承諾發展狀況暨團體介入策略效果之研究**（未出版之博士論文）。國立臺灣師範大學，臺北市。

林蔚芳（2019）。大學素養教學的挑戰與因應：認知歷程模式的觀點。**臺灣教育評論月刊，8**（10），65-70。

林蔚芳、游錦雲、李慧純、金樹人（2014）。社會認知因子對澳門青少年學校滿意度影響之研究：SCCT 滿意度模式驗證。**教育心理學報，46**（1），27-49。doi:10.6251/BEP.20131125

金樹人（2011）。生涯諮商與輔導（重修版）。臺北市：東華。

張國祥、薛寶嫦（2010）。**澳門 PISA2009 研究計畫第一號報告書：從國際比較的觀點評核 15 歲學生的科學、數學和閱讀素養表現**。澳門：澳門大學教育測驗與評核研究中心。

張鈿富、吳慧子、吳舒靜（2011）。區域文化影響 PISA 科學表現與科學態度：分析其差異與關聯。**教育資料與研究雙月刊，100**，125-146。

黃美華、郭倩琳、黃珊、江馥名（2011）。女性護理人員生涯自我效能及生涯阻礙之研究。**長庚護理，22**（1），15-25。doi:10.6386/CGN.201103_22(1).0002

葛樹人（2018）。行為評估和干預。臺北市：五南。

英文部分

Bandura, A. (1986). *Social foundations of thought and action: A social cognitive theory.* Englewood Cliffs, NJ: Prentice-Hall.

Bandura, A. (1997). *Self-efficacy: The exercise of control*. New York, NY: Freeman.

Betz, N. E. (2004). Contributions of self-efficacy theory to career counseling: A personal perspective. *The Career Development Quarterly, 52*(4), 340-353.

Brown, S. D., & Lent, R. W. (1996). A social cognitive framework for career choice counseling. *Career Development Quarterly, 44*, 354-366.

Dugger, S. M. (2016). *Foundations of career counseling: A case-based approach*. NJ: Pearson.

Ezeofor, I., & Lent, R. W. (2015). A social cognitive perspective on assessment in career counseling: The case of Tiodore. *Career Planning and Adult Development Journal, 30*, 73-84.

Glosenberg, A., Tracey, T. J. G., Behrend, T. S., Blustein, D. L., & Foster, L. L. (2019). Person-vocation fit across the world of work: Evaluating the generalizability of the circular model of vocational interests and social cognitive career theory across 74 countries. *Journal of Vocational Behavior, 112*, 92-108. doi:10.1016/j.jvb.2019.01. 002

Hackett, G., & Betz, N. E. (1981). A self-efficacy approach to the career development of women. *Journal of Vocational Behavior, 18*, 326-336.

Lent, R. W. (2004). Toward a unifying theoretical and practical perspective on well-being and psychosocial adjustment. *Journal of Counseling Psychology, 51*(4), 482-509. https://doi.org/10.1037/0022-0167.51.4.482

Lent, R. W. (2005). A social cognitive view of career development and counseling. In S. D. Brown & R. W. Lent (Eds.), *Career development and counseling: Putting theory and research to work* (pp. 101-127). Hoboken, NJ: John Wiley & Sons.

Lent, R. W. (2013a). Social cognitive career theory. In S. D. Brown & R. W. Lent (Eds.), *Career development and counseling: Putting theory and research to work* (2nd ed.) (pp. 101-127). New York, NY: John Wiley & Sons.

Lent, R. W. (2013b). Career-life preparedness: Revisiting career planning and adjustment in the new workplace. *Career Development Quarterly, 61*, 2-14.

Lent, R. W., & Brown, S. D. (2002). Social cognitive career theory and adult career development. In S. G. Niles (Ed.), *Adult career development: Concepts, issues, and practices* (3rd ed.) (pp. 77-97). Tulsa, OK: National Career Development Association.

Lent, R. W., & Brown, S. D. (2006). Integrating person and situation perspectives on work satisfaction: A social-cognitive view. *Journal of Vocational Behavior, 69*(2), 236-247.

Lent, R. W., & Brown, S. D. (2013). Social cognitive model of career self-management: Toward a unifying view of adaptive career behavior across the life span. *Journal of Counseling Psychology, 60*, 557-568.

Lent, R. W., & Brown, S. D. (2019). Social cognitive career theory at 25: Empirical status of the interest, choice, and performance models. *Journal of Vocational Behavior, 115*, 103316. https://doi.org/10.1016/j.jvb.2019.06.004

Lent, R. W., & Fouad, N. A. (2011). The self as agent in social cognitive career theory. In P. J. Hartung & L. M. Subich (Eds.), *Developing self in work and career: Concepts, cases, and contexts* (pp. 71-87). Washington, DC: American Psychological Association.

Lent, R. W., Brown, S. D., & Hackett, G. (1994). Toward a unifying social cognitive theory of career and academic interest, choice, and performance. *Journal of Vocational Behavior, 45*(1), 79-122.

Lent, R. W., Brown, S. D., & Hackett, G. (2002). Social cognitive career theory. In D. Brown & Associate (Eds.), *Career choice and development* (4th ed.) (pp. 255-311). San Francisco, CA: Jossey-Bass.

Lent, R. W., Brown, S. D., & Larkin, K. C. (1987). Comparison of three theoretically derived variables in predicting career and academic behavior: Self-efficacy, interest congruence, and consequence thinking. *Journal of Counseling Psychology, 34*(3), 293-298. https://doi.org/10.1037/0022-0167.34.3.293

Lent, R. W., Ezeofor, I., Morrison, M. A., Penn, L. T., & Ireland, G. W. (2016). Applying the social cognitive model of career self-management to career exploration and decision-making. *Journal of Vocational Behavior, 93*, 47-57.

Lent, R. W., Hackett, G., & Brown, S. D. (1999). A social cognitive view of school-to-work transition. *The Career Development Quarterly, 48*, 297-304.

Sheu, H., & Lent, R. W. (2015). A social cognitive perspective on career intervention. In P. J. Hartung, M. L. Savickas, & W. B. Walsh (Eds.), *APA handbook of career intervention: Foundations. 1* (pp. 115-128). Washington, DC: American Psychological Association.

Swanson, J. L., & Fouad, N. A. (2015). *Career theory and practice: Learning through case*

studies (3rd ed.). Thousand Oaks, CA: Sage.

Taylor, K. M., & Betz, N. E., (1983). Applications of self-efficacy theory to the understanding and treatment of career indecision. *Journal of Vocational Behavior, 22*(1), 63-81. https://doi.org/10.1016/0001-8791(83)90006-4

Zunker, V. G. (2016). *Career counseling: A holistic approach* (9th ed.). Boston, MA: Cengage Leaning.

第五章　建構理論觀點之生涯諮商

吳芝儀

摘　要

　　建構論（constructivism/constructionism）強調，個人是經驗或環境訊息的主動建構者，當遭遇其環境經驗時，皆基於其所建構之個人真實（personal reality），並選擇所偏好的語言形式，來和他人進行溝通。於是，個人真實可能會呈現多種版本，而迥然不同於客觀實存之普遍真實。晚近，受建構論思潮所影響的生涯理論與諮商策略，如雨後春筍般蓬勃發展，依據其奠基的知識論之別，而可約略區分成建構取向生涯諮商（constructivist career counseling）及敘事取向生涯諮商（narrative career counseling）兩類。建構論的觀點促使諮商師將「生涯」視為具有個人意義的載體，由人生中具有重要意義的事件所界定，而不是在組織機構終其一生的就業和升遷。因此，生涯是具有個人意義和自我管理的架構，而不是在組織中逐級而升的進路；探究生涯的議題，是為了找出人生的意義，為職業行為賦予個人的方向和目標。本文以概覽方式簡介建構論之理論基礎，再依時間序，聚焦於闡述個人建構理論之生涯諮商、Peavy 建構取向生涯諮商、Brott 故事取向生涯諮商，以及 Savickas 生涯建構理論（career construction theory）與人生設計諮商（life-design counseling）等。

1990 年代，奠基於單一真實世界觀的實證論（positivism）遭遇到主張多元真實（multiple realities）世界觀的建構論（constructivism）之強烈挑戰，傳統以特質因素論及標準化測評工具進行人境適配（或人職匹配）為主軸的生涯諮商模式，轉向重視個人對於其生活經驗及測評結果的理解和詮釋，探討當事人在其生涯發展歷程中所扮演的生活角色及所遭遇各類生命事件的個人意義。如同 Savickas（1993）主張，「生涯是個人的」（career is personal），生涯諮商轉而關注個人在過去、現在與未來人生全程的連續發展及演變歷程，個人在社會組織中與他人互動所產出之社會意義，以及個人賦予各人生階段不同生命經驗的意義理解和詮釋。當事人在敘說其過去經驗、現在意義和未來行動時的生命故事，蘊含其對自己的興趣、能力、成就、動機等的自我知識，以及將自我知識付諸自我實現的歷程（Brott, 2001）。

　　建構論強調，個人是經驗或環境訊息的主動建構者，當遭遇其環境經驗時，皆基於其所建構之個人真實，並選擇所偏好的語言形式，來和他人進行溝通。於是，個人真實可能會呈現多種版本，而迥然不同於客觀實存之普遍真實。晚近，受建構論思潮所影響的生涯理論與諮商策略，如雨後春筍般蓬勃發展，依據其奠基的知識論之別，而可約略區分為「建構取向生涯諮商」及「敘事取向生涯諮商」兩類。

　　1990 年代伊始，即有許多生涯諮商學者紛紛為文倡導建構取向或敘事取向的生涯諮商策略（例如：Brott, 2001; Cochran, 1997; Neimeyer, 1992; Peavy, 1993a, 1993b; Savickas, 1993）等，主張生涯諮商是諮商師和當事人協同合作的歷程，用以支持和協助當事人在其個人生命故事中發現主題和意義，使其能朝向偏好的方向採取行動（Brott, 2004）。生涯諮商的重點不再是找到工作而已，而是找到當事人的自我（self）或角色認定（identity），諮商師經常會同時運用量化和質性的生涯評量工具，以勾勒出當事人人生歷程之整體圖像，發現貫串人生各階段且對個人深具意義的生命主題（life themes），以導向未來理想的人生敘事（Savickas, 2005, 2012）。

　　建構論代表著一種強調自我認知、自我組織、積極主動求知的認識論立場（Neimeyer, 1995）。建構論的觀點促使諮商師將「生涯」視為具有個

人意義的載體，由人生中具有重要意義的事件所界定，而不是在組織機構終其一生的就業和升遷而已。生涯成為具有個人意義和自我管理的架構，而不是在組織中逐級而升的進路。生涯的議題，不再是如何使個人適合職場結構的要求，而是如何使工作適合個人的人生規劃（Richardson, 1993）。探究生涯的議題，是為了找出人生的意義，為其職業行為賦予個人的方向和目標（Miller-Tiedeman & Tiedeman, 1985）。此即 Peavy（1993a, 1993b）透過建構生涯諮商的歷程，「促使個人得以重新檢視、重新修正和重新導向其活出自己人生的方式」。

　　另一方面，敘事取向生涯諮商著重故事敘說與再敘說或重寫的過程，將個人生命中的各個主題連接起來（Savickas, 1995），形成一個有意義的生命故事，個人可根據過去和當前經驗，建立導向未來的行動計畫。整個諮商過程以當事人為中心，諮商者只是從旁協助當事人透過口述生命故事的歷程以嶄新的角度來看待自己的人生，強化全新且有能力的自己，以積極尋求更適應、更好的生涯發展（Cochran, 1997）。

　　建構或敘事取向生涯諮商的觀點正是接納多元的觀點，透過對話之間所蘊含的無窮知識及真理發現當事人的觀點，而非預設有唯一的真相（金樹人，1997）。以下先行簡介建構論之理論基礎，再依時間序，接續闡述個人建構理論之生涯諮商、Peavy 建構取向生涯諮商、Cochran 敘事取向生涯諮商、Brott 故事取向生涯諮商，以及 Savickas 生涯建構理論與人生設計諮商。

■ 壹、建構論之理論基礎

　　對於真相的假定和追索，是現代主義實證論思潮的基石。然而，始於1960 年代的後現代思潮認為真實或真相是存乎人心的，科學工具或方法所意圖驗證的客觀真實，仍受探究者的認知詮釋所限制。真實是個人建構（personal constructed）或社會建構（social constructed）的產物，因為每個人所賴以詮釋經驗事件的建構系統有其獨特性，所建構出的真實即有別於客觀實存之真實。所有對真相所抱持的認知，均只是被人們所建構的信

念，並非真相。而這些信念無論是衍生於人類認知結構與歷程之操作，或是透過語言、文化之社會結構與歷程之影響，均與客觀實存之真實有一段或近或遠的差距（吳芝儀，2000）。

如同個人建構心理學（personal construct psychology）的倡始者 Kelly（1969, p. 29）所坦言的：

> 「人類所面對的開放性論題，並非真實是否真實存在，而是我們如何理解它（真實）。建構學者所秉持的基本假定是，人類並沒有直接的管道可進入一個單一的且客觀普遍的『實存真實』（real reality），人類窮畢生之力所能探知理解的世界，僅是許多由人類所建構或覺知的『建構真實』（constructed realities）罷了。」

於是，個人所經歷的社會或行為真實，無論是莊周夢蝶或是蝶夢莊周，均被視為個人心理上所建構的「多元真實」。人類係藉由他們在特殊的物理、心理、社會和文化脈絡中所建立的獨特概念或建構，來主動理解他們所經驗的情境。在此一意義創建（meaning-making）的歷程中，人類並依據層出不窮的嶄新經驗，不斷地拓展、精練並修正其建構。所以，主動積極的建構者絕不會困窘地將自身對真實的建構侷限於「監獄」（prisons）中，而是將之視為「動態框架」（dynamic frames）（Pope, 1995），可根據個人的需要加以修正、擴充或捨棄以建立全新的框架。此即 Kelly（1955）建構替換論（constructive alternativism）所揭櫫的：「所有事實皆可作替換性的建構」，而且「只要我們具有足夠的創意，即使是最顯而易見的日常生活，都將因我們的建構方式不同，而產生迥然的變化」（Kelly, 1977）。可見，我們確實「無法直接接觸一未經詮釋的真實」（Bannister & Fransella, 1986），例如：若諮商師試圖要了解當事人的行為，就必須了解他或他們如何來建構其獨特的情境、其建構的體系，以及其建構的歷程（吳芝儀，1998）。

在人類日常生活中，多元性、建構性真實的實例俯拾即是。不同的個人，面對相同的經驗或真實，乃依據個人的不同信念或理論，衍生不同的

方式來建構該經驗或真實。相傳有一幅中國名畫，繪著三位充滿智慧的老者和一罈醋，每位老者都正從那罈醋中舀出一杓且品嚐了一口醋的滋味。於是觀畫者正好可以看到他們在品嚐同一罈醋之後，凝結在臉上的表情：一個充滿酸味、一個苦澀溢於言表，一個則笑容滿面。據說畫中的那一罈醋代表人類生命的本質，老者的表情則反映了他們的人生哲學。對於那位酸味四溢的老者，人類生活總是無法與自然取得和諧，人類社會因此需要許多禮節規範，以馴化如脫韁野馬的人心，防患人們誤入歧途。而那位滿臉苦澀的老者，相信人類世界充滿苦難折磨，生離死別都是無邊無際的苦，唯有禁絕一切七情六慾，始能避免災禍，離苦得樂。最後，笑容可掬的老者，則相信人類可與自然合而為一，日常生活經驗——無論得失成敗——皆是人們可以從中學習功課的導師，故與自然經驗和諧共榮的結果，自然是愉悅的。三位老者代表了影響中華文化非常深遠的三大思想流派，分別揭櫫了儒家、佛家與老子道家所體察的人生滋味（吳芝儀，1998）。這麼看來，人生的本質或者也是變動不居的，取決於人們的哲學理論和信仰，於是人們因應人生議題的態度和方式也各有千秋。

　　建構論學者相信，由於人類在生活環境周遭所接觸到的任何真實，均需通過人類的感官知覺，在大腦中進行訊息操作與意義理解的歷程，而產生特定的詮釋或判斷。因此，人類所感知的真實並無法脫離人類以現有認知基模對所處情境背景所做出的詮釋。換言之，任何「真實」都可能是基於個人認知基模之「個人建構」或基於社會文化互動之「社會建構」的產物。Crotty（1998）聲稱：

> 「並不只有想法是被建構出來的，我們必須探討情緒的社會建構。甚至，建構論含括有意義的真實的全部範疇。一切真實，當其是有意義的真實，均是社會建構的，沒有任何的例外。……椅子可作為一個現象物體而存在，無論吾人的意識狀態是否覺察其存在。然而，它存在為一把椅子，只是因為有意識的人們將其建構為一把椅子。作為一把椅子，它係透過社會生活而被建構、維繫和再製。」（pp. 54-55）

155

也就是說，椅子雖然真實存在於現象世界，是具體而可見的；然而，它被稱為「椅子」而不是其他概念，是在特定社會文化中經由語言學習與對話互動傳遞的產物。華人世界使用中文者所稱之為「椅子」的東西，有時是形狀像是人們日常生活中所熟悉的椅子，但有時僅是它具備了椅子的功能，不必然有其具體而微的形式。立足在不同觀視角度的觀看者，從視覺所接收到「椅子」的訊息，輸入大腦進行認知操作處理，與原有「椅子」形式基模相比對後，運用不同表徵符號所產出的溝通內容（語言陳述或圖畫呈現），很可能會與其他角度觀看者所呈現的內容產生相當程度的差異。因此，現象世界所客觀實存的真實，不必然反映於個人主觀知覺所建構的真實，而透過語言溝通所表徵的個人真實則是多元的，取決於每個人的觀視角度、文化背景與知識傳承、認知歷程與語言習慣等，而有或多或少的扭曲。

建構論堅稱，沒有任何語言（即使是科學語言）能夠提供一扇直接觀見真實世界的窗。語言無可避免地建立在建構出該類語言之社會群體的假定和世界觀之上，也反映此一社會群體之文化。因此，語言既不會也無法完全捕捉或再現真實（Denzin & Lincoln, 2000）。一位傑出的社會學者 W. I. Thomas 提出了「Thomas's 理論」來呼應上述說法：「被人們定義或覺知為真實存在的，其結果就是真實的」（Thomas & Thomas, 1928, p. 572）。因此，建構論探究被人們所建構的多元真實，以及這些建構對其生活和對其與他人互動的影響（引自 Patton, 2003/2008）。

當前社會科學所討論的建構論，雖均強調個人在接觸經驗事件時係為主動建構者，而非被動接收者，然因其關注焦點或在個人認知結構，或在語言、歷史、文化等社會建構歷程，而有建構論與社會建構論（social constructionism）之別（Franklin, 1995, 1998; Schwandt, 1994; Spivey, 1997）。焦點在個人的建構論，大體均認為個人係以其獨特的認知或建構方式（如觀視角度、認知基模、個人建構等）來組織並詮釋其經驗，關注個人的認知歷程（cognitive processes），以 Piaget 認知建構論及 Kelly 個人建構論為代表。Gergen（1985）亦強調知識建構的歷程，然而其關注焦點主要在於知識是互為主體性（intersubjective）之社會建構的產物，真實世界是由人們在其

所生存的歷史文化情境中，經由社會交換的歷程所建立出來的，故名之為「社會建構論」。後現代諮商領域中的焦點解決短期諮商（solution-focused brief counseling）和敘事諮商（narrative counseling），均以社會建構論為其知識論基礎。

吳芝儀（2000）曾比較建構論與社會建構論之異同，並歸納出六項共通點，如將之應用於闡釋生涯諮商領域的主題，有如下數端：

1. 人是主動建構者：基本上，二者均強調人們是主動的建構者，而非被動的接收者，當事人能對自身所經驗之現象進行主動的詮釋與理解。
2. 假定多元真實：由於真實是被人們所創造或建構出來的，以反應其對世界的觀點，此乃個人真實。而社會真實係為許多個人真實的集合，故為多元真實的存在。真實或真相並不能被人類所「發現」或探知，亦非單一的存在。
3. 尊重個人視角：由於真實是多元的，對真實的理解取決於個人的觀視角度，當事人帶著什麼樣的觀視角度來省視其週遭世界或經驗，即會產出相當不同的理解和詮釋。
4. 欣賞多樣性：由於相信每個人的生長環境、背景經驗各有殊異，形塑其獨特的觀視角度或世界觀，由人們所共同建構的多元化社會，包含了豐富且複雜的多樣性。諮商師即須以理解、尊重、欣賞的態度，來和當事人共同建構對於經驗意義的嶄新理解。
5. 強調協同合作：諮商師和當事人是諮商歷程中的協同合作者，諮商師是諮商歷程的專家，當事人是自己問題的專家，共同投入於經驗故事的敘說、聆聽、探問、理解和詮釋的敘事歷程，亦即與當事人一起解構和重新建構其世界觀的歷程。
6. 重視反省思考：諮商師和當事人也必須在諮商歷程中持續不斷地進行反省思考，以深入體察當事人視野觀點在諮商歷程中所發生的變化，並進而省察此一變化對當事人及其經驗事件所產生的影響。

Peterson 與 Gonzalez（2000）主張，建構取向諮商師乃透過讓當事人敘說其生命故事的歷程，成為當事人的協同建構者（co-constructivist），在持

續的故事敘說和意義創建活動中，協助當事人找出其優勢（strengths）、資產（resources）和因應技能（coping skills），以改變當事人對其個人故事的建構方式，以適合其目前所處的情境脈絡。因此讓當事人為自己的生涯發展歷程敘說故事，透過其個人敘事的過程來協助當事人進行自我探索，從而修正其對自己的描述或建構歷程，將能促進其展望新的未來。生涯諮商師可運用各類可取得且有用的工具（涵蓋標準或非標準化工具），蒐集各類有效的資料（包括量化或質性的資料），來協助當事人探索其如何賦予生涯資料意義，深化對其生涯建構體系或價值體系的理解；並透過詢問開放性問題、聆聽經驗敘事、反應回饋的歷程，與當事人共同建構新的意義理解和詮釋，進而形塑嶄新的建構體系和詮釋視框，以展望未來的生涯發展。

　　特別值得一提的是，標準化測驗對於建構取向諮商師而言，僅是一項有助於幫助當事人投射自我、敘說故事和理解經驗意義的方式，測驗結果要和當事人一同討論，以開啟嶄新的視野和觀點，帶來嶄新的理解和意義詮釋。由於許多標準化測驗所奠基的特質因素理論或生涯類型理論均是現代主義實證論思維的產物，假定個人的人格特質、興趣或性向是與生俱來，且是在跨越時空情境下穩定一致的反應組型，而勾勒出一個「統整的自我」（integrated self）用以預測個人未來之行為和發展。此一實證論觀點的人格假定，非常不同於建構論學者所關注的「多元化自我」（multiple selves）。因此，建構取向生涯諮商師不會以測驗結果來鐵口直斷當事人最適宜的生涯選擇或發展方向，而是引導當事人藉此對於自我做更全面而深入的反思、發掘自己潛藏的優勢和資產、看見迷障自己的盲點或癥結、欣賞令自己滿意的部分、改變令自己困擾的部分，以及接納無法改變的部分；然後，以這個更為滿意的多元化自我建構，持續因時、因地制宜地主導未來的生涯選擇或發展方向（引自吳芝儀，2000）。

　　建構論者視個人為有能力創造自己對於事件和經驗意義的主體，因此建構取向生涯諮商更為關注當事人的主體／主觀經驗，邀請當事人回顧其生命經驗，擷取生命經驗中印象深刻的片段，連結成故事，來與當事人一起探索其主觀知覺的興趣和能力，以及當事人對其如何從生命經驗中發展出這些興趣和能力的主觀理解和詮釋。如進一步區分建構論及社會建構論

兩個知識論派別對於生涯諮商領域的影響，前者主要係探究個人建構系統之內容和結構如何主導個人的生涯決定；後者則重視個人與諮商師在生涯敘事（career narrative）的社會互動歷程中，如何賦予生命故事意義、如何透過語言文字共同建構出嶄新理解與詮釋，並導向未來的生涯選擇。

■ 貳、個人建構理論之生涯諮商

個人建構理論（personal construct theory）係為美國心理學者 George Kelly 於 1955 年所提出，是人格心理學中極具原創性的理論之一，他所提出的人性模式——「人即科學家」（man-the-scientist），亦迥異於其他心理學者。Kelly 認為，人具有與科學家類似的功能，人的一切行動就如同科學家的行動一般。一個科學家首先須建構合乎邏輯的理論，提出需要驗證的假設，而後從真「實」經「驗」中蒐集資料，來考驗其理論和假設的正確性，如在真實經驗中獲得支持則加以保留，否則即加以拒絕或修正。如同科學家一般，我們每一個人在因應所生活的世界時，均會建構出自己的理論，提出獨特的假設和驗證方法。這實際上也是多數心理學家研究人格時所採用的方法，然而一般心理學家卻從不認為他們的受試者或患者也具備相同的能力。Kelly 對於此類心理學理論，極端不以為然。他認為心理學家並非特別出類拔萃的一群，其本身所能發揮的作用應與其研究的對象絕無二致，兩者均是以理性為基礎，能對生活中的事件作相當程度的預測和控制。心理學家的任務應在於深入去了解每個人獨特的個人建構，而非試圖將心理學家個人的建構組型強加於所有人類身上。

據此，個人建構心理學基本論題宣示：「個人的心理歷程，係受到個人預測事件的方式所導引」，個人被描述為一個動力的形式，通過一組網絡交錯的渠道，組織其對事件的建構，以達成預測未來事件的目的。為了預測未來，個人必須對先前生活中的類似事件加以解析，並抽取出事件間的相似性與差異性。即使重複事件並非相同經驗，但就某些特定層面而言，重複事件仍具有與先前經驗相類似的特徵，個人對未來事件的預期即是植基於此，而發展成一有組織的、網絡交錯的個人建構系統（personal construction system）。晚近，由 Kelly（1955）個人建構理論所發展出的「角色建構詞錄方格」（role construct repertory grid）已被視為評量／衡鑑生涯相關事件的有效策略（Neimeyer, 1992; Peavy, 1992），是個人建構取向生涯諮商中最重要的評量／衡鑑工具之一。

　　在個人建構理論中，「建構」被界定為：「建構世界的方式」（ways of construing the world），使個人可「主導任何外顯或內隱的、語言表達或非語言陳述的行為」。依據該理論的觀點，「個人是透過其所建立的一組透明鏡片或版模，來觀看世界，並試圖使之符合真實」（Kelly, 1955, p. 9）。人會觀察周遭世界中的所有事件（經驗的事實或資料），並加以詮釋。此種對經驗的解釋或建構，表現出個人獨特的觀點型態，就好比我們戴著太陽眼鏡一般，透過太陽眼鏡的色彩，同一個真實景觀卻會出現各種不同的顏色變化，鏡片的作用，形成我們特殊的視覺印象。事實上，我們每個人正是透過自己獨特的無形鏡片來觀看世界，所謂「建構」即是個人用以觀看世界中的事件及解釋事件的方法，主導著個人無論是語言或非語言的內在思維及外在表現行為。其基本形式都是二分性的，即人類係以兩個二分相對立的「端點」（pole）來界定環境中的人事物，但相對立的兩端為何則因人而異，例如：當個人以「好」作為建構的一端來解釋事件時，其隱而未現但同時存在的一端可能是「不好」或「壞」。意即，如果某人認為世界上有許多「好」人，那麼對他而言，世界上也同時存在著一些行為表現可能被稱為「不好」的人（也許是自己）；或者這許多「好」人在不同的場合也會出現「不好」的行為表現。個人在理解某一特殊事件時，必須「叩其兩端而竭焉」，在該建構的兩端傾向間做出選擇，以使其預測產生最大的實現可能性，進而鞏固或延展建構系統的應用性。此外，個人建構系統可理解成一階層式的架構，以「統轄性建構」（superordinate constructs）來統理「從屬性建構」（subordinate constructs）。階層的頂端通常也是個人的「核心建構」（core constructs），以「支持個人的身分認定與存在」，這些常是個人所堅持的核心信念或人生價值。如諮商師或治療師有興趣於深入探究當事人個人建構系統之內涵與其用以建構周遭世界經驗之歷程，則須在當事人所生活的社會文化情境中扮演一重要角色，始能在某

種程度上解析當事人的建構系統與建構歷程。

　　依據個人建構理論的觀點，「職業」（vocation）即被解釋為「一組被建構的事件」（Kelly, 1955, p. 747），一個人所選擇的職業領域，常是其具有滲透力的許多建構間綜合運作的結果。個人則透過其獨特的「職業建構系統」（vocational construct system）來理解生涯發展中的各類相關經驗（Kelly, 1955, p. 740）。意即，個人運用其職業建構來理解工作世界，並賦予其意義；選擇二分性建構的其中一端，對潛在的職業選項進行預測。因此，職業建構所反映的是個人對自身及整個工作世界的理解或偏好，乃個人真實，而非客觀的真實。生涯決定是人類在一生之中可能面臨至少一次的真實世界經驗。個人對其工作生涯的選擇具現了個人對其自身在工作世界中的覺知，即使部分生涯資訊係客觀實存，但對這些生涯資訊加以覺知或建構的個人，可能依據其自身的覺知而著眼於客觀資訊的不同層面，獲致迥然不同的生涯決定。換句話說，個人在面臨生涯選擇的考慮時，係依據其主動對工作世界的詮釋與期待、對自我內在需求或興趣的理解，來作出理想生涯的判斷。故生涯建構理論之關注焦點，即在於個人如何建構其周遭世界中的生涯經驗，或如何理解其潛在的生涯選項。

　　由於個人建構是獨特的且不同於其他人，並不必然得以在標準化測量工具中顯現出來。因此，運用詞錄方格（repertory grid）以系統地抽取個人的二分性建構，來蒐集個人用以判斷潛在生涯選項之生涯建構，不啻為生涯研究者和生涯諮商工作者打開一扇探索個人生涯決定歷程的窗口。

　　詞錄方格的主要實施方式有三角比較法（triadic method）及階梯技術（laddering）兩項，均以完全空白的方格協助當事人探索其用以判斷外在經驗事件之內在建構、想法或價值觀等。其中，三角比較法是最為廣泛使用的方格技術（Pope & Keen, 1981），通常是讓當事人同時考慮三個元素項（elements），並辨別「該三者間哪兩者是相似的，且不同於第三者」，兩者的相似點即被記錄為二分性建構的其中一端（相似點），第三者的相異點即是該建構的另一端（相對點）。不過，在多個元素項間進行多重三角比較所抽取的各項建構，常是彼此平行的，並無法反映出個人建構系統的組織結構關係及其複雜性。由 Hinkle（1965）所設計的「階梯技術」，以不

斷詢問受訪者「為什麼？」偏好二分性建構的其中一端而非另一端的方式，則較能追根究柢找出在個人建構系統中具有核心主導性地位的「核心建構」或「統轄性建構」，有助於促進個人自我探索，以抽絲剝繭地逐步找出較高層級的核心建構。

　　無論是三角比較法或階梯技術，均要求受訪者將其個人用來辨別一系列元素項的二分性建構，寫入方格之中。詞錄方格通常包含三個部分：元素項、建構（constructs），及一個評定量尺（a rating or ranking scale）。

1. 元素項：是研究者要求受訪者探究的主題或領域。
2. 建構：是受訪者用來辨別元素項的方式，包含二分的兩端。
3. 評定量尺：受訪者須將每一組二分性建構轉化為五點或七點評定量尺，用以評定每一個元素項在該二分性建構上表現的程度；或以每一組二分性建構為量尺，將所有元素項加以排序。

　　作為生涯評量／衡鑑工具使用的詞錄方格，其元素項通常包含多個職業選項，引導當事人有系統地比較這些職業選項，來萃取出多組生涯建構。Neimeyer（1992）率先將詞錄方格技術和建構階梯技術應用於生涯領域，請當事人羅列出十項職業，要求當事人一次比較其中三種職業選項，指認出其中兩項較為相似且不同於第三項的方式，以產生可用於描述這些職業的建構，例如：某兩個職業如果是「較多與人接觸」，第三項職業可能是「較少與人接觸」，或者是「較多與事物接觸」。接著，當事人可用「較多與人接觸 vs.較少與人接觸」或是「較多與人接觸 vs.較多與事物接觸」這一組職業建構，來評量其他的職業選項。Neimeyer（1992）的作法是讓當事人抽取出十組職業建構，並以−3 至 +3的七點量尺，來讓當事人自行評量十項職業在十組建構上的表現程度。

　　吳芝儀（1999；Wu, 1997）亦依據詞錄方格和階梯技術的操作程序發展本土化「生涯選擇方格」（如表 5-1 與表 5-2 所示），以作為協助大專校院學生探索並了解其做生涯決定時內在心理歷程或個人建構系統的工具，其與 Neimeyer（1992）詞錄方格技術的最主要差異是，將生涯選項區分為「喜歡或可能考慮從事」、「不喜歡或不會考慮從事」，以及「其他熟悉的工作或職業」三類，每一類均包含三項由當事人自行提供的職業名稱，

表 5-1　生涯選擇方格一：三角比較方格

編號：D052　　　　　　　　　　　　　　　　　　　日期：1996.1.12

	相似點	1 企業經理人	2 中學老師	3 臨床心理師	4 醫生	5 畫家	6 建築工人	7 公務員	8 推銷員	9 民意代表	10 理想生涯	相異點
	A.在制式之機構服務	5	1	2	2	4	3	1	4	4	4	環境變化快、不穩定
+	B.接觸之對象較多樣化	1	5	1	2	4	3	5	1	2	1	對象較固定
+	C.須管理他人	1	2	5	3	5	4	1	5	3	1	較獨立
	D.上班時間固定	2	1	1	1	5	2	1	4	3	3	時間較自由
+	E.勞心之工作	1	2	2	2	1	5	3	3	3	2	勞力之工作
+*	F.高收入	1	3	5	1	4	4	1	4	1	1	低收入
+	G.與政府有關	3	2	4	4	5	5	1	5	1	2	與政府無關
+	H.應有任用資格考試	3	1	1	1	5	5	1	5	1	2	無須考試
+*	I.要求教育程度高	1	2	2	1	4	5	3	5	2	2	要求教育程度低
+	J.有固定工作場所	2	1	1	1	5	2	1	5	1	2	無固定工作場所
+	K.含有教育性	2	1	1	1	5	5	4	5	4	2	無教育性
+	L.常須參加會議	1	2	1	2	5	5	1	5	1	2	不需參加會議
+	M.要求穿著打扮	1	1	3	2	5	5	1	5	1	2	較隨性
	N.收入固定	4	1	1	4	5	4	1	5	5	4	收入不固定
+	O.需要接受他人之諮商	2	1	1	1	5	5	4	4	1	1	不需接受別人諮商
+*	P.社會對此工作之評價高	1	2	3	1	3	5	4	4	2	1	社會對此工作之評價低
+	Q.能接觸他人之機會較多	1	2	1	1	4	5	4	1	1	1	接觸他人之機會較少

註：+是指個人在每一組二分性生涯建構中所偏好的一端。

　　*是指三項對個人生涯選擇最具重要性之生涯建構之一。

資料來源：吳芝儀（1999，2000）以及 Wu（1997, p. 193）

表 5-2　生涯選擇方格二：階梯方格

編號：D052　　　　　　　　　　　　　　　　　　　　　日期：2016.01.12

凸現點	相對點
*要求教育程度高	教育程度低
A.見識廣，想事情深入完整	想事情片面、偏限
B.得到他人尊敬	較不受尊敬
C.對他人影響力高	不能影響他人
D.可滿足自己的支配慾	不能滿足支配慾
E.感覺較舒服、愉快	感覺不舒服、不愉快
*社會對此工作之評價高	社會對此工作之評價低
F.較有成就感	較沒有成就感
G.肯定自己之能力	無法肯定自己之能力
*高收入	低收入
H.穩定、有品質之生活	品質較差
I.不必為錢煩心	為錢煩心
J.可追求精神層次上的東西	無法追求精神層次上的東西
K.較有美感、使人感動	較無美感
L.此生無虛度	白活了

註：*是指三項對個人生涯選擇最具重要性之生涯建構之一。

資料來源：吳芝儀（1999，2000）以及 Wu（1997, p. 193）

以及最後一項無須特別定義的「理想生涯」，共計十個元素項。生涯建構的抽取程序相似，但不限組數，讓當事人自行依需要或實際情形來增減，而評定量尺則為 1 至 5 的五點量表。

　　圖 5-1 與圖 5-2 則是利用網路版 WebGrid 5 的套裝程式，立即將方格中的文字和數字資料輸入，進行群聚分析和主成分分析之結果，不僅可以顯示當事人對於哪些組生涯選項的評量方式較為接近，更可以清楚描繪出當事人「理想生涯」所需具備的特質和條件，以及依據這些特質或條件（通常是生涯建構的偏好端）指認出與「理想生涯」最接近的生涯選項，有助於當事人做出明智的生涯選擇和決定。

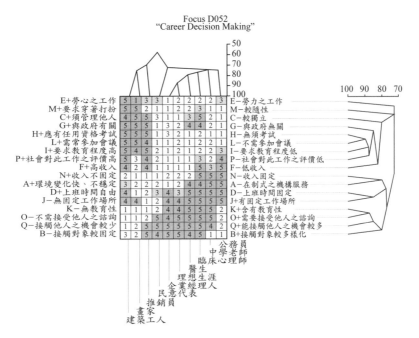

圖 5-1　WebGrid 5 生涯選擇方格之群聚分析圖

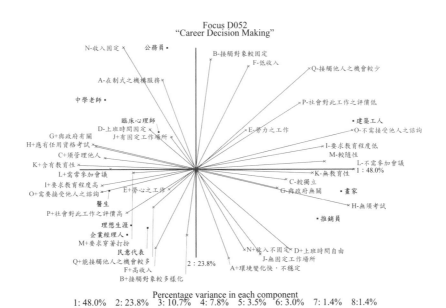

圖 5-2　WebGrid 5 生涯選擇方格之主成分分析圖

階梯方格更提供了一個結構性訪談大綱，幫助當事人判斷每一組建構在整個生涯建構系統中的相對位置，看清職業建構之間的相對重要性，洞察職業建構系統的階層性組織型態，而且能夠幫助他們釐清自己用以考慮生涯選擇的重要價值觀（Neimeyer, 1992）。通常由三角比較法所萃取出的一組建構開始，詢問當事人：「這一組生涯建構的哪一端是你比較偏好的？」然後詢問：「為什麼？」或是「這會帶給你什麼好處？」或是「這對你有著什麼樣的意義？」來引導當事人說出其偏好的理由，攀爬建構系統階梯逐級而升。直到受訪者已經回答不出更深一層的答案為止。Neimeyer（1992）描述了一個與當事人 Jean 一起進行的階梯方格（如圖 5-3 所示）。

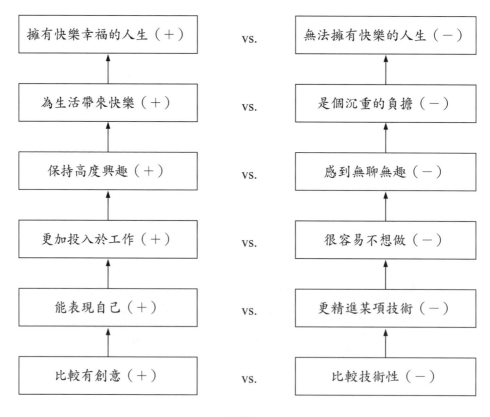

圖 5-3　階梯方格技術之實例

資料來源：Neimeyer（1992, p. 170）

「我請她選出三項最先浮現在腦海中的三項職業，她選了教師、醫務助理和音樂家。然後，我請她仔細想想看，這三項職業中哪兩項比較相似，且不同於第三項。我特別強調沒有正確答案，重要的是她如何看待這些職業的想法。她的回答是她認為教師和音樂家比較相似，因為它們『比較有創意』，相對地，醫務助理則『比較技術性』。接下來，我詢問她偏好哪一端，她偏好較有創意的工作，於是我在『有創意』那端畫上『＋』號，然後詢問她『為什麼？』她回答道：『因為有創意的工作讓你可以表現自己。』而技術性的工作『只能讓你更精進某項技術』，我將這一組建構記錄下來。……然後我再問她為什麼，她想了好一會，然後說：『因為我可以更加投入於工作。』……」

接著諮商師可以再度詢問：「你期待自己能更加投入於工作，為什麼呢？」當事人的回答是：「這樣我會一直對工作保持高度的興趣，而不會感到無聊無趣。」諮商師對當事人表達同理的了解，然後持續詢問「為什麼」，於是當事人回答道：「這樣工作也可以為生活帶來快樂，而不會是個沉重的負擔。」那麼，「你期待你的工作能成為生活中快樂的泉源，為什麼呢？」諮商師不罷休地繼續探問，而當事人迅速地回應：「我想，擁有快樂幸福的人生應該是生命最終的目標吧！」此意味著，似乎這是當事人職業建構系統的核心建構之一了。

當事人通常會發現階梯活動相當耗費腦力，很難以回答，必須要花更多時間去思考；然而，一旦完成一份階梯方格後，當事人也會驚喜地發現這項活動可以深入探索其面對諸多職業或生涯選項時的內在想法或價值觀，對於釐清其價值體系非常有幫助，更透徹地明白主導其生涯決定行動的核心價值，並能基於核心價值為未來生涯目標的選擇做出較為明智的決定。

吳芝儀（1998，1999；Wu, 1997）在以大學校院高年級學生為對象的生涯決定研究中，使用的「生涯選擇方格」實施程序，乃以「三角比較方

格」探索研究參與者之一般性建構，以「階梯方格」探索研究參與者之核心性建構。

其實施程序可分為下列數項步驟。

一、抽取生涯選項

生涯諮商師可藉由詢問下列問題，來讓當事人提供一些可用以做比較判斷的生涯選項。這些潛在生涯選項可以簡單分成幾類，例如：

- ・你喜歡或可能考慮去做的工作或職業。
- ・你不喜歡或不會考慮去做的工作或職業。
- ・你以前曾經做過，或你的父母親友做過，或任何其他你所熟悉的工作或職業。
- ・你的理想工作。

二、抽取生涯建構

由於在個人建構理論中，生涯建構是以二分性的方式呈現，生涯諮商師可從當事人所提供的生涯選項中隨機取出三項，詢問當事人：「在這三個生涯選項中，哪兩個較為相似？其相似點是什麼？和這個相似點相對立的相異點是什麼？」請當事人將每一組包含「相似點—相異點」的生涯想法，逐一記錄在「三角比較方格」橫列上的兩端。

三、評定生涯選項

在當事人抽取出所有包含「相似點—相異點」之生涯建構並填寫入方格之後，諮商師須請當事人將這些二分性生涯建構轉化為李克特式五點量表，用以評量所有生涯選項在該生涯建構上所反映的程度。「1」表示「非常接近於相似點」，「5」表示「非相接近於相異點」。請當事人利用這一組五點量表，逐一評定其所列出的每一個生涯選項，以及對「理想生涯」的期望水準；並特別提醒，每一組生涯建構對所有生涯選項的評量均必須至少有一個「1」和一個「5」。緊接著，請當事人仔細審視每一組包含

「相似點」和「相異點」的生涯建構，判斷出哪一端是他較為偏好的，請以「＋」表示出來。此一方格所蒐集的資料，即結合了質性的描述性資料與數量化資料兩類。

　　完成對於生涯選項的評量後，諮商師可以詢問當事人一些開放式問題，和當事人一起探索每一組生涯建構的意義、其運用於評量生涯選項的方式，最後並和當事人一起勾勒出所期待之「理想生涯」的樣貌。下列是一些催化當事人探索的問題：

- 請簡要說明每一組生涯建構的意義，並說說看你為什麼給不同的職業名稱不一樣的分數？
- 完成生涯選擇方格後，你可以從這個方格中覺察到什麼？
- 你所列出的生涯建構中，哪些是彼此有關的？哪些是比較獨立的？
- 你所列出的生涯建構中，哪些可能彼此有所衝突？
- 你如何用你的生涯建構來評量「理想生涯」？極端化評量？趨中評量？還是不知道如何評量？
- 在九個具體的職業名稱中，哪些較接近你的「理想生涯」？說說看為什麼它們比較接近？
- 哪些具體的職業名稱較不同於你的「理想生涯」？為什麼較為不同？
- 完成方格後，你對九個具體職業的偏好順序有改變嗎？

　　此外，諮商師可利用網路版 WebGrid 5 來輸入當事人在生涯方格中所抽取出的生涯選項和建構資料，並利用其套裝統計分析程式，來對生涯方格進行群聚分析和主成分分析，如圖 5-1 與 5-2 所示，並將分析結果提供給當事人，和他一起討論結果所顯示的意義。一旦當事人具象地看到藉由生涯方格分析所呈現的個人建構系統，也啟動了他／她更進一步的後設認知反思歷程。

四、評定生涯建構之重要性

在當事人完成「三角比較方格」後，諮商師可進一步邀請其從所有生涯建構的偏好端中選出三至五項對其生涯選擇最具有重要性的建構，並評定其重要性等級。這三至五項重要生涯建構即作為以「階梯方格」探究核心生涯建構的基礎。

五、探究核心生涯建構

在「階梯方格」中，諮商師藉由不斷詢問「為什麼……？」的問題，以深入探查該生涯建構之所以重要的原因，並將當事人明確告知的原因記錄於「階梯方格」的「凸現點」中，繼而探查另一端「相對點」。當一組包含「凸現點—相對點」的生涯建構被抽取出來之後，諮商師需再度請當事人選出其偏好的一端，並進一步探究其偏好之原因，以此類推。有時，為便利於當事人深入探索其偏好的理由，以及該理由對於當事人的底涵意義，亦可僅羅列出偏好理由的階梯，並循此階梯逐級而上，從對當事人而言相對重要性較低的生涯建構偏好端開始詢問，直至其回答不出更進一步的理由為止；再轉換到另一項重要建構偏好端，以此類推循序漸進。此一階梯方格雖僅蒐集描述性資料，但藉由深度訪談過程，有助於深入發掘當事人之核心生涯建構內涵，洞察核心生涯建構的組織關係和層級結構，以理解何者對於當事人生涯選擇具有決定性作用。

由於這些核心生涯建構係從個人認為對其未來生涯選擇最具重要意義的多組生涯建構中圈選出來，並逐一深入探究支持該組生涯建構偏好端的底涵意義，因此不可諱言這些核心生涯建構即反映了主導個人未來生涯選擇和生涯發展最為關鍵的核心生涯價值。是故，生涯諮商師如能善加運用「生涯選擇方格」，協助當事人探究其生涯建構系統，釐清核心生涯價值，當有益於當事人做出更接近其自我實現的生涯決定。完成階梯方格後，諮商師亦可引導當事人將之作為自我省察的媒介，進一步詢問當事人一些催化其自我省察的問題，以深化其自我探索，建立其自我認定，邁向自我實現，例如：

- 在深入核心生涯建構的過程中，你回想起哪些過去經驗？
- 說說看這些核心生涯建構或核心生涯價值是怎麼形成的？
- 這些核心生涯價值之間有著什麼樣的關聯性？或一致性？
- 這些核心生涯價值如何主導你的生涯行動？影響你的生涯發展？
- 在你的生活中，有誰會特別支持你所描述的這些核心生涯價值？
- 如果未來有機會完成這些核心生涯價值，那會是什麼樣的情形？你會對自己說些什麼？

　　如同 Savickas（1993）所述，價值觀是個人核心生命主題的表達，工作選擇則反映個人主觀認定的社會期待和個人存在價值。探究這些核心生涯價值觀所形塑的歷程，追索自我所賴以安身立命的意義和價值，將是個人在生涯發展歷程中邁向自我實現的最佳契機。

　　吳芝儀（1999；Wu, 1997）曾以臺灣大學高年級學生為研究對象，運用生涯選擇方格進行生涯建構研究，結果發現個人建構系統的外緣生涯建構多環繞著資格條件、工作性質、經濟報酬、人際導向、社會贊許、自由自主等，與個人「生涯價值觀」有關的主題，近似於 Super（1970）「工作價值量表」的內涵；而核心生涯建構則絕大多數指向成功成就、自我肯定、自我價值與人生意義等與「自我實現」相關的主題，所反映者則係生涯價值觀背後所底涵的「自我觀」，主宰著個人的生涯選擇行動與生涯發展方向（如圖 5-4 所示）。換句話說，他們的生涯發展是以達成「自我實現」（self-actualization）或「自在自如」（self-being）為導向的。這些「自我建構」在青少年與工作世界的接觸中扮演主導性的角色，「維繫著個人的自我認定和存在」，並「賦予生命全面性的意義」（Kelly, 1955, p. 89）。綜上所述，主導青少年生涯選擇的主要力量之一，係來自於青少年對「自我」最深切的期待。透過自我潛能在工作世界中的實現，青少年始能找到其自我認定與存在的意義，成為真實的自己。

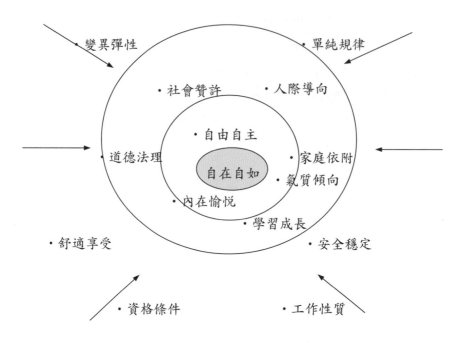

圖 5-4　生涯建構系統的同心圓模式

資料來源：吳芝儀（1999，2000）以及 Wu（1997, p. 193）

　　此外，在個人建構理論中，個人的心理歷程被視為是通過一組網絡交錯的渠道，朝向預測未來事件發展的動力形式。而由於日常情境中，新的事件層出不窮日新月異，因此為了精確預測那些不斷衍生的事件，個人的建構歷程亦須隨時調整改變。建構歷程的典型演變，即是所謂的 C-P-C 週期——「慎思」（circumspection）、「明辨」（preemption）與「篤行」（control 或 choice）的循環性歷程，以使個人做成有效的決定行動（Kelly, 1955, p. 515）。在此一循環性歷程中，「慎思」係指個人「從多元層面向度來省視一特定情境的歷程」，周延地思考某一特定情境事件的所有可能層面；然後，即進入「明辨」的歷程，個人將對該事件的思考重點聚斂於某一特殊層面上，「使其得以在某特定時間、以特定方式，來處理該特定情境」；最後，始能藉由統轄性建構的統御功能，達成對該情境事件的有效「控制」（control），以採取明確的「選擇行動」（choice）。這個建構歷

程，意味著當個人面臨選擇抉擇的十字路口時，個人試圖建構各項可能選項的心理歷程將自發地經歷這三階段的演變。初期階段，個人將擴散性地搜索從過去經驗中建立形成的所有可應用建構，以從所有可能的層面來理解慎思一切可能的選項。然而，因為個人無法魚與熊掌或燕窩兼得，他必須依據當時情境中所浮現的統轄性建構，明確地選擇一個最為重要關鍵的層面，以聚斂其思考的方向；從而對符合統轄性建構的最佳選項，作成一項有效的結論，以採取相應的行動。所以，在整個建構歷程中，切實有效的「篤行」，實取決於擴散性的「慎思」與聚斂性的「明辨」，兩者缺一不可（Wu, 1997）。

　　然而，實際上並不是每個人都可以成功地做成決定。臨事猶豫不決、躊躇不安的例子比比皆是。Kelly 也觀察到，如果一個人思慮過度周密，不斷以所有可應用的建構來回考慮各個可能的選項，他很可能會遭遇無法做出決定的難題。尤其當各建構的滲透力不足或彼此不相容度（衝突性）甚高時，更無法從中產生真正具有統御功能的高層建構，於是猶豫不決的個人即無法對所面臨的情境事件做出任何有效的預測或控制。Fransella 與 Dalton（1990）將此類的決定難題稱作「無休止的慎思」（endless circumspection）與「衝動的選擇」（impulsive choice）。前者將使個人迷失在無休止的反覆思慮中，痛苦不堪；後者則為了躲避反覆思慮的痛苦，衝動地選擇一個正好就在那裡的選項。「無休止的慎思」是一個無法達成控制的建構歷程，由於個人所面臨的事件超出現有建構的可應用範疇，焦慮是最常見的情緒反應；而「衝動的選擇」卻是一種基於逃避心態對事件做出不當控制的形式，懊悔則常是無可避免的結局。

　　筆者（吳芝儀，1997；Wu, 1997）曾提出一個生涯建構系統的發展性架構（如圖 5-5 所示），以理解個人生涯建構系統對其生涯決定狀況的影響。在此架構中，一個低分化且低統整的生涯建構系統，可被視為個人生涯發展歷程中最原初的狀態，由於包含較少建構數目且彼此相關度較低，其預測生涯事件的功能最低。擁有此類生涯建構系統的個人，可能係處於生涯發展的初期，對自我及工作世界仍懵懂無知，尚無足夠的能力思考生涯決定的問題，所以多屬於「發展性未定向」（developmentally undecided）。

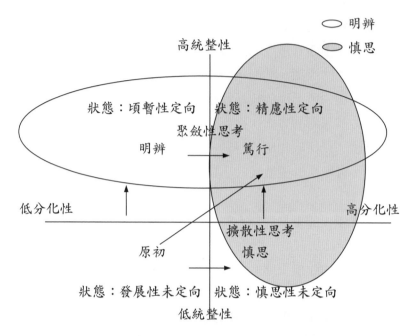

圖 5-5　生涯建構系統與生涯決定的發展性架構

資料來源：吳芝儀（1999，2000）以及 Wu（1997, p. 193）

當個人在生涯發展過程中接觸到較多可用於考慮生涯選擇的相關資訊後，
其建構系統可能朝向三方面演進：首先，如個人所接收到的生涯資訊具有
指導性，是單一向度且焦點明確，則將使得該建構系統形成高度的統整
性，有助於使他做成明確的決定。然而，當個人在稍後的發展階段中接觸
到複雜多元的工作世界之後，改變決定的可能性甚大，因此先前的決定將
僅是「頃暫性定向」（transitionally decided）。其二，如個人所接收到的資
訊過於多元而龐雜，所產生的擴散性慎思效應，將使其生涯建構系統組織
更為鬆散、混亂，雖具有高分化性，但缺乏統整性，則他將因衝突矛盾而
猶豫不決，係為「慎思性未定向」（circumspectively undecided）。最後，
假如那些多元分化的生涯資訊，能被個人的統轄性建構所統整，使其在對
生涯決定事件進行慎思之後，還能加以明辨，則終能篤行其決定，此時，

個人即是處在生涯發展階段中「精慮性定向」（elaborately decided）的最佳決定狀況。

慎思性生涯未定向者常在彼此衝突矛盾的多元建構或多重選項間徘徊不定，或因現有的生涯選項均不符合所偏好的建構極向而焦慮不安。生涯輔導者宜深入地了解生涯未定向者的內在心理歷程，協助他們從複雜多元的生涯建構中，找到足以支持其生涯認定的核心生涯建構或信念，以強化生涯建構系統的統整性，則將有助於當事人在周延的慎思之外，還能有效地明辨出最理想的生涯選項，進而切實篤行該生涯決定。

此一建構學派的生涯決定觀點，視個人本身為其生涯決定狀況的「建構者」，對生涯決定歷程的複雜性具有主動建構的能力；並以生涯建構系統的多元向度，分析探討個人的生涯決定狀況，使吾人得以更全貌地理解個人在面臨生涯決定事件時的內在心理歷程。此外，更提供一可作為生涯諮商的策略，激發生涯未定向者透過自我覺察、自我協助，以達成慎思、明辨、篤行的有效生涯決定歷程，對於了解生涯決定問題之後並對症下藥，提供具體可行的生涯諮商模式。

參、Peavy 建構取向生涯諮商

加拿大生涯學者 Peavy（1993a, 1993b）最早為文闡述生涯諮商領域中「建構取向諮商」（constructivist counseling）的發展前景，主張生涯諮商需要從整體心理學的觀點來協助當事人進行人生規劃並促成改變，與其他探討生命中各類議題的諮商並無區別。他認為過去很多諮商師對生涯諮商不感興趣的原因，在於他們所經驗的生涯諮商多僅是將人們進行評量式的特質分類，以使之適合工作世界的職業條件，並不是人們所實際經驗的日常生活實況。在生涯諮商中的自我狀態是一個變動的流體，在與其他人互動和對話中會不斷地修正和建構，絕不是標準化測評工具可以輕易捕捉和穩定掌握到的。

Peavy（1993a, 1993b）推崇建構理論的創始者 Kelly（1959）主張人類是「自我組織的系統」（self-organizing systems），而不是刺激反應的有機

體、資訊處理者，或是特質的組合體。而自我組織係透過意義創建、真實
建構和人際協商等歷程來促成。因此諮商歷程中，諮商師藉由與當事人協
同合作，引導當事人在因應其生涯事件時參與個人觀點的重新建構、重新
框架、重新界定、重新修正和重新詮釋，進而基於重新修正後的觀點，來
發展替代選項和行動計畫，以導向新的生活。由於個人在執行新的行動
時，也為其行動賦予了新的意義（Mahoney, 1990）。建構取向諮商的目標
即是促進當事人的自我組織和自我擴展，使得當事人藉由反思行動和意義
的過程，增進了自我知識，增進其對自我的信心強度，並擴展其人際互動
的能力。此外，他也建議生涯諮商應該聚焦於與當事人探討生涯選擇和生
涯準備行動的個人意義和個人知識，進而重新修正和發展出新的自我概
念，重新建構自我知識。Peavy（1993a, 1993b）說明當事人在生涯諮商中的
自我，具有下列特點：

1. 自我並非一組穩定不變的特質組合，而是一套意義系統，透過我說
   我的故事來不斷修正和展現。

2. 自我是反思性的行動產物，隨著時間和情境覺察經驗遞增而不斷自
   我修正、自我重組。

3. 自我是自我參照的內在歷程，由意義、目的、意圖和秩序所構建而
   成。不過，在日常人際互動中，經由自我組織的結果，我們傾向於
   展現出一個符合其社會經驗中他人期許的外在形式。

4. 每一個人的人生都蘊含很多故事。透過對話和故事敘說，建構自我
   空間，形塑出自我的樣貌。自我空間裡充滿了各種想像的「我」，
   以及與之對應的「他人」（父母、朋友、同事、敵人等），還有一
   些媒體上出現的人物。因此自我空間裡充斥著各種想像的對話形
   式，就像是小說裡各色人物的對話，從其所各自經驗的現在、過去
   和想像的未來，來敘說其各自觀點的故事，因此藉由內在對話所產
   出自我亦具有的複雜結構。

基於上述對於自我的觀點，Peavy（1993a, 1993b）主張生涯諮商的重點
應在於：(1)關注「多元真實」，考量採取各種觀點立場的可能後果，仔細
檢視各種觀點的背後假定，以及其如何影響其生涯選擇；(2)重視當事人的

內在對話與想像對話（dialogue）——每個人的自我都由內在對話及其與他人互動構建而成，因此諮商歷程就是透過人生事件的故事敘說（如第一份工作、獲獎、結婚、離婚、失業等），萃取、理解和共構當事人的故事；(3)了解情境和文化對於當事人觀點的形塑，以及社會建構的價值觀對於當事人的影響。他建議建構取向生涯諮商中可討論的主題包括：替代選項、人生目的、不確定性、阻礙、工作生活，以及工作和生涯的個人意義等。Peavy（1993a, 1993b）強調，生涯是人們在其人生中所經歷的故事，而不只是職業而已，因此生涯諮商是為了達成人生規劃，而不是找工作。生涯選擇和決定對於個人的意義，就是致力於成為他最有潛能成為的人，充分實現其自我的潛能。

最後，Peavy（1993a, 1993b）提供諮商師可以在生涯諮商中運用的八項任務：

1. 提供不受干擾的諮商空間，表達對於當事人的尊重。
2. 採取積極聆聽者的角色，表達對於當事人的關注、全神貫注的聆聽。
3. 諮商之初，扼要說明諮商的目的、諮商師的角色和知情同意歷程等，表現出與當事人協同合作的態度。
4. 鼓勵當事人說故事。致力於理解當事人說故事的觀點，並嘗試以當事人的觀點來觀看他們的世界。
5. 了解故事中所揭露的「複雜議題」（complicating issues），例如：「我不知道我究竟想要做什麼」、「我不知道我想念什麼學校」、「我父母不同意我想要的生涯目標」、「我沒有朋友」等，這些複雜議題的敘說方式會影響現在自我的組織，以及現在自我是如何活在故事中。
6. 與當事人一起設計和嘗試不同的「實驗」（experiments），例如：找出事情可以有所不同的思考和行動方式、探索新的資訊、嘗試新的生活經驗等。透過思考或行動的實驗，當事人自我建構方式可以開始鬆動，開展出未來可能的自我圖像。

7. 檢視緊密黏附於社會生活的自我，包括過去、現在和未來，例如：「過去，誰是影響你最深的人？他或他們如何影響你？」「現在的你，仍然受到這些人物影響嗎？和現在這個說故事的你有何關聯？」「現在，誰是影響你最深的人？他或他們如何影響你？」「談到未來的目標，誰可能會出現在你的未來裡？」「對未來的你而言，什麼是最重要的人、事、物？」

8. 增強當事人的自我能力感和自信心，鼓勵其投入於改善生活情境的行動。

Peavy（1995）進一步提出「建構生涯諮商」（constructivist career counseling）一詞，指涉生涯諮商的重點應在於「自我建構」（self-construction）而非「自我再現」（self-presentation），在於「自我即敘事」（self-as-narrative）而非「自我即特質」（self-as-traits），在於「人生規劃」（life-planning）而非「生涯選擇」（career choice）。由於將人們視為自我組織的意義創建者，關注「故事式自我」（storied self），而不是「心理測評式自我」（psychometric self），他主張建構取向生涯諮商師應致力於與當事人協同合作，共同參與意義創建的諮商歷程，藉以重新建構自我和理解其如何為工作生活賦予意義。幾項重要概念包括：

1. 沒有單一真實，只有多重真實。
2. 人類是自我組織的實體，而非一組特質或行為。每個人的人生都是故事──不斷自我修正的自傳式敘事。
3. 人們係透過其所採取之行動和所做出之詮釋，來建構其多元自我。
4. 自我是多面向複合體，具有多重的聲音。四類重要的聲音是健康、親密、工作和學習、靈性。
5. 人們是意義創造者，藉由語言和行動來為日常活動賦予意義。同時也透過與他人和生活世界的互動，來建構個人意義。
6. 批判性反思和對於日常行動底涵假定之檢驗，使人們成為有能力朝向自我實現的整體，且為自己的思考和行動負責。

Peavy（1996a, 1996b）持續闡釋其所倡導之「自我理論」（self theory），二次大戰後，生涯諮商主要仰賴以測評工具為主的「心理測評式自

我」，其產物為一組可資評量的特質和因素。在後現代世界觀下，自我理論應重新修正為以自我為主體、敘事式和持續演化的自我組織。在社會參與、和人群互動及對話中，自我被建構出來且持續開展。真實既非客觀亦非主觀，而是參與式的。我們所感知的真實、我們所賴以為生之生活、我們的生涯潛能，都是我們參與社會生活，以及投入互動對話、關係和活動歷程的產物。換句話說，我們產出、創造、建構我們的個人生活和社會生活。生涯諮商是諮商師和當事人之間協同合作的歷程，雙方均是專家，當事人是他自身生活經驗的專家，而諮商師則是溝通和改變歷程的專家，彼此透過協同合作來建構出可能的行動計畫和解決方案。生涯發展並無理性的規劃，更多是非線性的、直觀的，充滿了不確定、意外和機會。他主張應將生涯選擇視為人生規劃或是個人規劃，焦點要從測驗、電腦資訊和工作世界轉移開來，關注當事人在面對工作和工作準備活動時的反思、意義探索和對話內容，了解其對於自我和工作所賦予之意義和內在對話。

　　即使 Peavy 並不贊同在生涯諮商中過度運用標準化測評工具，但他也針對建構取向生涯諮商中的衡鑑，提出具體看法。他舉證 Neimeyer（1993）的建構論觀點，將評量視為產生改變的動力式歷程，可積極促成個人的重新建構，因此應被視為整體介入策略之一環，使得被評量者可以參照所被評量的結果來加以重新建構。即使標準化客觀式評量得以產生使個人能與不同參照群體比較的分數，但建構式評量的目的在於使受評量的個人可資應用於檢視分數所代表的意義，以及背後的底涵假定和價值觀。因此 Peavy（1996a, 1996b）建議採用 Hinkle（1965）所設計且由 Fransella 與 Bannister（1977）以及 Caputi 等人（1990）所改良的建構方格，它可用於直觀理解當事人的個人建構系統，亦可用於統計分析其核心個人建構之組成結構，並作為深入理解其對於自身信念和行動的詮釋基礎，進一步檢驗其對未來選擇、行動和改變的影響。其他可採用的建構式評量方法包括自傳式書寫（autobiography）、概念繪圖（conceptual mapping）、自我特質書寫（self-characterization）、建構式訪談（constructive interviewing）和個人檔案（portfolio）等。Kelly（1955）的自我特質書寫，讓當事人以第三人稱方式、從好朋友的角度來寫出他所知道的當事人特質，進而與當事人探討這

些特質的故事及其不同情境下的組合和展現型態，以及對當事人現在和未來的影響等，將使得當事人重新理解和檢視其自我空間，是相當值得嘗試的方法。此外，Peavy 十分推薦由諮商師和當事人共同合作完成個人檔案，這涵蓋當事人在建構式諮商歷程中的所有書寫、各種測驗結果及討論、教育歷程及工作經驗、個人作品、成就和計畫等，以及當事人對於過去經驗、現在狀態及未來規劃的反思等，不啻是當事人在諮商歷程中進展情形的最佳紀錄，更可以作為展望未來人生規劃的起點。

一、Cochran 敘事取向生涯諮商

Larry Cochran（1997）出版《敘事取向生涯諮商》（*Career Counseling: A Narrative Approach*）一書，該書奠基於 Kelly（1955）的個人建構理論、Neimeyer（1987）在生涯諮商上的應用，以及 Savickas（1993）的後現代諮商策略，認為生命故事是傳遞生命歷程的所有潛在寓言，故事敘說提供對其了解的最有力方式。進而言之，「個人對於未來敘事的建構，是其致力於以整體架構將個人的內在動機、主要優勢、興趣和價值觀等相互交織，並使其在未來能充分實現」（Cochran, 1997, p. 84）。敘事生涯諮商之主要步驟包括詳述生涯難題、書寫生命史、建立未來敘事、實踐敘事等四個篇章。他進一步闡述其所提倡的敘事取向生涯諮商模式，包括七個循序漸進的情節：(1)詳述生涯難題；(2)敘說生命史；(3)建立未來敘事；(4)建構真實；(5)改變生命結構；(6)踐行角色；(7)具體化決策。前三個情節提供了建構「生涯敘事」的方法，中間三個情節涉及演出或實踐生涯敘事的行動策略，最後一個情節是將建構實際付諸行動。這些情節的主要目的都是為了要促進當事人的決定和行動、強化其自我掌控感。不過，諮商師並不需要拘泥於步驟，而是可以依據當事人的情況及諮商歷程而自行調整或刪減，以真正切合當事人的需求而因人因時制宜。

茲依其書中章節簡述其敘事取向生涯諮商架構，如下所述。

（一）詳述生涯難題

　　生涯諮商的首要步驟是了解生涯難題的形成，以組成一條脈絡相連的故事線。生涯難題常是理想和實際之間產生了莫大的歧異，個人不知如何連結或跨越此一歧異，因而產生挫折、焦慮、憂慮等情緒問題，更無法妥適地面對未來。所以敘事取向生涯諮商應該先確定個人目前面臨的生涯難題，了解個人實際的生涯情況以及其對自身生涯的期許。諮商師可藉助職業組合卡（vocational card sort）、建構階梯（construct laddering）、描繪（drawing）、測驗（testing）、軼事（anecdotes）等技巧，協助當事人詳述生涯難題的起始、形成和轉變等。

（二）敘說生命史

　　敘說個人生命史的二個基本理由，一為過去經驗可提供有關個人的興趣、價值觀、能力、動機、人格特性等資訊；另一為個人選擇及組織經驗的方式，反映了這個人的自我認定以及其對個人生命發展的理解和詮釋。因此，敘說生命史是澄清及增進意義解釋的行動，經驗可以被解釋以及從一更廣泛的觀點帶入一個情境，以與其他的經驗連結，有助於未來更長遠的行動。敘說生命史的技巧，包括：生命線、生命章節、成功經驗、家庭星座、角色楷模、早年記憶回溯等。

（三）建立未來敘事

　　建構未來的敘事是企圖藉由連結個人的動機、優勢、內在資產、顯著的興趣及價值，成為一個整體的結構。使個人的主要願望在未來被實現、個人的優勢在未來被積極開發和運用、核心興趣及價值被精練及展延於未來，即建立個人未來的生涯腳本（career script）。

　　如何建立一個未來的敘事，包括下列二個一般性作法。

1.引出未來敘事（eliciting a future narrative）

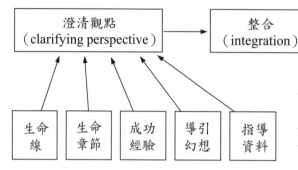

透過生命線、生命章節等等技巧來澄清當事人的觀點，達到整合個人敘事觀點的目標。

2.描繪未來敘事（portraying a future narrative）

包括二個順序性的過程：

(1)撰寫報告（written report）：引導當事人寫下其對未來的願景，包含宗旨（mission statement）、優點（a list of strengths）、工作需求（work needs）、缺點（lists significant vulnerabilities）、可能性（possibilities）。

(2)敘說報告（narration of report）：透過對話促使當事人發現其報告中錯誤的、扭曲的、忽略的部分，並進行未來敘事的增補及修正，使其更合於真實。

（四）實踐未來敘事

實踐未來敘事包括建構真實、改變生命結構、踐行角色等三個行動單元，可被整合為自我引導的基礎，透過多次循環，未來的敘事被潤飾、被測試及被整合。諮商師的任務在於幫助當事人堅持其明智生涯決定的實踐，以面對各種可能的威脅：

1. 建構真實：個人努力地從不同的來源取得有效的資訊和得到最具支持性的證據，以調整理想敘事至真實工作情境的建構歷程。有助於這些行動的方式，包括澄清個人的天堂（正向）及地獄（負向）的生命史、強化優點、強調願望等。

2. 改變生命結構：改變個人內在的思維模式，重新形塑個人的生命主題，支持個人對未來的觀點，進而選擇更理想的實踐場域。
3. 踐行角色：個人以實際的行動和有效的因應技巧或問題解決技巧，逐步地實現所建構的未來敘事。

二、Brott 故事取向生涯諮商

Brott（2001）引用 Peavy（1995）的觀點，將個人視為自我組織的意義創建者，不再依賴心理測評式自我，而是致力於運用故事式自我，透過諮商師和當事人的相互對話，探索個人故事篇章，建構新的觀點和意義，參與當事人故事的「共同建構」（co-construction）。透過諮商師和當事人協同合作以共同建構、解構和重構其生命故事，來探索當事人的生活世界。當事人將與自身生活角色（如家庭、學生、工作者、休閒者或社區公民等）有關的過去、現在和未來的生命經驗加以串連整合，來發展其人生故事。

Brott（2001）將其建構取向生涯諮商命名為「故事取向」（storied approach），生涯諮商的重點從找工作，轉變為找自我；從心理測評式自我，轉向故事式自我；從獲得資訊，轉向創造經驗；從客觀轉向主觀。她主張當事人的生涯關注，即是在不同人生發展階段由不同脈絡因素（如生活角色）影響的人生關注（當事人的故事）。諮商歷程中的語言和對話，有助於當事人探索故事式自我，作為建立知識和意義的工具。Brott 提出其故事取向生涯諮商的三個階段：(1)共同建構（co-construction）；(2)解構（de-construction）；(3)建構（construction）。在共構階段，當事人和諮商師協同合作，探索和揭露當事人過去和現在的人生故事篇章，諮商師仔細聆聽並嘗試理解當事人所運用的語言，留意其關鍵經驗、事件、人物和特定用語。在解構階段，透過協助當事人找出貫串其人生故事篇章的型態和主題，嘗試為其打開另一扇窗，以使其從不同的角度觀看且進一步探索其人生事件的不同可能性。進入建構階段，則邀請當事人嘗試運用他想要進一步發展的型態或主題，來書寫和創建其未來人生故事。Brott（2004）建議

在這三階段故事取向生涯諮商歷程中可以運用的建構式評量方式，主要包括許多質性評量技術，例如：生命線（life line）、自傳（autobiography）、日誌（journaling）、早期回憶（early recollections）、結構式訪談（structured interview）、牌卡（card sorts）、概念繪圖（conceptual mapping）、生涯階梯方格（career laddering）、家系圖（genogram）、個人檔案（personal portfolio），以及生活角色圈（life roles circles）等。運用這些建構式評量技術的目的，在於萃取出當事人的個人建構、找出建構之間的關聯性及其相對重要性（Emmett, 2001）。Brott（2005）亦再次為文介紹七種建構取向生涯諮商的工具，包括：生活空間地圖（life space map）、生命線（life line）、生活空間家系圖（life-space genogram）、生活角色圈（life roles circles）、生活角色評量（life roles assessment）、生活角色分析（life role analysis），以及目標地圖（goal map）。

（一）共構故事階段

Brott（2005）主張在共構故事階段，諮商師須與當事人建立共融關係，視當事人為其生命故事的專家，發展協同合作的諮商歷程。共構故事階段可運用的建構式技術包括生活空間地圖、生活空間家系圖、生命線和生活角色圈等。

1.生活空間地圖

生活空間地圖是由 Peavy（1997）所設計的，諮商師邀請當事人在一張白紙上的任何位置上畫出一個代表自己這個人的圓圈，圓圈的大小和所選擇的位置都表示當事人對於自我空間的感受。然後，邀請他再以不同大小的圓圈、不同的位置，畫出其生活世界中的重要人物並在圓圈內寫出他們的名字，圓圈的位置表示當事人和這些人物之間的親疏遠近關係。最後則與當事人討論他現在的生涯關注與這些人物的重要關聯，以及他所選擇的位置如何理解其目前所處的生活空間。

2.生活空間家系圖

　　生活空間家系圖是由家族治療學者發展的工具（Bowen, 1978），用來描繪出當事人所覺知其在三代家庭系統中的生活角色。諮商師引導當事人繪出三代家系圖後，進一步請其在每位家庭成員符號旁標示其職業、居住地、主要休閒活動等，然後詢問反思式問題來探索這些人物和角色，例如：「你和這些家庭成員的關係如何？」「你家庭成員們所從事的職業有什麼共通性嗎？對你有什麼影響？」「你的家庭系統中形成了哪些家庭規則？對你有什麼影響？」「你最欽佩哪一位家庭成員？他有哪些值得你欽佩的特色？或成就表現？」

3.生命線

　　生命線是 Brott（2001）故事取向生涯諮商的重點之一，貫串共構、解構和建構等三個諮商階段，用以揭露、打開和創建當事人的故事。藉由邀請當事人畫出生命線，來找出各生命階段的特定時刻，並透過開放式提問來共同探索其意義，了解當事人與這些生命經驗有關的信念、情感和態度等。諮商師在將白紙和彩色筆交給當事人後，說明：

　　　　「為了讓我能理解你人生故事中的重要篇章，我要請你在這張白紙上畫出一條生命線，你可以選擇一支最能代表你的顏色的彩色筆，在白紙的中線從左到右畫一條代表從出生到現在的生命線。然後在生命線上圈出代表你生命中重要事件的時間點，並標示出年齡和人生事件的名稱，例如：開始就學、高中畢業、大學畢業、進入職場、戀愛、結婚、生子等。這些人生事件的起點和終點，代表你人生故事的不同篇章。」

　　在當事人畫完生命線後，諮商師可以邀請當事人針對每一個人生故事篇章說出一個記憶裡印象深刻的重要事件，並藉由5W1H的開放式提問來展

開與當事人的共構階段，嘗試擴展其故事的人事物時地等細節，了解當事人對其經驗所賦予之意義。這些開放式提問，包括「有關這個事件，讓你印象深刻的是什麼？」「你記得哪些人、他們的姓名，以及他們和你的關係？」「這件事發生的時候，你所經驗到的感受為何？」

　　探索記憶中的特定時刻（defining moments）和閃亮時刻（sparkling moments）有助於了解當事人的經驗、信念、態度和感受等。反思式問題（reflective questions）則有助於協助當事人發展對其生命意義的覺察，例如：「在你第一個工作裡，最棒的經驗是什麼？」「在這些經驗裡，對你最為重要的是什麼？」「生命裡的這個片段，對你的意義是什麼？」「你從這些生命經驗裡學到了什麼？」

　　生命線活動不僅讓諮商師可以聽到當事人的人生故事，同時讓當事人可以聽見他自己如何訴說他的人生故事，了解他所賦予生命經驗的意義和貫串生命故事的主題，進一步以奠基於他所偏好的主題來創建未來人生故事的篇章。生命線的生涯諮商歷程，讓當事人不再侷限於找工作，而是找到自己──以自己滿意的方式選擇每一個人生階段最適合自己的生活角色。

4.生活角色圈

　　自從 Super（1980）的生命生涯發展理論（life-career development theory）提出以生命生涯彩虹圖勾勒出不同生命階段的生活空間（life-space）和生活角色（life-role）後，Gysbers 與 Moore（1987）亦主張，每個人的生命生涯發展就是生活角色、生活場域和生命事件在人生各階段的互動和整合。生活角色成為後現代取向生涯諮商的焦點（Brott, 2001, 2004; Peavy, 1997; Savickas,1993）。生涯諮商中的當事人被視為主動參與其不同生活角色的覺察和探索歷程，而這些生活角色也蘊含其人生信念和態度的根源（Brott, 2005）。

　　生活角色圈技術可用於協助當事人界定現階段的生活角色，並了解不同生活角色在其人生各階段的意義（共構），探索其對生活角色的態度和根源（解構），以及未來想要扮演的角色（建構）。諮商師邀請當事人在

白紙上以圓圈方式畫出五個重要的生活角色（如家庭、學生、工作者、休閒者和社區公民等），圓圈的面積代表這些生活角色所花費的時間和其在生活中的相對重要性。如果這些角色是重疊的，圓圈也可以彼此重疊；如果這些角色是分別獨立的，圓圈也可以獨立呈現。然後，請當事人在每個圓圈之旁，寫下T與這些生活角色有關的活動。完成之後，諮商師可以詢問當事人一些反思式問題來建構或解構這些生活角色，諸如：「這些活動為你的生活帶來哪些喜樂？」「如果你可以選擇改變這個活動的某個面向，那會是什麼？」然後，諮商師可以再邀請當事人在另一張紙上畫出代表未來生活角色的五個圓圈，同樣以面積和重疊性反映出未來生活角色的重要性和關係。完成後，諮商師可以和當事人腦力激盪討論他如何將每一個生活角色帶入未來人生故事的篇章；比較兩類生活角色的差異，並邀請當事人思考其下一步的行動計畫：「如果要將現在這個生活角色圈改變成未來的生活角色圈，你打算怎麼做？」藉由生活角色圈活動，諮商師和當事人一起協同合作來理解不同角色在其生活中的意義，釐清現實層面與理想層面的差異，並激發其朝向理想未來生活角色去發展和改變的動機，擬定可以促成真正改變的行動計畫。

（二）解構故事階段

解構階段的諮商重點在於探索當事人價值觀和信念的根源、找出其重要的生命主題，以及探索對未來人生故事篇章發展的影響。基於共構階段運用生命線或生活空間家系圖所探索的生活角色，諮商師進一步針對生活角色進行分析，以找出當事人的價值觀和信念，可能詢問的問題，例如，：「到目前為止，你在你的人生故事中看到了哪些生命主題？」「是什麼持續推動你以這樣的方式扮演工作角色／家庭角色／休閒角色？」「如果你可以選擇做一件不同的事，那會是什麼？那會為你的人生帶來什麼樣的改變？」「當你的人生有一些不同時，你的阿嬤（或當事人的重要他人）會對你說些什麼？」允許當事人思考其人生的不同選擇可能會如何影響未來的生活經驗。

生命線用於解構階段時，諮商師可引導當事人從不同時間軸、較大的系統或不同的角度來重新檢視其生命線，開啟空間以找出例外經驗、想像不同的經驗、嘗試不同的觀點，來思考未來的可能性，例如：過去記憶所反映出個人信念和態度的根源，或是「如果最愛的阿嬤還在世，她會在你大學畢業時說些什麼？」「如果你當時做出了不同的選擇，現在會有什麼不同？」來探索當事人所偏好的存在方式。這類偏好式提問也可以導向當事人人生故事的下一個篇章，例如：「你正朝向你所偏好的方向前進嗎？」「如果讓你在兩者之間做出選擇，你會選擇哪一個？為什麼？」藉由為什麼的提問來邀請當事人表達其潛在動機，「為什麼那個時間點對你而言如此重要呢？」邀請當事人從現在作為起點，繼續向未來延伸他的生命線，並探索其未來想要完成的人生目標、想要扮演的生活角色、可能的重要他人、偏好的存在方式等。諮商師可以運用重要他人的視角來邀請當事人反思其重要意義，例如：「如果阿嬤在這裡，她會對你人生故事的新篇章說些什麼？」

另一方面，引導當事人從主流社會論述、社會期許或評價、文化或性別議題去分析對於生活角色的影響，也有助於打開其思考空間，緩解其刻板化印象或負向自我內言。生活角色分析旨在於幫助當事人去檢驗受主流社會文化或性別論述所定義的角色期待，分析其正向或負向的影響結果，進一步喚起當事人想要改變的動機，以及擬定改變的行動。

（三）建構故事階段

建構故事階段的諮商重點在於整合當事人所偏好的價值觀、信念和生命主題，發展新的生活角色和想要達成的人生目標，擬定具體可行的行動計畫，探討執行計畫過程中可能遭遇的阻礙，以及可用以克服阻礙的資源等，來重寫當事人人生故事的未來篇章。因此，Brott（2004）建議用「目標地圖」來催化當事人，以視覺圖像方式來具體化和形象化其目標、阻礙和資源，激發其行動之動機。此外，運用生命線、家系圖和職業牌卡等質性工具，都是可以用來了解當事人如何為其生活角色賦予意義的方法。

1.目標地圖

　　一旦當事人開始採取行動建構人生故事的未來篇章，諮商師就可運用目標地圖來具體勾勒出未來目標和行動策略。目標地圖的最上方，是當事人希望能達成的特定生涯目標，下方是目前所處的位置和起點，在現在和未來之間則是達成目標的時間架構（如「你希望達成目標的時間點？」），並邀請當事人列舉出朝向目標過程中的可能阻礙、所有可運用來克服阻礙的資源等。諮商師可以和當事人一起回溯其生命線，找出過去曾用以克服各類阻礙的內在或外部資源，並逐一在目標地圖上標示出這些資源，增強當事人朝向目標行動的內在動力。最後，鼓勵當事人從現在這個起點上採取一點小小的行動，以展開其目標地圖的旅程，例如：「當下一次我們會面時，我可能會看到你做了什麼，表示你已經開始邁向下一階段的人生旅程？」下一次諮商時，則可以和當事人討論他所嘗試的行動、所遭遇到的阻礙、已經或可能運用的資源等，或是和當事人共同來發展可以嘗試運用的資源。

2.牌卡

　　後現代的生涯諮商師已多數熟悉牌卡的運用，讓當事人以牌卡上的資訊來排出其所偏好的職業優先順序，如 Gysbers 等人（2003）曾簡介生涯諮商中使用職業牌卡的程序。常見的牌卡通常包含 60～100 張，正面書寫職業名稱，背面則書寫工作資訊、教育訓練要求和 Holland 分類碼等。諮商師會先邀請當事人將牌卡區分成三堆：一是「我會考慮」的工作、一是「我不會考慮」的工作、一是「我不確定」會不會考慮的工作。從區分牌卡的過程中，諮商師協助當事人探索其職業選擇的不同面向，例如：挑選出最可能考慮的十個工作、找出這些群組牌卡的相似性和差異性、找出考慮的工作所要求的教育程度等。牌卡歷程是生涯諮商的重要輔助，諮商師可以開放式地詢問當事人與他所選擇的牌卡有關的興趣、能力、特質和價值觀等，以及邀請他談談有關其成就、認同、卓越表現等的故事。

生命故事是個人過去和現在經驗的濾網，藉由共同建構引導當事人以他所偏好的發展方式來重新敘說有關自我和他人關係的故事，可以使故事朝向偏好的未來開展，解構不再具有效益的故事，而重新建構一個更具效益和生產力的故事。所以生涯故事發展的歷程，包括共同建構（揭露由過去和現在經驗所串連的故事內容）、解構（打開糾結的故事情節，從不同角度觀看和理解）和重構（重寫未來偏好的人生劇本）。在故事發展中，諮商師必須留意故事如何被敘說和建構出來，注意當事人所運用的語言和其限制，催化對於故事其他可能面向的探索。可以邀請當事人為故事命名，透過相對影響的提問來找出個人和故事的關係，以及其他人在故事中所扮演的角色和對當事人的影響。

■ 肆、Savickas 生涯建構理論與人生設計諮商

Mark Savickas 無疑是從後現代建構理論觀點論述生涯諮商的最具代表性人物之一。Savickas 早在 1993 年發表〈後現代紀元中的生涯諮商〉（Career counseling in the postmodern era）一文，主張「生涯即故事」：「生涯諮商是當事人敘說及再敘說有關其職業經驗故事的歷程」（p. 213）。不過，遲至 2005 年，Savickas 才正式將其生涯理論及諮商模式定名為「生涯建構理論」。2012 年更為生涯諮商提出了一個新的派典模式，稱為「人生設計」（life design）。他宣稱人生設計的新派典係藉由當事人的一些小故事來建構生涯、將故事重構為人生畫像（life portrait），並在共構歷程中將生涯故事推進到嶄新的情節（Savickas, 2012）。

Savickas（1993）曾列舉出生涯諮商領域受後現代主義影響所出現的六項重大革新：

1. 不再有專家（no more experts）：傳統生涯諮商將諮商師視為量表和測驗的實施者和解釋者，具備對人格和職業的專業資訊，扮演專家的角色。後現代生涯諮商師則僅將當事人視為理解和建構自己生命經驗的專家，諮商師僅是從旁協助當事人主動積極地形塑自己的生命意義和價值。

2. 使能，而非符合（enable rather than fit）：後現代取向生涯諮商解構（deconstruct）了被動的「人境適配」（person by environment fit）的假定，鼓勵當事人主動表達且設計個人的生涯發展計畫。

3. 重寫巨型敘事（rewrite the grand narrative）：20 世紀的巨型敘事強調人類的工作產能，工作者的角色是個人社會（身分）認定的核心。後現代社會的多元觀點，則將工作視為個人生活中諸多角色之一，且不盡然是核心角色。

4. 生涯是個人的（career is personal）：後現代生涯諮商重視個人所建構的、用於理解其生活和工作的個人意義，生涯諮商即須關注個人對其生活面向的主觀理解和詮釋。

5. 生涯發展理論並非諮商理論（career development theory is not counseling theory）：過去用來解釋個人如何選擇和發展生涯的生涯發展理論，因較少關注諮商歷程，常使生涯諮商較像是「職業輔導」（vocational guidance）。後現代生涯諮商則重視諮商者和當事人之間的共同建構或社會建構（socially construct）歷程，以使當事人對其生活經驗建構出嶄新的意義。

6. 故事，而非分數（stories rather than scores）：後現代生涯諮商假定當事人所關心的是其生活目的或生命意義，而非工作的職位；關心如何解決其成長歷程中的難題，而非興趣量表分數所顯示的偏好取向。因此價值觀是個人核心生命主題的表達，工作選擇則反映個人主觀認定的社會期待和個人存在價值（Savickas, 1993）。

Savickas（1995）認為，諮商者的介入應該是力圖引領當事人去探究其生命中的主觀經驗含有什麼意義，也就是建構出經驗的意義。敘事取向希望個人說故事，並從中找出對個人具有重要性的故事情節，以及其背後的意義。其引出故事的發展過程有三：

1. 共同建構個人的生命故事：當事人與諮商者基於協同合作的諮商關係，從當事人過去與現在的經驗中展現出當事人的生命故事。

2. 解構無效益的故事：當事人所描述的故事有時是令人困擾或是令人執著不放的，這時就要進行解構，也就是將原先的故事放在一旁，

反由不同的觀點來檢視生命經驗。

3. 建構嶄新、更具豐富性的故事：之前無效益的故事立基於個人以往的經驗與當前的期望、困境，在解構之後，諮商者會希望個人從未來的角度，以具有可行性、適應性的角度來重新改寫故事。

此一共構、解構和建構的三階段生涯建構諮商模式與 Brott（2001）的故事取向生涯諮商相當一致。此外，Savickas（1995）亦曾論述以探索「生命主題」為基礎的生涯未定向諮商模式，必須包含以下五個步驟：

1. 蒐集故事：諮商者蒐集可顯露當事人生命主題的故事。他認為生命主題就像是文學作品中的劇情劇幕（plot），當事人的行動計畫應包含多個不同的劇情劇幕，而生活事件和其行動計畫之間的交互作用，則形成其生命主題。諮商者應蒐集兩類故事：(1)當事人核心的生活關注；(2)與生涯未定向有關的故事。

2. 回饋敘事：諮商者將所蒐集到的主題，回饋給當事人。特別注意與形塑當事人之自我認定有關的故事主題，如當事人的家庭故事、心目中的英雄人物、影響其自我認定的事件、理解其經驗意義的方式、因應生活事件的方式等。

3. 開放討論：諮商師和當事人討論其目前未定向的意義，以及其和生命主題的關聯。諮商師可詢問下列問題：(1)在什麼情況下你認為自己是未定向？(2)你對未能做決定的情況有何感覺？(3)這樣的感覺是否讓你想起生活中其他類似的經驗？(4)告訴我另一個曾經讓你有同樣感覺的故事；(5)有沒有什麼讓你感到震驚的事？(6)從你所告訴我的生活經驗中，哪一個部分和你的未定向最有關聯？

4. 展望未來：諮商師和當事人一同將生命主題擴展向未來。請當事人列舉出個人感興趣或想從事的職業選項，探索與這些職業選項有關的生命主題，並引導新故事的建構。

5. 行動計畫：諮商者應用行為學派諮商方法，擬定可達成其職業選擇的生涯計畫，並協助其逐步地實踐其計畫。

蒐集故事是諮商師與當事人共同建構歷程的第一步，回饋敘事和開放討論的重點在於解構無效益的故事，而展望未來和行動計畫則是重新建構

未來的理想願景並付諸循序漸進的行動，以達成生涯目標。

Savickas（2005, p. 43）寫道：

> 「生涯建構理論關注當事人的生涯世界是如何透過個人建構（personal constructivism）和社會建構（social constructionism）而得以形成。他認為，人們所建構的是真實的表徵，而非真實本身。他從社會脈絡的觀點來省視生涯，主張個人的生涯發展是由適應環境所驅動的，而非僅止於個人內在結構的成熟。從建構論觀點來探討生涯，必須要聚焦於個人的詮釋歷程、社會互動和意義協商。職業生涯並不會自行開展，而是當個體做出選擇以表達自我概念並在工作角色的社會真實中體現其目標時，建構出來的。」

因此，生涯建構理論強調「生涯」（career）是個人主觀建構的，他將其個人意義加諸於過往記憶、現在經驗和未來抱負，並將之交織成「生命主題」，主導其工作型態。當個人訴說有關其工作經驗的生涯故事時，他會選擇性地強調某些特別的經驗，來產出他們所賴以為生的敘事式真實，因此諮商師必須仔細聆聽當事人的生涯敘事，以辨認其職業人格類型（vocational personality type）、生涯適應力（career adaptability）和生命主題（Savickas, 2005）。在 Savickas 的生涯建構理論中，「職業人格」被界定為與個人生涯相關的能力、需求、價值觀和興趣，他建議直接運用 John Holland（1997）所提出的 RIASEC 類型論來找出當事人的職業人格。「生命主題」則是從 Super（1951）生涯發展論取材，為個人表達其職業偏好時所運用的職業語言，包括他們是什麼樣的人、什麼樣的職業切合其自我概念，以及如何透過職業選擇來實現其潛在的自我認定。生命主題像是故事中內隱的中心思想，通過反覆再現，提供了一個統一的思想，使個體的生命成為一個整體。至於「生涯適應力」則指涉個人因應當前生涯發展任務和生涯轉換或危機事件的準備度和資源，使其能夠在職業角色中實踐其自我概念，建立其工作生活和職業生涯。

對於 Savickas（2005）而言，生涯建構不僅只是理解個人職業行為的理論基礎，同時也提供諮商策略來協助當事人敘說其人生和生涯故事，透過故事敘說增進其自身賦予工作經驗的意義理解和詮釋，進而致力於藉由投入嶄新的工作經驗來自我完成和貢獻社會。生涯故事「說明了昨日的自我如何成為今日的自我，然後演化成為明日的自我」，同時也解釋了一個人為什麼會做出選擇，理解主導這些選擇背後的理由（Savickas, 2005, p. 58）。敘說故事的過程就是當事人重新「意義創建」的過程，使其得以串接經驗的過程，並從中建構個人意義，獲得新的觀點。因此，Savicks（2012）進一步提出「人生設計諮商」或「人生設計」，鼓勵當事人闡述目標、形成意圖並自我承諾來獲得生活意義感。

Savickas（2012, p. 14）主張，為了要協助當事人設計其 21 世紀的人生，許多生涯諮商師更聚焦於角色認定（identity）而非人格（personality），更關注適應力（adaptability）而非成熟度（maturity），更重視其意向性（intentionality）而非決定性（decidedness），更強調故事（stories）而非分數（scores）。角色認定、適應力、意向性和敘事力等四大主軸，是生涯建構理論理解職業行為的新模式。他主張後現代生涯是個性化的人生設計，注重自我建構與自我形塑。「我要創造怎樣的人生？」取代了傳統「我要選擇什麼生涯？」的生涯提問，其最大的不同是生涯不是在既定選項中的決策過程，而是在無限可能中去開創、建構與塑成。換句話說，建構觀點的人生設計，重視個人的應變彈性、就業能力、踐諾篤行、情緒智能和終身學習。

生涯建構理論主張，角色認定並不等同於自我，角色認定指涉人們對自身社會角色（social role）的思考，它是自我遭遇到社會角色之碰撞後所交融形塑而成之合成體，形成一個心理社會之認定。有關自我認定的敘事提供個人一個自我了解的渠道，就像是 James（1980）所謂的「主體我（I）敘說有關客體我（me）的故事」，透過敘事，當事人試圖理解和詮釋這個身處於社會世界中的自我，納入了其所置身的環境（鄰里、教會、學校和職業等），追求其社群所認同的目標和價值觀。識此，自我認定的發展是終其一生的歷程，當個人遭遇到具挑戰性的情境，舊有的自我認定無法應

付時，為了將各種有意義的新經驗整合進入其人生故事中，自我認定就必須不斷修正和調整。

　　人生設計的生涯諮商架構包括三個階段：(1)透過小故事來建構生涯；(2)將故事解構，並重新建構為自我認定敘事（identity narrative）或人生畫像；(3)共同建構以導向真實世界的下一步行動。

1. 建構（construction）階段：人生設計諮商聚焦於故事敘說，因為故事是建構角色認定的重要工具。當事人來尋求生涯諮商時，可能帶著現階段所遭遇的角色認定難題。諮商師可邀請他開始說幾個小故事，以理解他如何建構自我、角色認定和職業生涯。

2. 解構（deconstruction）階段：諮商師在解構階段必須仔細思考當事人的故事可以如何被解構，來揭露其自我設限的想法或角色限制，以及文化上的屏障，如性別、種族和社會地位等意識型態偏見，並開放式地和當事人討論可能宰制其思考的意識型態屏障。一旦當事人可以深度反思其建構生涯故事的方式如何受到社會文化的宰制，就可以進一步將個人的小故事重新建構為較大的故事。

3. 重構（reconstruction）階段：在建構角色認定的敘事歷程中，諮商師蒐集各式各樣有關重要事件、重要人物、重複出現的類似情節、具有特定意義的時刻、改變人生的經驗等生涯故事，協助當事人以現在自我來闡釋過去這些片段，並加以交織整合成個人重要的生涯主題，重新形塑出整體且有意義的自我認定敘事，或描繪出自我畫像，以引導未來人生故事的開展。

4. 共構（coconstruction）階段：在共構階段，諮商師嘗試整合當事人過去、現在和未來的生涯故事，為其勾勒出一個人生畫像，包括職業選擇、生涯主題和個性特質等，使當事人可以藉由反思其人生畫像的樣態，重新編輯和修正其自我認定敘事，以展望未來。一旦當事人擁有明確的生涯主題、嶄新的自我語言、嶄新的觀點和更開闊的視野，他亦將重新組織其意義系統，並採取有意圖的行動，使其未來生涯故事推進至下一個嶄新的章節。

Savickas（2015）進一步將其「生涯建構之人生設計諮商」（life-design counseling for career construction）彙整成《人生設計諮商手冊》（*Life Design Counseling Manual*），以便提供一個結構化的諮商程序和處遇階段，使諮商師可以循序漸進地處理當事人的生涯關注。在手冊中，他指出人生設計諮商歷程遵循一系列的標準程序，包括建構、解構、重構和共構等四個階段。人生設計諮商的三個核心元素是：關係（relationship）、反思（reflection）和意義創建，等同生涯建構理論的共構、解構和建構等三個核心階段。人生設計諮商師必須精熟於和當事人建立安全信賴的工作關係、促進其反思，並鼓勵其透過經驗的組織和重新組織來進行意義創建。特別在反思或解構階段，諮商師藉由反映當事人此刻如何說、因何而說、對誰說等，協助當事人進入反思性覺察歷程，進而達到新的理解與自我更新。經由建構、解構、重構和共構的過程確認當事人的生涯主題，並引導當事人修改其生命圖像，進而採取積極的行動以發展其生涯。

Savickas（2015）在手冊中列舉出作為其結構化「生涯建構訪談」（Career Construction Interview, CCI）的訪談題綱，引導當事人針對角色楷模、喜歡的雜誌／電視節目／網站、最喜歡的書籍／電影、最喜歡的諺語／格言／座右銘、早期回憶等五類問題加以回應，精粹出當事人的生涯敘事，統整各項資訊，以辨識出當事人的生命主題，並引導其做出與目前生涯難題相關的決定。

參考文獻

Bowen, M. (1978). *Family therapy in clinical practice*. New York, NY: Aronson.

Brott, P. E. (2001). The storied approach: A postmodern approach to career counseling. *The Career Development Quarterly, 49*, 304-313.

Brott, P. E. (2004). Constructivist assessment in career counseling. *Journal of Career Development, 30*(3), 189-200.

Brown, D., & Brooks, L. (1991). *Career counseling techniques*. Boston, MA: Allyn & Bacon.

Campbell, C., & Ungar, M. (2004a). Constructing a life that works: Part 1, blending postmodern family therapy and career counseling. *Career Development Quarterly, 53*, 16-27.

Campbell, C., & Ungar, M. (2004b). Constructing a life that works: Part 2, an approach to practice. *Career Development Quarterly, 53*, 28-40.

Caputi, P., Breiger, R., & Pattison, P. (1990). Analyzing implications grids using hierarchical models. *International Journal of Personal Construct Psychology, 3*, 77-90.

Cochran, L. (1997). *Career counseling: A narrative approach*. Thousand Oaks, CA: Sage.

Emmett, J. (2001). A constructivist approach to the teaching of career counseling. In K. Eriksen & G. McAuliffe (Eds.), *Teaching counselors and therapists* (pp. 139-167). Westport, CT: Bergin & Garvey.

Forster, J. F. (1992). Eliciting personal constructs and articulating goals. *Journal of Career Development, 18*, 175-185.

Fransella, F., & Dalton, P. (1990). *Personal construct counselling in action*. Newbury Park, CA: Sage.

Goldman, L. (1992). Qualitative assessment: An approach for counselors. *Journal of Counseling and Development, 70*, 616-621.

Gysbers, N. C., & Moore, E. J. (1973). *Life career development: A model*. Columbia, MO: University of Missouri.

Gysbers, N. C., & Moore, E. J. (1987). *Career counseling: Skills and techniques for practitioners*. Englewood Cliffs, NJ: Prentice-Hall.

Gysbers, N. C., Heppner, M. J., & Johnson, J. A. (2003). *Career counseling: Process, issues, and techniques* (2nd ed.). Boston, MA: Allyn & Bacon

Hinkle, D. (1965). *The change of personal constructs from the viewpoint of a theory of construct implications*. Unpublished Ph.D. dissertation, Ohio State University, Columbus, OH.

Holland, J. (1997). *Making vocational choices* (3rd ed.). Englewood Cliffs, NJ: Prentice-Hall.

Kelly, G. (1955). *The psychology of personal constructs*. New York, NY: W. W. Norton.

Miller-Tiedeman, A. (1988). *Lifecareer: The quantum leap into a process theory of career*. Vista, CA: LifeCareer Foundation.

Miller-Tiedeman, A., & Tiedeman, D. (1985). Educating to advance the human career during the 1980s and beyond. *Vocational Guidance Quarterly, 34*, 15-30.

Mitchell, K. E., Levin, A. S., & Krumboltz, J. D. (1999). Planned happenstance: Constructing unexpected career opportunities. *Journal of Counseling and Development, 77*, 115-124.

Neimeyer, G. (1992). *Constructivist assessment: A casebook*. Newbury Park, CA: Sage.

Neimeyer, R. A. (1995). An appraisal of constructivist psychotherapies. In M. J. Mahoney (Ed.), *Cognitive and constructive psychotherapies: Theory, research, and practice* (pp. 163-194). New York, NY: Springer.

Peavy, R. V. (1993a). Constructivist counselling: A prospectus. *Guidance & Counseling, 9*(2), 3-12.

Peavy, R. V. (1993b). *Envisioning the future: Sociodynamic counselling*. Paper presented at the meeting of the International Association for Educational and Vocational Guidance, Budapest, Hungary.

Peavy, R. V. (1995). *Constructivist career counseling*. ERIC Clearinghouse on Counseling and Student Services. Greensboro, NC: Canadian Guidance and Counselling Foundation Ottawa (Ontario).

Peavy, R. V. (1996a). A constructive framework for career counseling. In T. L. Sexton & G. L. Griffin (Eds.), *Constructivist thinking in counseling practice, research, and training* (pp. 122-140). New York, NY: Teachers College Press.

Peavy, R. V. (1996b). Constructivist career counselling and assessment. *Guidance & Counseling, 11*(3), 8-14.

Peavy, R. V. (1997). A constructive framework for career counseling. In T. L. Sexton & B.

L. Griffin (Eds.), *Constructivist thinking in counseling practice, research, and training* (pp. 122-140). New York: Teachers College Press.

Savickas, M. L. (1993). Career counseling in the postmodern era. *Journal of Cognitive Psychotherapy: An International Quarterly, 7*, 205-215.

Savickas, M. L. (1997a). Career adaptability: An integrative construct for life-span, life-space theory. *The Career Development Quarterly, 45*, 247-259.

Savickas, M. L. (1997b). Constructivist career counseling: Models and methods. In R. Neimeyer & G. Neimeyer (Eds.), *Advances in personal construct psychology* (Vol. IV) (pp. 149-182). Greenwich, CT: JAI Press.

Savickas, M. L. (2000). Renovating the psychology of careers for the twenty-first century. In A. Collion & R. A. Young (Eds.), *The future of career.* Cambridge, UK: Cambridge University Press.

Super, D. E. (1980). A life-span, life-space approach to career development. *Journal of Vocational Behavior, 16*, 282-298.

Super, D. E., Savickas, M. L., & Super, C. M. (1996). A life-span, life-space approach to career development. In D. Brown & L. Brooks (Eds.), *Career choice and development* (3rd ed.) (pp. 121-178). San Francisco, CA: Jossey-Bass.

第六章 生涯混沌理論的本土化實踐

楊淑涵

摘 要

生涯混沌理論（career chaos theory, CTC）來自西方物理學界的混沌理論（chaos theory），強調「變動」乃是生涯發展過程的必然現象，人們要學習面對工作世界的變化，接納多元事實，能夠與生涯的不確定共處，其理論精神與華人文化中面對人生「無常」的態度有異曲同工之妙。本文從探討西方生涯混沌理論的核心概念，進一步透過本土化的實踐過程，發現生涯混沌理論運用在華人生涯團體中不僅要考慮「文化」因素的差異，亦可在操作上結合表達性藝術治療的模式，並以「有界無限」（bounded infinity）的核心概念，讓成員從限制中重拾召喚與可能性，文末亦提出生涯混沌理論在華人生涯諮商實務上的相關建議，作為生涯諮商實務工作者的參考。

壹、前言

　　生涯發展理論長期以來受到實證主義（positivism）所主導，許多清楚明瞭的理論架構也發展出不少的測驗與量表來協助學校或企業進行生涯探索與篩選人才。然而，在許多生涯諮商實務現場會發現，即使當事人對於個人知識與職業知識有充分探索，也在生涯選擇與規劃上有清楚的目標方向，卻不見得能夠「如其所選」，或是「安於所選」、「樂於所選」，理想與現實總存在著許多落差，生命更是充滿許多無法掌控、無法預期的發展與變化，當一個機緣（chance）或意外事件發生，可能就會全盤改變原先的規劃。面對變化多端（protean）與無疆界（boundaryless）的動態生涯（Savickas, 2011），原先強調單一、實證科學、因果推論預測、邏輯理性的生涯理論與研究已無法完全解釋這些現象，更無法協助人們在面對這些混沌、混亂、不可預期、無法掌握的變動時學會如何調適與因應，這樣的困境也造就了後現代生涯發展理論的誕生與日益蓬勃發展的現象，本章節要進一步探討的生涯混沌理論（CTC）即是在此脈絡下發展出來的新興生涯理論。

　　生涯混沌理論的理論基礎來自於物理科學界的混沌理論，主要是強調自然界的現象並非可以完全操控與預測的，這些無秩序現象的背後其實隱含著的非線性（nonlinearity）、隨機性（randomness）與複雜性（complexity），是動態、多元且充滿變動的（Gleick, 1987）。此理論在 20 世紀末 21 世紀初受到許多後現代取向生涯學者的高度關注，開始出現許多相關的理論與研究。其中尤以 Pryor 與 Bright 兩位學者為首，陸續將所提出的生涯混沌理論（CTC）（Pryor & Bright, 2003a, 2003b）應用在生涯諮商實務工作上，他們發現混沌理論中強調對社會文化環境整體脈絡的理解、複雜性、非線性、變動與不可控，更加符合現今充滿變動的生涯實務工作上的需求。生涯混沌理論的核心概念在於相信要能夠幫助人有更好的調適能力，需要體認到所處的環境是一個複雜、變動且會不斷相互影響的系統，人們要能夠主觀建構其生涯中的意義，以開放、樂觀、積極的態度來面對生命

中無法預期的意外事件，而這些事件可能產生「蝴蝶效應」（butterfly effect），使其人生發生很大的轉變。生涯混沌理論並非否定生涯理論中所提及的觀點，但卻更強調在過去生涯理論的基礎上融入新的混沌理論概念，諸如鼓勵人們能夠有目的性地行動和發展，才能運用自己擁有的能力與知識來適應環境與創造更多可能性（Bright & Pryor, 2011）；個人生涯隨時可能出現階段轉移（phase shift），意外事件和機緣都有可能對原先的規劃產生重大的影響（Bright & Pryor, 2011），因此鼓勵人們培養好奇、堅持、彈性、樂觀和冒險的態度來正向面對；當人們能夠從其生活、經驗、故事、願景和主觀建構的思維脈絡理解這些彼此相互的關係，辨識影響個人行為的模式或生命主題，也就能夠帶來重新建構的可能性（Pryor & Bright, 2007）；鼓勵人們在變動混亂中學習聆聽內心的召喚與接觸深層靈性的經驗，這些「奇異吸子」（strange attractor）的出現，會隨著對外在世界的覺察與內在心靈的交織而重新建構存在的本質與意義（Bland & Roberts-Pittman, 2014; Pryor & Bright, 2007, 2014）。

　　國內已有部分學者關注生涯混沌理論的豐富性而加以論述介紹（黃素菲，2016；葉寶玲，2012）；田秀蘭（2015）將生涯混沌理論運用在生涯諮商的晤談介入，並發展出量表及諮商模式來評估介入的效果研究。筆者將Pryor 與 Bright 兩位學者的生涯混沌理論之核心概念加以萃取，融入華人文化中視覺圖像、符號、故事的表達性藝術媒材，以行動研究嚴謹的步驟，反思修正進而建構貼近華人文化需求的生涯團體諮商方案，將西方的生涯混沌理論實踐於本土化的生涯諮商與團體實務工作中。本文筆者將說明生涯混沌理論的核心概念以及在生涯諮商上的應用，並以生涯混沌理論運用在帶領臺灣中小學代理教師團體方案的形成與實踐歷程，來說明生涯混沌理論的本土化實踐過程與結果，並提出具體操作上的建議。

貳、生涯混沌理論的主要概念與應用

一、生涯混沌理論的主要概念

生涯混沌理論（CTC）乃是兩位澳洲學者 Robert Pryor 與 Jim Bright 提出的，他們有系統地整理生涯混沌理論的理論與概念，並自 2003 年開始陸續在期刊論文上發表CTC相關的文章與研究。兩位學者自 20 世紀 1990 年代開始，對於生涯發展的實證理論感到不安，覺得與現實世界的許多真實狀況無法相連結，因此積極尋求新的理論來理解變動生涯所可能面對的挑戰（Pryor & Bright, 2014）。他們認為生涯混沌理論強調整體脈絡的理解、複雜性、非線性、變化與不可控制性，正好能夠滿足對當代生涯現象的理解。

面對工作世界的不斷變化，要如何面對生涯上的變動性與不確定性，兩位學者提出生涯發展和選擇中四個主要的關鍵要素，這四個要素是生涯混沌理論的主要概念（Pryor & Bright, 2003a, 2003b），包括：(1)複雜性（complexity）：生涯混沌理論認為人類經驗是複雜的，生涯的潛在影響包括客觀和主觀脈絡的影響，也因此生涯決策的過程亦是充滿複雜與不可控的因素，因此個體在面對生涯決策過程的複雜性時會感到壓力乃是一種真實的反應，這可以讓人們去接受限制，需要去發展持續性的策略，以因應新出現的變化和非線性的影響；(2)改變（change）：外在動態系統不斷變化，個體需要有迎接變動的意願，且要知道進行生涯選擇和採取生涯行動乃是一個動態、交互作用與適應的歷程；(3)建構性（constructiveness）：人類傾向於將經驗和知覺建構為有意義且獨特的解釋方式，以便理解自己和所處的世界；(4)機緣（chance）：意外和不可預測的事件和經驗，在人們的生涯發展歷程往往是至關重要的，甚至有時候是決定性的。由此可知，生涯混沌理論的核心概念主張每個人的生涯發展都是一個動態的、複雜的、獨特的、非線性的、適應的開放系統，要留意評估所處脈絡系統的主觀、

客觀影響，提高敏感度與適應性，透過個人獨特的生命經驗來建構生涯的意義，並學習掌握機緣來創造新的秩序與可能。

生涯混沌理論認為個人生涯選擇與決策的過程乃是複雜且有許多不可預測的因素，是內在與外在環境系統相互作用所產生的結果，且往往在混沌中會有秩序，穩定中有帶有變化。其所具有的內涵說明如下。

（一）人在複雜的系統中有自我組織的能力

生涯混沌理論相信個體是自發且充滿能量的有機體，其生涯發展乃是一個複雜的動力系統，會與其他複雜的動力系統，包括其他個體、組織、文化、法律和社會脈絡相互作用，但不會受到外力刻意的規劃與控制，而是能夠有目的性地行動與發展，進而運用自己的能力與知識來適應與創作新的可能（Bright & Pryor, 2011），此種行為與能力的產生即是自我組織。

（二）蝴蝶效應：生涯的非線性發展乃是改變的關鍵

CTC 強調生涯的非線性發展往往是改變的關鍵（Pryor & Bright, 2007），複雜動態系統中的小改變能產生深遠影響，甚至會讓個人的生涯發生階段轉移（phase shift）的可能性。由於個體屬於複雜動力系統中的一部分，而這複雜的動力系統會根本性地持續改變，個體的生涯也會因此產生變化，混沌理論中的蝴蝶效應，是指系統的改變是非線性的、不可預測的，且相當敏感於初始條件（sensitivity to initial conditions）的，即使是一個很微小的起始差異，都有可能造成系統不成比例的變化，就如同巴西的蝴蝶會造成美國的颶風一樣，這種因為細微初始條件而產生系統巨大變化的效應在氣象學中已獲得證實，而在其他學科中也相當受到重視，因此對於初始條件的極度敏感絕對不能忽視（Gleick, 1987; Kelsey, 1988; Pryor & Bright, 2006）。以蝴蝶效應來解釋人類生涯發展歷程的心理狀態，生命中意外的打擊、外部環境驟變、突然失業、偶然與某人的相遇與分離等，這些生命中意外的變化都可能會影響一個人的想法與情緒，進而對其心理與精神狀態產生極大的波動，甚至產生決定性的行為反應。初始條件的細微差別

會受到系統的回饋過程不斷地被放大與縮小，最終可能會得到不一樣的結果，個人的生涯與命運可能也因此有不同的展開。

系統會出現非線性變化，主要是因為我們所處的環境基本上是一個開放的系統，也就是混沌理論所指的「耗散結構」（dissipative structure），它會隨著內部系統能量的消長，隨時與外部系統交會而產生新的型態，而耗散結構存有許多不同的次系統，這些次系統的關係呈現「非線性」（non-linearity）（武文瑛，2003；Kiel, 1993）。「非線性」的性質相對於「線性」，乃是不可預料與預測，且彼此之間並不存在著一定的比例關係，與一般可預料與控制的線性關係是不同的。所以當系統發生細微之事，都有可能因為非線性的關係而產生巨大的改變，甚至會摧毀現有的結構。耗散結構不是一個穩定的系統，有時候會陷入混亂失衡的狀態。當外部環境與系統本身的隨機波動與擾動不斷發生，就有可能會讓系統極度不穩而產生變動。當這種不穩的狀態到達臨界點或是分歧點（bifurcation point）時，系統內部的平衡就會斷裂，而造成長期的混沌狀態，但也可能因此形成另一個嶄新且更高層次的耗散結構，各個次系統又在新系統中形成一個新的平衡關係，而當內、外部的隨機擾動再發生，又會形成另一波的變化。因此，個人生涯決策的歷程就如同一個耗散結構，是一種從不穩定到斷裂到重組的更新過程，而這過程是非線性與不可預測的，對於其走向無法預測，更無法掌控它可能的變化（秦夢群，1995；Prigogine & Stengers, 1984）。

（三）碎形：複雜中存在簡單，混沌中帶有秩序

混沌理論中的碎形（fractal）存在於自然界的任何地方，如雪花、海浪、雲、樹葉，甚至是人類的器官等，過去一直被認為經由隨機過程所產生的自然現象，現在都可以利用碎形結構加以分析和模擬。碎形是指一個粗糙或是零碎的幾何形狀，每個整體都可以分成數個部分，每個部分又都是整體縮小的形狀，因此通常具有自我相似（self-similarity）的性質。碎形顯示簡單的動力系統會產生複雜行為，但在無法掌控的複雜之中，卻仍存在著無比簡潔的秩序（Gleick, 1987; Gribbin, 2004; Pryor & Bright, 2003a）。

這同時也代表系統的秩序與形狀或許會產生混亂或改變，但是內在的本質與結構卻是蘊含有不變的模式。一個人在生涯決策歷程中，可能在遭遇混沌、迷惘的同時，反而能看到內在所蘊含的不變本質；或在複雜難以控制的歷程裡，重拾最初簡單的初衷。

（四）「限制」乃是人類經驗的必然存在

生涯混沌理論主張「限制」（limitation）是人類經驗中必然存在的一部分，因為人的生命有限就是最終的事實，故個體終究無法控制與掌握一切（Pryor & Bright, 2011）。Bright 與 Pryor（2015）將人會經歷的限制分為來自系統內與系統外的限制，系統內的限制（endogenous limitations）通常是指個體給予自己的限制，包括限制自己的言行、限制自己的信念、否認限制的存在及害怕面對失敗的限制；系統外的限制（exogenous limitations）則是每個人在系統條件脈絡上的劣勢與不足，例如：社經地位、教育水準、社會環境變遷，甚至全球政經情勢的變動等帶來的限制，這通常更是個體難以掌握與控制的限制。面對這麼多的限制與不足，生涯混沌理論鼓勵人們不要悲觀地面對人天生或後天環境造成的限制，反而要能夠承認和接受限制，作為積極開創可能性的基礎，因為這個不確定看似受限與脆弱，但其實內在卻蘊含著許多未開發的潛力（Bright & Pryor, 2015）。身處在華人文化中的我們，在生涯決策的歷程裡，對於外在動態系統存有的限制常只看到制度與現象之變動所帶來的限制，面對這些變動、難以掌控的外在限制常會有一種受制其中的無力感，殊不知因這些變動所產生的認知、情緒與行為反應的背後，其實是受到更多內化的社會文化價值觀所影響。這些透過社會中的體制將一些固有的文化信念、價值觀、生活態度、偏見和對事物的看法傳達內化到個體的生活中，變成一種耳濡目染、潛移默化的存在（郭崇信，2017）。這些存在已久且根深蒂固的文化價值觀就可能會轉化成個體的內在限制（Bright & Pryor, 2015），使人產生自我限制的信念，將結果歸因是自己本身的問題；或是責備環境造成的限制而不願面對該有的責任承擔；或是因為過度害怕失敗而裹足不前，不願面對限制的挑戰。

（五）奇異吸子：隨著變動不斷調整的生涯型態

吸子（attractor）是混沌理論中的重要概念，吸子是指朝向動力系統移動至結束狀態的行為模式（Kauffman, 1995），當我們讓一顆彈珠在一只大碗公裡打轉，經過旋轉和震盪之後，彈珠終究會靜止在碗底，這個最終的平衡狀態就是系統的吸子。Pryor與Bright（2007）認為，吸子在系統中具有其特定的運行軌道，且當外部環境產生變動時，又將引發系統產生自我組織化（self-organizing）的過程，而形成一個回饋的機制（Griffiths et al., 1991）。吸子可以描述為朝向系統最終平衡或變動的趨勢。隨著吸子變成愈來愈封閉的系統，會慢慢傾向於平衡的狀態。隨著系統愈接近平衡，就會表現出重複的行為，直到危機發生（Kossman & Bullrich, 1997），才會增加此封閉但平衡的系統與外在環境相互作用的機會，因為出現波動，系統也變得不穩定，反而會讓系統出現重新調整與重組的機會（Prigogine & Stengers, 1984）。

混沌理論中提到四種基本的吸子類型，可以描繪所有系統的功能（Bright & Pryor, 2011; Pryor & Bright, 2007, 2014）。指標吸子（point attractor）是指朝向單一目標、地點或結果移動的系統。這種系統的典型物理現象可表現為在水池或水槽中，物體或流體會朝向某個特定的底部或塞孔移動，在生涯或職業選擇上通常是指努力尋求一個最適合的工作或職業；鐘擺吸子（pendulum attractor）是指在兩端點之間規則擺動運行的系統。這種系統的典型物理可表現為擺動從擺動中的一個極端，經過中間的垂直點後再擺動到另一端，在生涯或職業選擇上，鐘擺吸子乃是個人表現出在優先順序選擇上猶豫不決的情形；環面吸子（torus attractor）是指以「複雜但可預測」方式運作的系統。這個系統會精確地隨著時間重複，典型的物理可表現為只有一條路的迷宮，最終會回到起點再次開始，一旦找到正確路線，每次通過迷宮時都會重複先前的路線來完成任務，環面吸子在生涯或職業方面的型態是雖然對目前的工作類型感到厭倦，但因為害怕改變帶來的失控感，即使對現狀不滿仍不願調整。

　　奇異吸子不同於上面三種系統，是指以「複雜但不可預測」方式運作的系統，但卻又能夠自我組織成「突現的秩序」（emergent order）。它會建立一種有界限的、相似的，但不完全重複的運作模式。這種系統典型的物理例子是「天氣預測」，天氣預測乃是大量交互作用的複雜因素所組成，因此要準確預測全球超過一週以上的天氣是難以做到的；然而，隨著時間的推移，季節和氣候方面的秩序模式卻是清楚可辨的。在心理學中，奇異吸子乃是指「混沌的邊緣」（edge of chaos），人類適應與成長的潛能往往能夠在此顯像出來，處於混沌的邊緣並非破壞秩序和穩定的力量，反而是不斷變化、充滿機會且能自我調整的系統。以生涯的論點來看，處在混沌邊緣的系統可以結合理性邏輯的規劃及有創意的行動，讓人們跳脫面對生涯發展過程無法掌控的焦慮感，從中找到創造個人發展和創新的機會。生涯諮商的目標是能協助當事人理解處在「混沌的邊緣」的經驗並非無益，有時候處在混沌、不確定的危機時，不要害怕面對變動，因為這往往反而是轉機與可能性發生的機會，亦即能逐漸進入「奇異吸子」的發展狀態。

　　綜合以上生涯混沌理論的核心概念與主要內涵，可以明白生涯混沌理論乃是將個人的生涯發展視為一個複雜、動態且非線性的系統，這個系統中的變化會帶來混亂、使人覺得迷惘與混沌，但這往往也可能是改變的起點。

二、生涯混沌理論在生涯諮商上的應用

　　Pryor 與 Bright 兩位學者致力於將混沌理論應用於生涯諮商的實務工作中，不僅於 2011 年將生涯混沌理論的後現代思維寫成專書，於書中也提到生涯混沌理論諮商的指引與步驟，還提出多項運用於生涯混沌諮商歷程的技術，以下將說明生涯混沌理論應用於生涯諮商上的具體方向。

（一）生涯諮商從行為的分析預測轉為「模式辨認」

　　生涯混沌理論延伸混沌理論中的「突現論」（emergence）與「碎形」概念，將生涯諮商工作的焦點從重視行為的分析和預測，轉而強調模式的

辨認和洞察（Johnson, 2001）。Pryor 與 Bright（2007）所謂「模式辨認」（pattern identification）的概念是指，生涯諮商師從當事人的生活、經驗、故事、願景和主觀建構的思維脈絡中去理解其相互關聯，進而辨識出其行為的軌跡與模式。生涯諮商師的任務是幫助當事人用欣賞的角度去看自己的模式，並理解這些模式具有重新建構的可能性。Pryor 與 Bright 所謂的模式辨認概念，和 Savickas（2005, 2011）敘事中的生命主題概念雷同，Savickas（2011）認為生命主題提供一個完整的觀點，透過主題的再現，可以讓生命變為整體。當事人面對生涯變動的挑戰時，從敘說所再現的模式而形成的主題，能夠為當事人帶來目標和秩序，進而產生行動。

（二）從整體脈絡的觀點來理解當事人生涯決策歷程的影響因素

生涯混沌理論提醒諮商師在進行生涯諮商時，需從整體脈絡的觀點來理解當事人生涯決策過程受到哪些因素的影響，Bright 與 Pryor（2003）提出「影響輪」（circles of influence）的概念，將影響個人生涯決定的影響因素分為三個層次，最內圈乃是老師、顧問及媒體，第二層是家庭、朋友和同儕，最外面一層則是受到計畫外事件的影響。從整體脈絡的觀點而非傳統生涯諮商的適配觀，更能帶給當事人完整的視野來理解其目前的處境與問題脈絡。

（三）「有界無限」：突破限制創造無限可能

生涯混沌理論認為限制乃是人類經驗中必然存在的一部分，因為環境過於複雜與難以掌控，那麼要如何協助當事人在生涯諮商過程突破限制來創造無限可能呢？Bright 與 Pryor 提出「有界無限」的概念（Bright & Pryor, 2015），意即協助當事人了解即便沒有無限的能力，且機會也無法無限取用，但可以用正向與欣賞的態度來尋求限制中存在的無數可能性，因此「有界無限」可以非常地強大。他們還提出一個創造力原則（principles of creativity）來克服面對限制與障礙，其一是在諮商過程運用多重隱喻或使用

替代的原型故事，來理解當事人不同、複雜且受限的故事；其二則是運用新穎的方式組合和添加當事人不同技能，來提出新的解決方案（Bright & Pryor, 2015）。運用這些具有創造性的策略，可以幫助當事人探索自我潛能，但又能避免其過度專注於機率較高的選擇上。

（四）從失敗中審視機會

有別於過去生涯諮商歷程相當強調對當事人正向經驗的引導，生涯混沌理論強調生涯發展過程裡的「失敗」經驗的價值亦不容忽視。Pryor 與 Bright（2012）認為，審視失敗的經驗可以帶給當事人重新學習的機會、更有創造力，進而發展出新的因應策略，甚至會帶來個人更高層次靈性的提升。Pryor（2013）發展出具體的生涯諮商步驟來協助當事人面對生涯發展過程的複雜性與侷限性：

步驟一：先釐清真正重要的事情，以及如何運作與進行。
步驟二：保持對機會的開放心靈。
步驟三：嘗試幾種可能性。
步驟四：預期其中一些將會失敗。
步驟五：從失敗中尋求新的解決策略。
步驟六：重新檢視回饋機制，評估策略中哪些是有效的，哪些無效。
步驟七：使用有效的策略，並檢視結果。
步驟八：調整或添加新的元素在現有的生涯目標中。

（五）開創多元的生涯混沌諮商介入技術

Pryor 與 Bright 兩位學者積極開展多元豐富的生涯混沌諮商介入技術或活動，提供生涯諮商師將生涯混沌理論的概念運用於生涯諮商過程，其中包括心智圖（mind-maps）（Pryor & Bright, 2003a, 2003b; Pryor et al., 2008）、現實檢核表（reality checking checklist）（Pryor & Bright, 2011）、組合卡（card sorts）（Pryor & Bright, 2011）；以寓言故事、神話、繪本、電影等媒材來引導當事人做原型故事敘說（Pryor & Bright, 2006, 2011）；肢

體雕塑、藝術創作拼貼（Pryor & Bright, 2011）等方式。運用多元豐富的生涯混沌諮商介入技巧的目的，主要在於協助當事人在面對環境複雜性與限制時，能開展更廣闊的視野，更有彈性地面對目前的生涯困境。

■ 參、生涯混沌理論的本土化實踐：臺灣中小學代理教師生涯混沌團體方案的建構

一、建構符合本土生涯團體成員需求之方案內容

國外應用生涯混沌理論在生涯諮商實務的研究上逐年增加，且大多以在學學生為研究參與者，這些融入生涯混沌理論部分核心概念的相關研究，結果也大多顯示對研究參與者帶來不同的影響力（Bright et al., 2009; Bright et al., 2005; Brog et al., 2014; Davey et al., 2005; Loader, 2011; McKay et al., 2005）。在這些研究中，McKay 等人（2005）將之運用在不同諮商策略介入效果的比較，研究發現運用生涯混沌理論取向的諮商組相較於傳統特質因素論諮商取向組，有較高的生涯自我效能與滿意度，且生涯非理性信念也隨之下降；另外，也有學者們將生涯混沌理論的重要概念發展成課程開始運用在高中生的生涯教育中，藉以培養學生面對變動的調適能力（Brog et al., 2014; Loader, 2011）。可見將生涯混沌理論融入於生涯諮商實務上的研究與課程，以因應變動生涯世代來臨的挑戰，已在國外日益受到重視。

筆者在 2019 年的「臺灣中小學代理教師生涯混沌團體方案」這個實徵研究中，乃是透過行動研究方法，從教育實務現象場所觀察與關注中小學代理教師目前的現象與困境，結合「生涯混沌理論」主要核心概念，以行動研究方法，藉由文獻閱讀、行動反思、修正的循環方式，來建構一個能夠協助代理教師面對目前生涯變動困境的團體方案。筆者先設計前兩次團體方案後，接著以不斷反思實踐的循環歷程逐步設計架構研究的團體方案，在每一次團體帶領的過程中，研究者不斷地自我覺察與反思，並透過與團隊和督導的討論、對話、批判及回饋，重新思索這次團體有哪些不足

或需修正之處，一次的循環之後再發展下一次團體的行動方案，共建構八次代理教師生涯混沌理論團體（楊淑涵，2019）。表 6-1 是八次團體的名稱、主要內容、團體目標，以及對應生涯混沌理論概念的彙整表。

表 6-1　中小學代理教師生涯混沌理論團體建構與修正後內容概念對照表

團體次數	團體名稱	團體主要內容	團體目標	對應 CTC 核心概念
團體前期：生涯混沌動態系統的探索覺察階段				
一	混沌困身	混沌困境覺察	探索生涯混沌狀態	複雜性
二	回首脈絡	生命線創作	覺察生涯決定過程的	
三	層層視觀	超輕土創作影響輪	脈絡影響	
團體中期：生涯混沌動態系統洞察後的調適與因應階段				
四	有界無限	內外圈團體體驗	覺察與體驗系統脈絡因素造成的限制，發現限制中的可能性	限制與創造力
五	轉化因應	因應模式覺察與創作	覺察系統脈絡中的因應模式的轉變	模式辨認
六	緣起而變	機緣牌卡抽取	生命事件中微小事件的改變對往後生涯產生的巨大影響	機緣
團體後期：統整與行動階段				
七	未來圖像	拼貼未來 從未來捎來的一封信	生涯混沌狀態的覺察、領悟到轉化的整合後，開展自發性與行動力	奇異吸子
八	開展行動	行動日記		

在表 6-1 的團體方案中，團體前期第一至三次團體乃是生涯混沌動態系統的探索與覺察階段，團體的主要目標在於探索生涯混沌狀態，以生命線與影響輪超輕土創作，協助成員覺察生涯決定過程的脈絡性影響，與生涯混沌理論相對應的核心概念為「複雜性」；團體中期第四至六次團體則是進一步協助成員對於生涯混沌動態系統產生洞察後能夠重新調適與因應的階段，團體的目標是先透過內外圈對於生涯混沌動態系統體驗後覺察其中

213

的限制，再去思索如何發現限制中的可能，這方案的設計建構對應於生涯混沌理論的「限制」與「創造力」（creativity）的概念。接下來，在引導成員覺察到外在動態系統的變化與限制後，如何調整與因應原來的行為模式，此部分對應的是 CTC 的「模式辨認」的概念。之後，再將 CTC 相當重要的「機緣」概念融入，建構設計用隨機抽取牌卡的方式引導成員體驗生命中機緣事件對往後生涯可能產生的影響力；團體後期第七和第八次團體為統整與行動的階段，團體目標為成員整合先前團體的洞察與轉化，藉由拼貼未來、未來寫給自己的一封信及行動日記的方式，引導成員能開展更多自發與行動力來面對未來的變化，這部分相對應於生涯混沌理論「奇異吸子」的概念的運用，在非線性的變化生涯發展過程中，探尋有目的感與意義感的自發性行動。

二、本土化生涯混沌理論團體方案之內涵與特色

筆者透過行動研究執行、反思的歷程，將融入西方生涯混沌理論概念的生涯團體方案微調修正，以兼顧華人文化的特性，並接近成員的狀態與需求，以下說明筆者研究團體方案的內涵與特色。

（一）將 CTC 影響輪概念從「社群」擴大到「社會文化價值觀」層面

生涯混沌理論認為人活在系統脈絡中，生涯抉擇過程受到內在因素與外在環境交互作用影響。外在的環境乃是一個動態系統，充滿複雜、變動與難以預期的因素，因而 Pryor 與 Bright 提出「影響輪」（如圖 6-1 所示）的概念來幫助當事人探索影響其生涯決策的主要來源，從內到外總共分為三層，最內圈的兩層主要是老師、家人、朋友、同儕（Pryor & Bright, 2011），也就是當事人生命中的重要他人，在其生涯決策過程扮演重要角色，這兩層可以歸納屬於影響當事人的社群事件（community event）（Phillips et al., 2001）。而影響輪中的第三層是生涯混沌理論中的核心概念，亦即生命中計畫外、無法預期與掌控的事件。

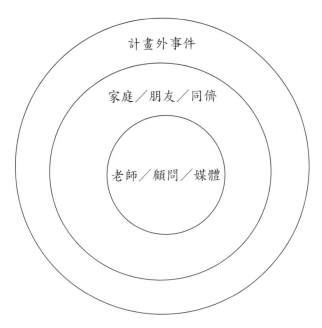

圖 6-1　生涯影響輪

資料來源：Pryor 與 Bright（2011, p. 124）

　　筆者在建構團體的歷程中發現，成員能夠覺察社會文化因素帶來的影響與限制，進而從限制中找到調適與因應之道，乃是生涯混沌團體諮商的核心目標之一。深受儒家思想影響的華人文化，家庭人際因素對個人生涯決策過程所造成的影響力，往往更甚於鼓勵個體獨立思考決定的西方文化。華人文化中的個體在做生涯決策的過程裡，不僅父母或是重要他人的建議具有舉足輕重的地位，還會內化父母或重要他人給予的價值觀作為生涯決策的依據（王秀槐，2002）。而父母或重要他人價值觀的形成，其實即是來自於固有的文化傳承（culture conserve），這些傳承而來的價值觀在個人回到環境脈絡中做生涯選擇時，並非都能產生正面支持的效果，有時反而可能成為影響其身心發展的阻礙（Lent et al., 2000）。社會文化因素乃是生涯諮商中相當關鍵的一環，生涯諮商也必須發生於文化脈絡之中，諮商師必須要先覺察自己的文化脈絡，才能更進一步意識到文化對個人可能產生的影響力（Hawley et al., 2002），因此筆者經由行動研究的過程，逐步

擴展生涯混沌理論中影響輪的層次，從內圈的社群層次，到外在環境計畫外、無法預期事件的層次，再增加社會文化價值觀層次對個人生涯決策歷程所可能產生的影響，以協助成員能夠更全面性地理解生涯決策歷程的複雜性與限制，進而找到新的調適與因應策略。

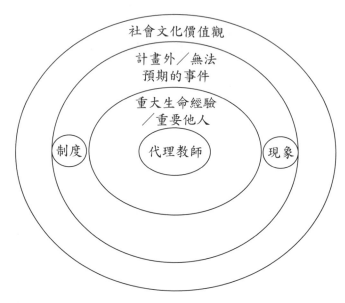

圖 6-2　經行動研究修正後擴大 CTC 影響輪至社會文化價值觀層次

（二）團體前期正向經驗先導入，以符合華人文化脈絡

　　筆者在帶領研究團體的前期，因暖身不足且成員彼此尚不熟悉，面對沉重的混沌困境，引發不少創傷情緒反應，團體動力在首次團體就呈現低迷的狀態。以生涯混沌理論為基礎設計的團體方案，一開始應先導入正向的經驗，會讓成員在之後的團體較願意持續參加分享，這背後乃是反映華人文化脈絡下的團體成員重視「人際和諧」的特性。臺灣亦屬於華人文化圈，華人文化的自我基本上是存在於「關係」之中，在意人情與面子，情感和情緒的表達通常被認為是不需要的，因為那是弱者的表現（黃光國，

2009），對個人的自尊會有傷害與影響。因此若在團體初期成員即因為陷入創傷反應，而在認識不久的成員面前出現情緒失態的情況，可能會影響其進一步參加，或在後續團體表達真實情緒的意願。團體成員透過此過程有助於先奠定其個人的價值，在之後的團體能夠向內發展出靈活性與其他成員產生連結，也能顧及到華人文化的和諧性，避免讓成員因擔心過度的情緒反應感到尷尬、不自在，影響其之後願意多投入的意願。

（三）以「群體化」而非「個人化」方式引導，不易陷入個人創傷議題

　　生涯混沌理論強調環境複雜性對個體生涯決策的影響，因此在建構生涯混沌理論團體方案時，如何讓團體成員能夠深度覺察身處華人文化社會脈絡對其產生的意義與影響，是本方案相當關鍵之處。筆者從帶領團體的過程中發現，成員在面對外在強大的社會文化聲音，感到無法撼動與改變的不足時，易陷入受到壓迫的創傷記憶中。必須要透過「群體化」方式的引導才能讓內圈成員明白，這是全體代理教師都會面臨的困境，可以讓成員領悟，其實有許許多多的代理教師跟自己一樣，都受限於這些社會文化所給予的評價。這是因為華人文化乃是一個集體主義、社會取向的文化，重視人際相互的依賴性（賴念華，2015），華人文化下的個體其生涯決策歷程面臨的困境具有特殊性，群體性的因素往往是主要關鍵，尤以社會人際因素中父母、親人給予的期待影響最大。而這些期待的背後往往隱含著更多傳統文化的角色期待與價值判斷，成為隱形的規範來影響個體生涯決策的歷程。華人文化脈絡下的個體，常常要在「做自己」或「滿足他人／社會期待」的雙文化衝突中抉擇（王秀槐，2002，2015；洪瑞斌，2017），也因此陷於矛盾與混沌之中，但又受限於文化主觀性的影響，身處在文化群體中的成員從小被灌輸這些價值觀，耳濡目染之下常不自覺，所以當深陷混沌不安狀態時，很容易被隱含的社會文化價值所蒙蔽，以為是自己的問題而躊躇不前。因此集體化的引導方式不僅安全，且能外化社會文化價值觀造成的負向自我評價，亦符合華人文化中符合群體需求的脈絡。

（四）生涯混沌理論與太極意象的結合：「變到不變，不 變到變」的動態模式

　　筆者結合中國太極圖來呈現研究中成員參與團體後，面對變動未來的經驗內涵。採用太極圖來呈現（如圖 6-3 所示），主要是因為太極呈現出陰與陽、有與無、存在與不存在之間彼此相互流動、永不止息的運作，能夠呼應成員參與團體後面對未來「變到不變，不變到變」的意象，這同樣也是混沌理論所主張，「變」與「不變」都是生命整體的一部分，且為相互作用的動態歷程（Briggs & Peat, 1999）。而太極圖中白中有黑，黑中有白的意象，也與生涯混沌理論中「奇異吸子」的概念相呼應，Pryor 與 Bright（2007）在生涯混沌理論中所指的「吸子」，是指個體會朝著某個系統長期運行，如同本研究中代理教師成員在教師生涯發展歷程裡，會朝著成為公立學校正式老師的目標努力，但因為外在系統的複雜與無法掌握，如少子化、年金改革、教甄公平性等因素，就如同太極圖中白中的「黑」、黑中的「白」，在代理教師成員生涯決策歷程中形成不確定的因素，也讓他們本來應該在太極圖中既有的白色軌道走，但有可能在朝著目標的過程碰到黑點的部分，而移動到黑色軌道，也有可能在歷程中又碰到白點的部分，進入另一個可能性的循環，如圖 6-3 的路徑變化。而從太極左側白中的「黑」到太極右側黑中的「白」呈現螺旋軌道繞行，左右不斷往返，往來無窮的吸力，即是生涯混沌理論所指的「奇異吸子」的概念，奇異吸子的路徑變化乃是非線性的變化，無法掌握會發生什麼可能（Pryor & Bright, 2007, 2014）。透過生涯混沌理論團體的介入，協助成員在團體歷程覺察與體驗環境複雜性帶來的限制，在這限制下找回初衷，或是尋找可能的出路與調適因應的方法。對團體成員而言，團體的歷程乃是覺察奇異吸子對生涯決策產生影響的歷程，當能體會環境複雜性限制的無法預期與掌控，在認知、情緒、行為上會發展出因應之道，也會在面對變動未來觀點上有所調整。

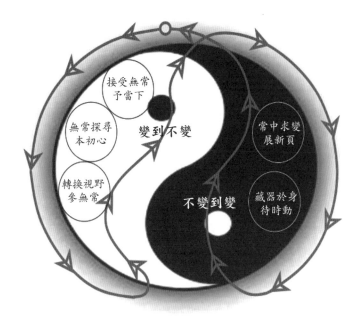

圖 6-3　成員面對未來觀點「變到不變，不變到變」的動態模式

　　太極圖中「變到不變，不變到變」螺旋狀的動態模式，看似像蝴蝶，亦像數學中的無限符號，與生涯混沌理論中的「蝴蝶模式」（the butterfly model）（如圖 6-4 所示）（Pryor & Bright, 2011, p. 139）有異曲同工之妙，Pryor 與 Bright（2011）的蝴蝶模式乃是源自 Lorenz 吸子（Lorenz attractor）的概念，用左右兩個圓圈來描繪生涯混沌理論中「蝴蝶效應」的概念，左邊的圖呈現計畫的預期結果（the likely planned），行動的目的是為了達成原先預定的目標，可以呼應華人文化中「常」；右邊的圖則是「計畫之外的機緣與巧合」（the unplanned contingence or luck），這些行動的發生無法掌控，視機會而定，可以呼應華人文化中「無常」的概念。這模式顯示預期中的計畫和預期外的計畫行動之間密切且不可避免的連鎖反應，筆者研究中的團體成員參與生涯混沌理論團體後，在面對未來「變到不變，不變到變」的影響內涵中，蘊含著中國太極圖陰與陽相互流動的歷程，亦與生涯混沌理論中「蝴蝶模式」、「奇異吸子」的概念相互呼應，面對外在充滿「無常」、「變動」的社會趨勢，團體方案融合生涯混沌理論的精義，

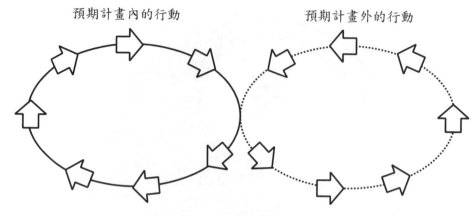

預期計畫內的行動　　　　　　　　預期計畫外的行動

圖 6-4　蝴蝶模式圖

資料來源：引自 Pryor 與 Bright（2011）

影響團體成員在面對變動未來時，能在變與不變、無常與有常之間找到彈性的應變態度。

肆、生涯混沌理論團體方案設計實務上建議

一、結合「表達性藝術創作」生涯混沌理論團體方案

　　生涯混沌理論取向諮商主要在協助當事人能夠面對動態環境的複雜性、不確定性、變動與限制等，Pryor 與 Bright（2011）提出「創造力思考策略」（creative thinking strategies）歷程的概念，將諮商歷程聚焦在挑戰當事人對所處環境的不正確認知，引導當事人面對機會、冒險、不確定和複雜性的影響，不聚焦在問題上，協助當事人探索可能性的結果，最後再發展方案計畫來應對變動的挑戰。要如何拓展當事人探索可能性的結果，在團體方案中，筆者選擇表達性藝術創作為本團體的主軸活動來落實理論概念的實施，主要是藝術創作與表達的過程即是一個高度創造力展現的歷程，創造力和藝術創作表達都和解決問題有關，透過藝術創作與表達的過程，可以讓團體成員在舊有的思考、感受與互動中尋求新的解決方法，讓原先

的困境發生轉化的可能（吳明富、黃傳永，2013）。生涯混沌理論學者Pryor與Bright（2011）亦認為，透過藝術創作的過程可以激發生涯諮商當事人的創造力，他們尤其推薦用拼貼的方式來深度覺察並解構過去受約束的線性生活。藝術表達本身即打破傳統團體諮商以語言、認知、學習為主的「線性」進行方式，而是以一種「非線性」、「非語言」與「隱喻」的表達，減少成員在團體直接揭露自我的防衛，以安全的方式來呈現、釐清與統整個人的內在經驗。因此，藝術創作融入團體中能夠透過成員本身、藝術媒材、創作歷程，以及與其他成員相互交流來產生療效（Moon, 2010）。

　　團體方案以藝術創作為主要核心主軸的用意，即是透過多次團體且連續性的藝術創作過程來落實生涯混沌理論的核心概念。有別於過去藝術創作表達融入生涯團體多是以單次非連續性的活動設計為主，忽略作品的連續性有提供成員「再建構」的轉化功能。從第二次到第八次的藝術創作具有延續性，可以讓成員將前一次的作品重新修改、增添、刪減或是整併，目的是要透過作品再建構的過程，促發成員重新轉化生涯困境的態度。前來參加團體的代理教師成員，大多感到自己沒有力量改變目前的生涯混沌困境，或是覺得自己是這個制度或環境的受害者，有極深的無力感與自我懷疑。當他們在團體中願意在他人面前進行創作與表達，其實亦是一種為自己重拾力量的過程；當他們可以為作品增添、塗抹、剪貼、覆蓋後再成為新作品，象徵是可以不斷地為自己重新作選擇的過程。藝術行動就是生命歷程的一種隱喻，人們可以犯錯、可以補救、可以再出發，只要當下願意改變，藝術創作的再建構亦是生活因此改變的開始，此即是一種「增能感」（empowerment）（Moon, 2010）。團體成員透過藝術創作的過程重新梳理從過去到現在的人生，重新找回當初想當老師的初衷，形成一股支持其繼續在教育崗位上堅持的重要內在力量。團體歷程的作品在本團體中逐一用影像的方式保存下來，最後還請成員將其創作嵌入盒子中，不僅提供成員一個實質且永久的回憶，亦可以讓成員見證自己在歷程中的轉變與不同（賴念華，2009；賴念華、張佑誠、黃傳永、龔庭溱、林葳婕，2017）。團體即使結束，成員可以把作品帶回去，當重新再觀看這些具有象徵意義的作品時，往往會產生新的體悟與發現。

二、以「有界無限」為團體設計核心概念：限制中創造可能、重拾召喚

生涯混沌理論的核心概念強調生涯發展過程乃是一個複雜、多變、非線性且動態的系統，由於過於複雜、隨機且難以掌控，因此在本研究團體歷程中，要如何讓團體成員理解複雜性與變動帶來的限制對其在代理教師角色的影響，是本方案相當關鍵之處。筆者根據 Bright 與 Pryor（2015）「有界無限」的創造性原則來建構團體方案，並引導成員體驗複雜性拓展到極致之下的限制覺察，從中找回純粹的初衷與召喚，並開創更多可能性的思維。

（一）「具象化」與「體驗」所處的限制

筆者所帶領的團體中期建構的方案目標是，在協助成員覺察生涯決策系統的複雜性之後，能對所處的動態系統帶來的限制與影響有所體驗，進而產生創造性、可能性的因應與調適策略。筆者所設計與建構的團體方案即是秉持著 Bright 與 Pryor（2015）「有界無限」的創造性原則，思索如何讓成員能夠從理解社會文化價值觀帶來的限制中創造無限可能。有別於 Pryor 與 Bright（2011）在生涯諮商歷程中運用認知技巧的引導，筆者在研究中採用表達性藝術治療中常用的「具象化」技巧於團體方案的設計中。在方案中的第四次團體，先以布巾「具象化」成員在第三次影響輪中影響其生涯決策的社會文化脈絡所傳達的聲音，並以內外圈的形式，請成員在外圈角色扮演社會文化的聲音，內圈的代理教師「體驗」這些聲音帶來的感受。之後內外圈成員再交換體驗，並將這些內化已久的社會文化價值觀用白紙寫下來擺在布巾外圍。從成員的反應可以發現用布巾「具象化」呈現的方式，能夠讓成員產生認知與情緒外化的效果，這種以不同顏色布巾的視覺藝術表達的呈現方式，可以把「成員」和影響其認知情緒反應的「社會文化價值觀」拉開距離，提供一種安全、沒有威脅性的敘說空間（賴念華，2009），成員也能體認到這並非自己才會受到影響，而是在此文化脈

絡下的所有代理教師們都可能會面臨的限制與壓力。從研究結果可以發現，當代理教師成員理解這是代理教師的共同處境、當認知上能以比較客觀的角度看到問題困境並非個人力量能夠改變時，情緒上較不會陷入自責的個人議題中。

除此之外，在生涯混沌理論團體方案建構過程，筆者請成員以內外圈方式交換體驗社會文化脈絡價值觀的聲音對代理教師的影響，除了回應Pryor 與 Bright（2011）主張在協助當事人理解所處的脈絡及因應方式前，情緒疏通的重要性外，亦是運用表達性藝術治療學派心理劇的「角色扮演」、「角色交換」、「鏡觀」的技巧，請成員以「行動演出」的方式，體驗與感受環境複雜性背後蘊含著許多根深蒂固、難以控制與改變的社會文化價值觀，是如何影響與限制成員的生涯決策過程。藉由行動演出的過程產生理解與洞察，進而能思索在限制與變動中發展創造性的因應方式。

（二）在變動的限制中重拾「召喚」

看見限制、體驗與理解限制後，反而能讓生命中的召喚現身，這在過去強調實徵科學的生涯諮商相關研究中並未特別著墨，雖然近幾年來靈性取向的生涯諮商相關論述與研究，不斷強調當個人探尋工作或職業中的意義與召喚，就能夠成為一種指引未來生涯的力量（Csikszentmihalyi, 1990; Dobrow & Tosti-Kharas, 2011），也鼓勵個人要努力找到自己的潛能和天賦，發覺內在獨特的特質和本質，工作上才能獲得幸福感（Bloch & Richmond, 1998），但卻甚少有文獻在探討限制與生命中的召喚之間的關聯性。本研究的結果能夠呼應 Bright 與 Pryor（2015）強調「有界無限」的概念，當個人知覺與體驗外在現實條件上、環境互動變化的複雜性所帶來的限制與不易控制性後，反而能在這個限制中去創造出無限的可能。相較於靈性取向生涯諮商理論中所探討的召喚，生涯混沌理論更重視系統之間非線性的動力關係。不僅是成員個人對內在心靈的傾聽，還包括覺察外在世界對內在心靈交織影響後重新建構與發現的意義（Bland & Roberts-Pittman, 2014; Pryor & Bright, 2007, 2014）。這也是筆者的重要發現，當成員有意識地去探

索覺察外在環境的複雜性與現實後，就能進一步轉向傾聽內在真實的聲音，內外交織的影響也讓成員有了新的視框與意義覺察，進而能在找回初衷後，發展嶄新且有創意的行動。

伍、生涯混沌理論對本土化生涯諮商實務工作應用上的建議

一、生涯諮商／團體／教育課程融入「混沌生涯」觀

隨著後現代多元生涯型態的出現，面對變動不可控的未來，筆者建議未來生涯諮商、團體與教育課程中可以融入「混沌生涯」的觀點。生涯混沌理論綜合後現代探討變動生涯的理論觀點，強調要協助個體理解環境的複雜性、積極開放地面對變化、掌握機緣並能長期巨觀看待混亂與變動中的恆定性。從筆者的實務研究中發現，當團體成員看到環境複雜性帶來的限制，並不會因此喪志，反而能安於變動，試著從限制中找可能的出路。有別於傳統生涯諮商偏重個人內在系統的探索，混沌生涯觀的融入可以幫助個體以整體、全面、連續的方式觀看其生涯發展乃是一個動態系統，不需拘泥於目前的混沌困境中，能夠接受有時候「計畫永遠趕不上變化」，改以彈性、好奇、積極、開放的態度來迎接各種變動與可能。

二、諮商師審視對「混沌生涯」的態度

生涯混沌諮商強調生涯發展過程的模糊與變動都是常態，諮商師本身看待混沌生涯的態度，會影響在諮商歷程中看待當事人處在困境的狀態。Pryor與Bright（2007）強調諮商師要具備更多開放系統的思維：理解環境的限制、相信計畫外事件的影響、接受變動，帶著這些思維進入當事人的主觀世界，關注這些思維對當事人產生的影響，引導當事人在複雜的困境中找到可能的出路。

三、針對不同吸子類型的個案提供不同的諮商介入

生涯混沌理論根據系統的功能提及四種吸子的類型，分別是指標吸子、鐘擺吸子、環面吸子與奇異吸子，前三種吸子型態在生涯發展歷程中常會遇到抉擇的困境，在本研究中團體實施的過程亦發現，成員在代理教師的角色上，在面對未來變動的選擇常會發展出類似的困境。不同吸子的類型運用於生涯諮商實務上，可以幫助諮商師理解當事人處在何種生涯狀態，提供不同的諮商介入，以指標吸子類型的當事人為例，這類型當事人的生涯決策類型偏於「目標導向」，過度固著在某個目標的達成，諮商師的介入可以透過理解當事人的生命主題，貼近其獨特與個人化的價值觀與特質，並提升其對自我靈性與意義感的追求（Savickas, 1997）。

四、結合混沌理論的生涯諮商需考量華人文化特性

混沌理論結合生涯諮商實務時，需考量華人文化的特性。華人文化有其獨特性，潛移默化地影響當事人的生涯決策歷程。基本上，華人文化較鼓勵當事人追求穩定、上進與成就，這與混沌理論中強調變動、限制與失敗的價值觀有所差異，因此諮商師要先尊重與理解當事人所處的動態脈絡，探討當事人困境背後的文化訊息對其產生的影響，再試著鬆動這些根深蒂固的教條與信念。

■　陸、問題討論

1. 生涯混沌理論的主要概念如何幫助我們在面對變動生涯上，找到安身立命之所？
2. 生涯混沌理論的主要概念有哪些不同於華人文化？此部分可以如何調整與修正？
3. 協助當事人理解環境脈絡的複雜性與限制乃是生涯混沌理論相當重要的核心概念，此部分可以如何運用在生涯諮商的實務工作上？
4. 嘗試設計一個融入生涯混沌理論的高中生涯團體方案。

參考文獻

中文部分

王秀槐（2002）。人我之際：臺灣大學生生涯建構歷程之研究。**本土心理學研究**，**17**，167-242。

王秀槐（2015）。從「以我為榮」到「證明自己」：華人文化脈絡下知覺不同父母期待之大學生的生涯因應組型初探研究。**輔導與諮商學報**，**37**（1），79-97。

田秀蘭（2015）。**混沌中的召喚：混沌理論取向之生涯意義形塑模式建構與驗證**。行政院科技部研究報告（編號：MOST 104-2410-H-003-013-MY3）。

吳明富、黃傳永（2013）。**藝術園丁：失落與悲傷藝術治療**。臺北市：張老師文化。

武文瑛（2003）。從混沌理論探討學校領導圖像之型塑。**學校行政**，**25**，35-42。

洪瑞斌（2017）。「個我」與「大我」：以雙文化自我觀點建構臺灣大學生生涯敘說。**本土心理學研究**，**47**，161-231。doi:10.6254/2017.47.161

秦夢群（1995）。混沌理論在教育行政上之應用。**教育與心理研究**，**18**，83-102。

郭崇信（2017）。多元文化諮商及專業訓練的基本定義、概念與架構。載於陳秉華（主編），**多元文化諮商在臺灣**（頁 51-81）。新北市：心理。

黃光國（2009）。**儒家關係主義：哲學反思、理論建構與實徵研究**。臺北市：心理。

黃素菲（2016）。後現代的幸福生涯觀：變與不變的生涯理論與生涯諮商之整合模型。**教育實踐與研究**，**29**（2），137-172。

楊淑涵（2019）。**中小學代理教師參與生涯混沌理論團體之建構歷程與經驗內涵研究**（未出版之博士論文）。國立臺灣師範大學，臺北市。

葉寶玲（2012）。初探生涯混沌理論及其在生涯諮商中的應用。**輔導季刊**，**48**（4），18-25。

賴念華（2009）。表達性藝術治療在失落悲傷團體之效果研究。**臺灣藝術治療學刊**，**1**（1），15-31。

賴念華（2015）。社會劇在華人文化人際議題中的運用。**T&D 飛訊，206，**
1-21。

賴念華、張佑誠、黃傳永、龔庭溱、林葳婕（2017）。表達性藝術治療運用於華
人文化下乳癌婦女團體方案介入之要素探究。**中華輔導與諮商學報，48，**
107-136。doi:10.3966/172851862017040048004

英文部分

Bland, A. M., & Roberts-Pittman, B. J. (2014). Existential and chaos theory: "Calling" for adaptability and responsibility in career decision making. *Journal of Career Development, 41*(5), 382-401.

Bloch, D. P., & Richmond, L. J. (1998). *Soul work: Finding the work you love, loving the work you have.* Palo Alto, CA: Davies-Black.

Briggs, J., & Peat, F. D. (1999). *Seven lessons of chaos: Spiritual wisdom from the science of change.* New York, NY: Harper Collins.

Bright, J. E. H., & Pryor, R. G. L. (2003). The exploring influences on career development techniques. In M. McMahon & W. Patton (Eds.), *Celebrating excellence in Australian career practice: Ideas for career practitioners* (pp. 49-53). Brisbane, Australia: Australian Academic Press.

Bright, J. E. H., & Pryor, R. G. L. (2011). The chaos theory of careers. *Journal of Employment Counseling. Special Issue. Thoughts on Theories, 46*, 163-166.

Bright, J. E. H., & Pryor, R. G. L. (2015). Limitations and creativity: A chaos theory of careers perspective. In K. Maree & A. M. D. Fabio (Eds.), *Exploring new horizons in career counseling: Converting challenges into opportunities* (pp. 123-138). Rotterdam, The Netherlands: Sense.

Bright, J. E. H., Pryor, R. G. L., Chan, E., & Rijanto, J. (2009). The dimensions of chance career episodes. *Journal of Vocational Behavior, 75*(1), 14-25.

Bright, J. E. H., Pryor, R., Wilkenfeld, S., & Earl, J. (2005). The role of social context and serendipitous events in career decision making. *International Journal for Educational and Vocational Guidance, 5*, 19-36

Brog, A., Bright, J. E. H., & Pryor, R. G. L. (2014). The effect of chaos-based career counselling in a high school setting. *Australian Journal of Career Development, 23*(1), 22-28.

Csikszentmihalyi, M. (1990). *Flow: The psychology of optimal experience.* New York, NY: HarperCollins.

Davey, R. P., Bright, J. E. H., Pryor, R. G. L., & Levin, K. (2005). Of what I could become but might not be: Using chaos counselling with university students. *Australian Journal of Career Development, 14,* 53-62.

Dobrow, S. R., & Tosti-Kharas, J. (2011). Calling: The development of a scale measure. *Personnel Psychology, 64*(4), 1001-1049.

Gleick, J. (1987). *Chaos: Making a new science.* New York, NY: Viking.

Gribbin, J. (2004). *Deep simplicity: Chaos, complexity and the emergence of life.* London, UK: Penguin.

Griffiths, D., Hart, A., & Blair, B. (1991). Still another approach to administration: Chaos theory. *Education Administration Quarterly, 27*(3), 430-451.

Hawley, L. D., Goodman, J., & Sbaieb, M. (2002). Research in context. In K. M. Evans, J. C. Rotter, & J. M. Gold (Eds.), *Family, career, and culture: A model for counseling in the twenty-first century* (pp. 123-138). Alexandria, VA: American Counseling Association.

Johnson, S. (2001). *Emergence: The connected lives of ants, brains, cities and software.* London, UK: Penguin.

Kauffman, S. A. (1995). *At home in the universe.* New York, NY: Oxford University Press.

Kelsey, D. (1988). The economics of chaos or the chaos of economics. *Oxford Economic Papers, 40,* 1-13.

Kiel, L. D. (1993). Nonlinear dynamical analysis: Assessing system concepts in a government agency. *Public Administration Review, 53*(2), 143-152.

Kossman, M. R., & Bullrich, S. (1997). Systematic chaos: Self-organizing systems and the process of change. In F. Masterpasqua & P. Perna (Eds.), *The psychological meaning of chaos: Translating theory into practice* (pp. 199-224). Washington, DC: American Psychological Association.

Lent, R. W., Brown, S. D., & Hackett, G. (2000). Contextual supports and barriers to career choice: A social cognitive analysis. *Journal of Counseling Psychology, 47*(1), 36-49.

Loader, T. (2011). Careers education: Evolving, adapting and building resilience through chaos. *Australian Journal of Career Development, 20*(1), 49-52.

McKay, H., Bright, J. E. H., & Pryor, R. G. L. (2005). Finding order and direction from

Chaos: A comparison of chaos career counseling and trait matching counseling. *Journal of Employment Counseling, 42*, 98-113.

Moon, B. L. (2010). *Art-based group therapy: Theory and practice.* Springfield, IL: Charles C. Thomas.

Phillips, S. D., Christopher-Sisk, E. K., & Gravino, K. L. (2001). Making career decisions in a relational context. *The Counseling Psychologist, 29*(2), 193-213.

Prigogine, I., & Stengers, I. (1984). *Order out of chaos: Man's new dialogue with nature.* New York, NY: Bantam.

Pryor, R. G. L. (2013). *Career development: Resilience in chaotic times.* Paper presented at Career Development Association of Australia conference, Sydney, Australia.

Pryor, R. G. L., & Bright, J. E. H. (2003a). The chaos theory of careers. *Australian Journal of Career Development, 12*(2), 12-20.

Pryor, R. G. L., & Bright, J. E. H. (2003b). Order and chaos: A twenty-first century formulation of careers. *Australian Journal of Psychology, 55*(2), 121-128.

Pryor, R. G. L., & Bright, J. E. H. (2006). Counseling chaos: techniques for practitioners. *Journal of Employment Counseling, 43*, 2-16.

Pryor, R. G. L., & Bright, J. E. H. (2007). Applying chaos theory to careers: Attraction and attractors. *Journal of Vocational Behavior, 71*, 375-400.

Pryor, R. G. L., & Bright, J. E. H. (2011). *The chaos theory of careers: A new perspective on working in the twenty-first century.* New York, NY: Routledge.

Pryor, R. G. L., & Bright, J. E. H. (2012). The value of failing in career development: A chaos theory perspective. *International Journal for Educational and Vocational Guidance, 12*(1), 67-79.

Pryor, R. G. L., & Bright, J. E. H. (2014). The Chaos Theory of Careers (CTC): Ten years on and only just begun. *Australian Journal of Career Development, 23*, 4-12.

Pryor, R. G. L., Amundson, N. E., & Bright, J. (2008). Probabilities and possibilities: The strategic counseling implications of the chaos theory of careers. *The Career Development Quarterly, 56*, 309-318

Savickas, M. L. (1997). Career adaptability: An integrative construct for life-span, life-space theory. *Career Development Quarterly, 45*(3), 247-259.

Savickas, M. L. (2005). The theory and practice of career construction. In R. W. Lent & S. D. Brown (Eds.), *Career development and counseling: Putting theory and research*

to work (pp. 42-70). Hoboken, NJ: John Wiley & Sons.

Savickas, M. L. (2011). *Career counseling*. Washington, DC: American Psychological Association.

詮釋

第七章　社會建構發展觀：華人生涯之錨與生涯諮商（楊育儀）

第八章　敘事治療中的時間觀與空間觀（黃素菲）

第七章　社會建構發展觀：
華人生涯之錨與生涯諮商

楊育儀

摘　要

　　本文結合脈絡觀和時間軸提出社會建構發展觀，用於說明生涯之錨理論在華人社會的發展方向及生涯諮商策略。首先，作者回顧生涯之錨理論核心論述、主要概念意涵，說明理論面和實務應用特色，同時檢視這個理論在過去半世紀以來的發展及重要跨文化研究發現。接著，針對該理論目前面臨侷限所在，說明社會建構發展觀可以如何整合與社會資本理論相關的關係取向生涯研究和社會建構機制，探究生涯對話如何影響反思歷程而有助於形塑及深化生涯之錨，從文化角度兼採時間觀點以精進生涯之錨理論發展並拓展應用途徑。

　　根據這些討論，作者進一步說明生涯諮商實踐策略。除了強調心理諮商歷程要著重整合性生涯自我概念及發展脈絡之探討以外，也指出和生涯事件有關的情緒經驗乃有助於啟動社會建構歷程所需的反思、對話與回饋，讓自我生成、來自他人這兩者的建構歷程得以交互發生，具體形成引發和強化動機、意義化、給目標和給方向等內在機制，並應用在生涯諮商實務，藉此回應常見於華人社會在進入職場前後普遍出現的發展、抉擇與調適議題，包括生涯決定和職涯轉換、工作適應和職涯管理，以及生涯探索和職涯準備。

■ 壹、前言

一、從探究生涯之錨看到內在生涯動力

1996 年，當時就讀臺灣師範大學的筆者，以生涯之錨為主題進行了碩士論文的撰寫，開始對這個相對較少在心理諮商領域被討論的生涯理論從事初步探究。

那時，在金樹人教授指導下，想要從不同生涯組型（career patterns）呈現出的生涯發展經驗，試著分析哪些因素關鍵性地決定了外在生涯（external career），藉此探討心理特性如何影響在職業場域中開啟職涯以及建立隨後的工作目標。研究初始的目的在建構符合臺灣成人生涯特性的「生涯之錨量表」，就如同那時在生涯領域剛編製完成的「生涯信念檢核表」（紀憲燕，1994）、「生涯發展阻隔因素量表」（陳麗如，1994），先採用質性研究方式進行訪問，而後從中形成適合華人社會文化特性的量表題項。猶記得，經過耗時且遍及臺灣南北各地的資料蒐集過程和繁雜分析程序，最後雖仍未清楚地呈現外在生涯和內在生涯（inner career）兩者間的關聯性，不過這個研究初步整理了來自藥學領域的臺灣本土生涯發展經驗，提出生涯之錨類型架構和對應各類型的心理特性（楊育儀，1997）。

就心理諮商研究的大環境來說，那時，質性典範逐漸在臺灣師範大學被倡導，陸續出現多篇以深度訪談進行的學位論文（如江佩真，1996）。有幸躬逢其盛，學術氛圍改變使得當時碩士論文進度最後停留在質性階段，只能把重點放在從本土資料整理出生涯之錨概念內涵，回應這群藥學專業背景者過去二十年以來的生涯發展經驗。不過，正由於經歷了這段耗時且得以浸淫於每個生涯故事的深度訪談過程，而讓那時對於如何採用生涯之錨理論來趨近成人生涯現象開始有些想法，也因此而間接地促成了日後學術發展方向。其中，印象最深刻者，莫過於理解到「錨」是無法單純藉由量化評量方式去認識的，實際上，它想要說明的生涯動力（career dynamics）（Schein, 1978）係鑲嵌在和個別事件有關的生涯經驗，與對自己的認識有關，更涉及和自己的關係。這樣的經驗很主觀，生涯經驗本身又存在先後相連的延展性，即使看似斷裂無關，但若能透過「對話」和「反思」在這些生涯經驗中看到可能連自己原本都未意識到的內在特性，即能確實呈現出生涯之錨理論想要表達的——經過個人反芻後、足以發揮錨定功能之深刻知覺，而非僅是停留於表象的看法。

當然，這樣的理解，在剛完成碩士論文當下，並非清楚而肯定的，不過至少讓筆者很容易跨越生涯諮商和傳統心理諮商領域間長期存在的鴻溝，從隨後摸索過程裡，逐漸認識到主觀生涯和客觀生涯之根本差別所在（Collin & Young, 1986; Hall & Chandler, 2005），或 Schein（1978, 2006）主張的內在和外在生涯觀點之別（internal versus external perspectives）。簡要來說，落入客觀方式所評估出的自我概念雖看似綜合了來自不同特質面向的個別描述，但卻也可能反而受限，不足以展現出自我概念原本蘊含的內在心理動力；相對而言，若採用主觀或描述性（descriptive）取向，才能更趨近於表象或經驗底下的深層心理，真正有機會接觸到內在，並從中看到個人歷經自身理解之後如何看待自己，以及如何形成這個看待自己的觀點。

在生涯諮商實務上，有必要以主觀生涯或內在生涯為對話框架，在不斷互動和討論過程中催化、持續引導和連結經驗，進而賦予個別事件新意義，或者所謂的「讓經驗說話」（金樹人，2002）。如是，這般從經驗層面浮現、被看到的生涯之錨，才會是接續影響生涯決定或者主導和限制生涯導向之關鍵所在。

二、結合社會資本和社會建構理論從理解每天工作生活經驗中，提出如何拓展生涯之錨理論

2002 年，筆者前往英國從事博士研究，在組織心理學領域以生涯為主軸進一步探究理論議題和心理諮商應用途徑。對於生涯之錨的理論研究，雖然一直有興趣但卻因博士論文進度而被擱置一旁，許多先前直覺的不清

晰處也跟著被擺放在心裡。

　　然而，有趣的是，伴隨博士研究進度的緩慢推進，社會資本理論（social capital theory）逐漸被採用為理解華人職場生涯現象的主要架構，而後歷經數年，回到臺灣之後進行人際取向生涯研究，這些年以來的沉澱和累積看起來好像與生涯之錨理論無關，但卻確實提供了現今重新理解生涯之錨理論、賦予生涯諮商嶄新應用途徑的重要來源。

　　回顧過去二十餘年研究方向，從教育到工商領域，再從熱衷於組織生涯著重的職涯定位、前瞻職涯、人才管理（talent management），回歸至漫長教育歷程中不斷強調的生涯探索和決定，或生涯準備議題。經過這些年的生涯研究，筆者看似離開了曾經投入而熟悉的生涯之錨理論，不過卻也因為讓出適當空間及足夠時間，而著實給了機會，得以串連不同階段的自己以及與生涯之錨理論的關係，重新認識這個可縱貫進入職場前後的生涯理論及其內涵。

　　此外，又猶如此刻的筆者認為有必要納入社會建構觀點（social constructionist perspectives）（Blustein et al., 2004; Flum,2015; Meijers, 1998; Meijers & Lengelle, 2012; Stead, 2004; Young & Collin, 2004; Young & Valach, 2004）方能持續以「對話」和「反思」為基礎，從中引發、強化，進而發揮來自生涯之錨的內在動力（詳見第253頁），這個想法亦非為生涯之錨原始理論所探討之範圍，但是的確有助於推展該理論應用在理解當前兩岸多地生涯實務場域實際看到的現象。尤其如同 Flum（2015）指出，歐美主流心理學觀點在無形中落入個體性偏誤（individualistic bias），抱持雙元論假定卻忽視內在自我和外在社會文化兩者間的互動。因此無論是華人生涯領域基礎理論研究或現階段各式各樣推動中的生涯實務工作，當採用生涯之錨理論時，皆有必要思考如何適度地整合華人文化對人際互動之重視及社會導向的「我」（social-oriented self）（Kwan, 2009; Leong, 2010; Lu, 2008; Oyserman et al., 2002），進一步考量個人周遭社會資源會如何影響和生涯發展有關的對話和反思，才能充分反映出具有文化內涵之生涯理解（Stead, 2004; Tams & Arthur, 2007）。除了持續探究西方生涯理論長期著重的個人觀、理性思維來說明「改變」機制如何發生，進而突破生涯之錨理論目前

面臨到的限制以外（例如：Arnold et al., 2019; Rodrigues et al., 2013），同時若能納入帶有文化理解和足夠文化敏感度的生涯思維（Young et al., 2007），方能有效提升該理論在華人社會的適用性。

　　具體來說，導入社會建構論生涯觀點用以回應成長在華人文化脈絡下的人們，慣於顧及生涯歷程中的重要他人影響，則對於當前生涯之錨理論的發展應有些啟示：一方面，或許可分析職場人際互動形成的生涯支持（interpersonal career support）（Kidd et al., 2003），如何有效助長生涯之錨形塑過程，而又當如何避免人際壓力或落入職場八卦、流言蜚語等不見得對職涯發展有所幫助的虛耗；另一方面，從每天發生的工作經驗來看，會不會因為經歷了特定職場關鍵事件而伴隨感受到的負向情緒，反倒促成自我對話的發生，或得以透過他人回饋支持而更清楚知道該如何取捨，抑或必須作出生涯決定。諸如這些現象及關鍵議題，不僅在過去被生涯之錨理論長期忽視，而且也未常見於中外生涯研究，但確實存在於每天工作生活中，相當值得正視。亦即，若能深入探究人際取向生涯觀點如何看待職場人際互動與生涯發展兩者之間的關係，並結合社會建構論有關說明人際中的個體如何和周遭環境有所互動而受影響或影響環境之優勢，則可建立新途徑來理解今日華人生涯現象，更為落實地把生涯之錨的理論基礎紮根在華人文化內涵，提出嶄新心理諮商應用途徑。

　　因此，本文的出發點雖然為生涯之錨理論，但更致力於賦予該理論新內涵，以應用在解釋當前華人生涯現象。循此，本文將以生涯之錨為主題，不僅不侷限在原始理論觀點，更試圖提出新主張來延展其理論基礎，以整合這段時間來自閱讀、授課和研究經驗中的對話與反思，具體說明生涯之錨理論在華人社會學術紮根方向及心理諮商應用途徑。

貳、生涯之錨理論核心論述及概念意涵

一、生涯之錨理論模式與主要概念特性

（一）生涯之錨理論模式：在管理領域中論述內在生涯和主觀生涯成功的代表

在 1970 年代前後，生涯之錨被提出用來描述工作者的自我概念特性，其內涵包括了自身知覺天賦與能力（self-perceived talents and abilities）、動機與需求（self-perceived motives and needs）、態度與價值（self-perceived attitudes and values），此種整合知覺能力（competences）、生涯動機（career motives）和個人價值（personal values）而構成的自我意象，給予生涯發展歷程穩定性並提供方向，可謂為實踐個人生涯的動機及驅力來源（Schein & Van Maanen, 2016）。由於生涯之錨反映出個人知覺到這些重要心理特性，同時這般自我概念乃影響生涯決定和職涯管理的動機和驅力，因而被視為是「內在生涯」論述觀點之代表（Barclay et al., 2013）。

實際上，內在生涯的重要性相對於「外在生涯」被凸顯在生涯之錨概念中，成為該理論模式的基本主張，主要用以說明帶有主觀性的自我概念（subjective self-concept），如何在經歷成人生涯發展不同階段而後逐漸建立，該內在意象係綜合來自工作條件、家庭和個人發展上的需要而展現出的心理調適過程（Schein & Van Maanen, 2016）。Schein（1974, 1982）提出生涯之錨理論，目的在回應他從 1960 年代即觀察到的複雜現象，也就是：發生於職業社會化過程中的生涯轉換與發展。他想要說明的是社會新鮮人進入職場發展生涯之後，從初始偏於廣泛的目標和抱負，到不斷經驗嘗試錯誤過程而後逐漸形成了穩定職業方向之內在參考架構，建立這樣的生涯自我概念既需要時間也必須仰賴持續反思，而在形成之後便成為主導日後決定的關鍵因素。尤其當面臨困境或難以抉擇的生涯情境時，更能看到生

涯之錨發揮功能，它實則代表了個人最不願放棄的部分。

　　也就是說，伴隨生涯發展階段之推演，進入職場後的生涯發展更離不開工作與家庭責任，或更多生活向度之間的平衡過程。由於試圖扮演的角色日益增多，同時為兼顧來自不同角色的社會期待，特別是工作中的自己，因而必須學習如何在開展職涯之際重新認識自己、有所取捨，才能有效地發揮多重角色功能。此般職業社會化歷程相當複雜，絕非只侷限在狹義的職業發展議題（Schein, 1990, 1996; Schein & Van Maanen, 2016）；此外，這個階段的生涯發展相較於過去，更蘊含豐沛動力因而展現出工作者彼此有別的心理意義，涉及更多所謂的主觀生涯或心理成功（Hall & Chandler, 2005），不是直接從外在表面看到的客觀生涯即能理解。

（二）生涯之錨概念的特性及功能

　　在生涯之錨概念內涵上，構成自我知覺的心理特性包括三大面向（金樹人，1990；Schein, 1974, 1978, 1982, 1990），說明如下。

　　首先，「天賦與能力」來自於不同工作情境中的成功經驗，從中感受到自己擅長什麼、哪裡有可為之處，此面向相對容易觀察。再者，「態度與價值」係建立在從現實工作情境中經歷衝突，而後學習到如何在職場文化和組織規範下，協商並逐漸展現個人重視之所在，這些知覺構成最主要的自我概念基礎，提供生涯發展歷程中的穩定感。最後，「動機與需求」之探究相對困難，必須透過持續反思和自我對話，或者經由他人回饋，才能在不斷經歷到的職場工作經驗中看到最深層的自己，這部分雖不易看到，但卻涉及生涯動力的根本來源。

　　身處在不斷變動且充滿不確定的生涯發展歷程中時，生涯之錨是穩定感之來源。當尋覓到適合自己的港灣時，拋錨而定，經過充分反思而認知清楚的自我意象，則讓身處工作環境時表現達標、感受到滿足與安適感，不但在取捨中看到自己定義的自己，同時也能適當地維持著和工作的關係以及自己和自己的關係；尤其是在面臨外在生涯轉變時，由於確知個人特性與長處，並願意和自己以及工作中的自己保持對話、維持適當關係，因

而有明確的內在規準來回應外在環境的要求與期待。對於這類內在特性的掌握，具體化在知其然、同時也知其所以然的把握，邁入職涯建立期開始展現出知道「為何而為」以及「如何而為」之泰然處境，在平衡且有所抉擇的穩定狀態下持續經驗來自工作的挑戰，並定義個人成就。

簡言之，在經歷過多重工作角色和工作經驗之後，個人自認的擅長、想要和價值所在，乃生涯之錨要描述的內在生涯特性（Schein & Van Maanen, 2016）。知覺態度與價值為生涯之錨最核心成分，態度與價值底下扣合的深層根源是動機與需求，相對較為表象而易於觀察到的是天賦與能力。這三大面向的心理特性各自反映出不同層次和生涯發展有關的自我概念，三者之間的關係可用圖 7-1 表示（金樹人，1996）。

生涯行為

興趣能力

價值

需求

圖 7-1　生涯之錨概念涵蓋的知覺心理特性

整體來說，生涯之錨可發揮主導、限制、穩定及統整生涯發展方向的功能。前述關鍵心理要素，係來自於進入職場之後不斷從工作經驗中嘗試錯誤、找到立足位置，而後逐漸在面對現實條件下形成對自己的個人觀點。此時，在工作中的我，與先前在教育階段的我，兩者在本質上有所不同，現在的自我概念係紮根於現實工作處境，而在生涯發展過程平衡了自我發展以及外在環境來自工作和家庭等多重向度上的需要。這種先經驗到

不一致，並在衝突中透過持續釐清，進而整合發展出足以面對生涯相關議題的自我意象，成為穩定職涯方向與提升工作表現之重心。

（三）生涯之錨理論在理論面和實務應用的特色

若從 Schein（1990, 2006）運用生涯之錨概念採行的實務作法則可看到，他確實提出了有些不同於主流特質取向的心理學觀點，更強調統整性自我概念之形成及其影響，而非分散性的特質分析（如興趣、性向、價值）。應用於生涯實務時，特別聚焦在說明如何做決定的個人因素，或許是能力，也有可能是興趣或價值，但重點在於必須以經驗脈絡為底，呈現出生涯發展之主觀面，才能藉由反思與對話過程來深入探究，進而確定如何看待自己的意象。這種生涯自我概念著重整體性的呈現，不只非由單向度心理特質來說明，也不是組合多向度特質分析指標以代表內在生涯特性；雖未在理論中明白說明，但講究現象學觀點及脈絡化個人生涯關切（contextualize career concerns）的概念內涵和實務應用，成為生涯之錨理論最大特色（楊育儀，2014）。

相對於其他生涯理論，一方面，生涯之錨理論描述現象偏重在進入職場之後的生涯發展如何貫穿於職業社會化歷程，從嘗試錯誤到趨向穩定而有具體工作目標，此理論著重開始職業生涯的前十年是如何在職場中不斷經由經驗回饋，而後建立明確的職涯願景和抱負（Schein & Van Maanen, 2016）。不同於一般廣泛性描述發展現象的生涯理論那般地重視在廣義生涯或教育性發展的需要（Super, 1954, 1980），生涯之錨理論則聚焦在說明進入職場後的工作適應和職涯發展議題，指出生涯之錨可主導、限制、穩定及統整個人在職場中的生涯發展方向（金樹人，1990；Schein, 1974, 1978, 1990），因而提供了人力資源管理實務應用及組織變革所需，包括新興發展而備受關注的人才管理工作，也在Schein與Van Maanen（2016）近年論述中被提及。

另一方面，就理論價值來說，生涯之錨理論關注的是穩定性生涯認同（stable career identity）之形成過程（Barclay et al., 2013），著重個人內在心

理層面如何改變以達到「最佳」表現，因此在這方面看重「職業社會化歷程」的理論觀點頗有特色，顯然和其他探討組織職涯管理的理論將剛進入組織的員工過早視為是有穩定特性而不易改變的基本假定有所不同。具體來說，Schein（1971, 1978, 1988）認為生涯同時兼具社會性與個人化的雙重定義，除了進入職場後逐漸學習到組織對工作的基本要求、應盡責任和期待是什麼以外，更加影響生涯發展之關鍵所在，則可能來自於個人在社會化過程中如何看待自己以及認知到的工作為何，這些經過職場歷練多年而後建立的個人化觀點，不僅包括工作究竟帶來諸如金錢、聲望或自由等其中那些酬賞，也包括了要如何解釋人境互動下的個人適配處境，以及如何透過工作以滿足內在深層的動機與需求。對於後者，雖然生涯之錨理論未能清楚說明，但很有可能涉及在職業社會化過程中逐漸發展出的個人和工作的關係，而更根源之處或許與如何建立自己和自己的關係密切有關。

除此以外，從實務面來看，組織生涯研究通常在乎的是如何安排工作與職位順序以設計管理實務所需的生涯路徑，試圖建立完整而一體適用的組織職涯管理模式，讓員工依循這套組織階層和對應到各路徑的差異，而循序找到適合在組織內接續發展以及展現能力之途徑；然而這種在管理領域習以為常的外在生涯觀點，卻相對忽視了個人內在心理層面的個別差異。不同於一般管理論述，生涯之錨理論一貫主張內在生涯才是生涯發展的核心根源，若缺乏對個人自我意象或知覺特性之認識，則難以看到生涯議題在心理層面所呈現的獨特現象及其脈絡意義，如此一來，職涯管理系統原本預期發揮的功能將受到很大限制。

舉例來說，「性別」是一個理解生涯現象的重要視框，但缺乏性別意識的研究取向卻常見於傳統生涯理論。楊育儀（2011）認為，採用生涯之錨理論有助於探究豐富的女性生涯現象，因為該理論重視內在經驗和個別差異之論述觀點，相對更能反映出女性對工作和生涯發展的多重定義；即便工作於相同組織或擁有相似專業背景，因為每個人為不同目的而工作、工作本身的意義有別，因此採用強調內在生涯觀點的生涯之錨理論比較能夠呈現女性生涯現象的完整性，具體化那些在生涯發展歷程中經驗到的殊異想法及主觀感受，如是，才能透過豐富性描述來展現不同生涯發展型態

之間、抑或相同生涯發展型態內的多重心理意義。由於生涯之錨理論在乎主觀意義、內在知覺特性、尊重個別差異的基本主張，導入該理論來設計組織職涯管理模式可強化工作中的性別意識，提供未來職場多元性別生涯研究或促進女性友好人力資源管理之重要參考。無論就理論觀點或概念特色來看，探究生涯之錨方能聽得到相似背景者彼此差異所在，才有機會試著理解當前組織生涯理論既存的性別偏誤（gender-based biases）（Reskin & Bielby, 2005），避免未具性別意識般地採行全盤通用的管理模式，卻忽視了每個人身處職場環境和發展生涯之建構歷程有別。

二、生涯之錨主要類型、後續發展及跨文化研究

生涯之錨分類從理論剛開始發展時被提出的五種歸類，接著擴增到九類，而後簡化為八種類型。各類整合能力、動機與價值而成的生涯自我概念彼此有別，具體展現在個人偏好的工作或職涯特性上，以及期待如何在組織中被管理、給酬賞和發展未來（Schein, 1974, 1990, 1996; Schein & Van Maanen, 2016）。

這些代表不同自我意象的各種生涯之錨，以及對應到各類型而呈現出的內在生涯特性（包括對自身擁有的天賦與能力、態度與價值、動機與需求三方面）的知覺基礎有所差異（Schein, 1982, 1990, 1996）；同時，由於生涯之錨揭示的是個人在生涯發展歷程中不願放棄的機會，因此也可從這個角度來說明各類型特色（Schein & Van Maanen, 2016）。

綜合生涯之錨理論在不同時期的主張，分別說明這八種類型各自呈現的內在生涯現象如下（Schein, 1974, 1982, 1990, 1996; Schein & Van Maanen, 2016）：

1. 操作能力（technical functional competence, TF）：對於專業領域的操作性技術能力，自認有傑出表現。傾向於挑戰自己、發展更為精進的工作領域技術，藉此來強化自我意象。在乎自己在喜歡從事的特定技術或較寬廣的工作領域中是否優於他人，偏向用專業技術領導他人而非對管理職位真正有興趣；面對生涯時，最不願放棄的是在

個人從事的特定領域中應用和發展工作技能的機會。

2. 管理能力（general managerial competence, GM）：在工作中注重分析問題、人際關係和情緒管理能力，對於整合不同資源運用在各種情境作出決策有信心，從中感受生涯成功。不僅肩負責任感，也在意能否在組織裡扮演重要角色，期待在備受肯定的職務上享受領導機會並得到高收入，有強烈意圖想要沿著組織階層往上移動；發展生涯時最不願放棄的是主導他人的活動，以及晉升至組織內更高層級的管理職務。

3. 自主／獨立（autonomy/independence, AU）：傾向於以個人方式定義生涯，不願讓自己的組織生活受到限制，甚至不接受不合理或不被信任的工作生活。在生涯發展歷程中關注自由、彈性和自治，想要依照個人步調追求與實踐屬於自己的生涯，享受保有彈性發揮的空間而不願被組織規章所牽絆；在生涯發展歷程中，最不願放棄的是能用自己的方式來定義工作及個人生涯。

4. 安全／穩定（security/stability, SE）：在乎工作穩定與經濟上的安全感，不特別重視職務高低或升遷機會，但期待在可規劃方向下安穩地發展生涯。一方面，投注畢生心力於特定組織，欣然接受可預期而不超過個人知識和能力的職位安排，另一方面，也期待該組織能提供永久職位保障，有良好福利和退休制度。在職場中的雇用保證和工作任期的穩定性，是生涯發展歷程中最不願放棄者，偏好採取不過於緊張的步調以發展生涯。

5. 企業創造（entrepreneurial creativity, EC）：最鮮明的特色莫過於企圖創造個人品牌，打造屬於自己的產品，擅長在經濟體系中展現理念，發展生涯時勇於冒險、大膽嘗試地建立全新企業，或接管既有組織而重新賦予帶有自身理念的新生命。在組織中的工作經歷被他們視為是創業前的學習過程，隨時評估創業能力和時機是否成熟，最終將離開受雇於他人的組織生活而自行創業；對其生涯而言，最不願放棄的是創造企業和個人公司的機會。

6. 服務／奉獻（service/dedication to a cause, SV）：尊崇某種特定價值

或為某個理由而投注畢生心力，想要讓世界更美好，透過生涯發展歷程而持續地關切他人，樂於分享並幫助他人克服困境。通常有人際能力、善於提供協助，在乎別人能否因為自己的努力而有改變；對他們來說，個人內心所相信的那些對貢獻社會有價值的工作乃其生涯中最不願放棄者。

7. 挑戰性（pure change, CH）：喜好競爭，享受在挑戰過程中獲得的滿足感。投入在生涯發展歷程而持續不斷地刷新紀錄，強調勝利和克服困境，問題解決能力高。以主動性而非被動選擇的態度，迎向最困難情境，投注在別人認為不太可能解決的困境上，藉由完成這些高挑戰任務來體驗生涯成功；在生涯中最不願放棄的是找到解決棘手問題的方法、贏過可敬對手，或克服困難障礙之機會。

8. 生活型態（lifestyle, LS）：強調整體生活型態之適應及安排，不僅為工作而工作，也重視家庭和個人生活成長上的需要。品味人生，有欣賞美學和過生活的能力，在生涯發展歷程中講究怎樣營造生活品質。他們認為，生涯成功不見得必然要放在工作中實踐，期待工作環境有調整空間而能同時滿足生命不同向度的平衡生活；最不願放棄的是達到工作要求之際也可整合和平衡個人與家庭需求。

前述分類架構，主要建立在 Schein（1974）一開始以美國麻省理工學院 44 位管理研究所畢業生（全為男性）為對象進行的縱貫研究（1961～1973 年）及隨後的分析結果，從中彙整出主導和限制生涯發展的心理因素加以說明。由於研究參與者人數有限、單一的性別和教育背景，以及採用方法嚴謹性不足等問題，因而此理論架構能否適用於解釋更廣泛的成人生涯現象頗受質疑，在過去受到不少批評（詳見 Feldman & Bolino, 1996; Rodrigues et al., 2013）。不過，儘管在學術領域受限、始終未能蔚為主流，生涯之錨理論過去數十年在管理實務上的應用卻相對普遍，尤其以生涯之錨主題進行的工作坊更持續性地從美國被推廣到全球，包括應用在截然不同於西方組織文化的日本傳統企業（Schein & Van Maanen, 2016）。

此外，就生涯之錨理論的後續發展來說，由於這個分類架構建立在美國 1970 年代且以管理專業者為主，因此過去有不少中外研究，分別以不同

職業群體為對象或針對特定文化而提出和原始理論稍有不同的生涯之錨類型架構，甚至建議以其他理論概念來取代原本的分類方式，例如：除了 De-Long（1982）以及 Igbaria 與 Baroudi（1993）在早期曾使用過以外，生涯導向（career orientations）或生涯偏好（career preferences）最近常被探討並應用在從事不同職業工作者的生涯定位上（Bravo et al., 2017; Rodrigues et al., 2013）。

再者，也有人針對原先八類型生涯之錨的相同和相似之處提出討論或進行實徵研究，從理論層面或量化分析角度檢視原始理論的基本主張，或者建議不同的概念化及歸類取向。其中，最具代表性者莫過於 Feldman 與 Bolino（1996），他們提出以天賦能力為基礎（talent-based）（操作能力、管理能力、企業創造）、以價值為基礎（value-based）（服務／奉獻、挑戰性）、以需求為基礎（need-based）（安全／穩定、自主／獨立、生活型態）三大類生涯之錨，他們認為生涯之錨是以天賦能力為基礎者通常著重透過工作來展現能力，以價值為基礎者的態度是重視服務公司的組織文化以及對自身從事職業的認同，而以需求為基礎者則從滿足個人需求和生活角度來看待工作，這些人想讓工作角色符合個人想望與配合生活需求，認為工作目的在滿足想要過的個人生活。另外，他們建議原先類型之間的關係可以八角形來呈現，強調每個人有多個錨同時並存的可能性，也認為個人生涯之錨符合從事職業或生涯之間的適配性（congruence）是重要的且驅動了生涯發展過程。近年來，仍有不少研究延續先前研究（如 Igbaria & Baroudi, 1993），持續探究不同版本生涯之錨或「生涯導向量表」（Career Orientations Inventory）的品質，而生涯之錨結構及其和生涯興趣的相關分析往往是重點所在（例如：Barclay et al., 2013; Chapman, 2016; Leong et al., 2014）。這些研究間斷地出現在過去半世紀，雖然始終無法像生涯興趣理論般地成為主流，不過確實也提供了不少在生涯理論研究方向或實務應用上可供參考之建議。

最後，來自跨文化領域的研究結果很值得我們重視。實際上，過去數十年在這方面有不少進展，除了 Nordvik（1991, 1996）早期在挪威、Jane（1998）在英國進行的研究以外，隨後以 Danziger 與 Valency（2006）以及

Danziger 等人（2008）在以色列、Ituma 與 Simpson（2007）在奈及利亞、Wils 等人（2010, 2014）在加拿大法語區魁北克的研究為代表。其中多數符應美國研究趨勢而倡導不侷限於類型論的思維以外，Wils 等人（2010, 2014）則提出生涯之錨和價值結構之間的分析，以重視自我超越（self-transcendence）和自我提升（self-enhancement）這個向度來區辨「操作能力、服務／奉獻」對應於「管理能力」生涯之錨之間的差別，而以開放和保守此向度來說明「挑戰性、企業創造、自主／獨立」不同於「安全／穩定、生活型態」生涯之錨之處。近年，則有 Rodrigues 等人（2013）以及 Lambert 等人（2019）在英國，Arnold 等人（2019）在歐洲進行瑞士、德國和英國跨國間的比較研究，而 Costigan 等人（2018）則比較了土耳其和美國之間的差異。這些研究除了驗證生涯之錨理論架構、持續分析對應工具的因素效度和測量恆等性以外，也同時從文化角度並兼顧職業特性而提出許多批判，深入討論生涯之錨概念化及未來評量工具發展等議題。

　　同樣地，以華人社會不同職業特性分別進行的生涯之錨量化研究也有不少（如張紹勳，1999；游佳萍、黃維康，2006；蘇美雪，2000；Tan & Quek, 2001），另有些研究採用質性研究取向而開放式地進行歸類（如李沁芬，1992；楊育儀，1997；Chang et al., 2012），不同研究之間歸納出的生涯之錨類型確實有些不同。楊育儀（1997）以藥學系畢業生為例，提出以下生涯之錨類型：

1. 企業挑戰：強調透過企業經營過程追求全面性挑戰和創新，從中尋求不斷超越的快感，成就來自於「物」和「人」雙方面，特別展現在經營、領導、策略規劃和操縱等動態性歷程。成就動機高，對自身的經營能力有高度肯定。

2. 研究創新：從研究創新過程裡得到成就並經驗到滿足感，享受靜態式、面對「物」而感受到的挑戰，著重以創新方式來解決問題。在生涯發展歷程中的創造動機與需求高，善於解決問題，具備高度獨立思考能力，偏好產品開發工作或探究抽象原理。

3. 安定和諧：著重來自家庭生活與工作生活的穩定和諧感，在安定基礎之上致力於經營高品質生活。對於理想生活有著一套自身獨具的

想法或個人理念，面對生涯決定時凡事以安定為先，期待安全感的動機與需求則表現在他們通常優先考量工作距離的遠近、工作氣氛和雇用保障。

4. 專業權威：追求專業上的成長，透過展現專業能力來獲得成就與滿足感。偏好從事帶有獨立自主性的工作，享受專業能力發揮時帶來的權威，在乎專業領域內的個人榮譽、聲望和影響力，以專業能力來滿足被尊重的動機與需求，在自身領域的專業能力不斷精進，持續處於學習成長過程中。

5. 組織管理：重視管理專長的能力發揮，在組織內追求表現，透過管理和領導過程來影響他人，擴大自身對組織的影響力。他們擅長一般管理理念與能力，藉由採行不同管理方式來經驗到挑戰、變化及創新，在每天工作生活裡不斷解決各式各樣問題，從中獲得成就、滿足歸屬和被尊重的需求。

6. 典範開創：在生命不同階段持續尋求開創、服務，在地實踐而樂於和他人分享自身經驗，透過自身先行而樹立里程碑，為後人留下「捕魚」的方法。反思能力強，具備高度觀照自我的能力，重視個人生涯要有所開創，尋求實現自我的動機與需求高，致力於提升人類整體進步並期待共同成長。

7. 意義探尋：重視生命意義的探尋，尋求內在平衡而知足的人生，藉此體現存在的使命與價值，不斷展現出對精神層面的靈性追求。有高度自我觀照能力，在經驗到的人事物中持續反思、找尋自身意義，內心有強烈想要尋找真理的動機與需求。

這些跨越不同文化在世界各地分別進行的實徵性研究，無論採用研究取向或最後得到研究發現為何，均可提供後續探討及延展華人生涯之錨理論架構時的重要參考來源。此外，從文化角度來理解生涯之錨概念時，相對容易呈現出重要生涯主題在特定文化背景脈絡下的個人意義及社會集體信念，如此，對於構成生涯之錨的態度與價值層面的理解方能深入，也才能進一步連結至身處特定文化下自身建構的價值體系，而觸及更深層的內在動機與需求，啟動有助於強化決定和行動力之生涯動力。

■ 參、批判、省思及對現有理論之拓展

　　基於前述說明之理論背景及回顧代表性文獻，以下提出批判和省思。

　　本節係綜合「脈絡觀」（Young et al., 2002）和「時間軸」（Super, 1983）兩大主張，以社會建構機制為基石（Meijers, 1998; Meijers & Lengelle, 2012; Young & Collin, 2004），形成「社會建構發展觀」以應用於擴展生涯之錨理論。除了指出現階段生涯之錨理論在理論研究和實務應用方面缺乏脈絡觀和時間觀的侷限性以外，特別說明社會建構發展觀可如何整合和社會資本理論有關的「關係取向生涯研究」（Blustein et al., 2004; Flum, 2015; Schultheiss, 2003; Schultheiss et al., 2001）和社會建構機制，針對當前華人生涯現象提出：「反思」如何發生在社會脈絡下的生涯對話，而有助於形塑與深化生涯之錨，藉此，精進生涯之錨理論發展並拓展應用途徑。

一、從「脈絡觀」詮釋生涯自我概念及其持續更新現象和生涯動力

　　首先，本文提出脈絡觀主張，用以拓展生涯之錨理論，具體反映在：採用動態適配觀、重視脈絡化主題、強調社會建構歷程等三大重點，藉此將個人知覺心理特性放入身處環境脈絡予以理解，闡述生涯之錨理論先前未能清楚說明關於生涯自我概念在縱貫生命廣度（life span）時的持續更新現象，以及如何受到整體生活空間（life space）之橫斷影響，從這些角度詮釋生涯動力如何發生在人與其身處環境互動形成的特定脈絡，同時伴隨時間而持續推演。

（一）採用動態適配觀才足以透過此刻現象，展現來自動機需求層面的生涯動力

　　若檢視 Schein（1974, 1990, 1996, 2006）在不同時期的主張，先後有一致性，但脈絡觀點卻不被生涯之錨理論特別提及。對於管理工作而言，當

採用生涯之錨工具來代表「人」的心理特性時，工作和角色分析（job/role analysis）就被視為是另一輔助工具而聚焦在「工作」特性本身，通常在實務中使用這兩者以達到人才管理工作所需的人境適配。實際上，Schein 與 Van Maanen（2016）認為，多數公司在職務分析與規劃方面的管理工作不夠透徹，如果也能對組織內各項職務及不同工作角色之間的關係從事深入討論、妥適安排，兼用「生涯之錨」、「工作和角色分析」這兩套工具分別得到對應於個人特性和環境特性之結果，則應能有效提升人境適配，同時強化組織和個人表現。整體來說，這樣的想法和 Holland 類型論採用相似的靜態適配觀；即便 Schein（1978）不斷提及生涯動力，但是生涯動力「何以發生」、「如何動態發生」之歷程，卻未被清楚交代。

不同於該理論抱持的觀點，「動態適配觀」（Fried et al., 2007; Sylva et al., 2019）將適配視為是持續進行的動態過程（an ongoing and dynamic process），則有助於說明生涯之錨形成的過程，以及生涯動力究竟是如何出現在生涯發展歷程中，而隨後影響了職涯發展或工作行為。簡要來說，適配現象乃基於當前工作環境需要所發生，同樣地，不適配不僅受到個人特質影響，環境條件也說明了不適配原因；而更重要的是人和環境這兩者都會改變，並非靜態而無法調整。換言之，適配與否只是人境互動下呈現的此刻現象，適配和不適配均在有彈性的框架下發生，雖然這樣的彈性空間必然有一定程度的侷限性，但「適配」與「適應」往往相依而生、對應而發展，端看著重的是不改變還是可改變之處。

不僅如此，若進一步考量生涯諮商在處理核心議題時通常涉及改變機制（Maxwell, 2007; Valach & Young, 2017），那麼就理當不只要知道現階段的自我概念或生涯特質，還更應從特質或此刻生涯狀態發生的脈絡推演鋪陳，看到這般特質對於個人獨特的生涯故事有何意義，她（他）從當前現況如何解讀眼中的自己，又如何理解別人可能如何看待自己，特別是那些和生涯決定有關之重要他人（詳見 Blustein et al., 2004; Schultheiss et al., 2001; Young, Marshall, Domene et al., 2007）。缺乏以個人為主體之生活或生涯框架來呈現經歷過的生命經驗，則無法確實而全面性地看待當下狀態或現有特質如何形成，如此一來，就難以讓客觀生涯現象和正在發生中的生涯經驗

及主觀感受產生連結，易於導致評量結果或「適配與否」和自己無關，讓適配觀之理解顯得貧乏而單調、空洞而沒有意義，停留在「知其然」但仍「不知所以然」的處境。這般「去脈絡化」或缺乏相對於背景的主題觀點，即使為個人所知，但僅是別人眼中或外界認識的自己，而非和自己有所關係的自己，實則難以促成改變，或者真正採取行動、付諸實踐（Young & Valach, 2004）。

　　適配本身並非無法改變或被動發生。過去的主流生涯研究學者長期忽視了適配現象係取決於主動建構歷程；近年來，不少研究採用工作塑造（job crafting）或生涯塑造（crafting career）探究生涯議題並指出：即便從事相同職業，但每人賦予自身工作的內涵是不同的，這樣的差異影響了生涯成功感受（Akkermans & Tims, 2017; Cenciotti et al., 2017）。除了規範最低表現、用於管理所需的職務說明書以外，更關鍵性地決定最佳表現和安適感的主要來源係出自於：在勝任基礎之上，怎樣賦予個人想要定義的工作內涵，以及「為何」和「如何」在工作職責範圍內外充分地實踐自身對工作之個性化定義，從中滿足內在需求，進而在安身以外開始展現立命所在。適配與否，有時並非重點，同時也非被動式的，關鍵在於如何讓自己適配於工作或所選職業；有沒有動機和意圖想要讓適配發生，進而主動在目前從事職業中促成安身以外的立命條件；面對所謂的「不適配」時，究竟要如何解釋並克服當前的不適配現象。

　　就理論意涵來看，生涯之錨實則反映出的是足以投入心力、專注當下、充分感受流動之「一生懸念」所在，非關個人興趣或能力適配，也非價值觀，因為這般適配觀點僅停留在說明如何試圖從職場中尋找適當位置，和安身過程所需有關，不見得涉及和生涯之錨更直接有關之動機層面與內在需求。相對於在教育階段必須致力發展自我認識、職業知識和建立以興趣或能力為導向的生涯探索，以及強化媒合與做決定時慣於採用之傳統適配觀，當運用生涯之錨來探究工作適配及生涯適應議題時，更應著重的是足以引發動機的內在根本，以及要如何才能讓安身基礎之上的「立命所在」被自己看到。此刻，想要達到的並非「達標」表現，而是讓心理需求獲得滿足、可激活實踐力量的生涯探索和決定歷程，這般來自內在的持

續性發展驅力構成了以自我為導向之職涯管理內涵，呈現出帶有力量兼具方向感的生涯目標（Lent & Brown, 2013; Quigley & Tymon, 2006）；也就是說，在生涯動機被開啟的條件下，適配或適應與否已不是主要議題，涉及更關鍵核心而必須探討的是「想要」，而非「需要」。

（二）從特定脈絡中理解和生涯之錨有關的內在生涯主題

再者，生涯之錨概念涉及和「做決定」有關之原則，此決定不見得只和教育歷程中多數著重拿取、積極創造機會的抉擇有關，也可能關係到如何面對現況而不接受或要不要拒絕持續身處於同樣狀態下的被動式決定。相對來說，生涯之錨理論偏重後者在職場發展生涯時的工作適應與發展議題，身處現實工作環境先求適應，而後在調整框架的過程中試圖開創，而非僅如前者般地全然投注於實踐自我、創造發展機會式之教育性生涯決定。除此以外，無論前後兩者其中何種做決定樣態，其更根本關鍵之處均在於內心能否發展出先後順序，以及捨與得的依據所在，尤其對於進入職場後的生涯決定更是如此。要不要改變、如何改變，都可能攸關生存。

舉凡各類和個人特性或特定生涯事件有關的常見主題，皆必須從整體生活空間來看才顯得有意義，如同 Peavy（2000）指出，鋪陳生活空間（life-space mapping）是心理諮商主要工作，藉此脈絡化個別特性和特定事件。換言之，生涯主題本身的意義，有必要放到該主題發生的脈絡中才會被看到，以脈絡為底才能更全面性地反映出特定主題之輪廓，呈現情節並凸顯該主題在生活空間的相對重要性，以及看到主題之所以為主題的原因。正由於個人特性或特定經驗回歸至更豐富的生涯現象中被自己看到，除了能讓和主題有關的整個故事被閱讀以外，也有助於豐富化情節和故事張力，提供更多反思與對話素材，從中彙集說故事的力量。

主題之出現乃對應於脈絡，必須和正在生活空間中發生的其他事件進行對話，如此，該主題的特殊性以及對照之下的相對重要性才容易被理解。除了興趣可能和內在動力有關以外，從生涯之錨概念內涵看到的重要主題時常攸關著核心價值和需求層面，能直指生涯現象的動力源頭，表達

出人生排序，有時更是訴說著本命所在或非得而為之意圖。若能納入脈絡性鋪陳為底，接續進行和生涯之錨有關主題的各類探討，則很適合發展出生動的生涯故事，透過故事化的我（the storied self）及多條故事線（multiple story lines）（Del Corso & Rehfuss, 2011）讓不斷從繁雜情節中爬梳、現身的自己變得有力量，啟動並持續強化賦能（empowerment）機制（Rappaport, 1995），而非落入現行傳統評量式生涯諮商取向可能帶來的削弱狀態，或陷入可能導致之去能與失能。

若從這樣的角度來看生涯決定或生涯轉換議題，納入脈絡觀來理解「曾經發生過」的生涯現象，應有助於釐清生涯之錨內涵中的核心主題，透過鋪陳故事來推演和具體化核心價值體系、活化內在動機與需求，同時呈現這些主題展現在「現在」當下情境中的脈絡意義。面對抉擇時，拿取或放下、接受或拒絕的原則係紮根地被理解在「為何」的基礎之上，因而得以有所取捨地主張要不要改變，以及如何改變之先後順序。

（三）以社會建構機制說明在職場關係中，如何滾動出催化和形塑生涯之錨所需的回饋及其歷程

每個人都是建構生涯發展的主體，除了自我建構以外，前述動態適配和生涯決定觀點也時常和社會建構歷程有關。自我生成、以先前生涯經驗為本而延展出的生涯自我概念或內化的生涯知覺（internalized career perceptions）（Schein, 1990, 1996），不僅透過自我對話和反思歷程而建構形成，同時也有可能在每天工作生活的社會互動中生成，或者來自其他與工作直接或間接有關、身處不同生涯空間之他人。因此，發生在人際脈絡底下的「回饋」成為在自我對話和反思以外的另一個重要生涯經驗來源（Schein, 1982），這種回饋不見得來自「專家」或有資格從事客觀特質評量者，相對來說，更有可能出自身旁周遭熟識並對自己有意義的重要他人，也就是，工作或日常生活中易於接觸，而能在自然互動下提供有效回饋的生涯支持來源（career helpers/supporters）（Kidd et al., 2003），或所謂有助於形塑個人職涯之支持者（career shapers）（Bosley et al., 2009）。

除了 Schein 與 Van Maanen（2016）曾隱約提到回饋對進入職場之後的前十年如何形成生涯之錨有重要性以外，在社會建構觀研究領域，特別是過去數十年發展而來的關係取向生涯觀點（Blustein et al., 2004; Schultheiss, 2003; Schultheiss et al., 2001），其論述立場及採用研究取向皆可成為目前透過脈絡觀理解生涯之錨形塑過程和說明相關因素時的主要參考，具體揭示出，不僅在生活或工作經驗得到他人回饋對於職場適應有其重要性，這些回饋如何影響自己看待自己以及自己的生涯也值得深究。除此以外，何謂正向回饋或「有用的」回饋（即便是負向回饋或面質，但也可能帶有正向功能），以及這些回饋如何反映在現階段的自己正重新理解自己之主動建構過程，在此主題上，過去像 London（2003）倡導的主張，應對於目前探究生涯之錨形成歷程有所幫助，也呼應了生涯領域以外諸多在傳統心理學領域過往既存的社會支持理論觀點及其應用途徑；而過去十數年以來，生涯回饋（career feedback）研究逐漸增加（例如：Hu et al., 2018），特別是偏重於探討負向回饋對達成生涯目標之影響很值得重視，同時相當程度地呼應了「輕推理論」（nudge theory）（Thaler & Sunstein, 2008）的核心主張。除了肯定和鼓勵等正向回饋或一般狹義的社會支持功能以外，其中某些促成面質或認知不一致的生涯支持功能，如何有助於深化個人反思和自我對話而不斷推動內在生涯之知覺發展，日後應可從社會建構歷程找到說明依據。

　　更進一步來說，真正有助於生涯發展的職場社會資本形成過程及如何逐年累積，實則受到職場交友影響（networking at work）（Wolff & Moser, 2009; Zhang et al., 2010），並與前述這些生涯回饋經驗的來源與品質有關，而有效生涯支持和社會支持兩者內涵或許有別，也可能影響了不同型態的社會資本發展，如聚合式和橋接式社會資本（bonding versus bridging social capital）（Adler & Kwon, 2002）。從理論特色來看，生涯之錨著重的不見得和探討興趣或建立能力歷程有關，也非必然受限於職場生涯楷模的建立及學習，運用生涯之錨概念時，更宜偏重在如何從身處當前工作脈絡下適應而後主動調適、職場人脈在這方面如何影響和決定自己看待個人生涯的觀點，以及在面對壓力情境或挫敗時，要如何利用身旁周遭的社會資源與人

際關係來從事對自身有意義之探尋。除了發生在每個生涯階段的自我建構歷程本身有著重要性以外，生涯自我管理所需的人際歷程（King, 2004; Seibert et al., 2001）必然和機緣有關，但也可透過從事策略性的規劃及運用來影響工作表現、升遷或自己該如何思考未來的長遠願景與規劃；尤其舉凡這些來自外在環境的重要支持來源能否助長生涯發展，最根本之處仍是出自於自己對自己的想法，在社會建構歷程中究竟形成什麼樣的自我意象及個人知覺心理特性為何。這般有助於生涯發展的社會資源提供了回饋來源，不僅直接影響社會建構歷程，也攸關著個人如何在職場中定位自己、在現有機會以外看到更多可能性。從這個角度來看生涯之錨的生成，則必然和重要他人以及社會網絡密切有關，講究在社會互動下要如何實踐與平衡自己和他人眼中的自己，讓探討生涯之錨時，非僅看到可能疏離於外的個人空洞想法，還能著重在如何落實到現實生活實際經驗到的人際歷程，從中釐清並實踐生涯自我概念；亦即 Del Corso 與 Rehfuss（2011）所說的，採多重性（multiplicity）為基礎而非單一故事線來建構自我，透過故事中不同來源的自我表徵進而深入觸及穩定之核心所在。

相對於前面提及偏重結構面和功能特性之生涯人際觀點，社會建構機制則聚焦在改變會怎麼發生的心理歷程，更為直接論述生涯動力如何被啟動而發生。以自我建構為本（參見動態適配觀之說明，第250頁），這些來自生涯對話、發展性的關係、社會網絡和社會資本而在職場中經驗到的生涯回饋與支持，究竟是如何透過改變機制來影響生涯之錨的形成，實為更關鍵的核心議題；強化生涯自我概念發展的社會建構機制，除了生涯敘事（Meijers, 1998; Meijers & Lengelle, 2012）以外，是如何能發生在「對話」和「反思」兩者之間，值得深入探究。同時，這樣的社會建構分析也必然反映出華人文化特性，從社會建構觀著重的文化層面（Stead, 2004; Young, Marshall, & Valach, 2007）看到人際歷程對於生涯之錨形塑過程更根本的影響。

將生涯人際理論觀點和社會建構機制納入說明生涯之錨形成的過程，有助於指出進入職場後的職涯建立及生涯轉換歷程不但有理性氣息，並能透過策略性地運用機緣而讓相似條件或專業背景者在職場中的生涯發展如何有所不同，簡言之，生涯發展歷程實則充滿個性化。面對職涯管理時，

必須學習如何運用個人特性來建立生涯支持關係和發展網絡，方能受益於職場人際關係和社會互動，獲取有效因應工作適應議題，提供職涯轉換與發展所需之生涯資源及各項支持功能（Burke et al., 1995; Wolff & Moser, 2009）。如是，社會建構機制以人際中的生涯回饋為基礎，持續促成生涯發展歷程所需的對話和反思，形成了各種可能影響個人知覺心理特性與職涯特性的外在來源。生涯支持網絡能否發揮這方面的功能，則提供了生涯諮商時深入探討生涯之錨的重要途徑。

二、以「時間軸」呈現知覺心理特性在生涯開展過程中的穩定及改變現象

前面段落提及的脈絡觀，主要說明的是探討生涯之錨時，必須顧及生涯發展之橫斷面才能生動化生涯故事內容，但也帶有些縱貫面之說明。為更深入說明生涯動力如何發生，此段落則聚焦在放入時間觀點（Super, 1983; Super & Kidd, 1979），指出生涯自我概念係開展在從過去到現在而通往未來之生涯建構歷程。亦即此刻構成生涯之錨的個人知覺心理特性，受到先前生涯發展歷程中發生的社會建構影響而展現出相當程度的穩定性，實乃兼具凝聚和連貫感（coherence and continuity）之認同基礎（Baumeister & Landau, 2018; Del Corso & Rehfuss, 2011; Hoyer & Steyaert, 2015）。不過即便是相對穩定，但不見得必然無法改變（Modestino et al., 2019），縱貫面的理解則有助於拉長故事線，從串連先後事件中看到生涯之錨的發展有其動態性風貌，實在而有跡可循。

（一）在連貫發展歷程中區辨對於個人有所意義的可變與不可變

就如同發展取向生涯理論的主張（Super, 1954, 1980），從事生涯諮商時，除著重縱貫發展歷程的工作議題和非工作或整體生活之間如何相互影響以外，也應同時強調不同生涯階段特性及各自發展任務的完成。這樣的觀點指出，人們在連續性發展歷程中的內在本質有所差異。

　　一方面，放入時間思維，可把此刻展現的個人生涯特性置入當下發展脈絡並連結至過去經驗，從縱貫先後經驗的全面脈絡中理解此時此刻顯現出的生涯之錨及心理特性是如何形成的，甚至為何形成；如同此理論在 1960 年代發展初始時即採用的生命工作史晤談（life and job history interview），具體揭示出從早期教育選擇到畢業後至今一路以來的職業選擇，透過探究每個重大決定而了解內心有何想望和真正熱衷所在。另一方面，若能納入時間軸探討生涯之錨，則可反映出不同時間或各生涯階段的自己，除了前後一貫性以外其實也存在著相當程度的差異，而唯有理解這種連續性發展歷程中是如何的「有所差異」，才能彰顯出不同階段的自己各有重心，藉由檢視各時期自己和自己的關係來認識為何有這樣的演進過程，看到現階段呈現的生涯自我概念之中的各向度內涵又是如何前後發生於不同生涯階段的發展或工作上，進而理解到這些不同面向的生涯經驗為何及如何被先後整合成今日帶有自我認同核心之整體自我意象。

　　也就是說，生涯之錨即便是強調有所取捨之大原則，但也不會僅有單一的純然內涵；在時間先後上，各內涵要素的重要性可能被凸顯在不同生涯階段，而過往面臨各階段顯要主題時曾經有過的掙扎和未滿足之處，正提供了現今整合不一致或衝突想法的主要來源。同時，更由於看到這些衝突、掙扎確實存在過，相當程度地代表一貫性的內在動機與需求所在，因而活化了過去未被滿足的渴望；在這樣的條件下，若能在此刻討論之際致力於達到一致和整合性，則此般「再建構」歷程以及從中獲得的新理解，必然再次豐富了生涯自我概念內涵，從中紮實地放入有意義的自我知識而形塑出讓當前自己更加肯定的自我認同核心。釋放過去、重新建立和自己的關係，在這過程中展現出面對現在以及迎向未來之力量。

（二）從時間更迭看到生涯之錨各內涵的重要性如何展現在不同生涯階段

　　隨著生涯發展歷程的推演，生涯之錨各向度的內涵會逐漸呈現在不同生涯階段，交替展現出縱貫發展階段的差異現象，或有不同重要性。興趣

的重要性在高等教育階段之前易於觀察，因而相對更能解釋生涯自我概念特性，能力、技能或自我效能則成為準備進入職場時逐漸被看重的知覺評估；相對而言，價值在經歷過職場「安身」階段後才能日益凸顯自我意象，主宰內在生涯及成功感受並成為臻於「立命」而有所取捨之關鍵要素。若能從長期觀點來探究生涯之錨如何形成，釐清生涯自我概念在縱貫發展歷程中，究竟是如何受到不同時期每類心理特性的影響（例如：在高中階段的興趣、大學階段的專業領域能力、在職場中影響工作態度的價值），那麼生涯之錨理論在生涯諮商領域的應用途徑即可增加，不僅不侷限在職場，也強化了此理論在生涯教育的可行性，甚至能從彙整不同階段有關內在生涯特性的探索經驗，來初步說明未來進入職場之後的可能定向發展。

　　而除了生涯之錨主要內涵：能力、價值與需求三者在各生涯發展階段之間的不同重要性仍待探究以外，先前知覺到的那些心理特性以及過去曾確實存在的主觀經驗，可能如何影響現階段進入職場之後的成人生涯發展並構築此時此刻的自我意象，舉凡這些賡續研究重點也必須放入時間軸加以思考，方能讓我們對於生涯之錨如何形成的理論觀點更推向有充分縱貫理解之論述基礎。

　　如果能先確認這些現象，則意味著在建立生涯或穩定生涯之後的生涯之錨其實是受到先前生涯發展經驗的影響，包括職場之前的教育歷程可能如何讓自己從生涯探索經驗中看到某些對於未來進入職場有所幫助的個人特性，以及當時投射在未來的理想生涯（ideal careers）又是怎樣地間接促成了目前生涯之錨重要內涵，影響著現今對未來的生涯遠景（參見有關「理想生涯」之說明，第270頁）。若是如此，那麼生涯之錨的重要性不會只出現在進入職場數年而後到達職涯穩定期的人才管理及規劃（Schein & Van Maanen, 2016），而是還包括了在建立職涯之前的興趣、性向或潛能探索等各類生涯教育面向，這意味著生涯之錨在進入職場前後階段皆可有所作為。在這方面，已有些中外研究提出生涯之錨或生涯定向在教育領域之應用（例如：林幸台、金樹人，1997；Klapwijk & Rommes, 2009），但更值得後續探究的關鍵議題包括：如何在教育歷程即可看到未經職業社會化的價

值觀雛形，並連結至經歷過職業社會化而後建立的生涯之錨樣態；心理需求如何透過探索興趣而接續進入價值到動機的轉化過程，然後在現實職場環境中獲得滿足途徑（Dawis & Lofquist, 1984）；進入職場後的生涯之錨發展，究竟如何受到先前探索興趣、建立能力、形塑價值的正向情緒經驗影響，而面對負向情緒或壓力處境時，又會怎樣地從開始著重「適應」到逐漸形成「調適」取向的因應策略以符應外在條件的要求（安身），隨後如何過渡到內化為理解自己、發自內在而行的心理機制（立命），因此更能平衡於職場、確認適當位置且找到與自己對話的重心，在接續生涯發展歷程中妥善地看待工作，以及和自己的關係。

　　拉進時間軸來從事這方面的理論探究，進而在累積研究發現中不斷增加與其他主流生涯理論的討論，將有助於從更寬廣的學術角度建構及拓展縱貫教育階段到進入職場之後如何形塑生涯之錨的理論基礎，這不僅能反映生涯領域說明生涯議題時，通常涉及生命進程中的過去、現在與未來，也將可提升生涯之錨理論與現有主流生涯理論的對話層次，來讓生涯之錨在心理諮商領域的應用途徑有所突破，具體展現出如何有效解決目前普遍存在於不同生涯階段面臨到的許多生涯議題。

　　從現階段生涯諮商實務面來看，舉凡當前在教育環境中有助於發展自我概念的生涯工作均可能和生涯之錨有關；釐清了上述這些關係，也可能有助於回應當前在生涯諮商實務面正遇到的諸多挑戰，並說明背後涉及的理論議題。舉例來說，目前在教育環境中運用很多生涯評量工具，然而學生對自我概念的理解顯得過於分散，特別是如何看待這些描述不同心理特性的結果，不僅讓學生備感困惑也讓現場心理諮商實務和教育工作者頗感無奈，迄今仍缺乏整合各項特質的有效方法來讓學生發展出檔案式思考（portfolio thinking）（Borgen et al., 2004），確實展現出探索過後得以拓展選項、做決定並逐步實踐生涯選擇之具體行動。在這方面，適用在高等教育的「理想生涯」活動（楊育儀，2014；Yang, 2019）即為整合先前生涯探索經驗用以強化生涯決定歷程所需動機層面而採行之設計，這個半結構式活動融入個人優勢條件來彙集生涯檔案中各項探索、決定和生涯學習，從導引如何重新理解過去這些探索經驗進而形成在目前身處大學階段帶有內

在動機的職涯管理行為，可為進入職場而預作準備。此設計呼應了在本段落提及的重要觀點，主張在教育歷程中即可透過有效運用生涯檔案，從綜合各項探索、決定和生涯學習經驗，來讓既有的過往生涯經驗逐漸內在化（Schein, 1990, 1996），進入職場前便可著手強化以動機為機制、知覺心理特性為基礎之生涯準備及職涯管理作為。

（三）探究相對穩定的生涯之錨如何伴隨個人因應職場變化的「需要」和「想要」而有所轉變

在此，為回應現今更加多元且變化不可預期的生涯脈絡，不同於傳統穩定職場講究之單一生涯路徑，今日有必要重新檢視原先理論主張生涯之錨不會改變的立場。

實際上，生涯之錨理論在 1970 年代開始受到倡導，從當時理論發展直到 21 世紀初期前，這段時間的職場大環境相對穩定；在這樣的脈絡下，Schein（1974, 1990）堅信他所謂的生涯之錨如果形成，即代表個人生涯已經達到「不忮不求」之穩定狀態，不再試驗性地更換職涯軌道或漫無目標地尋找發展機會，穩定下錨的重心成為日後生涯發展方向的主軸，從安身臻於立命。除此以外，若以傳統生涯發展歷程中追求身心靈不同層次來看（Savickas, 1997），除了邁入職涯建立階段在外在生涯特性上可看到日益趨向穩定現象以外，內在生涯狀態不僅由於安身而滿足生理和平衡心理層面需求，也相當程度地開始出現對精神層面的心靈追求因而強化日後立命之穩定根本，亦即面對世俗定義、卻無助於個人需要的可能選項，漸漸不為所動。這和精神自我（spiritual self）之形成有關（Stoltz-Loike, 1997），此時生涯重心不只呈現在生涯方向上的定錨，亦逐漸出現了對於不受限在職涯發展的整體生命有所依歸；除平衡在自我發展、工作和家庭之間以外，面對生命更能有所取捨，尋求存在的意義與價值悄然成形。在如是生涯發展條件下，易於理解生涯之錨為何不會改變或者難以改變的觀點。

然而，由於全球化、網路科技以及跨域整合趨勢而帶動各產業競爭加速，組織為求生存而必須力圖精簡，採用扁平化和運用彈性人力等策略來

因應（Arnold, 1997）。身處這樣的職場環境要達到心理成功或生涯成功，將更具挑戰性，個人職涯管理必須著重在如何伴隨外在環境變動而持續建立新能力，同時在能力培養之際也需要不斷拓展社會資本，才能發現更多組織內外的發展機會，而讓自己在不同專業領域容易被看到，因為當前職涯發展早已不侷限在過去傳統之組織疆界，更有可能，或者說「不得不」跨領域而為（Bravo et al., 2017; DeFillippi & Arthur, 1994; Guan et al., 2019; Mirvis & Hall, 1994）。面對這般伴隨「無疆界」生涯脈絡而出現的挑戰和威脅，建立及發展生涯時有必要高度仰賴不斷反思和自我對話，而讓構成內在生涯的生涯認同基礎可持續帶出穩定感；除了邁向職涯建立階段之後開始浮現的核心主題以外，進入接續生涯階段也可能必須隨時從事主動前瞻並帶有調適性的改變，而非僅被動適應，如此方足以因應第二生涯或伴隨多變生涯而來的生涯發展機會，而且這樣的職涯轉換必然不受限於過往對傳統中年生涯現象的認識。

此時，需要的不僅是仰賴於能力或具跨領域專長等有助於提升職場可雇用性的持續學習來因應這些新興時代的生涯挑戰，更有可能伴隨著必須面對的重大生涯事件，而在主動調適、不斷對話和反思過程中有必要再次尋求更有意義的理解，對應到大環境變遷而應有的改變不會只是發生在經歷轉換所需之價值觀跟隨著轉變。同時，由於組織必須持續應變而導致職業社會化不再像過去般地穩定，職涯轉換在不同產業或組織之間的頻率增加，因此造成個人滿足心理需求的途徑可能跟著出現變化；也就是說，過往在傳統穩定社會化歷程中學習到的工作結構和主流規則，不再足以因應受到組織變革影響而帶來的再次社會化及重新學習需要，導致過去曾經穩定生涯方向、促進自我成長和安適感的生涯之錨，由於趨向新平衡的要求而必須有所調整，從正經歷著不同以往的職場社會化歷程中發展出持續更新的生涯動力，隨之重塑生涯重心所在。

生涯之錨所要描述的內在生涯是平衡而有憑藉的動態狀態，重點在於必須讓人們先形成在目前身處工作環境中有所位置，且能持續滿足成長和趨向安適之穩定感，進而從個人知覺心理特性和職涯特性出發，而能啟動在外在環境足以實踐自己「想要」的動力來源。面臨日益增加的職涯轉換

現象，這些轉換愈來愈受到大環境驅動，絕非像過去般地僅由個人經歷穩定的社會化適應過程之後，因為有所取捨而帶出的轉換。不同於傳統社會化歷程發生在相對穩定的特定職場結構內，當前生涯發展之調適重點可能不再只有意圖在社會化過程中適應以及接續面對身處穩定工作環境時，決定要如何有所改變，而過去有助於在特定職場脈絡下帶來穩定感的生涯之錨，在今日或許必須因應身處該職場工作特性的持續變化，或因為現在開始面臨和過往職場的工作結構有別而有必要及時相應，導致個人知覺心理特性出現本質上的改變。面對正在發生變動之職場環境，即便是從事的職業未曾改變的專業工作者，也必須從不斷釐清個人所需的內在生涯基礎再次學習、經歷和先前有別的職業社會化，並重新認識在工作中的自己，以及調整和工作的關係，從當前知覺職涯特性中建立異於以往的需求滿足途徑。換言之，因應變動的職場環境，重新找到和自己的新關係，透過前往對於現在的自己真正有意義的新位置來再次認識自己、定義工作，以及重新看待生涯發展歷程中的本命或懸念所在。

　　「生涯」是以工作為主體而呈現的整體生活型態，同時涉及生命進展歷程中的過去、現在與未來（Super, 1954, 1980, 1983）；更具體來說，和時間軸有關的個人觀點可進一步從過去的正向、過去的負向、現在的快樂、現在的宿命、未來導向等不同時間向度上的經驗分別進行討論（Zimbardo & Boyd, 1999）。時間軸被放入探究生涯之錨理論，則有助於看到「錨」是如何發生的、如何從時間先後脈絡中連貫發展而來，以及生涯自我概念在不同時間點之間為何保有一貫性，但卻又同時可納入以及如何地納入來自不同階段的新經驗而展現出本質上的改變；反之，若缺乏納入時間軸的考量，則難以回答生涯之錨會不會改變或如何改變等這類議題。在這方面，許多理論議題尚待探究，唯有採用縱貫研究取向從事長期性的多次追蹤及深入理解，才能逐一釐清前述觀點是否適用於說明發生在現今職場環境之生涯發展歷程。

■ 肆、生涯諮商之實踐策略及應用實例

　　不同於管理實務主張普遍性地採用生涯導向量表或不同版本的相似工具作為生涯之錨理論的應用途徑，本文接續以前面的理論陳述為基礎，即將說明的生涯諮商實踐策略及應用實例則著重在發展性功能，而非為了達到診斷目的。實際上，Schein 與 Van Maanen（2016）從文化觀點提到日本組織職涯管理和傳統西方管理風格上的差異，其中之一即涉及員工生涯探索取向有別，因此隨之側重的應用途徑也跟著不同。對成長於東方文化的華人而言，如何在依賴生涯診斷工具或標準化生涯測驗以外，試著參與更多生涯探索途徑來發展生涯自我概念，特別是涉及深層心理動力之生涯諮商，此乃當前應用生涯之錨理論時有必要大力倡導的方向。

　　生涯發展是不斷抉擇和適應的歷程。以下針對目前華人在進入職場前後各階段常見的生涯議題，著重放入脈絡觀和時間軸，並說明經過拓展後的生涯之錨理論可如何被應用於心理諮商領域及管理實務。具體來說，採行社會建構發展觀應用在生涯之錨實務有三大類主題，前兩類生涯諮商策略直接與職場中常見的抉擇和適應議題有關，聚焦在促成動機與意義化，第三類則呈現運用生涯之錨理論在學職轉銜兩端之生涯探索和職涯準備，說明如何藉由發展整合性的生涯自我概念帶出目標與力量。

一、回應生涯決定與職涯轉換現象之生涯諮商策略：引發並強化動機

　　生涯之錨的展現，經常是透過和特定生涯事件有關的抉擇而被看到。因此生涯之錨理論對於生涯決定與職涯轉換議題的探討，具有高度適用性。

　　「做決定」和「轉換」是一體兩面，共構而展現生涯發展之動態現象。和多數探討生涯決定與職涯轉換的諮商取向有所不同，運用生涯之錨理論時特別著重在引發並強化和決定歷程有關的內在動機，促成轉換所需

之動力。至於在生涯諮商上用以釐清與探尋生涯之錨的實務取向往往因人而異，但通常從和做決定有關的現象描述（what）開始，到聚焦在和該決定有關的感受（how）及原因（why），綜合這些紛雜的生涯經驗而不斷深入內在層面，朝向不同生涯事件和各類經驗表象底下之共同關鍵所在；在探索歷程中，看到隱含在不同抉擇點上的個人規劃或抱負，以及其背後意圖想要滿足的需求，進而發展出對於現在有所意義的生涯目標。這種類似 Schein 從 1960 年代一貫以來採用的質性訪談以及開放式的傳記問卷形式，無論是生命工作史晤談、生涯之錨自我分析（career anchor self-analysis form）（Schein, 1975, 1978）或生涯之錨晤談（career anchor interview）（Schein, 1990），到現在仍有高度應用價值（Schein & Van Maanen, 2016），相當適用於以生涯決定和轉換議題為主題之生涯諮商情境。具體來說，可以 Schein（1990）編製的「生涯史問卷」為例，從探討進入職場之後的第一份工作經驗開始，回顧當時有何期待，以及曾經為自己設定過哪些抱負與長期目標，同時討論在那份工作之後接續發生的重大轉變，以及做決定的歷程。除了前述運用生涯之錨理論來探討生涯決定之原則，以下方向則偏重於說明如何在生涯諮商歷程中探討目前職場日益增多的職涯轉換議題，茲提供參考（楊育儀，1997）：

1. 請試著回想過去。到目前為止，在職業發展歷程中發生了哪些重大轉變？請依序列出。

2. 上述轉變是如何發生的？發生在什麼時候？什麼原因或誰促使這些改變發生？當時的你，為什麼想要改變？在這樣的轉變過程中，你想要追尋的是什麼？

3. 檢視這些曾經發生過的轉變，有無印象特別深刻的特定事件？從中，你看到了怎麼樣的自己？你是如何做決定的？你會怎麼描述在轉變過程中的自己？

4. 對於這些轉變，你的感受如何？整體來說，它們與你原先設定的生涯目標有關嗎？如果有的話，請問是什麼樣的關聯性？

5. 你會如何看待這些轉變或剛剛提到特定轉變事件的發生？以及當時身處轉變過程中的自己？

　　基本上，這樣的生涯諮商策略，除了拉出時間軸來呈現個人在連貫發展歷程有哪些「變」與「不變」以外，前述和三個 W 有關的 what、how 和 why 有助於鋪陳與主題有關的脈絡，可依照當事人特性的差異或伴隨諮商歷程進展而調整不同比例，分別探究描述性、感受性和分析性的經驗。一方面，利用這些經驗來脈絡化及討論個人關切以便建立適於工作的諮商關係，透過心理諮商歷程而在此刻呈現的社會建構脈絡下深化當事人自我反思和對話，另一方面，從最容易表達的事件或情境開始鬆動、逐漸深入到情緒層面，從中探詢情緒感受底下的個人需求。換言之，以發展信任關係為基礎，鋪陳足夠情節脈絡之後，透過適當情緒表露而形成足以討論內在深層和動機需求相關議題的條件。

　　過去的抉擇及轉換經驗可能帶來預期結果，也可能和原先期待有所不同，運用生涯之錨理論時要探討的重點並非在做決定的風格或影響生涯選擇的阻礙因素（London, 1997），而是著重在面臨這些決定和轉換經驗中的自己是否有某些一致性、如何解釋先後一致和不一致之處、這樣的現象又和今日正面對的抉擇有何關係。特別是從情緒線索中探討自身真正想要追尋的是什麼，以及今天的自己如何看待不同階段正在做決定或在轉換過程中的自己；簡要來說，「感受」反映出當前面臨的主要困境所在，感受表達之後的「為什麼」更是促成付諸行動的可能規準及動力來源，而回應「為什麼」的說法，則有助於以自我意象為基礎來討論和自己的關係，因而足以引發並強化動機機制。在心理諮商歷程中，和自己的關係獲得修復與協商之後，意味著展現轉換的具體抉擇已準備就緒。在有意義、找到可掌握條件下，自然對應地讓出可理解的空間來從事規劃，開啟有助於滿足內在需求之生涯決定與職涯轉換過程。

　　除此以外，必須說明的是，雖然前列五點以探討職場職涯轉換現象為主，但同樣地，這些原則也適合運用在探討生涯決定議題，因為做決定和轉換呈現出生涯動態現象的一體兩面。除了在職場以外，也可適度地將之應用在進入職場之前的生涯決定議題，特別是那些在學期間即具備和職場工作有關的打工或實習經驗的學生。只是後者以學生為對象時，主要以進入職場之前的知覺心理特性為主，而前者以職場工作者為對象引發出的內

在生涯不僅探討知覺心理特性，也和知覺職涯特性有關（楊育儀，2016），此時的生涯之錨反映出歷經職業社會化後之內在生涯本質與進入職場前有別。

實際上，生涯決定和轉換現象均可能出現在進入職場前後，只是相對較多的生涯決定議題在教育歷程裡被探討，而對於職場工作者而言，除了生涯決定以外，也同時面臨了比例逐漸增高的職涯轉換議題。對於職場工作者來說，在生涯諮商時放入時間軸的探討更具張力，透過脈絡化進入職場初期做決定的「初衷」、個人當前考量職涯轉換時正面臨到的工作處境及生涯關切，探討這兩者之間有何關聯性和不同之處，通常即能適時帶出深刻感受，從中看到生涯之錨並發展出適合探討內在需求的條件。

二、以促進工作適應及職涯管理為主軸之生涯諮商策略：意義化

採社會建構發展觀運用生涯之錨理論時，另一類常見的生涯議題和職場工作適應及職涯管理有關。此時的生涯諮商重點，聚焦在透過意義化來縮短人境不適配的差距，讓面對當前不適應狀態或缺乏目標時的因應方式，能從著重適應策略逐漸改變為調適策略。具體而言，進入必須面對的工作處境後，重新理解現階段的自己，包括自己和自己的關係、自己和工作的關係，以及這些關係和未來生涯發展之間的關係，依循綜合時間軸和脈絡化多重環境影響之系統理論生涯發展架構（a systems theory framework of career development）（詳見 McMahon & Patton, 2018），來深入而個別性地探究為何感受到正經驗中的壓力和負向情緒，接續解構及重新建構這些關係，進而意義化不適配、難以適應或無法接受之困難所在，從中發展出脈絡思維並形成當下看待工作的新觀點。

由於生涯之錨提供理解當前個人知覺內在生涯特性的參考，呈現出自身如何看待自己，而工作適應實則反映了和工作之間的關係，更可能涉及與自己的關係，因此針對目前顯現於外的工作不適應或不適配現象，除了著重釐清在職場中確切經驗到那些適應狀態以外，從事現階段工作時實際遇到的內在衝突、矛盾想法和心理感受，也很值得探究。

　　一方面，從本文前述說明的理論觀點可知，從事職業的工作適應程度實則受到個人主動賦予工作意義的影響，目前適配狀態並非僅是被動式地嵌入現有工作結構或回應既存職業機會所為之人境適配，無論是和工作直接有關，還是看似毫無關係，任何帶來內在衝突或矛盾想法的壓力經驗均值得討論，因為從理解那些伴隨壓力事件出現的負向感受，或許可以間接地看到現階段給予的工作意義為何，或自己如何看待自己的未來。另一方面，透過釐清生涯之錨過程，將可啟動並強化工作塑造所需的內在動力，把「適配與否」或「能否適應」的決定權回歸給當事人，讓目前從事工作出現有別於過去的個人意義，賦予當前工作新內容、再次更新和工作的關係，透過意義化而能從矛盾中找到新平衡。

　　這類回應目前工作不適應或不適配現象之生涯諮商策略，著重探討生涯發展歷程中的情緒經驗（Kidd, 1998, 2004），透過生涯建構過程（Patton & McMahon, 2017）以意義化機制來從事工作或生涯塑造（Akkermans & Tims, 2017），得而觸及生涯之錨最深層的動機與需求層面，在敘說和重新建構過程中重新看到自己，同時能透過持續對話來調整和自己的關係，進一步啟動想要為自己而為的內在動機。由於動機被開啟和強化，和工作的關係隨後獲得修復及調整，因而讓當前從事的工作不僅滿足「需要」而且能提供滿足個人「想要」的途徑，促使該工作得以成為本身實踐長遠職涯管理的夥伴。若能如是般地引導出意義化機制，則有助於轉化適應為調適策略，主動賦予從事職業的新工作內涵。

　　更具體來說，從諮商開始時呈現的不適配、難以適應之生涯狀態，藉由生涯諮商歷程來引導當事人看到，即便在「不適配」處境下仍有某些屬於個人特性而可掌握的優勢條件，無論是能力、價值或動機需求，皆有可能透過這些自己相信的知覺內在生涯特性而推動改變機制之發生，轉化「適應」為「調適」歷程，在面對態度上由原本的被動消極轉變成主動積極，重新思考為何本身自覺或重要他人認為不適配的根本原因；尤其在看到自己的「想要」之後，將帶出在目前環境中究竟有何可為之處，如何從一開始認為自身和工作環境均缺乏條件下，而後卻能創造及實踐現階段足以達到個人目標的方法。除此以外，伴隨著對話和反思不斷在生涯諮商歷

程中展開，工作以外更寬廣的整體生涯向度被納入探討，亦即個人實際看到的工作或生涯究竟可放入什麼樣的條件或新元素，而讓身處當下環境時，更像期待看到的自己。這樣的對話和反思，則不限於工作塑造，更透過全面性的生涯塑造來看到並催化生涯諮商歷程討論焦點之轉移，先前一貫固著於現有環境缺少的條件逐漸被鬆動而讓個人觀點開始有彈性，順勢發展並改變成為看清楚及拓展知覺職涯特性所在，從中相信什麼、自己有哪些可掌握之處，藉由強化「有何可為」的想法來推動為自己而為的主動調適及職涯管理行為。

　　無論是消極地解決當前工作不適應或不適配，或者更積極地從事前瞻性的職涯管理，意義化主要來自以「對話」和「反思」為基調之自我建構和社會建構機制。這些和自己的對話或來自他人的回饋，實則有助於展現調適歷程所需的內在動機，在「為何而為」、「如何可為」或個人「想要」（動機）等反思基礎上，賦予現階段從事職業或組織環境出現個人意義的新內涵，更符合自身知覺心理特性之工作內涵。

　　如此一來，讓面對工作環境時的處境，從原先的「被迫因應」轉變成「主動創造」過程，再回頭檢視工作的基本要求，發展出兼顧最低表現要求，同時開始放入影響最佳表現之關鍵要素，強化以意義為焦點的因應方式（meaning-focused coping）來取代過去慣於採用的以情緒為焦點，或以立即性的問題解決為焦點的因應方式，透過持續對話和反思來重建和自己的關係，進而正向發展與自身從事職業或工作之間的關係。若能同時放入社會建構發展觀重視的時間軸，除了讓當事人在心理諮商過程中有機會重新理解過去經驗之外，更能藉由意義化而同時連結了不同生涯發展階段中的自己，這種納入生涯塑造來促成的賦能取向諮商策略所帶出的反思，將可讓那些經歷過和不同時間的自己對話之後的當事人，對於現在工作和未來機會也跟著出現不一樣的期待。即便是外在環境條件沒有發生任何改變，然而主觀知覺的自我意象以及投射在未來的職涯管理方向已有不同；面對生涯時，經過脈絡化而帶有個人意義的目標開始浮現。

　　簡言之，運用生涯之錨理論進行工作重塑或生涯重塑，回應了當前職場普遍可見的工作適應及職涯管理議題，講究的是如何在目前從事的職業

或工作中，產生並強化和個人知覺心理特性有關之意義，這般以擴展知覺職涯特性以及意義化逆境或壓力事件的心理機制，呼應了近年壓力研究領域著重在以意義為焦點的因應策略或正念取向的心理諮商策略（Jacobs & Blustein, 2008）。透過促進重塑條件並發展意義化的過程，生涯諮商也從以適應為主的情緒抒發或解決問題焦點，轉變為著重在強化調適歷程，從中逐漸形成與建立有個人意義的生涯目標。此種諮商策略強調如何改變對既有環境的僵化想法以創造出適於個人內在生涯發展之適配條件，非受制於不適應或被不適配所主宰，在重拾控制感和有所重心的知覺基礎之上，重新看待原本認為的逆境或困難所在。由於這種生涯諮商策略帶有賦能取向，當事人因而得以被看到，同時持續具體化對個人有所意義的新觀點，逐步展現出前瞻性的職涯管理態度，終能以創造意義和主動因應的正向態度，來取代在進入心理諮商前的被動或被決定之生涯處境。

三、強化學職轉銜前後在生涯探索和職涯準備之生涯諮商策略：給方向、給力量

生涯之錨理論也可被應用在發展性的生涯探索教育，強化職涯準備以縮短學職轉銜之間的落差，或者幫助新進員工適應和投入職涯發展的生涯導向方案（career orientation programs），以降低剛進入職場的工作震撼，在進入公司初期即能調整期待而建立符合現實環境之「生涯觀」（劉淑慧，2000），並設定可實踐的生涯路徑（Biron & Eshed, 2017）。同樣地，這兩者皆強調生涯自我概念之整合，與如何形成有助於深化探索歷程的穩定重心，此內在基礎推動了面對持續變動以及準備轉換所需的成長力量。

首先，除了奠基在先前對個人生涯特質有所認識的條件以外，學職轉銜前後的生涯探索和職涯準備重點，在於形成能穩定生涯而有所憑藉之生涯重心，這樣的穩定感雖不見得和未來在職涯建立期方能逐漸形塑的生涯之錨全然相同，但是同樣地必須整合和不同生涯特質有關的自我知識，並放入來自現實職場工作的職業知識，兼顧在轉換過程中的適應和探索兩者的需要，如同生涯之錨般地發揮重心、穩定地平衡在不斷變化的歷程之

中。這樣的生涯自我概念，也必然與先前漫長教育過程偏重於自我探索方向有別。

　　生涯自我概念的本質，在開始經歷職場社會化歷程後出現不同。專業前期生涯認同（pre-professional identity）（Jackson, 2016）和日後生涯之錨的形成可能有關，它要描述的是剛進入職場之際以自我知識為基礎而在特定專業領域建立的生涯自我概念，雖然這時候來自職業知識或工作世界的現實經驗仍相對不夠充分，不過此刻的自我概念開始反映出當下的自己如何看待從事特定職業或工作中的自己，而這種主觀知覺時常帶有個人語言，展現出敘說性認同（narrative identity）之樣貌（楊育儀，2017）。不同於生涯之錨偏重描述的是在現實「工作」中的自己，專業前期生涯認同還是呈現出了相當程度對職業世界的想像，描述重點仍是在工作中知覺到的「個人」生涯特性，亦即代表著投注於專業領域學習一段時間後、在進入職場之時的生涯自我概念。另一個和職涯建立期生涯之錨內涵有關的諮商實務概念係來自於「理想生涯」（Yang, 2019），它也可被視為是進入職場前的生涯之錨理論應用，因為理想生涯乃形成在高等教育生涯探索經驗和生涯決定基礎之上，透過理想生涯得以映照出個人在求學階段投入專業發展時的內在知覺特性，可謂為整合性生涯自我概念之雛形。

　　貫穿在理想生涯、專業前期生涯認同和生涯之錨三者之間的是和生涯探索及主動建構工作世界有關的成長力量，強調在學職轉銜與職涯建立階段之前，並非僅有被動式地因應社會期待，或者為了回應生涯發展任務與生涯成熟而必須做出的生涯決定或達到工作要求的最低表現。此種攸關生涯探索和職涯準備歷程之生涯動力，可從生涯自我概念中的能力評估或自我效能進行探討（兩者間的共同和差異處，參見 Hughes et al., 2011），也可能與知覺社會支持和生涯支持有關，發源自周遭重要他人的影響（Blustein et al., 2004; Flum, 2015; Schultheiss, 2003; Schultheiss et al., 2001）；更由於這些內在生涯經驗涉及自我建構和社會建構機制，如同前述，乃以反思和對話為基礎，關鍵在於如何自主性地啟動內在動力，因而也與生涯之錨概念所要描述的動機需求層面有關；也就是從理解內在生涯主題或知覺心理特性和職涯特性的脈絡中，看到如何形成目標以及展現力量。

　　從生涯實務面來看，若將生涯之錨理論拓展至職涯建立期之前的應用場域，則在生涯諮商實踐策略上，可依據進入職場前後的主要生涯議題有別而對應到不同重點，具體化在學職轉銜前特別重視的「生涯探索」以及伴隨學職轉銜之後更為強調的「職涯準備」，而持續性的「做決定」則貫串了這兩大生涯發展主軸，具體地展現在進入職場前後階段各自偏重不同程度的生涯探索和職涯準備基礎。此外，即便是進入職場前後的生涯關切稍有不同，但共同重點均是這些運用生涯之錨理論的心理諮商或管理實務必須致力於強化探索和準備動力，講究如何從各類探索和準備經驗中，整合出帶有力量且能形成個人追求目標之生涯自我概念。這樣的心理介入策略，通常著重於達到兩大目標：「給方向」、「給力量」；也就是，以內在生涯為本，投入在帶焦點而有力量之生涯探索或職涯準備過程，同時透過做決定而展現出對應實踐所需的方向與力量。

　　進入職場之前，從高等教育的生涯探索歷程，逐漸彙集來自不同生涯特性的了解，這些和各類特質面向有關的訊息呈現分散且缺乏決定力量。因此如同前述，在大學校院生涯實務中，經常看到的是這些探索歷程及準備經驗時常仍難以促成生涯決定狀態。受到生涯之錨理論的啟發，探討理想生涯便是針對這樣的高等教育現況而著重強化「做決定」的生涯諮商策略，透過整合生涯自我概念來帶動敘說性認同發展，進而引發生涯探索與職涯準備並促成生涯決定，具體化在影響目標（短期、中期、長期）形成及其如何被啟動和強化之生涯動力來源（agency）（Chen, 2006; Peavy, 2000; Yang, 2019）。此時，生涯探索與生涯決定時常是同時並進的，因此探討理想生涯的目的不在於必然要達到最終的生涯已決定狀態（career decided-ness）或做好充分準備，反倒是更強調如何藉由探討生涯決定狀態或知覺職涯特性的過程，來看到目前的個人知覺心理特性有何優勢所在，適度地整合這些訊息而以反思和對話帶出有力量、有方向的生涯自我概念，因而讓當事人發自於內而感受到穩定感，面對即將進入職場的生涯決定和從事職涯準備時的自主性獲得增強，為了滿足內在需求而接續從事更具焦點之生涯探索及發展歷程。

　　對於剛進入職場的新進工作者而言，和自我意象有關的專業前期生涯

認同，也呈現出了他們彼此理解專業以及看待自己在專業領域中的位置有所不同。雖然從事相同職業，但不同工作者定義自己及對個人專業期許的風貌可能存在很大差異，這直接影響了現今在工作上的適應狀態，或對應地決定了在從事特定職業領域中，如何設定符合個人發展的短期、中期和長期目標。此時的生涯自我概念相較於理想生涯，更是建立在新進工作者對於職場要求條件的個人能力必須有清楚把握，先以知覺能力為基礎，隨後伴隨職涯發展而開始從實際工作經驗中形成紮實的價值基礎，進入職場初期的工作經驗同時也影響了他們在現今面臨的安身階段，要如何投入職涯準備來滿足內在深層的動機與需求。因此不同於漫長教育歷程以興趣為導向的生涯探索經驗，在職場中的生涯探索經常不是探索，更是和做決定有關，並攸關如何提升職場核心能力或就業力的個人水平（能力條件），以及怎樣掌握方向（價值）等類之職涯準備議題，這些同樣涉及要如何提升職涯準備與做決定所需的內在動力。舉凡此類探索和準備的基礎，除了來自客觀性的工作環境和可依循的職涯路徑規劃以外，也和自己如何看待自己有關，更由於實際發生在正經歷中的現實工作場域，而非像過去般地缺乏職場經驗，因此導致在探索過程對未來方向過於落入想像，所以針對這些新進員工為對象在職場導入生涯諮商時，首要策略在於導引他們從面對現實震撼、衝擊與挫敗經驗中，透過反思和對話來提升開展性之探索、學習以及做決定；此刻，促進有助於達到目標之探索和準備動力，以及持續整合生涯自我概念來強化不斷因應失衡狀態而亟需展現的自主信心與內在控制感，建立這般猶如生涯之錨而能穩定發展方向的重心必然是專業前期個人職涯管理所需，也可融入到現階段人力資源管理中針對新進員工舉辦的生涯導向及管理活動。

　　具體來說，前面提及的理想生涯活動設計（Yang, 2019）經過適度調整之後，也可應用在以新進員工為對象的生涯導向方案，或者不侷限於特定生涯階段而為達到壓力管理或心理健康促進目的之職場心理諮商策略。或將其中關鍵要素放入主管和部屬之間的年度績效考核對話（萃取內在生涯主題、透過對話和回饋開展出新的生涯故事及行動方案，詳見 Yang, 2019），用來促進從事職涯管理所需的方向與力量，亦即訓練基層主管和

資深同事有效提供正式或非正式生涯支持（Kidd et al., 2003），讓部屬有頻繁機會透過整合生涯自我概念而能持續感受到自身職涯發展之穩定感，在工作時不僅有方向也有力量。類似這樣的應用途徑已不侷限在生涯諮商形式，亦能採用在當前以人才管理為目標之人力資源管理措施，強化員工策略性職涯管理（strategic career management）作為（Chong & Leong, 2017），同時補足自 1970 年代以來，「師徒」研究領域列舉公司內的正式或非正式師傅（mentors）可發揮的增加能見度、保護、擔保、仲介或推薦等策略性生涯支持功能以外，更能從著重內在生涯角度而提供有助於知覺心理特性和職涯特性發展之對話式支持，強化生涯自我概念，也有效擴展和生涯發展有關的世界觀與重新定位發展方向（Bosley et al., 2009）。

　　除了理想生涯活動設計以外，若參考目前常見的生涯諮商實務作法（田秀蘭，2015；吳芝儀，2000；金樹人，2011；Schein, 1990, 2006），則類似下列的這些討論方向，亦可經過適度調整而後達到本段落說明如何具體化生涯穩定感的發展歷程，在經歷學職轉銜和職涯建立階段之前，透過形成整合性生涯自我概念來增強生涯探索及職涯準備之內在動力並形成目標，發揮貫穿在理想生涯、專業前期生涯認同和生涯之錨三者之間發展所需之成長力量，從中持續給方向、給力量：

1. 你要向別人怎麼介紹你的生涯？尤其當遇到好久不見的朋友時，你會如何介紹現在的自己？
2. 若要呈現一張有特色的名片，你的名片上面有哪些訊息？而你的名片又會呈現出什麼樣的風格？
3. 你認為自己最擅長的是什麼？想到哪些曾發生過的經驗嗎？
4. 何者是你最想擺脫掉、排除在未來生涯之外的？可說說看為什麼嗎？
5. 從過去到現在一路走來的生涯發展歷程，你所堅持的價值與信念是什麼？為什麼？
6. 在談了這些之後，你會如何描述或形容剛剛在說自己的自己？現在的你又有什麼樣的感受或想法？為什麼？
7. 現在的你，還有其他想說的嗎？

除了強調可改變之處以外，這樣的對話方向乃將生涯諮商重點朝向如何看待自己的能力、價值觀或信念等內在生涯基礎，幫助當事人把個人知覺到的心理特性和優勢條件統整為當前看待自己的個性化觀點。如是整合，則有助於拉出時間軸並脈絡化重要生涯經驗，把分散的訊息加以意義化、組織成個人相信的自我概念，形成核心主題及活化對應各主題的特定生涯經驗，同時喚起生涯發展歷程中的正向經驗，來讓現在正在經歷轉換或面臨抉擇困境的當事人，能從重溫這些過往確實存在的成功經驗中重拾信心，在即將進入或正面臨如何因應現實的職場環境之際，找出強化探索和決定的意義及力量，持續從事職涯準備並調整職涯管理方向。

四、結語

以社會建構機制為基礎，本文試著綜合脈絡觀和時間軸，提出社會建構發展觀來拓展生涯之錨理論用於探究華人生涯諮商議題及應用途徑。除了著重整合性生涯自我概念及其發展脈絡之探討以外，也指出和生涯事件有關的情緒經驗有助於催化並啟動社會建構歷程所需的反思、對話與回饋，讓自我生成及來自他人兩者的建構歷程得以透過引發和強化動機、意義化、給目標和給方向等內在機制，實際應用在生涯諮商實務，具體回應常見於華人社會在進入職場前後普遍出現於各生涯階段的抉擇與適應議題，包括生涯決定和職涯轉換、工作適應和職涯管理，以及生涯探索和職涯準備。

這些生涯諮商實踐策略實非透過量化方式，或為了診斷個人生涯特性以達到組織職涯管理目的，而是從社會建構發展觀點提出如何運用生涯之錨理論來展現出發展功能，強調縱貫生涯發展歷程所需之動力（給力量）與目標（給方向）。再者，本文著重在探討生涯之錨內涵的動機與需求層面，用以呈現該理論不同於一般生涯理論之主要特色所在。最後，必須指出的是，雖然貫穿於本文的這些基本主張可具體化為：內在動機、意義化，以及給方向和給力量，係對應到進入職場前後生涯自我概念之持續更新與整合必須仰賴的三個關鍵條件，這三者皆很重要且彼此有關，不過在

有限篇幅內，僅能就一般性原則進行說明。無論在理論或實務層面，仍需解釋及從事後續探究之處必然甚多，特別是這些條件是如何與心理需求層面的滿足和挫敗經驗有關，以及這些條件究竟如何有助於說明生涯之錨理論相對較少提及的生涯動力現象；當然，本文提到諸多有助於建立社會建構發展觀之根本議題，也均有待後續理論研究深入探究其中涉及的心理歷程，才能更有效地應用在生涯之錨理論發展以及華人生涯諮商實務。

伍、問題討論

1. 綜觀生涯自我概念內涵之發展歷程主要涉及知覺心理特性和職涯特性兩者，這兩者用於描述在不同生涯發展階段的自我意象時有何差異？

2. 何謂生涯動力？你對於生涯動力的觀點，和本文說明的社會建構發展觀有何相同或不同之處？

3. 社會建構發展觀點適用在說明華人社會的生涯現象嗎？採用此觀點的主要優勢以及限制所在為何？

4. 生涯之錨理論可被應用在職涯建立階段之前，甚至更早的教育階段嗎？從你的觀點來看，為什麼？

5. 在生涯諮商應用上，「理想生涯活動」可以如何修改或調整成你從事心理諮商或管理實務所需？這樣的修改或調整是基於怎樣的理由？請從理論觀點或實務經驗，或兼具兩者，具體說明之。

6. 你對於需求滿足和生涯發展之間的關聯性有何看法？本文強調的「需要」和「想要」兩者間的差異會怎樣帶出生涯動機的不同？這樣的不同，又會如何應用在你的心理諮商或管理實務之中？

參考文獻

中文部分

田秀蘭（2015）。生涯諮商與輔導：理論與實務。臺北市：學富文化。

江佩真（1996）。青少年自殺企圖的影響因素及發展脈絡之分析研究（未出版之碩士論文）。國立臺灣師範大學，臺北市。

吳芝儀（2000）。生涯輔導與諮商：理論與實務。嘉義市：濤石。

李沁芬（1992）。輔導教師生涯發展及生涯重心之研究（未出版之碩士論文）。國立臺灣師範大學，臺北市。

林幸台、金樹人（1997）。高中生生涯定位量表之編製研究。中華輔導學報，**5**，1-18。

金樹人（1990）。生涯輔導在組織內的應用。載於中國輔導學會（主編），邁向**21 世紀輔導工作新紀元**（頁 94-117）。臺北市：心理。

金樹人（1996）。碩士論文指導。

金樹人（2002）。變與流變。發表於心理學系三十週年系慶學術研討會：心理學的開展：創新領域、社會議題、方法論。臺北縣：輔仁大學。

金樹人（2011）。生涯諮商與輔導（重修三版）。臺北市：東華。

紀憲燕（1994）。大學生生涯決定類型與生涯決定信念之研究（未出版之碩士論文）。國立臺灣師範大學，臺北市。

張紹勳（1999）。企業員工生涯定位、工作滿意與組織效能之研究：以資訊電腦業為參考組。管理評論，**18**（2），35-58。

陳麗如（1994）。大學生生涯發展阻隔因素之研究（未出版之碩士論文）。國立臺灣師範大學，臺北市。

游佳萍、黃維康（2006）。資訊專業技能與生涯錨之研究。人力資源管理學報，**6**（4），23-45。

楊育儀（1997）。「生涯組型」與「生涯之錨」的質化研究（未出版之碩士論文）。國立臺灣師範大學，臺北市。

楊育儀（2011）。臺灣女性職場工作生涯之主觀意義研究。發表於 2011 性別與科技研討會暨臺灣女性學學會年度研討會。新北市：淡江大學。

楊育儀（2014）。生涯之錨理論發展議題與就業服務實務應用之探究。**就業安全半年刊**，**13**，46-57。

楊育儀（2016）。從生涯之錨理論探討以知覺職涯特性為焦點的職場心理諮商與生涯管理方案。**國家文官學院訓練與發展期刊**，**222**，1-30。

楊育儀（2017）。生涯認同發展理論之探討與組織管理及員工協助方案應用。**國家文官學院訓練與發展期刊**，**234**，1-31。

劉淑慧（2000）。**建立期大學畢業工作者生涯定位錨與生涯觀之相關研究**。行政院國家科學委員會補助專題研究（編號 NSC 89-2413-H-018-001）。

蘇美雪（2000）。中學體育教師生涯定位與生涯發展需求之研究。**體育學報**，**29**，93-104。

英文部分

Adler, P. S., & Kwon, S. W. (2002). Social capital: Prospects for a new concept. *Academy of Management Review, 27*(1), 17-40.

Akkermans, J., & Tims, M. (2017). Crafting your career: How career competencies relate to career success via job crafting. *Applied Psychology, 66*(1), 168-195.

Arnold, J. (1997). *Managing careers into the 21st century*. London, UK: Sage.

Arnold, J., Coombs, C. R., & Gubler, M. (2019). Career anchors and preferences for organizational career management: A study of information technology professionals in three European countries. *The International Journal of Human Resource Management, 30*(22), 3190-3222.

Barclay, W. B., Chapman, J. R., & Brown, B. L. (2013). Underlying factor structure of Schein's career anchor model. *Journal of Career Assessment, 21*(3), 430-451.

Baumeister, R. F., & Landau, M. J. (2018). Finding the meaning of meaning: Emerging insights on four grand questions. *Review of General Psychology, 22*(1), 1-10.

Biron, M., & Eshed, R. (2017). Gaps between actual and preferred career paths among professional employees: Implications for performance and burnout. *Journal of Career Development, 44*(3), 224-238.

Blustein, D. L., Schultheiss, D. E. P., & Flum, H. (2004). Toward a relational perspective of the psychology of careers and working: A social constructionist analysis. *Journal of Vocational Behavior, 64*(3), 423-440.

Borgen, W. A., Amundson, N. E., & Reuter, J. (2004). Using portfolios to enhance career resilience. *Journal of Employment Counseling, 41*(2), 50-59.

Bosley, S. L., Arnold, J., & Cohen, L. (2009). How other people shape our careers: A typology drawn from career narratives. *Human Relations, 62*(10), 1487-1520.

Bravo, J., Seibert, S. E., Kraimer, M. L., Wayne, S. J., & Liden, R. C. (2017). Measuring career orientations in the era of the boundaryless career. *Journal of Career Assessment, 25*(3), 502-525.

Burke, R. J., Bristor, J. M., & Rothstein, M. G. (1995). The role of interpersonal networks in women's and men's career development. *International Journal of Career Management, 7*(3), 25-32.

Cenciotti, R., Alessandri, G., & Borgogni, L. (2017). Psychological capital and career success over time: The mediating role of job crafting. *Journal of Leadership & Organizational Studies, 24*(3), 372-384.

Chang, C. L. H., Jiang, J. J., Klein, G., & Chen, H. G. (2012). Career anchors and disturbances in job turnover decisions: A case study of IT professionals in Taiwan. *Information & Management, 49*(6), 309-319.

Chapman, J. R. (2016). An empirically derived framework for conceptualizing Schein's career orientation theory. *Journal of Career Assessment, 24*(4), 669-684.

Chen, C. P. (2006). Strengthening career human agency. *Journal of Counseling & Development, 84*(2), 131-138.

Chong, S., & Leong, F. T. (2017). Antecedents of career adaptability in strategic career management. *Journal of Career Assessment, 25*(2), 268-280.

Collin, A., & Young, R. A. (1986). New directions for theories of career. *Human Relations, 39*, 837-853.

Costigan, R., Gurbuz, S., & Sigri, U. (2018). Schein's career anchors: Testing factorial validity, invariance across countries, and relationship with core self-evaluations. *Journal of Career Development, 45*(3), 199-214.

Danziger, N., & Valency, R. (2006). Career anchors: Distribution and impact on job satisfaction, the Israeli case. *Career Development International, 11*(4), 293-303.

Danziger, N., Rachman-Moore, D., & Valency, R. (2008). The construct validity of Schein's career anchors orientation inventory. *Career Development International, 13*(1), 7-19.

Dawis, R. V., & Lofquist, L. H. (1984). *A psychological theory of work adjustment: An in-*

dividual-difference model and its applications. Minneapolis, MN: University of Minnesota Press.

DeFillippi, R. J., & Arthur, M. B. (1994). The boundaryless career: A competency-based perspective. *Journal of Organizational Behavior, 15*(4), 307-324.

Del Corso, J., & Rehfuss, M. C. (2011). The role of narrative in career construction theory. *Journal of Vocational Behavior, 79*(2), 334-339.

DeLong, T. J. (1982). Reexamining the career anchor model. *Personnel, 59*(3), 50-61.

Feldman, D. C., & Bolino, M. C. (1996). Careers within careers: Reconceptualizing the nature of career anchors and their consequences. *Human Resource Management Review, 6*(2), 89-112.

Flum, H. (2015). Career and identity construction in action: A relational view. In R. A. Young, J. F. Domene, & L. Valach (Eds.), *Counseling and action* (pp. 115-133). New York, NY: Springer.

Fried, Y., Grant, A. M., Levi, A. S., Hadani, M., & Slowik, L. H. (2007). Job design in temporal context: A career dynamics perspective. *Journal of Organizational Behavior, 28*(7), 911-927.

Guan, Y., Arthur, M. B., Khapova, S. N., Hall, R. J., & Lord, R. G. (2019). Career boundarylessness and career success: A review, integration and guide to future research. *Journal of Vocational Behavior, 110*, 390-402.

Hall, D. T., & Chandler, D. E. (2005). Psychological success: When the career is a calling. *Journal of Organizational Behavior, 26*(2), 155-176.

Hoyer, P., & Steyaert, C. (2015). Narrative identity construction in times of career change: Taking note of unconscious desires. *Human Relations, 68*(12), 1837-1863.

Hu, S., Hood, M., & Creed, P. A. (2018). Career goal importance as a moderator in the relationship between career feedback and career-related stress. *Journal of Career Development, 45*(1), 3-18.

Hughes, A., Galbraith, D., & White, D. (2011). Perceived competence: A common core for self-efficacy and self-concept? *Journal of Personality Assessment, 93*(3), 278-289.

Igbaria, M., & Baroudi, J. J. (1993). A short-form measure of career orientations: A psychometric evaluation. *Journal of Management Information Systems, 10*(2), 131-154.

Ituma, A., & Simpson, R. (2007). Moving beyond Schein's typology: Individual career anchors in the context of Nigeria. *Personnel Review, 36*(6), 978-995.

Jackson, D. (2016). Re-conceptualising graduate employability: The importance of pre-professional identity. *Higher Education Research & Development, 35*(5), 925-939.

Jacobs, S. J., & Blustein, D. L. (2008). Mindfulness as a coping mechanism for employment uncertainty. *The Career Development Quarterly, 57*(2), 174-180.

Jane, Y. (1998). Career anchors: Results of an organisational study in the UK. *Career Development International, 3*(2), 56-61.

Kidd, J. M. (1998). Emotion: An absent presence in career theory. *Journal of Vocational Behavior, 52*(3), 275-288.

Kidd, J. M. (2004). Emotion in career contexts: Challenges for theory and research. *Journal of Vocational Behavior, 64*(3), 441-454.

Kidd, J. M., Jackson, C., & Hirsh, W. (2003). The outcomes of effective career discussion at work. *Journal of Vocational Behavior, 62*(1), 119-133.

King, Z. (2004). Career self-management: Its nature, causes and consequences. *Journal of Vocational Behavior, 65*(1), 112-133.

Klapwijk, R., & Rommes, E. (2009). Career orientation of secondary school students in the Netherlands. *International Journal of Technology and Design Education, 19*(4), 403-418.

Kwan, K. L. K. (2009). Collectivistic conflict of Chinese in counseling: Conceptualization and therapeutic directions. *The Counseling Psychologist, 37*(7), 967-986.

Lambert, S. A., Herbert, I. P., & Rothwell, A. T. (2019). Rethinking the Career Anchors Inventory framework with insights from a finance transformation field study. *The British Accounting Review*. https://doi.org/10.1016/j.bar.2019.100862

Lent, R. W., & Brown, S. D. (2013). Social cognitive model of career self-management: Toward a unifying view of adaptive career behavior across the life span. *Journal of Counseling Psychology, 60*(4), 557-568.

Leong, F. T. (2010). A cultural formulation approach to career assessment and career counseling. *Journal of Career Development, 37*(1), 375-390.

Leong, F. T., Rosenberg, S. D., & Chong, S. (2014). A psychometric evaluation of Schein's (1985) Career Orientations Inventory. *Journal of Career Assessment, 22*(3), 524-538.

London, M. (1997). Overcoming career barriers: A model of cognitive and emotional processes for realistic appraisal and constructive coping. *Journal of Career Develop-*

ment, 24, 25-38.

London, M. (2003). *Job feedback: Giving, seeking, and using feedback for performance improvement*. Mahwah, NJ: Lawrence Erlbaum Associates.

Lu, L. (2008). The individual-oriented and social-oriented Chinese bicultural self: Testing the theory. *The Journal of Social Psychology, 148*(3), 347-374.

Maxwell, M. (2007). Career counseling is personal counseling: A constructivist approach to nurturing the development of gifted female adolescents. *The Career Development Quarterly, 55*(3), 206-224.

McMahon, M., & Patton, W. (2018). Systemic thinking in career development theory: Contributions of the systems theory framework. *British Journal of Guidance & Counselling, 46*(2), 229-240.

Meijers, F. (1998). The development of a career identity. *International Journal for the Advancement of Counselling, 20*(3), 191-207.

Meijers, F., & Lengelle, R. (2012). Narratives at work: The development of career identity. *British Journal of Guidance & Counselling, 40*(2), 157-176.

Mirvis, P. H., & Hall, D. T. (1994). Psychological success and the boundaryless career. *Journal of Organizational Behavior, 15*(4), 365-380.

Modestino, A. S., Sugiyama, K., & Ladge, J. (2019). Careers in construction: An examination of the career narratives of young professionals and their emerging career self-concepts. *Journal of Vocational Behavior, 115*. https://doi.org/10.1016/j.jvb.2019.05.003

Nordvik, H. (1991). Work activity and career goals in Holland's and Schein's theories of vocational personalities and career anchors. *Journal of Vocational Behavior, 38*, 165-178.

Nordvik, H. (1996). Relationships between Holland's vocational typology, Schein's career anchors and Myers-Briggs' types. *Journal of Occupational and Organizational Psychology, 69*, 263-275.

Oyserman, D., Coon, H. M., & Kemmelmeier, M. (2002). Rethinking individualism and collectivism: Evaluation of theoretical assumptions and meta-analyses. *Psychological Bulletin, 128*(1), 3-72.

Patton, W., & McMahon, M. (2017). Constructivism: What does it mean for career counselling? In M. McMahon (Ed.), *Career counselling: Constructivist approaches* (2nd ed.) (pp. 3-16). Abingdon, Oxon, UK: Routledge.

Peavy, R. V. (2000). A sociodynamic perspective for counselling. *Australian Journal of Career Development, 9*(1), 17-24.

Quigley, N. R., & Tymon, W. G. (2006). Toward an integrated model of intrinsic motivation and career self-management. *Career Development International, 11*(6), 522-543.

Rappaport, J. (1995). Empowerment meets narrative: Listening to stories and creating settings. *American Journal of Community Psychology, 23*(5), 795-807.

Reskin, B. F., & Bielby, D. D. (2005). A sociological perspective on gender and career outcomes. *Journal of Economic Perspectives, 19*(1), 71-86.

Rodrigues, R., Guest, D., & Budjanovcanin, A. (2013). From anchors to orientations: Towards a contemporary theory of career preferences. *Journal of Vocational Behavior, 83*(2), 142-152.

Savickas, M. L. (1997). The spirit in career counseling: Fostering self-completion through work. In D. P. Bloch & L. J. Richmond (Eds.), *Connections between spirit and work in career development: New approaches and practical perspectives* (pp. 3-25). New York, NY: Routledge.

Schein, E. H. (1971). The individual, the organization, and the career: A conceptual scheme. *The Journal of Applied Behavioral Science, 7*(4), 401-426.

Schein, E. H. (1974). *Career anchors and career paths: A panel study of management school graduates*. Cambridge, MA: Massachusetts Institute of Technology.

Schein, E. H. (1975). How career anchors hold executives to their career paths. *Personnel, 52*(3), 11-24.

Schein, E. H. (1978). *Career dynamics: Matching individual and organizational needs*. Reading, MA: Addison-Wesley.

Schein, E. H. (1982). *Individuals and careers*. Cambridge, MA: Massachusetts Institute of Technology.

Schein, E. H. (1988). Organizational socialization and the profession of management. *MIT Sloan Management Review, 30*(1), 53-59.

Schein, E. H. (1990). *Career anchors: Discovering your real values*. San Francisco, CA: Jossey-Bass/Pfeiffer.

Schein, E. H. (1996). Career anchors revisited: Implications for career development in the

21st century. *Academy of Management Perspectives, 10*(4), 80-88.

Schein, E. H. (2006). *Career anchors: Participant workbook* (3rd ed.). New York, NY: John Wiley & Sons.

Schein, E. H., & Van Maanen, J. (2016). Career anchors and job/role planning. *Organizational Dynamics, 45*(3), 165-173.

Schultheiss, D. E. P. (2003). A relational approach to career counseling: Theoretical integration and practical application. *Journal of Counseling & Development, 81*(3), 301-310.

Schultheiss, D. E. P., Kress, H. M., Manzi, A. J., & Glasscock, J. M. J. (2001). Relational influences in career development: A qualitative inquiry. *The Counseling Psychologist, 29*(2), 216-241.

Seibert, S. E., Kraimer, M. L., & Liden, R. C. (2001). A social capital theory of career success. *Academy of Management Journal, 44*(2), 219-237.

Stead, G. B. (2004). Culture and career psychology: A social constructionist perspective. *Journal of Vocational Behavior, 64*(3), 389-406.

Stoltz-Loike, M. (1997). Creating personal and spiritual balance: Another dimension in career development. In D. P. Bloch & L. J. Richmond (Eds.), *Connections between spirit and work in career development: New approaches and practical perspectives* (pp. 139-162). New York, NY: Routledge.

Super, D. E. (1954). Career patterns as a basis for vocational counseling. *Journal of Counseling Psychology, 1*(1), 12-20.

Super, D. E. (1980). A life-span, life-space approach to career development. *Journal of Vocational Behavior, 16*(3), 282-298.

Super, D. E. (1983). Assessment in career guidance: Toward truly developmental counseling. *The Personnel and Guidance Journal, 61*(9), 555-562.

Super, D. E., & Kidd, J. M. (1979). Vocational maturity in adulthood: Toward turning a model into a measure. *Journal of Vocational Behavior, 14*(3), 255-270.

Sylva, H., Mol, S. T., Den Hartog, D. N., & Dorenbosch, L. (2019). Person-job fit and proactive career behaviour: A dynamic approach. *European Journal of Work and Organizational Psychology, 28*(5), 631-645.

Tams, S., & Arthur, M. B. (2007). Studying careers across cultures: Distinguishing international, cross-cultural, and globalization perspectives. *Career Development Inter-*

national, 12(1), 86-98.

Tan, H. H., & Quek, B. C. (2001). An exploratory study on the career anchors of educators in Singapore. *The Journal of Psychology, 135*(5), 527-545.

Thaler, R. H., & Sunstein, C. R. (2008). *Nudge: Improving decisions about health, wealth, and happiness*. New Haven, CT: Yale University Press.

Valach, L., & Young, R. A. (2017). Action: A bridge between vocational and mental health counselling. *British Journal of Guidance & Counselling, 45*(5), 519-531.

Wils, L., Wils, T., & Tremblay, M. (2010). Toward a career anchor structure: An empirical investigation of engineers. *Relations Industrielles/Industrial Relations, 65* (2), 236-256.

Wils, T., Wils, L., & Tremblay, M. (2014). Revisiting the career anchor model: A proposition and an empirical investigation of a new model of career value structure. *Relations Industrielles/Industrial Relations, 69*(4), 813-838.

Wolff, H. G., & Moser, K. (2009). Effects of networking on career success: A longitudinal study. *Journal of Applied Psychology, 94*(1), 196.

Yang, P. (2019). A life journal into the future: Development of a storytelling approach for establishing career identity and agency in career counselling. *Innovations in Education and Teaching International, 56*(6), 700-710.

Young, R. A., & Collin, A. (2004). Introduction: Constructivism and social constructionism in the career field. *Journal of Vocational Behavior, 64*(3), 373-388.

Young, R. A., & Valach, L. (2004). The construction of career through goal-directed action. *Journal of Vocational Behavior, 64*(3), 499-514.

Young, R. A., Marshall, S. K., & Valach, L. (2007). Making career theories more culturally sensitive: Implications for counseling. *The Career Development Quarterly, 56*(1), 4-18.

Young, R. A., Marshall, S. K., Domene, J. F., Graham, M., Logan, C., Templeton, L., Zaidman-Zait, A., & Valach, L. (2007). Meaningful actions and motivated projects in the transition to adulthood: Two case illustrations. *International Journal for Educational and Vocational Guidance, 7*(3), 149-158.

Young, R. A., Valach, L., & Collin, A. (2002). A contextualist explanation of career. In D. Brown, L. Brooks, & Associates (Eds.), *Career choice and development* (4th ed.) (pp. 206-252). San Francisco, CA: Jossey-Bass.

Zhang, L., Liu, J., Loi, R., Lau, V. P., & Ngo, H. Y. (2010). Social capital and career outcomes: A study of Chinese employees. *The International Journal of Human Resource Management, 21*(8), 1323-1336.

Zimbardo, P. G., & Boyd, J. N. (1999). Putting time in perspective: A valid, reliable individual-differences metric. *Journal of Personality and Social Psychology, 77*(6), 1271-1288.

第八章　敘事治療中的時間觀與空間觀

黃素菲

摘　要

　　本文以量子物理學的觀點為入口，呼應敘事治療認為時間不是客觀的存在。敘說本身是指一個人在難以更動的特定之無法複製的時刻中，所發生的行為，治療師必須讓來訪者有如親臨現場般再次經驗而非再次訴說，「時與境」不可分割的經驗得以再現，使得看似「不在」的故事，有機會成為「在」的故事。敘事治療的時間觀，是「有」與「無」的陰陽互倚、相互生成，經常以一種非線性的「側敘」（sideshadowing）發展，呼應著「在」與不在，以及「不在」的在。時間跟空間連在一起成為時空的概念，猶如故事（content）與脈絡（context）相互生成的觀念，是敘事治療隱而未現的基礎，也是發展未來渴望故事的入口之一，藉此，敘說時間得以從「絕對過去」到「未定當下」往「開放未來」。接著，本文再從華人文化日常生活語言中的各種俗諺、隱喻來論述敘事的空間觀，羅列「退」與「轉」的自我安頓之道。敘事治療創造出「治療師與來訪者之間」和「來訪者與問題之間」的兩種空間，以「距離拉遠、全局視野」，有助於來訪者發展出具有反思性的意識藍圖。敘事治療師跟庖丁一樣，都是「因其固然」而能「游刃有餘」。借助「不知道」（not knowing）、「局外見證人」（witnessing）或「隱而未現」（absent but implicit）等技術來協助來訪者發展支線故事，是進行思想／故事的重新活化，讓故事繼續開展，此有助於視角挪移，產生心理空間。最後將敘事治療的時間觀與空間觀應用到生涯諮商，以生涯建構的早期經驗實作活動設計，作為敘事時間觀的展演媒材，並以虛擬案例的敘事治療介入為媒介，作為敘事空間觀的對話示範。

故事取向的治療不是為了建立普世皆準的真理條件，
而是要將不同時間的事件連接在一起。
敘事的模式不是要帶來確定性，
而是要帶出更多不同的視野和心理空間。

（White & Epston, 1990, p. 78）

▊ 核心概念

記憶是人類關於時間的心智活動。事件記憶是了解自我知識的基礎，長期記憶系統中的事件記憶是對跨時空生活事件的編碼，其基本單位是事件或情節，由人的生活實踐所累積，每一個事件都是特殊時間、空間下的產物。敘說是對於事件記憶（episodic memory）中一連串過去時間發生過的事件，組織、串接成敘說者解釋生命經驗的自我知識。英國物理學家 Barbour（1999）在其所著《時間的盡頭》（*The End of Time: The Next Revolution in Physics*）裡提出在時空理論中，任何東西和事物都有它自己的存在位置，數學規律將它們連接在一起，時間不是一種已經存在的維度，也不是任何會「流動」的實存物。依據他的觀點，時間只是一種心智的概念，配合空間和數可以讓人類對事件進行排序和比較，也可以說，時間不是客觀存在，而是人的記憶力造成的幻覺。Barbour 進一步解釋說：「人知道上週的證據是人的記憶力，是記憶來自大腦神經元的穩定結構目前發揮的功能」（張秉開編譯，2016）。

敘事治療的機轉，是關於人們在敘說空間裡，將過去時間發生過的事件串接、重組過程中所產生之心理質變。關於敘事治療的機轉，黃素菲（2018a，頁 156）認為，「諮商空間」是作為「知識」對象的來訪者自我構作生命知識之場所，諮商關係是作為倫理境遇下相對待「我與你」的真誠接觸，諮商時間是作為「知識」對象的「病」、「問題」、「困擾」轉化（transformation）之歷程。這裡說的「諮商空間」，包含諮商室的物理空間，以及和敘說者時間交錯產生的心智循環空間。生命敘事是一種個人史

的故事敘說，是將發生在生命時間各種事件的累積與串接，在敘說空間形成整體敘事重組的過程。敘說空間提供敘說者將行動世界，也就是日常生活經驗，投向「敘說」的語言活動。來訪者在論述空間中完成敘說，經由敘說的「反思性理解」所產生的視框轉變，再帶回到行動世界，也就是說，敘事治療機轉來自蘊生敘事視框轉變的心智循環空間所產生之心理質變。

> 談到敘事就會跟「時間」有關，
> 談到敘事治療就會跟「空間」有關。
> 敘事是人類關於生命事件在時間上的記憶與串接，
> 而敘事治療是關於產生多元敘事視角去打開心理空間的
> 技藝。

■ 壹、敘說的時間觀：「有」與「無」的相互生成

物理學家對於時間累積了不同的觀點。英格蘭古典物理學家 Newton 認為，空間是絕對的（absolute），時間也是絕對的，時間與空間是各自獨立的存在著。在 Newton 所寫的《自然哲學的數學原理》（*Philosophiæ Naturalis Principia Mathematica*）一書中，他給「絕對的空間」下定義：「絕對的空間，本質是與外物無關的，是永久保持同樣且靜止的」（Absolute space, in its own nature, without relation to anything external, remains always similar and immovable.）（趙振江譯，2006）。Albert Einstein 在 1905 年提出狹義相對論，徹底顛覆了 Newton 的「絕對的時間與空間」之觀念。

狹義相對論（張海潮，2012）的基本假設之一是認定光在真空中走的速度快慢是不變的，也就是「相對地面靜止不動的觀察者測量到之光速」和「相對地面在運動中的觀察者測量到之光速」是一樣的。以 Einstein 的相對論為基礎的「單元宇宙」（block-universe）概念來說，時間和空間是連在一起的，可以用「時空」（spacetime）來描述。時空是相對的，不是絕對

的，就表示時空有無限多，每個物體都有其各自的時空。此外，時空與物質是緊密相關的，離開物質而談時空是沒有意義的。空間和時間只是四維時空結構的一個組成部分，這個四維時空中的萬事萬物都有各自的「時空」聯繫特點（尤斯德、馬自恆譯，2006）。按照四維時空的構想，會發現沒有發生任何變化，過去、現在和將來已經存在那裡。

量子力學告訴我們基本粒子（如電子、夸克等）具有粒子波動二元性。我們沒有辦法同時準確地得到微小粒子的位置和速度，這稱之為測不準原理。高涌泉（2013）在《科學人雜誌》所撰寫的〈電子沒有世界線〉一文中，以量子力學來討論時間現象時提到，Einstein 曾問：「你不看月亮時，它還在那裡嗎？」每個人都知道這個問題的答案——月亮當然在那裡。但是對於電子而言，這個問題的答案卻是否定的，因為奧地利物理學者 Erwin Schrödinger 以他著名的貓實驗提出量子力學詮釋：當盒子仍舊是封閉的時候，系統同時存在於「衰變的原子／死貓」和「未衰變的原子／活貓」這兩種狀態的疊加態，只有當盒子被打開，進行觀察時，波函數塌縮為其中任意一種狀態。就此顯示，測量本身（早在一個有意識的觀察者對測量結果進行觀察之前）就足以使量子波函數塌縮，意即在測量電子的位置或速度之前，它並沒有位置或速度可言（張如芳譯，2017）。換句話說，以量子力學的位置、速度觀來看，時間不是客觀的存在，而是存在於人的意識裡，是因人的觀察／記憶才讓時間存在。

一、所有的經驗都是以「現在」在此刻、當下被敘說

從物理世界回到人的世界，人類的事件記憶作用有如 Schrödinger 實驗者與其測量工具——蓋格計數器，實驗者的測量有如人們的生命敘說，未測量跟未敘說一樣，都處於疊加態，是測量本身讓實驗結果現身，而敘說則讓敘說者現身。敘事時間是開放時間，必須由敘說者或傾聽者來定義時間。時間並不是等距的物理計量，將因人而異而具有個人內在時間的定義，例如：有人覺得霎那即永恆；有人可能已經 60 好幾，但內心感覺只有 40 歲而已；或是同樣一段時間，有人覺得光陰似箭、歲月如流、日月如

梭、白駒過隙，卻也有人覺得是度日如年、猴年馬月、遙遙無期、道遠日暮、年深歲改、日久歲深。

俄國語言哲學家、文學理論家Mikhail Bakhtin（1895-1975）指出，事件性（eventful）在闡述「時間不是客觀的存在」之意旨，事件性在本質上是指一個人在難以更動的特定之無法複製的時刻中，所發生的行為（Morris, 1994）。也就是人的大腦會以獨特的方式收錄、保存經驗，每一個事件都包含著它自己獨特的個人行動，在一個特定的時間脈絡下，這並不只是單純地依照過往事件規格化複製的產生過程。事件性存在於事件之中難以更動又無法複製的特定時刻，就是使得每一個人的故事與眾不同之原因，成為不平凡事件而值得去述說。

因為有這個事件性，所以就有覺察多元性（Morson, 1994）。不平凡事件是無法複製的，意思是說其意義和分量都是無法分割的，與形成事件的時刻緊密連結在一起。黃素菲（2018b，頁 250）認為，每個人選擇說什麼及如何說都是「息息相關」（momentous），又「當下即是」（present-ness）。「事件性」有如 Bakhtin 所強調的「時間不是客觀的存在，在難以更動又無法複製的時刻」，是人的凝視或反思才讓時間存在，也才能產生「我此刻的所作所為是真的為我所欲」的自我建構之特性。

就 Bakhtin（Morris, 1994）的觀點，敘事治療中來訪者敘說的過去故事，是在來訪者當下意識狀態中，以自我建構方式所呈現的跨時間之主觀事件。來訪者不去說那段經驗，那段經驗就無法顯現，經驗也就不存在，當然也就無法建構出未來故事。因此，敘事治療的時間觀跟 Schrödinger 一致，在人去測量電子的位置或速度之前，它並沒有位置或速度可言，源於人去測量的這個動作，讓欲測量的物理性質從疊加態塌縮為其中一種狀態。在此，借用量子力學：「你不看月亮時，月亮就不在」，提出敘事治療的假說：「你不說故事時，故事就不在」，甚至可以說是「你不說故事時，你就不在」。

二、敘事時間從「絕對過去」到「未定當下」往「開放未來」

　　Paul Ricoeur（1913-2005）在其《時間與敘事》（*Time and Narratice*）第二卷書中（王文融譯，2018），將時間和敘事結合起來，用兩個時間概念來定義歷史時間：宇宙時間（即世界時間）和生活時間（生命的時間）。他認為在敘事模式表達到極致時，宇宙時間可以成為一種生活時間，此時敘事成為時間存在的條件，而獲得充分重要性。因此，時間不僅是一個概念，其實時間是開放而容許多種詮釋的結果。Bakhtin 也談到時空體（chronotope）進一步闡釋敘事時間的特性。

　　Bakhtin（2002a）在〈小說的時間形式和時空體〉（Forms of Time and Chronotope in the Novel）一文中，以他獨創的字眼「時空體」為主軸，藉以探討文本結構中時間與空間的內在連結性。他以中世紀民俗文化的（folkloric）時空體說明小說話語如何具有社會和政治的批判意識，並致力於闡述小說話語的時間和空間。「時空體」指涉的是時間與空間之內在關聯性，探討「時間與空間的不分割性」。

　　Bakhtin 發現，於 1930～1940 年代間，在蘇聯前領導人 Joseph Stalin（1878-1953）極權統治下的官方語言，大量地宰制並控制公共生活、日常生活、民俗文化的所有面向，加上他本人親自遭逢 Stalin 政權政治迫害的經驗（王孝勇，2016，頁274-275），導致 Bakhtin 以日常性語言的對話互動作為理論的核心和起點。在 Immanuel Kant（1724-1804）的哲學思想中，人類認知（cognition）的主體性問題乃是其論述核心。他也認為認知必然串起人的內在心智（mind）和外在經驗（experience），而人對於時間與空間的體驗想像則是其中的關鍵。Bakhtin 關心小說作者如何經由人物之間對話而發展出多元、多樣且貼近日常生活的時間意識與空間場域，人物之間的對話如何超越文學的討論範疇，進而直指或暗諷極權政治暴力壓迫的荒謬可笑和泯滅人性。Bakhtin（2002b, p. 11）說：「小說在修辭風格上具有一種特殊的三維性（three-dimensionality），這種三維性乃是時間軸上的絕對過去（absolute past）、未定當下（inconclusive present）與開放未來（open future）。」

時空體此一概念在 Bakhtin 的筆下，凝聚了兼具個體獨特性和群體考量，既回歸日常生活又不忘日常性，強調語言本就具有民主化動員力量的視覺語藝意識。Bakhtin（2002b）提出四種時空體：(1)希臘羅曼史的時空體跟史詩的運作邏輯，反映人類存在圖像是高度的語文化、機械性、從屬性；(2)古典時期的時空體是每日生活之歷險小說，強調生活中總是存在著意外、偶然與不尋常；(3)傳記小說的時空體，強調個體主動回應每日生活的偶然性與跳躍性，藉由古希臘哲學家蘇格拉底在雅典公共廣場上，透過與他人攻堅詰問辯駁真理知識為何的對話場景，作為人類成就自我意識和批判意識的圖像隱喻；(4)民俗文化的時空體，以中世紀民俗文化中常見的市井流氓、小丑、傻瓜等為主題，以大量出現在小說敘事為例，說明公共廣場的論辯攻堅，不只幫助我們成就自我意識、促進對話交流，更是一個高度視覺化的奇觀（spectacle）和戲臺，展演著一齣齣怪胎（peculiar）、脫序的詼諧喜劇。

正因為傻瓜這個角色形象看似天真無私，卻又是被既定規範、道德、政治「排除在外」的存在，以及「不理解」（not understanding）生活中諸多被一般人視為「理所當然」又「習焉不察」的條件規約之形象、體制、價值、規範，我們才得以「驚覺」諸多看似順理成章的事物，基本上並非必然具有其正當性，也不應該成為普遍真理的意識型態。Bakhtin 指出，民俗意識透過公然展演揭櫫了一個生機勃勃、充滿創造力和生命力的開放時間軸線，更在空間範疇上得以進一步「瓦解舊的世界圖像」並「重建一個新的世界圖像」。敘事治療強調治療師對來訪者應抱持「不知道」（not knowing）的態度，在此也可以看到與 Bakhtin「民俗文化的時空體」理念之呼應與連結。治療師若抱持著跟「傻瓜」一樣「不知道」的位置，更能夠「驚覺」來訪者身上「看似順理成章的事物，基本上並非必然具有其正當性」的信念，才有機會去顯明來訪者自身的在地知識。

Bakhtin 認為，「當下真實」才是人要去關注的主題或主體。而「當下真實」源自民間的聲音，訴諸當下此時（the "todayness" of the day）的對話互動和人際交往，而不是官方為了遂行統治、箝制思想的政治標語或僵化陳舊的文化規條。其實，蘇格拉底於公共廣場上陳述個體對於他人話語意

識的回應理解乃至於對話互動，這種源自民間聲音的「當下真實」互動，並非私領域的言說行為，而是公開的、具有群體意識和關懷的語藝實踐歷程。Bakhtin（劉康，1995）認為，整個中世紀拉丁文學的詼諧多音即是「對他人特定條件特質和話語的挪用、再製與模仿」，而這裡的挪用、再製與模仿更具有一種「意圖雜交性」（intentional hybrid）和對話性，是一種全新的語藝意識，能消弭自我與他者原先涇渭分明的距離、陌生感和從屬關係，以成就相對平等自主的自我意識和他者意識，透過不同觀點、不同語藝意識之間的往返辯證和複雜爭鬥，藉此展開話語多樣性（speech diversity）。Bakhtin（王孝勇，2016，頁279）就曾明白指出：「每件嚴肅莊重的事情，都有其喜劇詼諧的雙重性（doubles）和言外之意。」

　　根據社會建構論的觀點，治療師在治療的場域中，對於來訪者生命故事裡所述及的信仰、法律、社會習俗、食衣住行習慣等，所交織出來的「真實」，都不會理所當然視之為客觀的真實，這些來訪者故事中的描述，都是長時間社會互動所形成的。換句話說，我們一起在生活中建構出我們的真實，並且生活在其中。教育制度、醫療制度、法律制度、婚姻制度等，都是我們一起在生活中所共同建構出的真實，成為制度化的社會，又被我們當成是客觀的真實。來訪者帶進晤談室的問題故事，很大成分是來自社會建構的結果。White（1988）強調請來訪者為自己的故事命名，或為自己的渴望故事命名，都是運用外化的概念，要將敘說的作者權歸還給來訪者之具體表現。

　　敘事治療師不會用專業術語標籤來訪者的問題，而會以各種問話來啟動來訪者的在地知識，例如：「相對影響問話」（relative influential questioning），治療師採訪問題對來訪者的影響，同時採訪來訪者對問題的影響，並一一記錄下來，一起列出「問題影響地圖」（White, 2007），再邀請來訪者一起在治療過程中對問題命名，並核對如何有效地以自身的在地知識一一回應問題故事之影響。White（2007）也以同樣方法繪製「獨特意義經驗」影響地圖，並進一步評估與辯護。Bakhtin 提出「當下真實」的語藝實踐可以說就是「相對影響問話」治療技術的基礎，以來訪者和治療師現場的「當下真實」，也就是治療中在難以更動又無法複製的時刻，「息息相

關」又「當下即是」，來訪者和治療師經由對話而發展出多元多樣且貼近日常生活的時間意識與空間場域。

　　敘事治療師同時聽到相對兩邊左右包抄的「雙面故事」：「問題」對人的影響、人對「問題」的影響。命名之前，來訪者完全陷入無助，命名這個邀請，創造出敘事治療師與來訪者之間的空間，也創造出來訪者與問題之間的空間，讓來訪者自己去思考要跟問題保持怎樣的關係？就此，來訪者擁有選擇權和主導權。當來訪者說「我覺得生涯茫然」，這是用「茫然」來形容自己的生涯。此時，敘事治療師可以問來訪者：

治療師：你說的生涯茫然，是指什麼意思？
來訪者：生涯茫然讓我沒有動力，什麼都不想做。
治療師：生涯茫然是如何讓你認識它的？
來訪者：幾乎每天上班都做一些瑣碎、打雜的事，很沒效率。
治療師：你會怎麼描述「瑣碎、打雜、沒效率」的情況？或是這個畫面？
來訪者：很像一條船漂浮在海面上，卻不知道要去哪裡。
治療師：如果那是一幅畫或一個意象，你會為這幅畫或這個意象，取什麼名字？
來訪者：失去舵手的船。

一面聆聽「問題對人的影響」：

治療師：「失去舵手的船」對你的生活或工作造成什麼影響？
來訪者：「失去舵手的船」使我什麼事情都不想做，沒有動力，沒有效率，對什麼都不感興趣。
治療師：「失去舵手的船」會對什麼造成影響？
來訪者：「失去舵手的船」使我失去自信，找不到重心，沒

有方向，我覺得每天都渾渾噩噩的，即使想要振作，也沒有力氣。

另一面聆聽「人對問題的影響」：

治療師：你曾經對抗過「失去舵手的船」嗎？你有影響過「失去舵手的船」嗎？

來訪者：曾經在一個太陽照進窗口的早上，我發現「失去舵手的船」好像不見了，那天早上我跟同事一起開會、討論，我把手邊的工作整理成一份報表，還做成PPT，大概花了三個多小時，已經過了午餐時間，列印出來的時候，我自己都嚇了一跳，真希望那個早上永遠不要停止。

治療師：如果要讓那個時刻繼續延長下去，你會如何面對「失去舵手的船」，或是怎樣挑戰它？

來訪者：我會繼續坐在電腦桌前，把檔案的資料輸入表單，核對數據，繪成圖表，做成 PPT，專注在手邊的事情，讓「失去舵手的船」沒有機會找到空間進來。

治療師：你會用你的「專注當下」來讓「失去舵手的船」無機可趁，是嗎？

　　敘事治療師先探索問題故事的歷史，並邀請來訪者對問題命名，再以「相對影響問話」來開啟來訪者的在地知識，整理出「問題影響清單」，過程中必須保留來訪者原始的用語。也就是治療師以全新的語藝意識，經由「意圖雜交性」的對話，針對來訪者的「問題影響清單」予以挪用、再製與模仿，消弭來訪者與治療師之間涇渭分明的距離、陌生感和從屬關係，以成就平等自主的自我意識和他者意識，來生產治療的能動性。

　　人類的存在時間並非線性因果，也不是處於「絕對過去」所預先設定的時間軸線與空間場域，敘事治療是源於諮商交談才能使得來訪者與自己的過去故事對話，連結主觀經驗並草擬意義構作，使得過去與當下接軌，

據此產生觀點移動並打開心理空間，繼之與未來靠近，開啟隱藏故事，並連結貼近渴望的偏好故事（prefer stories）。

三、敘事時間是強調「側敘」的旁支發展和意外突現

美國藝術與文化批評教授 Gary Morson（1948- ）談到時間暗影（shadows of time）時，也對敘事時間提出極具啟發性的觀點。時間暗影是 Morson（1994）在他的著作《敘事與自由：時間暗影》（*Narrative and Freedom: The Shadows of Time*）一書中，在研究時間與敘事形式的關係以及文學經驗的倫理向度時，所提出的觀念。Morson 斷言，我們思考世界和敘述事件的方式，往往與日常生活的真實多變和開放性質相互矛盾。畢業於香港中文大學的鄒文律（2011）也認為，歷史撰寫本身就離不開編織記憶與時間觀念的闡述，他說董啟章刻意迴避以家族事件印證歷史大事、以書信體的私密語調追述三代人的家族記憶、以「獨特物件」為敘述起點，都呈現出一種波浪形態的時間觀念。

若是認為歷史和科學的偶然性、變化性和未來多樣化都是理所當然的，那麼我們在沒有充分研究其後果或替代方案的情況下，就很可能會不加思索地接受其結論或意識型態，即便文學小說中的主角或治療中的個案之敘說，也是如此。但 Morson（1994）提到，還有另一種閱讀和構建文本的方法。他認為大多數敘事都是通過「直敘」（foreshadowing）和「倒敘」（backshadowing）來發展的，「直敘」大多有伏筆或預示，而「倒敘」大多有鋪梗或暗示，如果只有「直敘」和「倒敘」往往會減少每個時刻多樣的可能性。但其他文學作品試圖通過他稱之為「側敘」的設計，來傳達時間的開放性，而「側敘」大多有旁支發展和意外突現。

「側敘」是要提醒我們理解一個事件就必須要掌握其他可能發生的事情，因為時間並不是一條線，而是一系列可能的變化。Morson（1994）認為，這種對時間和敘事的看法鼓勵了知識多元化，有助於我們擺脫教條主義錯誤的確定性，創造出對現代正統觀念的合理懷疑，並使我們意識到我們可以有更佳選擇。這個觀點和前述 Bakhtin 以民俗文化的時空體，強調

「公共廣場的論辯攻堅可以幫助普羅大眾成就自我意識、促進對話交流」的論點，基本上是異曲同工的觀點，都是提醒治療師對於來訪者的強勢故事是否為社會建構具有敏感度，才能鬆動、解構來訪者身上「看似順理成章的事物，基本上並非必然具有其正當性」的信念，去開啟來訪者自身的在地知識，找出更多元、更隱而未現的旁支故事。

「直敘」和「側敘」的概念使得時間成為不對稱的敘事概念。直敘中的伏筆有如故事的預告，直敘型的電影或小說，會依照情節推理預告著故事未來可能的情節發展，觀眾會針對情節做推論；側敘所發展的突現或意外，則有如電影中主線故事之外的旁支故事，跟主線故事無關，但可能會「幫襯」、「凸顯」主角人物的性格，或是引發、開創出情節轉折或變化，觀眾比較需要用直覺才能感知故事情節的發展。

> 直敘是一種時間現象的特殊隱喻，它是一個物體的暗影，而時間模擬是一個事件預示著（暗影出）另一個要發生的事件。路徑中的一個物體向後投射一個暗影，這樣我們就可以在到達物體之前先碰到暗影。根據經驗，我們可以在遇到暗影時，就預知物件的出現。（Morson, 1994, p. 431）

敘事治療想要穿透語言的侷限性，到達生命經驗的心理空間，喚醒我們沉睡中的意識藍圖（awaken the landscape of consciousness）。人類的存在時間並非線性狀態，也不是處於「絕對過去」所預先設定的時間軸線與空間場域，而是將「絕對過去」提現到當下，與過去對話連結了主觀經驗並可草擬意義構作，創造出與「未定當下」接軌的可能性。這是一個自我建構的過程，意識到自己正在做這樣的當下自我建構，就進入了意識藍圖。未定當下是對於多重自我的預示，產生觀點移動並打開心理空間，進而開啟隱藏故事並連結貼近渴望的偏好故事，以旁支延展找出「開放未來」的種種活路。

這麼一來，「過去」是對未定「現在」的準備，「現在」則成為對假設性「未來」的預告或籌畫。直敘是已經被預告的「未來」，旁支是指可能會發生，但是還沒發生，需要去詢問才能獲知，也可以說是我們接受了

唯一應然的主流故事，卻忽視了的支線故事。敘事治療引用直敘和旁支作為對來訪者故事的理解並發展問話，直敘經常可以視為問題故事或強勢故事，而旁支經常是待發掘的隱藏故事線。White 借用 Morson（1994）的觀點，發展出「獨特意義經驗」（unique outcome）的敘事介入技術，是在提醒敘事治療師要在來訪者非線性的敘事時間中，注意到不同於問題故事的獨特而有意義的經驗，這些經驗有如旁支、輔線故事，經常是來訪者進入關鍵時刻產生「啊哈」並重新建構偏好故事的時機。

察覺心念

打開「未定當下」的大門，邁向「開放未來」

聖嚴法師言：「禪的智慧是什麼呢？明察諸行無常，所以實證諸法無我。禪修生活中，若觀身體動作，即見無常，若觀念頭起滅，亦無常。身心無常，即知無我，即證空性。此乃由觀生慧，而知身心世界，皆非永恆。所以無我的智慧，是出於離煩惱的大定。中國禪宗所講的定，並不是心中沒有念頭。但在經驗上和觀念上，都知道念頭是無常無我的，本身沒有永恆相，故能不住於相，如如不動。常人心隨境動，念隨相轉，禪悟者心不隨境轉亦不為相動，但卻仍能『無住而生其心』，不住分別煩惱相，但有清淨智慧心，應對萬物，適如其分。那便是定慧相應的悟者心境」（法鼓山，2010）。也就是從「過去之心不可得，現在之心不可得，未來之心不可得」展開，覺察心念，念過無痕，三際托空。

其中三個要點的第一項：察覺心念是起點，也是終點。

意識藍圖相近於「覺察心念」，意識到自己「當下」在未定之中，正經由自身所思、所言、所行而定。意識藍圖使得我們覺察到每一個此刻所提取的「絕對過去」，可以由「自動化的運作」轉為「有意識的決定」，這種「有意識的決定」之自我意義構作，就是「未定當下」的大門，使得自我進入意識藍圖成為主角。治療師擷取獨特意義經驗，就是要喚醒來訪者打開「未定當下」的大門，邁向「開放未來」。

unique outcome 直譯為「特殊的結果」，多年來都被譯成「特殊意義事件」，但它指涉的不只是事件而已，也可能包括其他不同類型感受、想法、領悟等經驗。該詞出自社會學家 Goffman（1961, p. 127）的定義：「將經驗組織成任何人生命課題中的特殊要素……獨特意義經驗常常被忽略，儘管這類事件經過時間變化，是彼此獨立發生的，但是對社會不同範疇的成員來說，它們都是基本且普遍的。」意為「主線故事外的敘事細節」（narrative details outside the main story）或「問題故事本身所未能預測到的某些例外」（exceptions to the problem that would not predicted by the problem story itself）。換言之，就是強調來訪者的旁支故事之重要價值。「側敘」是來訪者的敘說突現了不同於問題故事之經驗，或出現與渴望未來相連結的故事線，猶如靈光乍現一閃即逝，需要治療師敏覺地把握住。綜合上述，unique outcome 譯成「獨特意義經驗」比較貼切。

　　舉例來說，一位女性來訪者多次在諮商中敘說她的夫妻關係中缺乏她渴望的親密感問題，只是偶而一瞬間提到「這件事我只有跟 A 說的時候，他最能懂我」，之後又回來繼續抱怨她們的夫妻關係缺乏親密連結感。到了某一次諮商中，來訪者竟花了近一半的時間在討論跟 A 聊天所獲得不同於丈夫的滿足感。那麼上一次一語帶過的「這件事我只有跟 A 說的時候，他最能懂我」，就成為來訪者的「夫妻關係親密感的問題故事」之旁支故事。敘事治療師如果藉由「獨特意義經驗問話」（unique outcome questioning），與來訪者繼續探索，對來訪者而言，「什麼是跟 A 說的時候，他最能懂我」：

來訪者：就是，真的跟我在一起的感覺。

治療師：請你多說一下，在一起的感覺是怎樣的感覺？

來訪者：不是只是名義上的夫妻或是什麼角色，我要的是心靈連結在一起。就像那次我說到在湖邊一個轉角看到野百合，A 就是非常專注的聽我說，好像他也看到那些野百合花似的，我們整個就是……幾乎都聞到花的清香。若是跟我老公說，他只會說：「等一下去哪裡吃飯？」他沒有在聽，他根本不在乎我說什麼。

　　當來訪者一再強調「就是要一種『心靈連結在一起』的感覺」，這是問題故事無法預測之外的「獨特意義經驗」，而有機會繼續發展的支線故事。

　　凸顯「獨特意義經驗」的對話讓來訪者有機會為自己的生活目標發聲，根據自己的價值發展出更強烈的生命熟悉感。「獨特意義經驗」的對話使來訪者得以重新界定自我和他人的關係，在發展自我意識時，也認可他人的聲音，可以更加支持自己與他人比較有關聯的認同感。亦要注意例外於單薄故事之外的片段，並將之串連成新的替代故事，聚焦其中，讓來訪者栩栩如生地再次投入經驗中，身體與意識都再次經驗到這個新故事（「好像他也看到那些野百合花似的，我們整個就是……幾乎都聞到花的清香」）。隨著治療的進展，去發展新的故事，成為替代故事，如此一來，新舊的兩個故事線交替進行，有時回到充滿問題的單薄故事，有時再轉回新發展出來的替代故事，問題故事仍然還在，但看起來已經不一樣了。

　　時間暗影反映了過去、現在和未來的關係。雖然過去已經過去，但未來是開放的，現在代表了當下的可能性。「獨特意義經驗」問話把握住當下的可能性，延伸到開放的未來故事，而渴望故事總是對應著未來的開放故事，藉此得以建構出來訪者的渴望故事。過去、現在和未來是不同時間，具有不同程度的開放性。過去和現在是最不對稱，我們必須在當下留心、留意著各種「過去」經驗可以通過充滿可能性的「現在」作為入口，而影響著敘說者潛在的、未定的、充滿變數的「現在」。只有敘事治療師邀請來訪者把握住敘說的「現在」，才能延展成未來的渴望故事。

　　許多敘事研究的侷限性在於只注意到按照時間順序的事件有所變動、所產生的明顯改變，這類研究的焦點放在事件改變時所浮現出來之意義，而不是這些事件所表徵出對時間的不同理解。在傳統概念中，時間通常被理解為按照順序排列，時鐘滴答、班機時間、開會日期、月份和年份等，都是按時間順序排列的例子。針對萃取故事的意義，按時間順序排列的時間觀並非上策，因為時間被分成碎小的連續單位，所以只能在短暫時間內建構意義，而失去意義的連貫性與整體性。因此，跨越線性的時間觀，能連結出經驗本身的意義，並重塑時間線，才能呈現出敘事研究的時間觀。

四、「時與境」是當下包含了過去，是不可分割的經驗再現

　　歷史學家在論述中國明朝的社會經濟環境時，會放在人類世界歷史脈絡來對照，藉由亞洲的中國或是歐洲的英、法、德、比等國來做比較，以獲得一種歷史視角，而黃仁宇（1987，頁 166-167）在〈我對「資本主義」的認識〉一文中，提出了一種截然不同的歷史視角：

> 　　我寫的《萬曆十五年》，也並不如有些人認為的是一本歷史專書，而是傳統中國尚未與歐洲全面衝突的一個解剖。……表示這與同時期的歐洲相比，這些組織與作風與西方的系統與節奏，有很大的差別。因之也是在「有」和「無」之間，反面的檢討一個問題。……我們應該先分開國家的畛域看，不應當把中國的萬曆十五年看成歐洲的 1587 年，或者把法國、荷蘭、比利時的事和英國的事籠統敘述。我已經看清了資本主義是一種組織和一種運動，而且它又有一個直線式的發展，並且到了某一階段，就變成了無可逆轉的形勢，可見「時間」是一個很重要的因素。

　　黃仁宇的歷史視角認為，資本主義的發展必須回到該地域的時間軸來檢視，也就是說，不同國家的歷史發展之間無法放在同一個時間軸上做比較，例如：中國明朝歷史年間一個商人有一千兩銀子的資本和同時間一個荷蘭商人有一千兩銀子，在資本主義形成的歷史上來說，因為兩方社會結構不同，可能有霄壤之別。因為其法制、思想、社會運作，各有其獨特的作風與節奏，橫向去看不同國家在同一個年代的發展，可能導致歷史學視角的錯位，而必須以縱向的時間軸，垂直式地去理解一個國家的發展脈絡，才能獲得縱深的理解。

　　不同的人也是無法在同一個時間和現場做比較，因為每個人所身處的背景脈絡各有不同。也就是說，每一個事件都包含著它在一個特定的時間脈絡下，獨特的個人行動，並不只是單純地依照過往事件規格化複製的產生過程。更重要的是，敘事治療師不能只是問來訪者問題，而來訪者只是

報告事件始末，卻好像人不在生命現場。尤其是當出現「獨特意義經驗」有機會發展出替代故事時，治療師不能只是聽來訪者報告故事，而必須讓他們置身（embody）在他們的經驗裡，是再次經驗而非再次訴說（re-experience not just re-telling）。光是再次訴說是不夠的，真正重要的是要重新進入過去經驗之中，治療師和來訪者都有如親臨現場。重點是基於來訪者「現在」所感知的過去生命歷史中之獨特經驗去發展故事，以再次經驗去建構貼近渴望的故事，而不是問題故事的歷史。

　　「再次訴說」只有「語言」的重述，容易流於概念層次，回到當時「再次經驗」是全身心的投入，好像回到過去有聲音、有畫面，甚至有味道的情境中，來訪者可重新感受到感覺、想法、信念與期待，不只是在說故事，而是整個沉浸在自己的故事中，微笑、嘆氣、停頓、沉思、開心大笑等，出現很多自發性表達，享受在敘說中，偶而眼球往上似乎在搜尋……。來訪者被邀請進入一段記憶，有如在現場重現，「過去」場景被調回的當下，像是創造出「現在」的過去故事，而發展一段有別於問題故事的新故事線，呈現出不同樣貌、知識、技能或是新的可能性。現在回到過去，過往被帶到現前，雖然在當下，卻讓此刻當下包含了過去，「時與境」成為不可分割的經驗再現。

五、「前因後果」不是線性思維，而是陰陽互倚、有無相生

　　敘事治療的時間觀同時聚焦在過去、現在與未來，但同時又可以說是只聚焦在「現在」。因為所有的過去經驗，都是以「現在」在此刻、當下被敘說，那敘說出來的過去，是以「現在」所「回顧而顯現的過去」，其實不是真正的過去，可以說是「過去的再現」，是一種在當下對過去的詼諧多音（Bakhtin，引自劉康，1995），也是一種顯現、再製與重構的「意圖雜交性」和對話。而所有的未來都是開放的、都還沒到達，未來故事也都是以「現在」在此刻、當下的敘說來顯現，那敘說出來的未來故事，是以「現在」所「瞻望而顯現的未來」，其實不是真正的未來，真正的未來並未到來。進入來訪者置身所在的經驗世界，治療師才能同時穿梭在來訪

者所「在」的故事與「不在」（未顯現）的故事之間，使得看似「不在」的故事，有機會成為「在」的故事，例如：

> 來訪者：我再也受不了了，我累壞了！
> 治療師：那以前你在承受什麼？
> （此時，來訪者有機會思考過去對自己的期待或目標）
> 來訪者：我不在乎了，算了！
> 治療師：那以前你在乎什麼？
> （此時，來訪者有機會看見一直以來自己所堅持的價值或信念）
> 來訪者：我不想繼續承擔了，到此為止吧！
> 治療師：那以前一直在承擔著的你，在表達什麼？
> （此時，來訪者有機會欣賞自己身上長久以來具備著的韌性）

White 與 Epston（廖世德譯，2001，頁 10）指出：

> 人們努力使生活有意義時，所面對的是要根據事件的時間順序整理他們的經驗，以這樣的方式達到自己和周遭世界合理的描述……這種描述可以用故事或敘事來表達。

White（廖世德譯，2001）認為，時間是很重要的因素，事件地圖的時間是認識差異、發現變化的基本要素，而故事是經由時間延伸的地圖。White 以降的西方敘事治療學者，都強調治療師應協助來訪者把注意力放在不支持「問題故事」的經驗，或是使「問題故事」無法維持的其他經驗，來訪者在治療過程中，也就是以治療對話來發展故事的時間中，故事在不同的治療時間已經發生了變化，來訪者也就活在新的故事中。

雖然是同樣一件事情，但說給不同的人聽的時候，會用不同的方式講；同樣一件事情，說給不同的人聽、在不同的時間說，解讀都很不一樣。這還都是一種「線性」的思維，只是另一條線，另幾條線，不同於主

流故事線或問題故事線。就如 Jill Freeman 說的，原初的問題故事，經由另外的紅點、紫點、綠點有機會發展成不同的故事線，原來的故事線還在，但是在來訪者的意象中已經產生變化。多元故事強調：不只有一種故事，而有多元故事。

敘事時間不只是前述的多元線性，還有「交錯重疊性」，像是 1982 年諾貝爾文學獎得主 Gabriel García Márquez（1927-2014）所寫的《百年孤寂》（*Cien años de soledad*）（宋碧雲譯，1982）之敘事方式：

> 多年以後，面對行刑隊，奧雷利亞諾・布恩迪亞上校將會回想起父親帶他去見識冰塊的那個遙遠的下午。那時的馬孔多是一個二十戶人家的村落，泥巴和蘆葦蓋成的房子沿河岸排開，湍急的河水清澈見底，河床裡卵石潔白光滑宛如史前巨蛋。世界新生伊始，許多事物還沒有名字，提到的時候尚需用手指指點點……奧雷利亞諾的一生無數次勝利過失敗過，但最後仍是個孩子。

過去（回想起父親帶他去見識冰塊的那個遙遠的下午）、現在（面對行刑隊）、未來（最後仍是個孩子），全部在一句話裡合而為一。「交錯重疊性」的時間一跳幾萬億年前（宛如史前巨蛋），而這未來與過去是如此遙遠而毫不相干……出乎意料卻又合情合理。

「有無相生」呼應著敘事時間的「交錯重疊性」：「在」與不在，以及「不在」的在。有無相生不是線性思維，焦點也不只是多元性。有無相生強調：你不說故事時，你就不在；同時說故事時的你，使得「不在」存在。敘事時間的「交錯重疊性」使得時間跟空間連在一起，成為時空的概念，猶如故事（content）與脈絡（context）連在一起，每個人選擇說什麼及如何說都是與當下情境脈絡「息息相關」並「當下即是」。在面對法國當代漢學家及哲學家的 François Jullien（1951- ）所提出之「未思／不可言」（l'impensé）的荒原時，劉紀蕙（2015a）強調中西之間其實存在著一個態度上的不同，中國人說的「前因後果」並不是西方說的「因果關係」。也就

是說，中國人說的「前因後果」不是線性思維，而是陰陽互倚、相互生成。

敘事治療並非正向心理學，也不只是聚焦在正向故事。人有個別差異，而人生總是悲喜交加，如果來訪者當下要談負向經驗，敘事治療師必會跟隨，但敘事治療師不會挖掘創傷經驗的細節，而是邀請來訪者去「回應」發生在他們身上的創傷。因為敘事治療相信人不單純的只是創傷之受害者，而是有回應創傷能力的主導者。「創傷」是在，「回應創傷」是不在，敘事治療師總是關心「在」與不在，以及「不在」的在，也就是除了「創傷」的存在事實，更關切其他「不在」現場的隱藏故事線，並讓來訪者「回應創傷能力」的「不在」能成為「在」。

敘事治療的「雙重聆聽」（double listening）正好可以處理「在」與不在，以及「不在」的在之現象學議題。雙重聆聽是「主題」與「背景」的隱喻，來訪者的問題故事與生活經驗是臺上與臺下之關係。上臺表演的「主題」是問題故事，下臺休息是生活「背景」。上淺下深、上顯下隱，作為問題故事的「主題」在上、在淺、在顯，作為生活經驗的「背景」在下、在深、在隱。「雙重聆聽」是一方面在聆聽並提問來訪者如何述說問題故事，據以探索來訪者將這個問題故事作為「主題」的知覺世界，在這個知覺世界中，來訪者此刻的心理舞臺，是以這個問題故事作為表達的中心；另一方面在聆聽並提問來訪者心理舞臺的背景，那些沒有在舞臺中心的、沒有作為表達主題的，卻是來訪者現實生活中的各種生活經驗，是未上臺前在化妝室的那個來訪者，或是下場後回到休息室的那個來訪者。因此，雙重聆聽是一方面關切來訪者訴說在「舞臺上敘說主題」，另一方面關切來訪者到了「下臺後的行起坐臥」。

兼顧主題與背景，能增加生命故事的豐厚性。透過「雙重聆聽」，同時呈現臺上與臺下的生命故事，使得來訪者的生命故事更加完整。透過敘事治療師的「雙重聆聽的問話」（double listen questioning），使得來訪者有機會從限制他們的問題中，得以改變、影響或逃脫出來，並發展成一個替代故事（alternative story），亦即對於來訪者或家庭正在對抗問題的一個偏好故事，並將這個偏好的替代故事歸位到生活中的過程裡，而成為鮮明且有意義的故事。

　　關於「主題」與「背景」之間的「陰陽互倚」，必須回到老子的「有無相生」。老子謂（陳鼓應註譯，2017）：「天下萬物生於有，有生於無。」當宇宙尚未形成，萬物不會存在，故稱「無」。天地初開，形成宇宙，故稱「有」。「萬物」由「有」所衍生，而「有」從「無」所衍生，天下萬物均起於「有」，而「有」又起源於「無」。「道」賦予萬物生機而使各遂其生，老子認為「道」是萬物的宗主，「道」生於天地萬物之先，獨立長存於萬物之外，不斷循環運行，遍及天地萬物，絕不止息。老子的有無相生更能說明敘事治療中的「雙重聆聽」，使「不在」成為「在」的治療理念。老子又說（陳鼓應註譯，2017）：「無名天地之始，有名萬物之母。故常無，欲以觀其妙；常有，欲以觀其徼。此兩者同出而異名，同謂之玄。玄之又玄，眾妙之門。」老子以「無」稱呼天地的開始，以「有」稱呼萬物的母親，「始」即是「母」，均為根源之意。總是觀察「無」，以觀察萬有之開端初始、本質本體，也總是觀察「有」，以觀察萬物之結果終點、作用現象，「有」與「無」相同，都是無從切割的融通整體。

　　「有」與「無」都極其深遠，一切奧妙精微、起始、萬有，都由此生、出於此門。「有」與「無」是陰陽互倚、相互生成，例如：一個被性侵之後的個案，掌握自己性欲的方式是去看色情網站（有／在），事後又覺得罪惡感。罪惡感說明了性侵剝奪個案原本對於自己身體性欲（無／不在）的連結，隱而未現的問話有機會邀請來訪者連結未遭性侵前的身體經驗，找回未被汙染前乾淨身體的自己（不在／無的在／有），讓性侵暴力的剝奪不再具有影響力。如果說敘事治療關心的是我們在生命歷史之現在，透過記憶與語言將過去的生命經驗串結成為故事之敘說，同時在這種故事敘說中獲得意義感，那麼隱而未現的概念，兼顧故事（content）與脈絡（context），更有助於協助來訪者調節其在敘事中的「有／在」與不在，以及「無／不在」的在。

　　綜上所述，時間不是客觀存在，而是一種心智的概念，敘事的時間觀整體而言是「有」與「無」的相互生成。敘事的時間觀特徵如下：

1. 所有的經驗都是以「現在」在此刻、當下被敘說。所謂的「此刻、當下」是一個人在難以更動的特定之無法複製的時刻中，所發生的行為，是人的凝視或反思才讓時間存在，也才能產生自我建構的特性。

2. 敘事時間從「絕對過去」到「未定當下」往「開放未來」。「過去」是對未定「現在」的準備，「現在」則成為對假設性「未來」的預告或籌畫。人類的存在時間不是處於「絕對過去」所預先設定的時間軸線，而是源於諮商對話使得過去與當下接軌，據此產生觀點移動、繼之與未來靠近，開啟隱藏故事，並連結貼近渴望的偏好故事。

3. 敘事時間強調「側敘」的旁支發展和意外突現。敘事治療引用直敘和旁支來發展問話，直敘可以視為問題故事或強勢故事，而旁支經常是待發掘的隱藏故事線，有機會發展成「獨特意義經驗」，而進入關鍵時刻並建構偏好故事。

4. 「時與境」是當下包含了過去，是不可分割的經驗再現。敘事治療強調治療師和來訪者都置身在經驗裡又再親臨現場，是再次經驗而非再次訴說。「再次訴說」只有「語言」的重述，容易流於概念層次；「再次經驗」則是全身心的投入，創造出「現在」的過去故事，此刻當下包含了過去，「時與境」成為不可分割的經驗再現。

5. 「前因後果」不是線性思維，而是陰陽互倚、有無相生。「有無相生」呼應著敘事時間的「交錯重疊性」：「在」與不在，以及「不在」的在。前因後果是陰陽互以、有無相生，而有無相生不是線性思維。

貳、敘說的空間觀：游刃有餘而脫離困境

華人文化日常生活的語言布滿各種俗諺，語言中蘊存著「拓展心理空間，即能得見出路」的各種隱喻，例如：關於「退」的俗諺有「以退為進」、「退一步海闊天空」、「萬事無如退步好」。退的相反是「鑽牛角

尖」，導致無法迴旋、沒有餘地，或是「走進死胡同」而動彈不得、陷入困境。南北朝時期布袋和尚的〈插秧詩〉：「手把青秧插滿田，低頭便見水中天，六根清淨方為道，退步原來是向前」等（如表 8-1 所示）；或是南泉普願（A.D. 748-834）《五燈會元》上記載，趙州從諗問南泉普願：「如何是道？」南泉普願答說：「平常心是道」，這是中國特色禪宗思想的一個非常明顯之體現──引道入佛。與「退」相關的口頭俗諺已經滲透到諸多俗民的思想觀念，成為生活的日常，像是：「放手」、「不強求」、「不執著」、「順勢而為，而後謙退回頭悠然自得」，或是早已滲透在俗民生活的心經詞語：「心地清淨則不雜煩惱、不垢不淨則不生妄念」，就能無有恐怖遠離顛倒夢想等（如表 8-1 所示），都蘊含著華人的生命態度。

表 8-1　華人「退」與「轉」的俗諺用語與「空間」相關觀念的整理表

	日常用語：俗諺	中介機制：觀念、人生態度	結果：境由心遷
退	以退為進	成事在天，謀事在人	人定勝天，事在人為
	退一步海闊天空	平常心是道	
	萬事無如退步好	放手	天命不可違，無為而無不為
	退步原來是向前	不強求	
		不執著	謙退回頭悠然自得
轉	隨機應變	隨宜變通	因勢利導
	觀勢而謀	心轉念轉，心轉境轉，心轉	船到橋頭自然直
	應勢而動	運轉	
	順勢而為		八風吹不動，一屁打過江。
		我見青山多嫵媚，料青山見	
	山不轉路轉	我應如是	
	路不轉人轉	子非我，安知我不知魚之	無有恐怖遠離顛倒夢想
	人不轉心轉	樂？	
		心地清淨則不雜煩惱	
		不垢不淨則不生妄念	

華人文化日常生活的語言除了「退」，還有「轉」的口頭俗諺，像是：隨機應變、觀勢而謀、應勢而動、順勢而為而隨宜變通，而後因勢利導；山不轉路轉，路不轉人轉，人不轉心轉，而後船到橋頭自然直（如表8-1 所示）。這些「轉」的用語也都滲透到諸多俗民生活的觀念，成為日常生活態度：心轉念轉，心轉境轉，心轉運轉等，幾乎是華人生活中的自我安頓之道。法國漢學家 Francois Jullein（林志明譯，2015）把漢學看作是研究方法而不是對象，他研究中國是為了研究歐洲的哲學，其著作包括《經由中國：從外部反思歐洲》（*The Propensity of Things, Toward a History of Efficacy in China*, 2003 ／法文原著 1995）、《淡之頌：論中國思想與美學》（*In Praise of Blandness, Proceeding from Chinese Thought and Aesthetics*, 2004 ／法文原著 1991）、《功效論：在中國與西方思維之間》（*A Treatise on Efficacy: Between Western and Chinese Thinking*, 2004 ／法文原著 1997）、《勢：中國的效力觀》（*The Silent Transformations*, 2011 ／法文原著 2009）等，其中《勢：中國的效力觀》是很精彩的華人文化之空間論述。

Jullein 認為，「勢」介於靜態的事物布置（dispositif）與動態的力量運動趨勢（propension）之間，可用位置（position）、情勢（circonstances）、權力（pouvoir）、潛能趨勢（potential）幾個概念來理解。Jullein 認為，無論是書法中所談論的筆勢、山水畫中的布局構圖、文章中的氣勢、武學中的架勢，都扣連著「勢」的概念（林俊臣，2015）。隨機應變、順勢而為，是一種無法預知而必須見機行事的意思，就是臺語說的「有法度」之有法，似乎有法子卻尚未實踐；「我知影」之我知，似乎有底氣卻未看到，都是一種潛勢，明明還「不在」卻有一種「在」的胸有成竹。所謂「夫勢者不可先見」，是說即使可以透過事先的計算來推估勝負，但情境中的潛勢卻不能「事先看到」。

這裡的「事先」指的是在動作之先，勢不得見，只能探測，因為它是不斷地變化的。潛勢無法得見，只能靜候，順應而為之。當我們說觀勢而謀、應勢而動、順勢而為，是指克制自己不向事態發展投射任何個人的構思或意願，不去設想事情應該如何；反而正是想由這個邏輯上會自行演變的事態本身中，找到可以獲益的方式。只要知道如何善用情境的進展，就

能使自己受其「承載」。如果我們不計畫謀略，如果我們不勞神努力或強勢運作，這並不是我們在夢想脫離世界，而是要「隨宜變通」才能獲得「因勢利導」的最佳成功。這個智性並不是透過理論實際的關係來運作，而是只依靠事物的全局演變。據此，我們可以將這種具有空間質地的「策略性」智性，稱為無為而無不為的「積極無為」。

一、讓出空間，得以動彈

華人文化與勢／空間相關的日常用語，最重要的關鍵觀念是「退」與「轉」。「退」與「轉」意味著「讓出空間，得以動彈」，「成事在天，謀事在人」幾乎是耳熟能詳的口頭禪，說的是人定勝天，事在人為，亦即雖然天命不可違，但是無為而無不為，於是造就了「境由心遷」，例如：辛棄疾〈賀新郎〉的「我見青山多嫵媚，料青山見我應如是」；或是莊子與惠子游於濠梁之上的對話：「子非我，安知我不知魚之樂」。這種境由心生的結果，最有趣的例子是蘇東坡與佛印名聞遐邇的牛糞說：「八風吹不動，一屁打過江」（如表 8-1 所示），完全應證了心境改變環境，觀點決定現實。這些「轉」與「退」所讓出的心理「空間」，使人得以動彈，與敘事治療中的治療機轉息息相關。

Jullein 借用孫子的兵法概念，說明「勢者乘其變者也」，兵無定法、因勢而成，只需「求之於勢」而「任勢」，隨著兩極之間的互動而變化，適應情境中的事態演變，來說明中國道家「無為」思想如何逆轉而發展為法家的操縱邏輯（劉紀蕙，2015b）。他認為中國人在面對問題時，離開模塑邏輯，也離道成肉身邏輯（理念─計畫在時間之中具體化），而進入到一個演變發展（déroulement）的乘勢權變邏輯（劉紀蕙，2015a），讓其中含帶的功效受到已經進行的變化過程影響並自行發展，也就是讓效果自行達致的構想功效方式。並不是直接瞄準它，而是涵攝它；也就是不要尋求它，而是要收穫它──使它自行達致結果。就在「退」與「轉」之間，讓出空間，得其應然，這是無為而無不為的「積極無為」之具體表現。

敘事治療將問題外化，是將人與問題分開創造出人與問題的空間，達到鬆動被社會建構的問題故事或自我認同，邀請來訪者從問題中解放，將問題放到自身的對面位置去審視問題，產生觀點的移動，進入轉化階段，符應過關儀式中的兩可之間與兩者之間（betwixt and between）（黃素菲譯，2016），進而準備進入「歸返」階段。「轉化」是敘事治療最重要的階段，使用到的介入技術也最多、最複雜，除了外化之外，還有「相對影響問話」、「雙重聆聽問話」、「隱而未現問話」、「獨特意義經驗問話」等，這些問話可以說都是協助來訪者發展出渴望故事的入口。

　　敘事治療至少需要創造兩種空間（黃素菲，2018a），第一層空間是：治療師與來訪者之間的空間。敘事治療篤信來訪者是自己問題的專家，在信任的諮商關係中，來訪者願意將權力轉交給治療師，允許治療師透過對話產生對來訪者的影響作用，最後治療師再把權力交還給來訪者，回歸來訪者的能動性，這個歷程拉開治療師與來訪者互動的空間。第二層空間是：來訪者與問題之間的空間。外化的問話本質上是一種開啟空間的問話，敘事治療為了實踐「人不是問題，問題才是問題，把人和問題分開」的基本信念，治療師可運用外化的問話，提供來訪者移動觀點來創造出心理空間，治療師帶著外化的態度聆聽，將產生解構的效應，也就是拉開來訪者與問題的距離，開展多元視角而賦予故事新的樣貌。

　　這兩種空間觀共同的特色是「距離拉遠、全局視野」。第一層空間是透過拉開「治療師與來訪者的空間」，使來訪者脫離視治療師為專家的主流論述，來訪者擁有打造自己生命故事的主角位置，以整體生命格局來理解自身經驗與故事的交織，實踐來訪者是自己「問題的專家」、也是自己「生命故事的作者」之意涵。第二層空間是透過拉開「來訪者與問題的空間」，使來訪者脫離主流故事對問題故事的影響力，從整體社會文化脈絡的視角，來理解問題故事產生的面貌，以宏觀全局的角度去創造貼近渴望的故事。

轉化（transformation）或消除（elimination）

華人文化中認為心理問題是「煩惱」、「知見」，是對煩惱的執念，因此轉化「知見」即治療。外化處理的是「人與問題的關係」，不是問題本身，也就是敘事治療著眼在描繪多元故事、找出隱藏故事和貼近渴望的替代故事，而不是直接去「根治」問題故事。從被建構的問題故事，到鬆動解構主流故事，再到建構渴望故事，其中間階段「鬆動解構」的主要機制即是「轉化」。不管是轉化對知見的執著或是轉化主流故事的支配力量，關鍵都是拉開空間，產生多元視角，以觀點挪移來啟動改變。

第一層治療師與來訪者之間的空間，第二層來訪者與問題之間的空間，這兩種空間觀所創造出來有如「空拍機」的俯瞰效果，有助於來訪者發展出具有反思性的意識藍圖。若以《金剛經》的「無住」來做理解，不是不住。「無住」是中性的無所住又無所不住，不逃避也不執著；「不住」有厭惡離棄的負面感受。透過距離的空間感，不時觀察自己與問題、自己與自己、自己與別人、自己與處境，甚至自己與治療師的狀態。

把視角分散到各種不同的位置，在「無所住又無所不住」的狀態，進行自我反思。傳統治療都是要協助來訪者去除「症狀」或解決「問題」，但敘事治療是要拉開來訪者與「問題」，使其產生距離感，靈活地進出不同的故事線。

二、以關注眼前腳下為先，朝往目標移動

東西方對於空間觀存在著文化上的差異，西方人的空間觀是向天的，所以教堂都高聳入雲端，直達天聽。芭蕾舞蹈的身體動作也都是向上伸長的、延展的。「aim high」是常見的字眼，意思是要有野心、要胸懷壯志，

給出一種遠眺燈塔，追求既定目標的意象。心理健康的指標從自我探索、自我成長、自我悅納、自我肯定到自我實現，而 Maslow 的需求階層論也是從生理需求、安全需求、社會需求、自尊需求，最後上探自我實現需求，似乎都隱喻著人生有一個可以遵循的、向上的、不斷攀升的路徑。

華人的空間觀是向地的，大多數建築都是強調向下穩固扎根，長城盤據北方，天壇鎮守祈年，紫禁城坐擁帝殿等。中國武術的首要基本功是站椿、定根、蹲馬步等，都重視下盤要穩固。日常語言中也可見蹤跡：穩紮穩打、腳踏實地、蹲低才能跳高等，與其相反意象如：好高騖遠、心高氣傲、心浮氣盛等，都表達著：爭高、爭勝為不可取，以向地、向低為核心的特性。其中更重要的是向地的穩紮穩打、腳踏實地，流露出專注眼前腳下，跟目標保持了似有似無的一段距離。敘事治療強調治療師在聆聽來訪者的過去故事時，要與當事人保持「臨在」（present）感，通常治療師經由「支持」（bracing）、「同步」（pacing）、「見證」（facing）的作法，使治療師和來訪者都有如親臨現場：「支持」是指以慈心提供安全的支撐，「同步」是指沉浸細節而感同身受，「見證」是指一起面對而回應信念。也就是既往目標移動，又只關注眼前腳下，治療師以當下來訪者在此刻打開的可能性中，共同決定下一步，而非以遠方未來目標為諮商焦點。

向地的穩紮穩打、腳踏實地要求踏穩腳前一步，而非遠眺或執取目標，符應老子用「道」論述治理天下時，對侯王的忠告：治天下，順其自然；取天下，為而不爭，也就是無為而無不為（黃靜，2001）。林語堂在《老子的智慧》一書中對無為無不為的解釋是：「道永遠順任自然，不造不設，好像常是無所作為的，但萬物都由道而生，恃道而長，實際上卻又是無所不為」（林語堂，2009，頁 117），無為無不為有順其自然、順勢而為的意思。關於順其自然，莊子也是其中高手。

三、「因其固然」而能「游刃有餘」

莊子《南華經》（丁懷軫，劉玉香，2016）中有一則寓言是庖丁（廚師）為魏惠王殺牛，文中最著名的一段是：「*彼節者有間，而刀刃者無*

厚，以無厚入有閒，恢恢乎其於游刃必有餘地矣，是以十九年而刀刃若新發於硎。」意思是說：牛筋骨有縫隙，但刀刃相當薄；用薄薄的刀刃插入寬寬的、有空隙的骨頭縫隙，刀刃運轉一定是還有空間的啊！因此，我用了十九年的刀刃，還像剛從磨刀石上磨好似的。我們現在常說的「游刃有餘」即出於此。

　　所謂的「高明」，不管是順其自然的解牛手法「高明」還是敘事治療的「高明」，都在於「游刃有餘」。敘事治療的「游刃有餘」，是指將問題視為問題，人不是問題，將人和問題分開，而創造出「人與問題之間的空間」。所謂「彼節者有間，而刀刃者無厚」，從敘事治療的角度來說是創造出「人與問題之間的空間」而能抵擋主流故事（這個盤根錯節的故事）的支配性，增加替代故事或支線故事發展（盤根錯節主流故事之間的空隙）的機會，更重要的是增加來訪者的視野，尤其是從「理所當然」的視野看自己的問題，轉變成「多元視角」（以無厚入有閒）來看自己的問題，以便治療師能跟來訪者討論「和問題的關係」以及「對問題的看法」，才能夠獲得「恢恢乎其於游刃必有餘地矣」的可能性。

　　「庖丁解牛」後面還接了一段，一般人可能忽略了，但筆者認為更加精彩：「雖然，每至於族，吾見其難為，怵然為戒，視為止，行為遲；動刀甚微，謋然已解，如土委地。」意思是說：雖是這樣，每見到筋骨盤結的地方，我認為那裡很難動刀，就小心仔細地警惕，視力集中，動作變慢，動刀很輕，嘩啦一聲，牛一下被肢解了，就像泥土掉在地上一樣。

　　特別注意：「怵然為戒，視為止，行為遲」和「動刀甚微，謋然已解」這兩句，這兩句絕對是敘事治療講求的境界。治療師看見來訪者心理盤根錯節的地方，應該要小心謹慎地「怵然為戒」，並且十分專注於來訪者的身形、面容、口說、語境，做到「視為止」，也就是「支持」（bracing）；同時放慢速度，一切變緩，不能急躁，做到「行為遲」，也就是「同步」（pacing）；敘事治療強調來訪者的主體性，也認為來訪者是自己問題的專家，治療師不是以權威姿態進行「治療與改變」，而是「動刀甚微，謋然已解」，也就是「見證」（facing）。敘事治療師必須詢問來訪者對問題的想法、對於改變的想法，與來訪者共寫與問題的關係，治療師下

手甚輕，順勢而為就水到渠成，於是「如土委地」。

有經驗的治療師對於來訪者在晤談室之防衛，不會對號入座。因為來訪者不一定是對治療師不滿，可能恰恰好因為來訪者在晤談室中，治療師正好是類同於來訪者現實世界的他者，來訪者卻投射出對於現實世界他者的挫傷與苦楚到治療師身上。有覺察的治療師會讓路給來訪者，讓路就是閃開、挪出空間，讓路給來訪者了解到對治療師的攻擊是來自自身在現實世界的苦楚，而那個苦楚的他，正好將現實複製在治療現場。當來訪者在晤談室遇到一個能夠傾聽他們說話的人，遂將現實世界中的所有難處、挫傷，都完整呈現、傾洩而出，甚至投射到治療師身上之際，敘事治療師在這裡看重的不是投射，而治療師的讓路、閃開、挪出空間，也不僅僅是為了建立安全的治療關係，真正重要的是使得來訪者獲得投射的「心理空間」。治療師的讓路、閃開、挪出空間，給出了心理空間的機轉，來訪者在這個空間得以自我觀視。

庖丁釋刀對曰：「臣之所好者，道也，進乎技矣。始臣之解牛之時，所見無非牛者；三年之後，未嘗見全牛也。方今之時，臣以神遇而不以目視，官知止而神欲行。依乎天理，批大郤，導大窾，因其固然。技經肯綮之未嘗，而況大軱乎！」這一段話的意思是說，廚師放下刀子，回答說：「臣所喜好的是『道』，早就超越所謂的技術了。最初臣殺牛的時候，眼裡看到的，沒有不是『完整的牛』的；三年之後，不能再看到『完整的牛』。到了現在這時候，臣以精神接觸，而不用眼睛看牛，視覺感官停止了，而精神在活動。按天然的道理，擊入牛筋骨的縫隙，順著筋骨的空洞進刀，依照牠本來的構造，牛的筋骨接合的地方，臣都未以刀刃碰到過，而何況是大骨頭呢！」

治療師剛開始從業之初，也是很容易眼中只看見一堆複雜的問題：「始臣之解牛之時，所見無非牛者」，積累一段經驗之後，就能直指問題核心：「三年之後，未嘗見全牛也」，再繼續下去，則更能超越有形的問題，能看見形成問題的社會、文化等情境脈絡，到達：「方今之時，臣以神遇而不以目視，官知止而神欲行」的視野，之後就能夠按照來訪者形成問題故事的脈絡紋理，切入主流問題的縫隙，順著問題的空隙，描繪與加

厚支線故事。敘事治療師跟庖丁一樣，也是「依乎天理，批大郤，導大
窾，因其固然」，依照來訪者敘說的故事，解構其僵化的自我認同，重新
建構更適合於來訪者的敘說認同。

　　臨在與缺席是兩個極端。臨在與缺席不是二選一，而是一個連續的光
譜，我們很難全然臨在（fully present），我們總是在兩個極端中找到不同的
位置，以營造安全的空間。在臨床實踐上，要跟來訪者聊聊「交談」（talk
about the talking）是來訪者的焦點嗎？談談「陪伴」（walking the walk）是
否與來訪者同行？以便更佳流露出「臨在」感。「臨在」具體要把握住三
個要點：

1. 要釋出安全的支撐（bracing, in session, between session），同理、同
   步、同行。
2. 要慢、要沉浸在細節（pacing, dosing, slow motion review），有如慢
   動作重新播映，以外在敘事（情境狀態）、內在敘事（感受、想
   法、信念）、反思敘事（意義與理解），反反覆覆的浸潤在細節
   中。
3. 要見證、一起面對（facing, witnessing, seeking empowerment），辨識
   出有意義的表達、感覺到畫面聯想、分享產生共鳴的經驗，或是挑
   出亮點，以引領轉化。

四、視角挪移、拉開間距，產生心理空間

　　庖丁說「彼節者有間，而刀刃者無厚，以無厚入有間……」，其中的
「有間」，除莊子之外，林俊臣（2015）在《間與勢：朱利安對中國思想
的詮釋》一文中，提到Jullien以「間」取代差異，以「勢」取代謀略，說明
Jullien 著重於文化內在的變化多元，因此他不願使用差異的概念，而使用
「間」距的概念。對Jullien而言，間距的起點在於與自身拉開距離，離開自
己的位置（déplacement），「經由他人的目光，從他者出發」，而使自身
的思想發生張力，進而反思、開啟新的思想。這跟敘事治療的外化而尋找
隱藏故事，在理路上幾乎是相通的。這種透過間距使自我展開，跨越「地

域性」，擾亂原本排列存放的秩序，與他者面對面、相互映照反思，是具有生產力的。下面以「不知道」、「局外見證人」、「隱而未現」三點來說明敘事治療與視角挪移、拉開間距，產生心理空間有關的敘事治療介入技術。

（一）「不知道」

這是一種展開（unfolding）的狀態，有助於來訪者開拓其心理空間。敘事治療師持著「不知道」的立場，是指不預設來訪者所帶來的問題之答案與其個人意義，敘事治療是協助來訪者在自己所處的現實中，體驗「觀點移動而產生的選擇歷程」，而不是去尋找「確定的事實」（Bruner, 1986），Anderson 與 Goolishian（1992）也為文倡議敘事治療師「不知道」立場的重要性。傳統心理治療強調治療師對被治療者的「個案概念化」能力，從這種類同病理診斷的概念化過程，治療師得以制訂出治療目標，並依循經驗證實有效的方法與策略進行治療介入。敘事治療的「不知道」立場，跟傳統心理治療大異其趣。

敘事治療的「不知道」立場，比較像穩紮穩打、腳踏實地，既往目標移動，又關注眼前腳下，敘事治療師緊緊跟隨來訪者，亦步亦趨地往前探詢，也就是 Anderson 與 Goolishian（1992）所說的治療是「一直走向未知之事的歷程」。White 與 Epston（1990）認為，「不知道」可以培養好奇的態度，這種好奇立場的傾聽與發問，是邀請來訪者跟自己的問題故事拉開間距，也是留出空間給來訪者。敘事治療師卻移開位置，認為來訪者才是自己問題的專家，每一個來訪者都對自己的遭遇、生活或故事，擁有在地知識（local knowledge），只是在充滿專家們「理論知識」滲透的社會中，這些個人的在地知識長久深處於靜默無聲之中，不得浮現。

（二）「局外見證人」

治療師除了抱持「不知道」的立場之外，也可以運用「局外見證人」來產生視野或觀點移動。敘事治療經常運用「局外見證人」的回應，來開

創不同於主流故事的新故事線。「局外見證人」並非依據當代的正向回饋（給予肯定、指出正面之處、恭賀式的回應等），不是要依據專業評估與詮釋，也不是要形成意見、給予建議、做出宣示道德或引介訓誡。相對地，「局外見證人」投入對話的方式，是站在局外人的立場，以旁觀者位置，說出吸引他們的故事，指出這些故事所呼應的個人經驗，以及他們自己的生活如何受這些故事所觸動，並藉以引領出來訪者的故事轉化。重點就在「旁觀者位置」這個位置的距離，拉出間距產生空間效果，讓出空間使來訪者離開自己的位置，有機會因為「局外見證人」視角的挪移，而產生心理移動。

在敘事治療中納入「局外見證人」作為聽眾，可以為來訪者提供：(1)在社群成員及受邀參與的局外人眼中所重視之自己樣貌；(2)體驗故事所表達的認同，是可以聲討（denounce）得到認可；(3)體驗這些認同聲討的真實性；(4)介入形塑生活，而且進行方式是能夠跟所珍視的事物不相衝突（黃孟嬌譯，2008，頁161）。這些「局外見證人」重述，給出一個不同於來訪者立場的觀點，使來訪者有機會暫時從敘說者的狀態離開，而成為傾聽者，「局外見證人」也使來訪者成為自己故事的局外人。這種位置的轉換，能夠拉出間距產生空間距離，將有利於重現來訪者重視的生活方式，並給予高度認可，有助於提升來訪者面對生存的對抗策略。

（三）「隱而未現」

「隱而未現」問話也能幫助來訪者拓展視野或移動觀點，對比經驗經常是存在，但未現身。隱，意味著沒有現身、遮蔽著、存在，但是看不見、陰面。現，是存在並且是看得見的、陽面。Bateson（2002）以及 Derrida（1978）先提出「隱而未現」的觀點：「經驗總是來自另一段或是另一組經驗的對照，沒有任何單一經驗的意義是獨立於其他經驗而存在的。在創造意義的過程中，我們總是說（或想，或感知）：『這跟……不一樣』」，這意味著任何單一經驗都是「雙重描述」（double description）中顯現的一面。White（2007）將這個觀點應用在敘事治療，認為問題故事總

是對照於另一個比較貼近渴望或珍愛的故事，而「隱而未現」可說是問題的對比，顯現於前的問題故事，對照於隱身於後但呼之欲出的參照經驗，使他們發現問題故事所淹沒的信念或價值，這也是發展渴望故事的入口。

如果我們能夠仔細傾聽來訪者的故事，將能夠聽見隱隱存在、用以與當下經驗進行差異對照的過去經驗。通常來訪者說「我真的覺得很挫折」，就存在著「特定的目的、價值和信念」；當來訪者說「我這次是徹底絕望了」，就存在著「特定的希望、夢想及未來願景」；當來訪者說「這是我遭遇過最不公不義的事情了」，就存在著「對於公義世界的特定理念」；當來訪者說「我實在無法負擔了，我承擔不下去了」，就存在著「對於生命的特殊使命與承諾」；當來訪者說「這個傷害實在太深了」，就存在著「關於療癒的特定理念」；當來訪者說「我真的感覺到孤立無援」，就存在著「來自於傳統、靈性，或是受到高度肯定的文化智慧等之生命知識」。

無論是 Jullien 尋找思想論述的間距，或是敘事治療中人與問題之間的間距，都是進行思想／故事的重新活化，而不是進行比較。比較的工作奠基於同一與差異的邏輯：看到「差異」，是先有了「同一」的概念。差異是可說的或已說的，間距可以被理解，為不可說的。敘事治療堅守「不知道」立場，並不預設相同或差異，而是專注於讓故事繼續開展，繼之以隱而未現的問話或見證人的回應，以創造出視角挪移，產生心理空間。

綜上所述，華人文化「退」與「轉」的日常語言蘊藏著化解危機的智慧，敘說的空間觀整體而言是游刃有餘而脫離困境。敘事的空間觀特徵如下：

1. 讓出空間，得以動彈。敘事治療以外化開啟多元觀點，強調發展多元故事的觀點論；華人認為心理問題是「煩惱」，而「知見」是對煩惱的執念，因此轉化知見即能化解煩惱。這兩種空間觀的共同特色是讓出空間、距離拉遠、全局視野，即得以動彈。

2. 以關注眼前腳下為先，再朝往目標移動。華人的空間觀是向地的強調穩紮穩打、腳踏實地，流露出專注眼前腳下，跟目標保持了似有

似無的一段距離；在敘事治療中強調治療師要與當事人保持「臨在」感，又要建構未來的渴望故事。這些都是既關切當下又朝向未來。

3. 「因其固然」而能「游刃有餘」。不管是解牛還是解構，都需要因其固然，也就是按照天然的道理，還原本然的理路；不論是庖丁的高明還是敘事治療的高明，都是要找到空隙才能游刃有餘。

4. 視角挪移、拉開間距，產生心理空間。敘事治療以外化精神產生視角挪移和心理空間；Jullien 以「間」取代差異，以「勢」取代謀略，間距的起點在於與自身拉開距離，進而反思開啟新的思想。兩者都是透過間距跨越「地域性」，進行思想／故事的重新活化，擾亂原本排列存放的秩序創造思想的生產力。

■ 參、在生涯諮商的應用

一、敘事時間觀在生涯諮商的應用

故事敘說是一種藉由形構過去而錨固未來的過程，有助於完成個人化（individualization）的生命經驗。它可以視為以自己獨特的故事撰寫人生自傳的過程，藉由敘說整理生活經驗中的主題與意義，以主體知識（subjective knowledge）作為生涯決定時的內在指引，引導自我方向與個人責任，作為生涯決策時的穩定核心（黃素菲，2016）。敘說本身是指一個人在難以更動的特定之無法複製的時刻中，所發生的行為，當生命故事一說再說、從粗到細、從過去到現在，穿梭在時間軸線的意識藍圖上，就提供了改變的可能性。

Savickas（2015）運用「生涯建構的生活設計諮商」（life-design counseling for career construction）來協助來訪者進行生涯轉換。「生涯建構的生活設計諮商」也可以簡稱為「生活設計諮商」（life-design counseling）或「生活設計」（life designing），他以生涯建構訪談（career construction interview, CCI）做為生涯諮商的介入技術。首先，確認來訪者生涯敘說中的問題故事。接著，以 CCI 探索來訪者的五個主題，分述如下：

1. 角色楷模：從來訪者的角色楷模確認其理想自我的建構藍圖，從中釐清來訪者的職業自我認同。

2. 喜歡的活動：喜歡瀏覽的網站、雜誌或電視節目，能了解來訪者對哪些情境或活動類型感興趣，以檢視來訪者的生涯興趣職業性格類型。

3. 最喜歡的故事：這些故事中的關鍵人物、故事情節、特定場景等的主題，隱藏著來訪者的生涯腳本，發展出適應力和彈性。

4. 座右銘：可能都隱藏著來訪者的個人資源、生命韌性、解決策略、行動方針等的生命智慧。

5. 早期經驗：早期回憶包括生命故事中的主要場景、事件、畫面或圖像，可能會呈現出來訪者的觀點、信念、關切、在乎或抱負，也導向生命主題，以理解來訪者觀看問題的視角和當前生涯議題的關聯。最後，回應來訪者前來諮商的目的，建構未來生涯故事。

　　生涯建構訪談可以分為兩階段，先進入第一階段的主題訪談，五個主題沒有固定順序，因應個案需要而選定其中之一為主題，以萃取生涯吸引子：(1)了解動機：訪問者了解來訪者動機；(2)選擇入口：討論要以哪個作為訪談的入口？何以選這個主題當作入口？(3)描述：了解「＿＿＿＿＿」（上述五個主題之一）的畫面、情節、內容；(4)進入細節：探索與來訪者的生命經驗有關的片段，對其中的想法、感受等；(5)命名：請來訪者對這段經驗命名，善用隱喻，以萃取出生涯吸引子；(6)總結：針對萃取出來的吸引子，詢問來訪者是否還有要補充的地方？

　　針對上述(5)步驟，已經命名了的生涯吸引子，接著進入第二階段的焦點訪談，探索生活中可能隱藏著的碎形模式，以自我相似性（self-similarity）運作著（Pryor & Bright, 2007）：訪問者的立場要帶著不知道、好奇、平等、陪伴、不離不棄，並放空自己，純然去體驗來訪者，以來訪者為中心，進入其內心世界，建立聯盟的關係，必要時可以運用隱喻，見證自己所感所知，但是仍帶著好奇去核對、多去問。典型的問句是（以下的○○

是對萃取出來的生涯吸引子之命名）：

　　　　〇〇是怎樣吸引你？
　　　　〇〇何以對你來說是這麼重要？
　　　　〇〇對你來說代表你身上的什麼特質或價值？
　　　　〇〇這在你身上，說明了什麼？
　　　　〇〇的這種重要性或價值，會讓你想到什麼？
　　　　〇〇會如何影響你的生涯風格或生涯發展方向？

　　為了更能呼應本文的敘事治療時間觀，下面選擇以「早期經驗」這個主題為例。早期經驗是一種絕對的過去故事，來訪者在被訪問時勢必穿梭在過去與現在之間，並藉以延展到生涯未來。Savickas（2015）借用 Alfred Adler 的理論，認為早期回憶是過去已久的生命經驗，目的是要了解來訪者的觀點，從中可以得知其看問題的視角，包括生命故事中的主要場景、事件、畫面或圖像，其中可能會呈現出來訪者的觀點、信念、關切、在乎或抱負等。治療師去理解來訪者的視角和當前生涯議題之關聯，是很重要的。這些觀點可能流露出意義構建、生命風格的雛形，包含著當務之急或難隱之痛。記憶與經驗雖然來自早期畫面，但這些早期經驗都是以「現在」在此刻、當下被敘說，也就是讓「過去」以此刻狀態提現到「當下」。治療師必須讓來訪者置身在他們的經驗裡，有如親臨現場再次經驗，而非再次訴說，「時與境」不可分割，經驗才得以再現。

　　如果在治療過程中，來訪者述及創傷故事，那麼「創傷」是在，「回應創傷」是不在，敘事治療師除了要關心「創傷存在」，同時也要關切其他「不在」現場的隱藏故事線，並讓來訪者「回應創傷能力」的「不在」存在。那麼把敘事運用在生涯諮商，也是要從來訪者的困難重重生涯困境中之「在」，探索來訪者在地知識，呈現出更多元的隱藏故事，讓「不在」的得以「在」。

　　時間不是線性的，時間是多角度輻輳作用的主觀呈現，來訪者穿梭在過去與現在，並延展到未來。治療師要能同時穿梭在來訪者所「在」與

「不在」之間，使得看似「不在」的故事，有機會成為「在」的故事。敘事治療的時間觀，是一種非線性的「有」與「無」之相互生成，這在 Savickas（2015）運用「生涯建構的生活設計諮商」、以早期經驗為入口的訪談中，最為明顯。

早期回憶（early recollections, ERS）幫助治療師了解來訪者的生活世界、來訪者如何跟世界打交道，聆聽早期經驗有助於治療師聽見來訪者內隱的自我成見、他人偏見，也導向生命主題（曾端真，2016）。如果引用「自我表現舞臺」的隱喻，ERS 可以幫助治療師理解現在的「後臺」情況，這種理解是應用敘事治療的「雙重聆聽」技術，既聆聽晤談室中來訪者當下所敘說的主題，同時好奇來訪者在晤談室、現實生活兩者之間的不同樣貌，以凸顯隱藏故事，豐厚多元故事。敘事治療師穿梭在來訪者此刻在晤談室的「當下」與過往生活實境的「過去」之間，也就將「線性時間軸」凝縮成有皺摺感的「網狀時間團」，更能呈現出來訪者的主觀意義和生命價值。若以早期經驗為例，有以下兩個階段。

第一階段的主題訪談：萃取生涯吸引子。訪問步驟如下：

1. 了解動機：訪問者了解來訪者動機。
2. 選擇入口：早期經驗。
3. 描述：什麼是你最早的回憶？請你說一說 3～6 歲或是 7～12 歲之間發生在你身上的故事（可以蒐集二或三個早期經驗或畫面），例如：「國小運動會，全年級各班要一起在大操場跳大會舞，每班都要搬椅子去操場，因為操場放不下那麼多椅子，老師規定一張椅子要坐三個人。可是我忘記穿大會舞的衣服，於是匆忙跑回家換衣服，再跑回操場時，每個椅子都已經坐滿三個人，我發現我沒有位子坐，這時候有一個女生向我招手說，過來過來，坐我這邊。」
4. 進入細節：還有哪些相關經驗？那會是什麼感覺？例如：「我霎那間幾乎要熱淚盈眶，感受到溫暖的接納，化解了我孤立的尷尬。我希望這個世界永遠不要有孤立、排擠，多一點連結與溫暖，我想這是我最早種下來的助人種子吧！」

5. 命名：剛才的故事如果有個篇名，你會如何命名？會是什麼標題（必須像是報紙或電影海報的標題，最好標題中有一個動詞。為早期記憶定標題並非只是單純的語言文字活動，而是來訪者為自己的經驗做出主體意識與行動的表現），例如：「『讓世界多一點連結與溫暖』一直都成為我很重要的內在指引，影響到我的人生觀與價值觀，也決定了我的職業選擇。」

6. 總結：CCI 結果，可以多邀請來訪者對於已經命名的生涯吸引子，若尚有未盡之言，請補充說明。

第二階段的焦點訪談：針對已經萃取出生涯吸引子，命名為「讓世界多一點連結與溫暖」，探索其中對來訪者的重要性或主觀意義。提問例句如下：

「讓世界多一點連結與溫暖」是怎樣吸引你？

「讓世界多一點連結與溫暖」何以對你來說是這麼重要？

「讓世界多一點連結與溫暖」代表你身上的什麼特質或價值？

「讓世界多一點連結與溫暖」這在你身上，說明了什麼？

「讓世界多一點連結與溫暖」的重要性或價值，會讓你想到什麼？

「讓世界多一點連結與溫暖」會如何影響你的生涯風格、生涯發展方向？

提醒：

探索來訪者的早期經驗時，例如：早期印在腦海中，印象深刻的重要畫面是什麼？有誰對你很好？這個「好」為什麼很重要？有誰對你很不好？這個「不好」說明了什麼？或是有一些場景總是縈繞心頭，是什麼場景？這個場景有主題嗎？這些早期回憶，對來訪者的重要性或主觀意義為何？提問過程有時候會擴大故事的範圍而岔出去一下，但是要記得回來問「重要性或主觀意義」。

敘事治療認為時間不是客觀的存在，時間只是一種心智的概念，是在人的意識裡，人的記憶才讓時間存在。敘事強調你不說故事時，你就不

在；說故事時的你，使得「不在」得以存在；所有過去的經驗都是以「現在」在此刻、當下被敘說，呼應著「有無相生」。治療師必須讓來訪者「置身」在他們的經驗裡，是再次經驗而非再次訴說。值得思考的是：雖然是存在於「過去」的早期經驗、角色楷模、故事、活動、座右銘等，卻在「當下」的訪問過程中，跨過不同的時間點，凝聚成不同的生涯主題或意義，並對「未來」生涯產生指引或穩定的作用。線性時間在來訪者敘說生命故事時，成為前後交疊、意義交織的網狀時間。

敘事治療是要來訪者重新進入過去經驗之中，有如親臨現場。現在回到過去，過往被帶到現前，「時與境」成為不可分割的經驗再現。時間跟空間連在一起成為時空的概念，猶如故事與脈絡連在一起。參照過去的經驗使來訪者在當下敘說時，發現問題故事所淹沒的信念或價值，這是發展未來渴望故事的入口之一。如此，敘說時間得以從「絕對過去」中，由意識藍圖進入到「未定當下」，而影響到「開放未來」。

二、敘事空間觀在生涯諮商的應用

敘事治療認為，資訊處理背後的指導力量不是邏輯，而是認為人們會把生活事件組織成獨特的情節結構並賦予其重要性的主題，這種對意義的追求在人們嘗試發展自我敘事方面尤為明顯（Neimeyer & Levitt, 2001）。相較於對來訪者的邏輯分析與病理診斷，「臨在」的治療師有如到達來訪者故事所置身的現場，更能貼近來訪者自我敘事的心理現場。Angus 等人（1999）提出三種敘事方法，能幫助治療師更容易以「臨在」的狀態靠近來訪者的處境，三種敘事方法說明如下：

1. 外在敘事是指客觀故事的外在敘說（external narrative the objective story），描述外在事件或狀態，當時發生了什麼事？看見什麼？聽見什麼？什麼時候？在哪裡？還有什麼人？

2. 內在敘事是指聚焦情緒故事的內在敘說（internal narrative the emotional focus story），側重內在情緒，當時有什麼經驗、情緒？感受到什麼？想到什麼？

3. 反思敘事是指意義取向故事的反思敘說（reflexive narrative the meaning-oriented story），聚焦在意義、價值、觀點的故事，你認為發生什麼事情？你如何解釋？你怎麼看當時的自己？你會跟那時的自己說什麼？

外在敘事達成了「同步陪伴」（pacing）的效果，也能協助治療師經由「臨在」來貼近來訪者的心理現場。外在敘事強調要慢、要細緻、要沉浸在細節，有如慢動作倒帶重播。外在敘事能夠補足傳統治療過度重視內在感受與反思意義，忽視外在敘事的缺點，而外在敘事恰恰好能夠提供來訪者經由事件的外在脈絡而進入細緻的敘事空間。

敘事空間提供來訪者有如「空拍機」的俯瞰效果，有助於來訪者發展出具有反思性的意識藍圖。敘事治療創造出「距離拉遠、全局視野」的心理空間，符應華人面對問題時，在「退」與「轉」之間，讓出空間，得其應然，這是無為而無不為的「積極無為」之具體表現。

以下將以一個生涯案例：小麥（虛構的名字），透過治療師與小麥的對話歷程，並以括號標示出治療師所採用的治療介入，以期透過治療師與小麥的對話實例，幫助讀者體會如何靈活應用敘事治療技術：外化、臨在、外在敘事、內在敘事、反思敘事、雙重聆聽、隱而未現、獨特意義經驗等問話。以下這些對話過程的焦點並不是要去解決來訪者的問題，目的是要展示敘事治療的對話如何拉開來訪者與「問題」的間距，使其產生距離感，靈活地進出不同的故事線，而創造出小麥對問題故事的質變和轉化。

　　小麥，男性，22 歲，文創與數位相關科系大三學生，離鄉就讀大學。家中父母都各有事業，但常有爭吵，並未離異；另有一位感情不錯、相差 3 歲的姐姐剛從某國立大學研究所畢業。小麥總覺得自己沒有姐姐好，表現不如姐姐般優秀。他常覺得自己一無是處，不知道自己能做些什麼，唯一喜歡的就是電腦繪圖，在繪畫的天地裡，小麥才覺得自己能有個情緒的出口。小麥認為在媽媽心中，他和爸爸都是失敗

者，不想再為了媽媽對他失望而有罪惡感，但他也不知道如何是好，所以他就到了諮商中心尋找可能的自己。

（一）以「外化」浮現來訪者的觀點與信念

父母吵架，總是會逼迫孩子選邊站，治療師要好奇來訪者的觀點與立場，並且探索來訪者對於父母衝突的主觀感受，讓受壓迫的靈魂，得以從外轉內，邀請來訪者離開侷限的現實，進入意識藍圖，臨近具有開創性的未定當下。

> 小　麥1：在我高中時期，已經對父母的爭吵感到十分痛苦。尤其是我媽媽，每當爸爸和她吵架的時候，她便會不斷來找我說爸爸的不是。
>
> 治療師1：你媽媽會在跟爸爸吵架之後，來找你說爸爸的不是？你是怎麼看這種情況？

（治療師以不知道、好奇的態度，去了解來訪者的觀點與立場）

> 小　麥2：我媽媽想把我拉到她這邊，孤立我爸爸，其實我覺得我爸很可憐，我很同情他。
>
> 治療師2：媽媽想拉你到她那邊，你又很同情爸爸，聽起來你很為難？你會怎麼說你的這種處境？對你來說這是怎樣的處境？

（了解來訪者的處境，並邀請來訪者為自己的問題處境命名）

> 小　麥3：（思考……）夾心餅乾，我想到夾心餅乾，對呀！我就是夾心餅乾。
>
> 治療師3：感覺你很為難，像個「夾心餅乾」？請你多說一點「夾心餅乾」？

（以「外化」啟動來訪者自身的資源，挖掘來訪者生命故事中的在地知識）

> 小　麥4：我媽媽很強勢，她總認為自己比我爸厲害，我媽是

經營養生美容館的，經營得有聲有色，生意很好。
我爸的出版社總是做不起來，現在科技發達、3C
產品當道，根本沒有人會想買書。我蠻同情爸爸，
他應該算是懷才不遇，我知道他也想要有一番作
為，這樣我媽媽就不會老是看扁他。

治療師 4：聽起來「夾心餅乾」是夾在強勢的媽媽和懷才不遇
　　　　　的爸爸之間，這種「夾心餅乾」的狀況會怎樣影響
　　　　　你？你會想要怎樣回應這種情況？

（繼續運用來訪者的在地知識，探索來訪者對生命經驗的主
觀感受和意向）

小　麥 5：我覺得成功、失敗不能只是用賺錢多少來衡量，我
　　　　　媽就是覺得我爸不賺錢，就是失敗。對啦！我媽是
　　　　　賺很多錢，是很厲害啦！可是我爸對於人生是覺得
　　　　　要做喜歡做的事情，我爸很堅持，我蠻佩服他的！

（二）以「不知道」、「隱而未現」來開展來訪者多元的 支線故事

　　來訪者在家庭的主流故事中難以伸展出自己的生涯興趣，媽媽的強勢
故事支配著來訪者的生涯方向，治療師要離開困難重重的問題故事（如下
列對話小麥 6、12、13），轉向來訪者的渴望。諮商的重點在於以「不知
道」的態度和「隱而未現」的問話來鬆動、解構來訪者被建構的故事線，
拉開人與問題的間距，創造更寬裕的心理空間。

治療師 5：你爸媽很不同，我也聽到好像你自己對成功、失
　　　　　敗，有自己的看法？請你多說一點你對成功、失敗
　　　　　的看法。

（以「隱而未現」去探索來訪者的在地知識，以描繪支線故
事）

小　麥6：我們家現在的經濟主要是我媽在支援，這也是事實啦！可是我覺得她太勢利，就是只用錢來衡量一切，她也是這樣看我，我媽媽私下會對我說：「你將來長大不要像你爸爸那般沒出息，要讀就要讀像你姐姐那種有前途的商業科系。」

治療師6：媽媽這樣的說法，打壓了你的什麼信念？或是跟你的什麼人生理念互相衝突嗎？

（以隱而未現的問話，浮現已說出經驗的相對面，也就是未說的經驗）

小　麥7：我不喜歡商科的東西，我只喜歡電腦繪圖，我不要繼承媽媽的店，我媽在肖想我去接班，我才不要勒！我只想要做文化創意相關的事。

治療師7：你不喜歡讀商科，也不想要經營媽媽的養生館，只想要電腦繪圖，只想要做文化創意相關的事，這兩者之間最大的差別是什麼？

（以「不知道」邀請在地知識或主觀經驗，也邀請來訪者將經驗意義化）

小　麥8：一個物質，一個精神，商科、養生館都是物質的，出版、繪畫比較是精神的，物質的都是在想賺錢，精神的比較能夠經由創意表達想法跟美感。

治療師8：哇！我聽到你很清楚、簡潔的用「物質」、「精神」兩種觀點做對比，你比較想要從事跟「精神」有關的工作？是嗎？這個何以對你這麼重要？可是媽媽還是會要求你要做跟「物質」賺錢有關的事？

（繼續以「不知道」和「雙重聆聽」，帶出更多支線故事）

小　麥9：我當然喜歡做跟精神有關的事情，也不是啦！我是說我不是先考慮賺不賺錢，我是考慮我自己喜不喜歡做，我喜歡經由創意表達想法跟美感有關的事情，這比較是精神的吧！可是，我媽媽太強勢了，

　　她幾乎是無所不在地籠罩在我們家上空，所以我很
　　討厭待在這個家，高中的時候我常常想，等我考上
　　大學，我一定會搬出去，再也不回這個家了。

（三）以「獨特意義經驗」勾勒出來訪者的信念與意義

　　隱喻經常能將經驗形象化、意義化，具有「宣示」的效果，有助於開啟來訪者的能動性，並「捍衛」其渴望的故事。華人的空間觀是向地的，強調穩紮穩打、腳踏實地，跟目標保持了似有似無的一段距離，既往目標移動，又關注眼前腳下。「隱而未現」和「獨特意義經驗」描繪出來訪者的隱藏故事，藉由隱藏故事的現身，先關注來訪者眼前腳下的可能下一步，再移動貼近渴望的替代故事。

治療師　9：搬出去這個行動，看起來是離開，可是卻像是你
　　　　　的一種重要決定，如果你能夠選擇，你希望媽媽
　　　　　怎樣解讀你的這個決定？媽媽怎樣解讀你的離家
　　　　　決定，對你而言，是最符合你的離家意義？
（雙重聆聽，並邀請來訪者對經驗命名，以萃取意義）
小　麥 10：（思考……）我媽媽怎麼解讀我喔？我的離家意
　　　　　義喔？我希望她認為我決定離家是一種，是一種
　　　　　宣示，是我對自己的「未來宣示」。
治療師 10：這個決定你會希望是一種「未來宣示」，這個
　　　　　「未來宣示」是想要捍衛什麼嗎？
（隱而未現的問話，繼續探索來訪者的生活經驗，並萃取意義）
小　麥 11：（來訪者陷入思考）捍衛喔？我沒想過欸！不過
　　　　　你這樣說，倒是提醒我，我應該要捍衛自己想要
　　　　　的堅持，捍衛自己未來的人生。
治療師 11：你父母吵架，似乎是「物質」與「精神」的對

抗，目前是媽媽的「物質」占上風，可是我一直
聽到你同情目前「精神」失利的爸爸。對你的影
響是使你討厭這個家，想要搬出去，不要再回這
個家，作為你對自己的「未來宣示」，而搬出去
其實是一種「捍衛」，是嗎？

（隱而未現的問話，繼續萃取意義）

小　麥 12：我應該要捍衛，為自己捍衛。從小到大，我姐都
　　　　　是名列前茅，在她面前我一無是處，我媽總是要
　　　　　我跟姐姐看齊，我真的沒話說。我從來沒有想過
　　　　　「捍衛自己」這件事。

治療師 12：現在開始想到「捍衛自己」使你更靠近自己的理
　　　　　想？還是使你更遠離自己的理想？

（渴望故事問句，以不知道的態度，好奇來訪者想要的偏好
故事）

小　麥 13：「捍衛自己」當然會更靠近自己的理想。可是媽
　　　　　媽以前都會不管我願不願意，她就自己幫我報名
　　　　　參加一些美術比賽，我也因此得過幾次重要的獎
　　　　　項。但媽媽並沒有因此支持我作畫，她想的其實
　　　　　是我花那麼多時間投入繪畫，也該從中得到什麼
　　　　　收穫吧！其實就是能夠出名，然後賺錢的意思。

治療師 13：你好像是在跟我說要「捍衛自己」很不容易？有
　　　　　沒有曾經「捍衛自己」成功的經驗？也就是說，
　　　　　你曾經有過逃出媽媽用「物質」控制你的經驗
　　　　　嗎？

（獨特意義經驗問話，探索來訪者不被問題困住，或問題無
法預測的經驗）

小　麥 14：我唯有在自己的作畫過程中，感受到自己的存
　　　　　在，那時候媽媽就控制不了我，我完全沉浸在我
　　　　　自己的作畫過程中。

（四）以「外在、內在、反思敘事」臨在來訪者心理現場

　　「同步陪伴」一定要慢、要進入細節，以外在敘事表達出臨在來訪者的心理現場，從而找到渴望故事的入口。敘事治療師進入細節，讓經驗的皺褶展開、攤開而創造心理空間。治療師也以「雙重聆聽」打開來訪者此刻當下的可能性，「雙重聆聽」既看重「在」眼前的來訪者，也看重「不在」眼前的來訪者，在「退」（由晤談室退到生活現場）又「轉」（由問題故事轉到獨特意義經驗）之間讓出空間，以便朝向開放未來共同決定下一步，而非以遠方未來目標為對話焦點。符應老子無為無不為、順其自然、順勢而為的哲學觀。

　　治療師 14：你可以想到一次完全沉浸在自己的作畫中，這樣
　　　　　　　　的經驗嗎？是高中還是大學？哪一幅畫？在家
　　　　　　　　裡？還是在學校畫的？

（以「外在敘事」問話，帶出來訪者經驗的細節，含人、事、時、地、物等）

　　小　麥 15：有一次，在學校，家裡根本不可能，其實是校
　　　　　　　　外。剛上大一的時候，我加入美術社，11 月秋
　　　　　　　　天，我們美術社跟北區的大學美術社聯誼，去陽
　　　　　　　　明山寫生，有 80 人吧！人很多，蠻厲害的，可是
　　　　　　　　我就覺得只有我一個人，我幾乎感覺不到其他
　　　　　　　　人，我到現在都還可以聞到油彩的味道，感覺得
　　　　　　　　到筆在畫紙上的聲音，我一直想要調出我要的綠
　　　　　　　　色，我幾乎感覺不到時間過去，也不覺得餓，我
　　　　　　　　好像也沒有跟人家講話。一直到現在，我只要拿
　　　　　　　　出那幅畫，就會回到當時的狀態。我後來又去了
　　　　　　　　幾次陽明山，找到同一個地方，可是就是找不回
　　　　　　　　那種感覺了。

　　治療師 15：那時候你有什麼感覺？

（「內在敘事」問話，邀請來訪者說出感受與觀點）

小　麥 16：我覺得自由自在、無拘無束。

治療師 16：那個狀態，自由自在、無拘無束，你說只要拿出那幅畫，就會回到當時的狀態，那個狀態好像是一種很純粹的、很專注的、全神投入的，你會說這是什麼狀態？

（邀請來訪者對於「獨特意義經驗」予以命名）

小　麥 17：我覺得就是「如入無人之境」的狀態吧！

治療師 17：這種「如入無人之境」對你的未來生涯有何影響？這跟剛才你說過的「未來宣示」有關聯嗎？足以逃出媽媽的「物質」控制嗎？何以這個影響很重要？

（邀請來訪者進入反思性的意識藍圖，並對獨特意義經驗進行評估和辯護）

小　麥 18：一定啊！一定會啊！只要我的生涯是在「如入無人之境」的狀態，那我真是會高興得像在天堂，媽媽就管不到我了。

治療師 18：那時候媽媽看到的你，跟別人看到的你，有不一樣嗎？他們會看到怎樣不一樣的你？

（雙重聆聽問話，拓展新觀點）

小　麥 19：媽媽只會看我能不能賺到錢，老師們大多肯定我的才華，也期待我繼續朝此努力，我也相信有朝一日我可以有很好的發展。

治療師 19：你相信老師看到的你對你是很重要的，這樣的看見，如果有一個畫面，你的未來的畫面，會是怎樣？

（「內在敘事」問話，進入來訪者的內在世界，感受、觀點或信念）

小　麥20：這就是我的「未來宣示」呀！就是我媽消失無
　　　　　蹤，管不到我，也管不到我爸，我跟我爸都可以
　　　　　自由自在地過我們想過的生活，不會被批評，不
　　　　　會被評價。

（五）以「創造空間、觀點挪移」來啟動改變

　　從被建構的問題故事，到鬆動解構主流故事，再到建構渴望故事，其
中間階段「鬆動解構」的主要機制即是「轉化」。不管是轉化對「知見」
的執著或是轉化「主流故事」的支配力量，關鍵都是拉開間距、騰出空
間，產生多元視角，以觀點挪移來啟動改變。

治療師20：聽起來你的「未來宣示」裡，自由自在過想要的
　　　　　生活是你渴望的畫面，如果你多做什麼，就會更
　　　　　靠近自由自在過想要的生活？或是你需要為自己
　　　　　做出什麼行動，就會繼續朝你想要的方向發展？
（以「反思敘事」問話來帶出行動）
小　麥21：我想我需要勇敢一點，活出自己來，但我沒有信
　　　　　心。我並不清楚知道自己的未來會怎樣？我現在
　　　　　仍然需要她的金錢援助，但我不想一直都依賴我
　　　　　媽媽，這是確定的。
治療師21：你需要勇敢一點，你不想再依賴媽媽，你可以多
　　　　　說一點，勇敢一點的你會是什麼樣子？
（距離拉遠，以便創造心理空間）
小　麥22：勇敢就是不要被她的聲音影響，勇敢就是忠於自
　　　　　己，敢於自由自在，抓住自己想要的生活，其實
　　　　　勇敢就是穿過去、鑽出去、逃出去、不回頭，往
　　　　　自己的方向前進。
治療師22：穿過去、鑽出去、逃出去、不回頭，往自己的方
　　　　　向前進，那個你在做什麼？

（強化行動藍圖）

小　麥 23：在做什麼……

（思考）

治療師 23：我好像看見一個勇敢的小麥，想穿過煙霧彌漫的
　　　　　　地方，這個煙霧彌漫的狀況有點像是媽媽的期望
　　　　　　或是控制，是你不想要被影響的「物質」，小麥
　　　　　　一直往自己的方向前進，想要衝出煙霧，這個一
　　　　　　直衝出去的你，你有看見嗎？是什麼畫面？

（以全域、全局的心理空間來隱喻，以達到意義化和進入行
動藍圖）

小　麥 24：衝出去，出了隧道，就有一片自己的天地。

治療師 24：穿過去、逃出去、不回頭，往自己的方向前進，
　　　　　　衝出去，衝出一片自己的天地。（隱喻）

小　麥 25：對！衝出一片自己的天地。

　　敘事治療師跟庖丁一樣，都是「因其固然」而能「游刃有餘」，敘事治療借助「不知道」、「外化」、「臨在」、「外在敘事」、「內在敘事」、「反思敘事」、「雙重聆聽」、「隱而未現」、「獨特意義經驗」等技術來協助來訪者發展支線故事。

　　外化處理的是：「人與問題的關係」，不是問題本身，也就是敘事治療著眼在描繪多元故事、找出隱藏故事，以及貼近渴望的替代故事，而不是直接去「根治」問題故事。無論是Jullien尋找思想論述的間距，或是敘事治療中人與問題之間的間距，都是進行思想／故事的重新活化，產生心理空間，讓故事繼續開展，有助於視角挪移。

　　敘事時間的「交錯重疊性」使得時間跟空間連在一起而成為時空的概念。敘事是生命經驗以「時間」組建的心理質變，敘事治療是生命知識以「空間」構作多元視角的技藝，敘事治療機轉是敘事時間與敘事空間的交錯與疊加，也就是說敘事治療機轉來自重組個人經驗時間史，在敘事視框的心智空間所產生的心理轉化。

參考文獻

中文部分

丁懷軫、劉玉香（2016）。**南華經譯注**。臺北市：國家出版社。

尤斯德、馬自恆（譯）（2006）。**沒有時間的世界**（原作者：P. Yourgrau）。臺北市：商周。

王文融（譯）（2018）。**虛構敘事中時間的塑型：時間與敘事**（卷二）（原作者：P. Ricouer）。臺北市：臺灣商務印書館。（原著出版年：1986）

王孝勇（2016）。Mikhail Bakhtin「時空體」概念的視覺語藝意識與實踐之初探：以 2014 年臺北同志遊行為例。**中華傳播學刊，30**，143-178。doi: 10.6195/cjcr.2016.30.05

宋碧雲（譯）（1982）。**一百年的孤寂**（原作者：G. Márquez）。臺北市：遠景。（原著出版年：1967）

林志明（譯）（2015）。**功效論：在中國與西方思維之間**（原作者：F. Jullien）。臺北市：五南。（原著出版年：1997）

林俊臣（2015）。間與勢：朱利安對中國思想的詮釋——朱利安「勢」思維中的書法。**中國文哲研究通訊，25**（1），113-134。

林語堂（2009）。**老子的智慧**（上）。臺北市：正中。

法鼓山（2010）。**禪的智慧**。取自 https://reurl.cc/MdN3E3

高涌泉（2013）。電子沒有世界線。**科學人雜誌，137**。

張如芳（譯）（2017）。**薛丁格的貓：50 個改變歷史的物理學實驗**（原作者：A. Hart-Davis）。臺北市：大石國際文化。（原著出版年：2015）

張秉開（編譯）（2016）。**物理學家：時間是過去、現在與將來同時存在**。取自 https://reurl.cc/O1dm8R

張海潮（2012）。**狹義相對論的意義**。臺北市：臺灣商務印書館。

陳鼓應（註譯）（2017）。**老子今註今譯及評介**（三版）。臺北市：臺灣商務印書館。

曾端真（2016）。**傾聽生命故事與敘說的療癒力：阿德勒學派心理治療**。臺北市：張老師文化。

黃仁宇（1987）。我對「資本主義」的認識。載於復旦大學歷史系（編），**中國傳統文化再檢討（下篇）：西方文化與近代思潮**（頁 161-182）。香港：商務印書館。

黃孟嬌（譯）（2008）。**敘事治療的工作地圖**（原作者：M. White）。臺北市：張老師文化。（原著出版年：2007）

黃素菲（2016）。後現代的幸福生涯觀：變與不變的生涯理論與生涯諮商之整合模型。**教育實踐與研究，29**（2），137-172。

黃素菲（2018a）。敘事治療歷程與敘事結構特徵中生活目標改變之詮釋分析。**中華輔導與諮商學報，52**，143-180。

黃素菲（2018b）。**敘事治療的精神與實踐**。臺北市：心靈工坊。

黃素菲（譯）（2016）。**敘事治療三幕劇：結合實務、訓練與研究**（原作者：J. Duvall & L. Béres）。臺北市：心靈工坊。（原著出版年：2011）

黃靜（2001）。道家「無為而治」在公共行政管理中的意義。**雲南行政學院學報**。

鄒文律（2011）。人與物件的時光之旅：論董啟章《天工開物‧栩栩如真》的物（家）史書寫。**政大中文學報，16**，231-268。

廖世德（譯）（2001）。**故事‧知識‧權力：敘事治療的力量**（原作者：M. White & D. Epston）。臺北市：心靈工坊。（原著出版年：1990）

趙振江（譯）（2006）。**自然哲學的數學原理**。臺北市：臺灣商務印書館。

劉紀蕙（2015a）。勢‧法‧虛空：以章太炎對質朱利安（François Jullien）。載於「間與勢：朱利安對中國思想的詮釋」專輯（下）。**中國文哲研究通訊，25**（1），1-32。

劉紀蕙（2015b）。勢與形：新自由主義資本邏輯美學化之死亡形式與生命形式。**文化研究，21**，9-36。

劉康（1995）。**對話的喧聲：巴赫汀文化理論述評**。臺北市：麥田。

英文部分

Anderson, H., & Goolishian, H. (1992). The client is the expert: A not-knowing approach to therapy. In S. McNamee & K. J. Gergen (Eds.), *Therapy as social construction* (pp. 25-39). London, UK: Sage.

Angus, L., Levitt, H., & Hardtke, K. (1999). The narrative processes coding system: Research applications and implications for psychotherapy practice. *Journal of Clinical*

Psychology, 55(10), 1255-1270.

Bakhtin, M. M. (2002a). Forms of time and chronotope in the novel. In M. Holquist (Ed.), *The dialogic imagination: Four essays* (pp. 84-258). Austin, TX: University of Austin Press.

Bakhtin, M. M. (2002b). Epic and novel: Toward a methodology for the study of the novel. In M. Holquist (Ed.), *The dialogic imagination: Four essays* (pp. 1-40). Austin, TX: University of Austin Press.

Barbour, J. (1999). *The end of time: The next revolution in Physics*. Oxford, UK: Oxford University Press.

Bateson, G. (2002). *Mind and nature: A necessary unity (Advances in systems theory, complexity, and the human sciences)*. New York, NY: Hampton Press.

Bruner, J. (1986). *Actual mind: Possible world*. Cambridge, MA: Harvard University Press.

Derrida, J. (1978). *Writing and difference*. Chicago, IL: University of Chicago Press.

Goffman, E. (1961). *Encounters: Two studies in the sociology of interaction*. Oxford, UK: Bobbs-Merrill.

Morris, P. (Ed.) (1994). *The Bakhtin reader: Selected writings of Bakhtin, Medvedev, and Voloshinov*. London, UK: Bloomsbury.

Morson, G. S. (1994). *Narrative and freedom: The shadows of time*. New Haven, CT: Yale University Press.

Neimeyer, R. A., & Levitt, H. (2001). Coping and coherence: A narrative perspective on resilience. In C. R. Snyder (Ed.), *Coping with stress: Effective people and processes* (pp. 47-67). Oxford, UK: Oxford University Press.

Pryor, R. G. L., & Bright, J. E. H. (2007). Applying chaos theory to careers: Attraction and attractors. *Journal of Vocational Behavior, 71*(3), 375-400.

Savickas, M. L. (2015). *Life-design counseling manual*. Retrieved from https://reurl.cc/xZd3jb

White, M. (1988). The externalizing of the problem and the re-authoring of lives and relationship. *Dulwich Centre Newsletter, Spring*, 7-11.

White, M. (2007). *Maps of narrative practice*. New York, NY: W. W. Norton.

White, M., & Epston, D. (1990). *Narrative means to therapeutic ends*. New York, NY: W. W. Norton.

華人生涯理論與實踐：本土化與多元性視野

共舞

第九章　全觀當下：華人的時間與機緣（王思峯）

第十章　自我認同與生涯發展：雙文化自我之生涯發展論（洪瑞斌、
　　　　楊康臨、莊騏嘉、陳筱婷）

第九章　全觀當下：華人的時間與機緣

王思峯

摘　要

生涯這概念本身即隱含著時間性的存在，以西方文化而言，生涯規劃與生涯發展常被知覺為一種未來取向的任務，但華人的時間觀（time perspective）並不一定是未來時間觀，因此當生涯領域引入於華人世界近一百年來，會有一些不同於西方的現象產生，本文即由文化現象為起點，闡明探究時間觀與機緣等文化議題對生涯領域的重要性。接著，再深入闡述「全觀當下」（holistic present）的構念內涵與文化來源，敘明全觀當下的基本形式為「參照性未來與建構性過去共同指向行動性當下」的時間整合組型，而這種形式乃是建構在順應自然觀與積極三世因果觀之哲學上，故可進一步以「當下因」與「積極隨緣」概念化全觀當下，進而編製測量工具，並藉由實徵研究檢驗此構念的信效度。四個實徵研究數據亦支持全觀當下構念存在的合理性與有效性，在此基礎上，全觀當下就不僅僅是概念，而是能精煉出更進一步的操作性工具來支持生涯諮商工作，特別是在支持學習機緣論的生涯諮商學派上，本文最後即提供了相應工具，並討論可能的應用方式。

壹、緒言

十年前，筆者在大學入學考試中心協助編製學系探索量表時，一直有個疑惑：在臺灣的高中生涯輔導實務作法，是以大學科系為研究單位，輔導老師並不需要考慮到大學畢業後的事宜，學生與家長也都認為這是理所當然的事，學生要做的就是選擇科系，而非選擇職業。是以，臺灣在編製高中生涯量表時，都是以大學科系為對應的環境單位，而非以職業為單位。然而在文獻中，卻又是另一番光景。十幾年前的文獻，鮮少會看到以大學科系為單位，幾乎都是以職業為單位，文獻建議學生在選擇科系專業時，所先思考的是未來從事什麼職業，確立職業方向後，再看看從事此職業所需的科系專業為何，然後再據此申請科系專業（Brown & Lent, 2005; Harris-Bowlsbry et al., 2002; Herr et al., 2003）。

對於這疑問，十年前筆者是用教育體制差異來理解（王思峯、劉兆明，2010），例如：臺灣是大學入學前選科系、難進易出，美國是大學入學後才選專業、易進難出等；同時也主張，高中生對職業世界的認識與經驗相當有限，與其用受限的職業理解為量表編製的基礎，不如應以貼近高中生生活經驗的維度來編製量表。2017 年，四位比利時學者也有類似疑問（Fonteyne et al., 2017），他們認為 18 歲的高中生對職業世界的理解是有限的，而且在當今時代中，大學攻讀某專業，未來卻可能不會從事相關職業；再者，高中生心中所關切的是科系專業，因此他們亦以科系專業為單位（而非以職業為單位），編製出給高中生使用之 SIMON-I 興趣量表。

體制差異能給出部分解釋，但時間觀的角度，或許能對上述疑惑提供更深層的理解。時間觀是有不同傾向的——未來時間觀、現在時間觀、過去時間觀等。美國生涯文獻所建議的「先思考未來從事什麼職業，確立職業方向後，再看從事此職業所需的科系專業，再據此申請科系專業」，此思路背後是非常典型的未來時間觀與設計觀點，在考慮自己要申請什麼科系專業時，先思考自己未來的目標為何，再根據這個未來目標，找出達成這目標的途徑，然後努力向前走，成為自己想要成為的人。亦即，生涯領

域文獻中，未來時間觀是很重要的，進行生涯輔導諮商前，最好先確認學生是否具有未來時間觀，若無此前提，則建議先對時間觀進行干預（Marko & Savickas, 1998; Taber, 2015）。

　　華人世界則常上演另一種劇碼，在談起「生涯規劃」時，常見的反應是：生涯可以規劃嗎？你有辦法知道五年、十年後嗎？你現在從事的工作，你在五年、十年前是這樣規劃的嗎？這種提問與質疑，也不單是華人世界常見，「生涯機緣學習論」（The Happenstance Learning Theory）的作者 Krumboltz 也常在其著作中以類似提問開頭（Krumboltz, 2009; Mitchell et al., 1999）。顯然地，這樣提問的背後思路，包含了現在時間觀傾向與機緣論觀點，傾向於認為未來是難以預測與掌控的，人們能夠掌握的是當下的努力，以及對機緣的開放彈性與持續學習。對生涯的考量，著重在透過當下努力以獲得一個不錯的短期未來（如滿意的大學與科系），進可攻退可守，長期未來再看機緣彈性調整（如未來產業與職業）。

　　對在華人世界服務的生涯諮詢／諮商工作者而言，如何理解上述文化現象，進而轉化為諮詢／諮商實踐，無疑是重要的。本文即試圖以「全觀當下」構念，概念化此文化現象，以更簡約有效地掌握兩大核心要素：時間觀、機緣論；並進一步提供「全觀當下量表」與常模，作為工具，以協助生涯工作者進行諮詢／諮商實踐。

■ 貳、全觀當下：構念與文化來源

　　穿梭在臺北街頭的計程車，是人們生活的一部分。計程車上不僅有廣告，也有司機先生自己貼的座右銘或警世語，除提醒自己外，也意圖提醒他人。在這些座右銘中，筆者注意到一則常被司機張貼於車尾的銘文，語出自證嚴法師靜思語：「要用心，不要操心、煩心。」以時間觀角度來理解此則靜思語，人們當用心於什麼？或許是用心於「當下」，不要操心、煩心於什麼？不要操心於「未來」，不要煩心於「過去」。亦即，這則靜思語隱含著華人社會中獨特的當下時間觀與文化智慧，與其讓心智散亂無效地操心未來與擔心過去，不如收攝心神，做好當下事務與當下角色。

時間（time）是個人生活與社會生活之基本構成單位，時間觀則是個體與社會對客觀時間的主觀建構，不論是作為個體層面之心理構念（psychological construct），或是作為社會層面之文化構念（cultural construct），時間觀皆深刻且廣泛地影響著個體與社會之行為與福祉（Zimbardo & Boyd, 1999, 2008）。

在華人社會中，時間概念亦應對個體行為與社會現象，都有著相當的作用與影響，釐清時間的角色、作用與影響，無疑也是華人思想界的重要任務。然而在釐清時間的作用與影響之前，華人思想界可能得試著回答另一組更基本的問題：假若時間觀等時間概念不僅是個體性的心理構念，也是一種社會層面的文化構念，那麼華人社會的時間概念是什麼？有哪些時間概念？在這些概念中，哪些是較獨特的、與西方社會有明顯差異的？哪些是與西方社會相同或相近的？另外，這些時間概念所組成的概念體系又是如何？

「當下」是華人與東方社會中重要的時間概念，時間研究的重要學者Philip G. Zimbardo 於「當下」之前加上「全觀」二字，稱之為「全觀當下」，並認為全觀當下為東方社會之重要時間觀（Zimbardo & Boyd, 2008）。本文相當同意，「全觀當下」的確是華人與東方社會之重要時間概念，但是 Zimbardo 對全觀當下的認識角度與界定方式則或是有待商榷的，其大抵將全觀當下限制於冥想的經驗範疇，而此經驗範疇可能只涉及全觀當下的部分面向而已。假若全觀當下是華人社會的重要文化概念，那麼全觀當下就不會只是一種冥想時的知覺性經驗，也應當會以人生哲學與處事之道等形式，滲透至個人生活、團體行為、組織決策與社會現象中。

表9-1為王思峯（2015）嘗試採McGrath與Kelly（1992）所建議的後設領域架構為框架，據以整理文獻中曾出現的各種東方性的時間概念，嘗試構成一個較完整的概念邏輯網絡（nomological network）。此架構於縱向層面，區分出三個層次：形而上之哲學概念層次（conceptual issuesabout time）、形而下的實質層次（substantive issues regarding time），以及屬於如何做的方法層次（temporal issues regarding methodology）；在橫向面則區分為時間脈絡（temporal context）與時間型態（temporal patterning），前者為

表 9-1　與全觀當下有關的華人時間性概念與現象

層次	時間脈絡	時間型態
哲學概念層次	**哲學體系** 《易經》 佛學（因果循環；因緣和合）	線性螺旋（cyclical）
實質層次	**人生哲學與處事之道** 天行健、君子以自強不息 隨緣、緣由心生	全觀當下
方法層次	**修行法門** 小乘 **時間法門**	現在擴張

談論時間是在某種背景下才能談論之脈絡，後者則如時間是線性的、循環的、螺旋的組成型態。

　　談論華人的時間觀，脫離不了《易經》與佛學兩大哲學體系，而此二者對時間組成型態的看法，大抵是一種循環的或線性螺旋的（林姿葶、鄭伯壎，2013，2014）。《易經》六十四卦既是天文、曆法與節氣的自然表徵，也是朝代興衰與社會變化的社會性學問（南懷瑾，1987，1991），天干地支是一種循環，「天下合久必分、分久必合」也是循環型態。佛學的基本是建立在六道輪迴、三世因果上（南懷瑾，1992，頁 501），所謂三世，是指時間的過去、現在、未來，而三世因果乃因與果的時間觀：有過去的因，累積而成現在的果，由現在的因，累積而成未來的果；未來與過去，又如循環的無盡，所謂輪迴，便是指此周旋動轉的意義（南懷瑾，1995，頁 11）。

　　形而上哲學得轉化為某種實質層次的原理或原則，才能滲透至文化中，也才能長存於文化系統中。這樣的實質層次的原理或原則，或即人生哲學與處事之道。《易經》乾卦象辭為「天行健」，而《周易》「天行健，君子以自強不息」則將象辭轉換為華人所熟悉的「自強不息」人生哲學與處事之道。在佛學中，現象來自「因」與「緣」之「和合」，「因」是自己當下可以掌握的來源，而「緣」則是環境或脈絡性，現象則是「因

緣和合」的結果。而「隨緣」則是因果律所轉化的處事之道，「菩薩畏因、凡人畏果」強調於當下因的重要，而「謀事在人、成事在天」則同時具有「當下因」與「隨緣」兩種人生哲學。本研究所界定的「全觀當下」，即意指在此層次中的時間型態。

相對地，Zimbardo 對全觀當下的認識角度與界定方式則是在方法層次的知覺現象。在 Zimbardo 與 Boyd（2008）所出版的大眾心理書籍《時間矛盾：改變你人生的時間心理學》（*The Time Paradox: The New Psychology of Time that Will Change Your Life*）（2011 年心靈工坊出版中譯本時，取名為《你何時要吃棉花糖？時間心理學與七型人格》）中，則以其親身體驗、類似 LSD 經驗茶會事件與催眠事件為例：

> 我（Boyd）看到自己的左前臂溶進了左腿，焦慮也跟著消失……我看到狂野但沒有威脅的叢林動物……一股滿足的溫暖油然而升，流遍全身，感覺到雙唇伸展，裂成超大的笑容。六小時過去，彷彿只過了幾分鐘。（p. 112）

> 我（Zimbardo）整個人突然變輕盈了，沉重的身體彷彿從椅子上浮起來……看著牆上的畫，它的色彩整個亮起來，鮮明到無以復加……冰淇淋和披薩的幻象紛紛穿過腦際，讓我覺得好玩，大聲笑了出來。這一笑，整個人一放鬆，竟然觸發了相反的情緒，為失去一個朋友而流下眼淚。所有這些情緒來得急也去得快……就在那躍躍欲試的當兒，我心跳加速，於是深深吸一口氣，整個鼻孔充滿了鮮花和新割草的氣息，整個人也完完全全放鬆下來。（p. 116）

Zimbardo 與 Boyd（2008）以上述經驗為基礎，再佐以佛教與冥想的角度，提出「全觀現在」或「全觀當下」的另一型時間觀：

> 讓心智聚焦於當下，不受過去與未來濾鏡過濾的當下……當人們能放下追悔過去與欲求未來的綑綁，開放心靈於

當下，這種高度覺察心智狀態（mindfulness）將會帶來擴張，取代（replace）過去與未來的時間知覺，所有過去、現在與未來似乎同為一體、難以區分。（p. 110）

冥想是一種各大宗教之共法。以佛學角度而言，修行法門相當眾多，眼、耳、鼻、舌、身、意、地、水、火、風、時間、空間都可以是修行的法門（南懷瑾，2002），以「當下」為重點的，乃是時間修行法門中的一支。

Zimbardo 所謂的「現在擴張」是一種個人實踐實修後，才能得到的知覺性經驗或存在性經驗，但在華人世界中不是所有人都有修行經驗，而即使是修行也可能是修行時間以外的各種法門（淨土、觀音等），而即使修時間法門，或也不必然會強調「現在擴張」。因此，把「現在擴張」等同於「全觀當下」，恐怕過於窄化了「全觀當下」的內涵。王思峯（2015）即主張，應從實質的人生哲學與處事之道層次，以建構全觀當下的構念內涵，方比較恰當。

在將全觀當下界定在實質的人生哲學與處事之道層次後，王思峯（2015）進一步立基於對續優健康企業MK的長期田野觀察，將全觀當下之基本形式繪製如圖 9-1 所示。

（參照性）未來
（行動性）現在
（建構性）過去

圖 9-1　全觀當下之基本形式

MK為一臺灣上市公司，1990年之際，臺灣面臨臺幣升值、勞工意識覺醒、產業結構轉變，傳統產業紛紛關廠撤資，MK 就是一群關廠的中年員工所創立，創業迄今近三十年，曾獲《遠見雜誌》CSP企業社會責任獎之「健康職場類首獎」，以及臺北市政府「幸福企業獎」。如《天下雜誌》企業最佳聲望調查所顯示，MK 以善於策略創新與經營管理聞名於同業，並獲經

濟部工業局「臺灣創新企業百強」之肯定。以創新而言，MK所擅長的，並不是非關聯創新、破壞式創新，而是演化式創新，其重點在於融合，而依王思峯（2007，2009，2015）的分析，「全觀當下」乃是其能不斷進行融合與創新之重要文化基因。

對偏向線性時間的西方社會而言，未來意味著正面，過去則或則意味著溫暖、但更多則隱含著追悔與停滯負面意向，就如同現在常伴隨著享樂或宿命而出現（Zimbardo & Boyd, 1999, 2008）。因此，不論在集體層面的策略規劃或是個體層面的生涯規劃，都被知覺為一種未來取向的任務，並常採用諸如目標、路徑、控制與效能等語彙來概念化。然而現代社會的變化性、多元性與複雜性，讓諸如「策略規劃」與「生涯規劃」等立基於線性時間觀的規劃概念與方式，愈來愈受到挑戰，不論學界或業界，也愈來愈少人使用此兩語彙。

相對地，在MK策略形成歷程中，未來不是一組等待被實現的目標或願景，而是作為參照性的遠景而出場，主要乃作為思考的背景，其主要作用在於引發與改變思考的角度與框架：若以甲遠景來想會怎樣、乙遠景又會引發什麼想法……；過去則是一組可重新建構的元素，而非固定不變的已發生事實；策略思考與對話的重點在於能否彈性地由建構性過去與參照性未來的來回理解與詮釋循環中，形成或發現當下應該做與應該發展的能耐是什麼。在MK所謂的三年計畫、五年計畫中，不會有第三年、第五年非達成不可的具體目標，但MK也確實往前思考了三、五年，勾勒出了三、五年的階段性發展輪廓，但也就是輪廓而不會是訂死的目標。

圖9-1即表徵出「過去＆未來→現在」之全觀當下時間整合型式：未來是一種「參照性未來」，過去則是一種「建構性過去」，此兩者共同一起指向當下「現在」。此「過去＆未來→現在」的時間整合觀提供了一種孕育融合創新之背景：未來不是一種雄心所訂死的、需要朝向的東西，而是提供思考與對話方向感的媒介，其主要作用在於提供一種如何組合或融合的方向感。而過去種種的作法、方案、條件與優勢，都是可以像積木一般重新組合，甚至重新建構其意義的。整個「參照性未來＆建構性過去」所要一同指向的，是在未來與過去之融合張力下，指引「現在」該怎麼思考、應

當做一些什麼、準備些什麼。

　　德國知名社會學家 Niklas Luhmann（1927-1998）在其社會系統理論中論及時間維度（zeit dimension）時，有著類似的觀點（高宣揚，2002，頁144-145）：

> 　　時間作為觀察的視野，就是從系統運作的「過去」與「未來」的差異中，對系統所面對的現實進行某種詮釋……由於觀察的需要而提出的時間視域，正是為了將極端複雜的系統及其環境的關係，以時間視域的景觀，放在「未來與過去的差異」的觀察點上，分析「現在」中的各種可能脈絡，決定運作過程中所必須做出的選擇，以簡化系統同其環境的關係……觀察者選擇性地以某一個「現在」作為觀察的出發點，並以這個「現在」整合將來與過去的差異結構，其目的在於將系統以及系統中的人的行動及其各種思路，導向它們所期望的未來。……過去與將來的關係，並非單純是一種先後關係或單向的因果關係，而是一種比先後關係更為複雜的來回循環、交錯往來的混雜網絡。

　　對 Luhmann 而言，時間意味著「可能性」，而加入時間維度，是將「可能過去」與「可能未來」放在一起觀察，讓「可能過去」與「可能未來」兩種視域產生某種參照與交融，而這樣的參照與交融的意義則在於詮釋「可能現在」。Luhmann的時間視域觀點，不僅與MK的「建構性過去 & 參照性未來→現在」這樣的時間整合觀有相當交集，也與同為系統論之 Kurn Lewin的「時間觀」是相近的：時間觀乃個人在某一特定時間點，對於心理未來與心理過去的整體觀點（Lewin, 1951, p. 75; Lewin, 1997, chapter IV）。以此角度，「過去&未來→現在」這樣的時間整合形式，似乎比較容易由系統論思想脈絡中孕育出，而東方思想脈絡也是系統觀點（如中醫），也比較容易孕育出此時間整合形式。

「過去&未來→現在」如此之時間整合觀，或許不是憑空出現的，其思想來源大抵是與東方文化傳統相契合的。華人一般對環境與我的關係假定，常偏向「順應環境」，美國文化則較偏「控制環境」。MK 時間觀對「環境與我的關係假定」之影響是很微妙的：MK 同樣是偏「順應環境」，但其卻在自我未來的掌握上，因時間觀而轉化成「雖然是順應環境，但怎麼面對的態度卻是自己可以掌握的，自我的未來，是看我現在的努力而定」。這與西方的「人可控制環境」微妙地不同，但又不是那種消極的順天由命，而是具有相當積極的哲學成分。

　　這樣的哲學思想，在華人社會並不陌生，例如：《易經》乾卦象辭「天行健」、《周易》思想「天行健，君子以自強不息」（南懷瑾，1995，頁 182、232）即為人所熟悉。另外，不管宗教信仰為何，華人很少有不知道「三世因果」的。佛學的基本是建立在六道輪迴、三世因果上（南懷瑾，1992，頁 501），所謂三世，是指時間的過去、現在、未來，而三世因果乃因與果的時間觀：有過去的因，累積而成現在的果，由現在的因，累積而成未來的果；未來與過去，又如循環的無盡，所謂輪迴，便是指此周旋動轉的意義（南懷瑾，1995，頁 11）。一般對三世因果的理解有消極與積極之別，宿命論是消極理解：現在是由過去所決定；積極理解則將焦點放在「當下」，現在的因將影響未來的果，當下的起心動念行為才是我所用心之處。或許，「人法地、地法天、天法道、道法自然」的順應自然觀，以及積極的三世因果觀，滲透在華人社會，而成為彼此調和或融合的文化假定，構成「過去&未來→現在」這樣的全觀當下時間整合觀。

　　建基於上述論述，王思峯（2015）以兩個核心成分將「全觀當下」概念化為文化性構念：一為時間整合形式，另一則為面對循環因果與機緣的心態，並據以編製為量表，其如表 9-2 所示。

表 9-2　「全觀當下量表」的題項與結構成分

安排時相	文化面向	題項
過去與現在	當下因	環境變動是機會或威脅，端視我當下做些什麼。
現在與未來	當下因	現在先行動與布局，未來再看狀況與機緣做調整。
現在與過去	當下因	從現在的行動與努力中，總是能夠看到有別於過去的成長與進步。
未來與現在	積極隨緣	機會是留給有準備的人。
未來與過去	積極隨緣	能否把握住機緣，要看自己能有多少彈性、多麼開放。

　　王思峯（2015）認為，不論在時相上的屬性或時相間的安排整合邏輯，很可能都會受文化的滲透與影響。在 MK 文本中出現的「參照性未來＋建構性過去」共同指向「行動性當下」這樣的屬性與安排邏輯，很可能受到華人文化的滲透，例如：在《易經》哲學上，「天」時的運作可表徵如六十四卦般循環往復，但「人」則是在「天行健」中，天人參照地「自強不息」；亦即，在參照所處時間與空間脈絡中定位，獲得當下的行動感與自我自強感。另外，佛家的因果觀中，因與緣是現象之所以如是的兩種重要來源，「菩薩畏因、凡人畏果」，「因」是自己當下可以掌握的來源，而「緣」則是環境或脈絡性，現象則是「因」與「緣」「和合」的結果。

　　因此王思峯（2015）提議，全觀當下的內涵或許也應兼顧兩種層次：除個體當下掌握的「因」之外，也應當包含個體當下所身處參照的「天」或「緣」，特別是「謀事在人、成事在天」之積極地隨緣。故王思峯在編製全觀當下題項時，其句型乃是兩種屬性時相間的安排與整合，而安排與整合邏輯則包含「當下因」與「積極隨緣」兩種文化性邏輯。表 9-2 顯示了「全觀當下量表」之五題題項與其結構成分，三題屬「當下因」、兩題屬「積極隨緣」面向；每題皆涉及兩個時相，過去相出現三次、未來相出現三次、現在相出現四次。

■ 參、「全觀當下量表」之信效度

「全觀當下量表」有四次實徵研究支持其效度，第一次研究是初測（王思峯，2013a），目的是為了篩選題項與初步考驗效度，樣本為輔大大學入門課程的三系大一學生，共183人，施測題目包含「全觀當下量表」與「時間焦點量表」（Shipp et al., 2009），因素分析結果如預期地產生四項因素，全觀當下與現在焦點、未來焦點、過去焦點能彼此清楚地區分開來，全觀當下五題信度 α 值為0.78。兩個月後115人進行再測，前後兩次相關係數為0.73。

第二次研究於 MK 企業進行員工調查時一併進行（王思峯，2013b），共蒐集臺北總部397位員工資料，調查變項除「全觀當下量表」與「時間焦點量表」外，亦同時蒐集組織承諾與工作滿意，並與客觀績效資料進行串接。在建構效度上，因素分析結果亦顯示，全觀當下與現在、未來與過去焦點能彼此清楚地區分開來，全觀當下五題信度 α 值為0.85。在效標預測效度上，層級迴歸分析結果顯示，現在、未來與過去焦點對於組織承諾與工作滿意並無預測力，但全觀當下則對組織承諾（$\beta = 0.22$，$p < .001$）與工作滿意（$\beta = 0.14$，$p < .01$）有顯著的遞增效度，遞增解釋變異量為6.3%與2.0%；當以客觀績效資料為依變項時，現在、未來與過去焦點對於客觀績效亦無預測力，但全觀當下對客觀績效則有邊緣顯著的解釋力（$\beta = 0.15$，$p < .10$）。

第三次研究則蒐集更具代表性的一般樣本（王思峯，2015），共招募313人，有效樣本數為296人（95%），分為有工作經驗、無工作經驗兩個樣本群，各189人與107人。無工作經驗群中，女性占47%、男性占53%，分布於24個系；有工作經驗群，主要來自參與勞動力發展署職業訓練課程之求職工作，女性占57%、男性占43%，分布於20種職類，占比超過5%的有七個職類。

研究三結果顯示，「全觀當下量表」具有良好信度。以五題題項為測量工具時，題項間信度 Cronbach's α 達 .85，且具有跨情境穩定性——在無

工作經驗樣本群之 α 為 .83，在有工作經驗樣本群則達 .86。其次，全觀當下之構念內涵，能有效地與時間三相之過去焦點、現在焦點、未來焦點區別開來。全觀當下本身五題的因素負荷量則介於 .64～.81 之間；另外，除一題外，時間三相題項落在全觀當下之因素負荷量皆相當低，介於 -.04～.32 之間；而全觀當下五題題項落在時間三相焦點因素之因素負荷量則亦相當低，介於 .02～.32 之間。而且，在不同情境下（有、無工作經驗樣本群），其因素分析結構大抵是相似與穩定的。

　　進一步分析顯示，全觀當下之構念內涵，並非為另一種現在焦點或現在取向，而是一種含括過去、現在與未來之時間整合。全觀當下與過去（r = .44**）、現在（r = .38**）和未來（r = .54**）焦點皆為顯著的中相關；時間三相焦點共同解釋了全觀當下的變異量各達 50.8%（有工作經驗群）與 36.6%（無工作經驗群），除一項達邊緣顯著外，其他所有時間三相之迴歸係數皆達 .01 以上的顯著水準。最後，中介分析顯示，全觀當下的構念性質似乎中介於時間三相與現代工作所需時間元素之間（多重任務趨向、立即行動、平穩步調），但不會中介於時間三相與不利於工作的時間元素（拖延型步調）。此結果或表明，全觀當下是一種將時間三相各自賦予正向屬性後的整合形式與整合歷程（如參照性未來、建構性過去、行動性的當下），通過此整合機制與歷程，對時間三相的注意力，將能夠被轉化為有利於現代工作所需的時間元素。

　　第四次研究則是在一項跨國調查中進行（Zhang et al., 2018），該調查容許各國加入少數該國自選題，並由市場調查專業尼爾森公司以全臺灣人口為母體進行代表性抽樣，有效樣本共 390 人。由於樣本具有代表性，故相當適合進一步檢查「全觀當下量表」本身內部的結構，也能夠據以建立常模（詳下節）。研究結果顯示，五題全觀當下可進一步解析為積極隨緣與當下因之兩因素模型，「機會是留給有準備的人」與「能否把握住機緣，要看自己能有多少彈性、多麼開放」兩題在積極隨緣的因素負荷為 .81 與 .84，「環境變動是機會或威脅，端視我當下做些什麼」及「現在先行動與布局，未來再看狀況與機緣做調整」與「從現在的行動與努力中，總是能夠看到有別於過去的成長與進步」三題在當下因的因素負荷為 .76～.80 間，跨

因素負荷則介於 .34～.49 間。

　　總之，藉由研究一到研究四之實徵研究，確立了「全觀當下量表」之信效度，包含：題項間信度、再測信度、構念之區別與聚斂效度、跨情境穩定性、效標預測效度、內涵結構的驗證等；並同時建立了具有一定代表性的常模。這些實徵數據或可更堅實地支持諮商者應用於其工作，下節則為一些可能的應用方向。

肆、生涯諮商的應用

一、工具：量表與常模

　　諮商情境相當複雜，支持諮商應用的工具，一方面要能有堅實嚴謹的實徵數據支持，另一方面卻也要愈簡約愈好；這兩個標準並不容易同時滿足，「全觀當下量表」則同時兼具嚴謹性與簡約性，或許能有效地支持諮商工作。表 9-3 為量表問卷與其計分方式，常模則如表 9-4 所示。七點量尺五題之總分理論值域為 5～35 間，常模中實際最低與最高值則為 6 和 35，平均數 23.428，標準差為 4.973。百分位數為 5 者，其總分為 16、均分為 3.2；百分位數為 50 者，其總分為 23、均分為 4.6；百分位數為 95 者，其總分為 32、均分為 6.4。該表亦提供兩個次因素的百分位數、平均數與標準差，以供進一步的分析。

二、應用方式

　　本文對生涯諮商的應用方式，主要有四點。第一點是有關於理解文化現象的，以西方文化而言，生涯規劃常被知覺為一種未來取向的任務，但華人的時間觀並不一定是未來時間觀，因此民眾對生涯規劃可能會有所懷疑。本文則能協助讀者，以時間觀角度深入理解與剖析相關文化現象。

　　第二，現在取向與隨緣可能是華人文化中常見的，但「現在」並不等同於「當下」，「隨緣」也不等同於「消極適應環境」。在華人文化體系

表 9-3　「全觀當下量表」的問卷與其計分方式

全觀當下量表

詳讀每一題項，問自己：「在面對人生時，我經常是如此嗎？」，並詳實作答。

	1 從不	2 極少	3 很少	4 偶而	5 有頻點繁	6 頻繁	7 總是
1. 我會告訴自己：環境變動是機會或威脅，端視我當下做些什麼。	□	□	□	□	□	□	□
2. 我會告訴自己：現在先行動與布局，未來再看狀況與機緣做調整。	□	□	□	□	□	□	□
3. 我會告訴自己：從現在的行動與努力中，總是能夠看到有別於過去的成長與進步。	□	□	□	□	□	□	□
4. 我會告訴自己：機會是留給有準備的人。	□	□	□	□	□	□	□
5. 我會告訴自己：能否把握住機緣，要看自己能有多少彈性、多麼開放。	□	□	□	□	□	□	□

計分

	當下因	積極隨緣	全觀當下
總分	題 1 ＋題 2 ＋題 3 ＝	題 4 ＋題 5 ＝	左兩欄分數相加＝
均分	上一欄分數／3 ＝	上一欄分數／2 ＝	上一欄分數／5 ＝
約當百分位數	查表	查表	查表

表 9-4　「全觀當下量表」的常模

百分位數	當下因		積極隨緣		全觀當下	
	總分	均分	總分	均分	總分	均分
5	9	3.0	6	3.0	16	3.2
10	10	3.3	7	3.5	18	3.6
20	12	4.0	8	4.0	20	4.0
30	12	4.0	8	4.0	20	4.0
40	12	4.0	9	4.5	22	4.4
50	13	4.3	10	5.0	23	4.6
60	14	4.7	10	5.0	25	5.0
70	15	5.0	11	5.5	26	5.2
80	16	5.3	12	6.0	27	5.4
85	17	5.7	12	6.0	29	5.8
90	18	6.0	13	6.5	30	6.0
95	19	6.3	14	7.0	32	6.4
平均數	13.662	4.554	9.764	4.882	23.428	4.686
標準差	3.053	1.018	2.261	1.130	4.973	0.995

註：七點量尺，全觀當下共五題，包含當下因三題、積極隨緣兩題。

中，有著更積極的成分，能夠轉化為生涯發展與生涯諮商所需的正向能量。「全觀當下」即是將「當下因」與「積極隨緣」兩個正向成分，概念化為正式的理論構念，並透過四個實徵研究，建立起此理論構念的信效度。生涯諮商工作者可使用表 9-3 的「全觀當下量表」，以及表 9-4 的常模，與案主協同探討其對時間觀、機緣論的隱含信念或觀點，從而開啟出轉化性對話。

　　第三，當案主在「全觀當下量表」的得分百分位數愈高（如 70 以上），那麼為了能更有效貼近與支持該案主，諮商者或可嘗試採用 Krumboltz 所主張的機緣學習論（Krumboltz, 2009, 2011; Krumboltz & Levin, 2004; Krumboltz et al., 2013; Mitchell et al., 1999），進行協助工作。機緣學習論有兩個重要的概念（引自鍾億僑，2016，頁 11-12）：

1. 保持好奇心、探索，可以創造提高生活質量的機會。Krumboltz 強調
   機緣論是以行動為導向的生涯理論，因此個體面對機緣事件必須得
   採取行動，Krumboltz 給了五個重要的行動方針：
   (1) 保持好奇心：探索新的學習機會。
   (2) 持久性：即使遇到挫折仍要堅持。
   (3) 彈性、靈活：保持開放的態度。
   (4) 樂觀：保持樂觀的心態。
   (5) 風險承擔：面對不確定的機緣，仍要採取行動。
2. 技能可以使我們抓住機運。Krumboltz（1998）提出把握偶發事件的
   四個程序：
   (1) 非常仔細地描述偶發事件。
   (2) 回想做了什麼樣的行為才導致偶發事件。
   (3) 討論過去成功事件的歷程，可以套用到這次的偶發事件，也可以
       發展出新的因應行為。
   (4) 實際行動。

另外，在面對生涯不確定時產生的負向情緒，如焦慮、低自尊、低幸
福感時，Krumboltz 等人（2013）則建議可依循以下五個步驟，協助個體重
構認知，創造有益的機緣事件：

1. 確定個體的期待。
2. 透過回應個體了解個體敘述的部分。
3. 建構過去成功的經驗。
4. 協助個體將機緣事件重構成機會。
5. 協助個體克服阻礙行動的部分。

在華人世界中，這些機緣論主張的諮商作法，或許可以融合華人文化
的語言與元素，以讓諮商過程能善用文化助力，而非讓文化成為諮商的阻
力。

第四種應用方式，則或可嘗試與組織生涯管理與諮詢進行結合。王思
峯等人（2019）主張：(1)生涯領域可將主動性／行為、個別協議與工作打
造等新興概念納入於生涯典範——學科地圖中，將其與生涯研究與實踐相

融合；(2)將生涯建構的概念與作法融入於多樣挑戰經驗的反思與建構，能對領導者的發展產生獨特而重要的貢獻；(3)透過促進個體主動性、打造工作與個別協議等行為，結合歷練驅動發展方案，讓組織與社會可加速多元高潛力人才的發展。

　　Savickas（2013）指出，生涯建構論採取脈絡觀點，將發展的驅動力視為由適應環境而來，而非內在結構成熟。故在其生涯建構訪談中，一切都得扣回到第一個提問：在建構你生涯時，我如何能對你有幫助？亦即，不論是過去早期記憶的提取，或是未來劇本的選擇，都是以案主現在的需求、處境與關切為中心的，現在指引了過去與未來的資源提取與詮釋，而對過去與未來之詮釋則為現在找到出口，這整個時間組型與全觀當下是相類似的；也與主動性、打造工作與個別協議等概念是相容的，主動性、打造工作與個別協議都是個體自我代理（agency）以適應環境的建構行為，支撐這些自我代理行為的，除了個人特性、組織管理作為面向外，也可能跟文化性因素有關，全觀當下強調的當下因、行動性當下、積極隨緣等概念，或許跟主動性概念彼此相耦合，其耦合程度，應該與西方文化的未來導向與目標導向等，有著相當的（甚或更高的）耦合性，此方向或許值得生涯研究者與諮商工作者進一步探究。

參考文獻

中文部分

王思峯（2007）。本土企業策略形成歷程之貫時性厚實個案研究（2）：策略哲學與學派的契合、策略認識與認知歷程、主位取向的探索。科技部專題研究計畫報告（NSC 95-2416-H-030-005）。

王思峯（2009）。華人組織層峰樣態與策略形成。本土心理學研究，31，177-246。

王思峯（2013a）。全觀當下時間觀：企業田野觀察、概念邏輯網絡、生涯意涵。發表於第八屆華人心理學家學術研討會的工商心理特邀場次。北京師範大學，北京市。

王思峯（2013b）。MK 企業員工調查報告。（未出版）

王思峯（2015）。全觀當下時間觀：構念建立、遞增效度及概念邏輯網絡探索。科技部專題研究計畫報告（MOST 103-2410-H-030-034）。

王思峯、秦明秋、林俊宏（2019）。組織生涯管理與諮詢研究報告（二版）。臺北市：臺灣生涯發展與諮詢學會訓練委員會。

王思峯、劉兆明（2010）。開放式興趣量表之修訂研究：學系描述子區別分析。測驗學刊，57（4），515-540。

林姿葶、鄭伯壎（2013）。組織中的時間與時間觀：回顧與展望。本土心理學研究，40，143-195

林姿葶、鄭伯壎（2014）。鑒往知來：領導研究中的時間議題。中華心理學刊，56（2），237-255。

南懷瑾（1987）。易經雜說。臺北市：老古文化。

南懷瑾（1991）。易經繫傳別講。臺北市：老古文化。

南懷瑾（1992）。如何修證佛法（七版）。臺北市：老古文化。

南懷瑾（1995）。禪與道概論（十四版二刷）。臺北市：老古文化。

南懷瑾（2002）。楞嚴大義今釋。臺北市：老古文化。

高宣揚（2002）。魯曼社會系統理論與現代性。臺北市：五南。

鍾億僑（2016）。生涯機緣論色彩教案對大學新鮮人之影響探討（未出版之碩士

論文）。輔仁大學，新北市。

英文部分

Brown, S. B., & Lent, R. W. (2005). *Career development and counseling: Putting theory and research to work.* Hoboken, NJ: John Wiley & Sons.

Fonteyne, L., Wille, B., Duyck, W., & De Fruyt, F. (2017). Exploring vocational and academic fields of study: Development and validation of the Flemish SIMON Interest Inventory (SIMON-I). *International Journal for Educational and Vocational Guidance, 17*(2), 233-262. doi:10.1007/s10775-016-9327-9

Harris-Bowlsbry, J., Dikel, M. R., & Sampson, J. P. (2002). *The internet: A tool for career planning.* Tulsa, OK: National Career Development Association.

Herr, E. L., Cramer, S. H., & Niles, S. G. (2003). *Career guidance and counseling through the lifespan: Systematic approaches* (6th ed.). Needham Heights, MA: Allyn & Bacon.

Krumboltz, J. D. (1998). Serendipity is not serendipitous. *Journal of Counseling Psychology, 45*, 390-392.

Krumboltz, J. D. (2009). The happenstance learning theory. *Journal of Career Assessment, 17*, 135-154.

Krumboltz, J. D. (2011). Capitalizing on happenstance. *Journal of Employment Counseling, 48*, 156-158.

Krumboltz, J. D., & Levin, A. S. (2004). *Luck is no accident: Making the most of happenstance in your life and career.* Atascadero, CA: Impact.

Krumboltz, J. D., Foley, P. F., & Cotter, E. W. (2013). Applying the happenstance learning theory to involuntary career transitions. *The Career Development Quarterly, 61*(1), 15-26.

Lewin, K. (1951). *Field theory in social science: Selected theoretical papers* (D. Cartwright Ed.). New York, NY: Harper & Row.

Lewin, K. (1997). *Resolving social conflicts and field theory in social science.* Washington, DC: American Psychological Association.

Marko, K. W., & Savickas, M. L. (1998). Effectiveness of a career time perspective intervention. *Journal of Vocational Behavior, 52*, 106-119.

McGrath, J. E., & Kelly, J. R. (1992). Temporal context and temporal patterning: Toward a time-centered perspective for social psychology. *Time and Society, 1*(3), 399-420.

Mitchell, K. E., Levin, A. S., & Krumboltz, J. D. (1999). Planned happenstance: Constructing unexpected career opportunities. *Journal of Counseling & Development, 77*, 115-124.

Savickas, M. L. (2013). Career construction theory and practice. In S. D. Brown & R. W. Lent (Eds.), *Career development and counseling: Putting theory and research to work* (2nd ed.) (pp. 147-183). Hoboken, NJ: John Wiley & Sons.

Shipp, A. J., Edwards, J. R., & Lambert, L. S. (2009). Conceptualization and measurement of temporal focus: The subjective experience of the past, present, and future. *Organizational Behavior and Human Decision Processes, 110*, 1-22.

Taber, B. J. (2015). Enhancing future time perspective and exploring occupational possible selves. In P. J. Hartung, M. L. Savickas, & W. B. Walsh (Eds.), *APA handbook of career intervention: Vol. 2* (pp. 101-111). Washington, DC: American Psychological Association.

Zhang, R. J., Liu, J. H., Milojev, P., Jung, J., Wang, S., Xie, T., Choi, H., Yamaguchi, S., & Morio, H. (2018). The structure of trust as a reflection of culture and institutional power structure: Evidence from four East Asian societies. *Asian Journal of Social Psychology.* doi:10.1111/ajsp.12350

Zimbardo, P. G., & Boyd, J. (1999). Putting time in perspective: A valid, reliable individual-differences metric. *Journal of Personality and Social Psychology, 77*, 1271-1288.

Zimbardo, P. G., & Boyd, J. (2008). *The time paradox: The new psychology of time that will change your life.* New York, NY: Free Press.

第十章　自我認同與生涯發展：
雙文化自我之生涯發展論

洪瑞斌、楊康臨、莊騏嘉、陳筱婷

摘　要

　　本文主要介紹雙文化自我生涯發展論，此理論架構是具備本土文化特殊性。本文從青少年自我認同與生涯發展之西方理論回顧出發，包括 Erikson 與 Marcia 的自我認同理論，再探討臺灣青少年生涯定向及自我認同較困難或比例較低的問題。然後，回顧相關本土生涯研究，並介紹雙文化自我生涯發展論，此理論將臺灣青少年區分為「他人取向」、「自我取向」、「居間取向」、「無動力取向」等四個生涯類型。其中，「居間取向」可再細分為四種型態，包括「往復協商」、「折衷平衡」、「衝突堅持」、「迂迴化解」。而四種生涯類型背後反映「個我」與「大我」二組生涯主軸及動力。最後，本文回到「雙文化自我生涯發展論」在生涯諮商的應用方面，包含對臺灣本土文化特殊性之理解及提升多元文化敏感度；對「他人取向」、「自我取向」、「居間取向」及「無動力取向」等不同青少年生涯諮商的工作原則提醒。

壹、核心理論概念

一、關於青少年自我認同與生涯發展之西方理論觀點

（一）Erikson 的社會心理發展階段論

有關青少年自我認同與生涯發展理論最廣為人知的是 Erikson（1968，引自孫名之譯，2015）的社會心理發展階段論，他將個體發展的生命週期區分為八階段，並主張每一個階段都有其特定的發展任務或危機，八階段分別為：嬰兒期／信任—不信任、幼兒期／自主—羞怯懷疑、學齡前兒童期／主動積極—內疚、學齡兒童期／勤勉—自卑、青少年期／認同—角色混淆、成年早期／親密—疏離、成年中期／傳承—停滯、成年晚期／自我整合—絕望等。Erikson 自己及多數學者都認為，青少年的認同危機是所有階段最重要的，而且自我認同主題其實是貫穿整個生命週期之過程。

其中，青少年期的發展任務就是自我認同的找尋與確認。換言之，此時青少年會找尋此類問題的答案：「我是誰？」以及「我要往何處去？」因此，自我認同也就與生涯發展產生密切連結，因為理解「我是誰」，等於完成自我探索；回答「我要往何處去」，同時也就清楚未來生涯方向了。Erikson（1968，引自孫名之譯，2015）認為，自我的任務便在社會、生物、心理三者之持續相互影響的發展歷程，維持某種一致性與連續性。同時，Super（Sharf, 1997，引自李茂興譯，1998）也視「自我概念」為生涯發展核心，因此再次說明青少年期的自我認同發展也直接關係到個體生涯發展。

Erikson（1958，引自康綠島譯，1989）於《青少年路德》（*Young Man Luther: A Study in Psychoanalysis and History*）一書中，曾借用 William James 的觀點來區分二種人：一是「只出生一次」（once born）的人，他們是「很容易就融入時代的意識型態之中的人，他們在這個意識型態塑造下的過去

或未來與現在科技下的日常工作之間並沒有什麼不協調的地方」；另一群人是所謂的「患病的靈魂」或「分裂的自我」，他們面對一個「成長的危機」（growth-crisis）或一個關口（a critical period），必須尋求一種「再生」（second birth）。而後者正是青少年面對 Erikson 所謂的「自我認同危機」，需要重新尋找及定義自己（Erikson, 1958，引自康綠島譯，1989）。

換句話說，Erikson 主張青少年自我認同的發展任務是，應該揚棄過去社會、家庭所社會化的價值觀或意識型態，重新思辨與建立屬於自己的價值觀，以便重新定義自我。而過程中可能青少年已經拒斥父母期待或社會價值之方向，卻又尚未靠自己探索建立價值觀與方向時，就會進入所謂的認同懸宕（moratorium）狀態。假設青少年不放棄找尋，最終應該能達成自我認同，並自主做成生涯決定（洪瑞斌，2017）。過去以來常見青少年期的壯遊旅行的轉換空檔期可能就在認同懸宕的階段。

（二）Marcia 之認同狀態類型

Marcia（1980）以 Erikson 的社會心理發展理論為基礎，延伸論述青少年階段的「認同與角色混淆」部分。Marcia 以「是否出現危機」（crisis）及「是否有承諾」（commitment）二個維度進一步定義出四種不同認同狀態，包括：(1)認同達成型（identity achievement）：經歷認同危機及自我探索後做出承諾；(2)認同早閉型（foreclosure）：未經過認同危機與探索但有承諾；(3)認同懸宕型（moratorium）：仍在經歷危機與探索但尚未做出承諾；(4)認同混淆型（identity diffusion）：缺乏探索與危機感，也未做出任何承諾。如表 10-1 所示。

表 10-1　Marcia 之自我認同狀態分類表

	無承諾	有承諾
出現危機	認同懸宕	認同達成
未出現危機	認同混淆	認同早閉

陳坤虎等人（2005）回顧評論 Marcia 的理論提到，其最大的優點便是補強 Erikson 所缺，他提供自我認同之操作型定義，以便後續發展量化測量工具。另一方面，Marcia理論較常被學者批評的是其類型論偏向靜態，忽略自我認同其實是有時間上連續性或者說是一個發展歷程。換言之，從認同懸宕到認同達成其實是一個連續發展的歷程，亦即當青少年意識到自我定義的問題，並展開尋找過程，到最後找到確認的承諾為止，當然若是單一時間橫斷面的量表測量，確實是可區分為二種狀態。

而認同早閉型其實相當於 Erikson（1958，引自康綠島譯，1989）所說的「只出生一次者」，其實認同早閉型之所以可以不出現危機，便能找到承諾，主要是因為社會期望及主流價值觀的成功植入，而青少年接受並且未曾懷疑或挑戰它。另外，令人好奇的是，認同混淆的青少年又何以會不出現危機，也沒有承諾，且在缺乏確定承諾下也沒動力去探索答案。總之，認同混淆的發展狀態與心理歷程似乎和認同懸宕──達成者、認同早閉型很不同，但似乎 Marcia（1980）並未多做解釋。

二、臺灣青少年生涯發展問題

（一）臺灣青少年生涯定向及自我認同確定之比例較低

過去針對臺灣青少年的生涯研究中可以看到一個一致性的問題，即臺灣青少年的生涯定向困難或生涯不確定性高，可以從相關研究結果看到，例如：陳麗如（1996）針對大學生的調查研究中發現有約 65%（782/1195）認為自己屬生涯未定向者；袁志晃（2002）的研究結果也顯示約 55%（641/1184）的受測大三學生仍處於生涯未定向（career undecided）狀態；謝茉莉（2003）的研究曾比較南臺灣地區女大學生以及夏威夷女大學生的三個族群（華裔、日裔、夏威夷女學生）之生涯不確定感（career indecision），結果發現，臺灣女大學生之生涯不確定感顯著高於三群夏威夷女大學生。換言之，一般臺灣大學生多處於生涯未定向或生涯不確定感高的狀態。

　　另外，使用 Marcia（1980）自我認同分類架構的實徵研究上，金樹人等人（1989）調查 946 位大學生，區分為五類大學生，結果得到各類比例為：自主定向為 27%；他主定向為 17%；探索性未定向為 33%；焦慮性未定向為 11%；迷失方向為 12%。將近十年後，田秀蘭（1998a）再次研究，調查了 467 位大學生，得到各類比例分布結果接近：自主定向為 27%；他主定向為 11%；探索性未定向為 40%；焦慮性未定向為 10%；迷失方向為 12%，最大的變化則在於他主定向之比例有明顯降低，探索性未定向明顯增加。若對照 Marcia（1980）的原初分類，探索性未定向以及焦慮性未定向應該都屬於認同懸宕類，迷失方向即等於認同混淆，加總三類比例得到自我認同未能確認或定向者，1989 年為 56%，1998 年為 62%，和前述的生涯未定向調查研究結果之比例接近。近期的調查研究結果中，黃懂韻（2015）取樣臺灣南部大學生（一、四年級）471 人，該研究並未進行認同類型歸類統計，而是做四個類型分量表平均數比較，結果顯示認同達成型平均 3.55；認同早閉型平均 2.52；認同懸宕型平均 4.01；認同混淆型平均 3.13。由於各分量表題數相同，若再分別加總前兩者為定向類其總分為 6.07；後兩者為未定向類其總分為 7.14，顯示近期樣本依舊是未定向傾向較高。

（二）臺灣青少年生涯定向困難之可能來源

　　如果臺灣青少年確實如過去研究結果呈現出生涯決定及自我認同確立的困難，那我們如何進一步理解這個問題？我們從相關研究回顧可以看到二個有關的研究主題或路徑，即社會認知取向之生涯自我效能以及了解生涯發展過程中的生涯阻礙因素。回顧統整相關文獻發現，約略可以看到大學生生涯決策或發展之阻礙或影響因素大致可分為三大面向，即環境脈絡因素、心理認知因素（含自我效能）、人際關係因素。

　　若先不論環境脈絡因素部分，心理認知因素主要包含生涯自我效能或決策自我效能決策，相關研究發現，臺灣大學生之自我效能感會影響生涯定向、生涯不確定感及就業意願（游錦雲、李慧純，2010；謝茉莉，2003；簡君倫、連廷嘉，2009）。心理認知因素應與學習探索有關，個體

愈摸索自己的興趣、建立自己的能力，就有愈高的自我認識及自信心，亦即「學習—自我效能—決策」的社會認知取向。但另一方面，臺灣大學生生涯決策或發展之阻礙或影響因素裡，人際關係因素也是重要的面向，尤其是家庭或父母親關係之影響最大，包括父母期望、父母支持、需繼承家業、兄弟壓力等因素（王玉珍、吳麗琴，2009；田秀蘭，1998b）。相對而言，前面的認知決策、自我效能等心理認知因素方面，臺灣青少年與西方研究發現似無太大差異，但後者的家庭及社會期望等人際關係因素似乎與西方主流生涯理論有所不同，而且在臺灣青少年生涯及自我認同發展上有重要影響性。

貳、從本土研究發展適合臺灣青少年的生涯理論架構

一、王秀槐之初探研究結果

王秀槐（2002）針對 20 位臺灣大學生以生命史深度探究其生涯發展歷程，發現與西方發展理論不盡相同的結果。王秀槐發現參與其研究之大學生其生涯發展基本上是由自我（self）和他人（others）二個主題所構成的交互影響與動態歷程；他並進一步區分出三個生涯發展類型，分別為「自我取向」（self-oriented）、「他人取向」（others-oriented）、「居間取向」（in-between）三類。

「居間取向」自然是介於自我取向和他人取向之間，而且有不同的互動協商型態，王秀槐（2002）將「居間取向」又細分為四個次分類，包括人我平衡、適應環境、人我衝突、人我融合。「人我平衡」是指個案之自身興趣與他人期待相符合（如電腦、電子）而相互結合；「適應環境」型比較屬於因個體自身興趣無法於現實中落實發展，於是調適修正生涯方向更趨近現實適應；「人我衝突」在生涯敘說上是抗拒父母及主流升學路徑，但課業表現低落又傷害自尊，而又回歸接受父母價值及升學路徑；

「人我融合」型雖然在敘說資料中並未出現衝突張力，但因過程中有出現解構主流價值，重新建構自我。

　　王秀槐（2002）依據其研究結果做討論，並指出 Erikson 以及 Marcia 之自我認同理論是基於西方個人主義文化或獨立自我之基本假設，個體需要朝向獨立自主的發展方向，因此有明顯的危機時期，但部分臺灣青少年的現象與西方傳統自我認同理論並不太吻合。因其結果中部分個案並無明顯危機階段，在透過個人特質與他人期望逐步建構後，最後也能形成統整的自我認同。楊康臨、洪瑞斌（2008）同樣針對大學生之生涯訪談，其結果也支持王秀槐的發現，並認為臺灣的升學制度讓所有學生幾乎花費大量認知與時間資源在至少二次的升學準備（升高中職、升大學）上，轉移了原本從青少年轉變至成人期的轉換任務與危機之注意力，而使臺灣青少年自我認同發展上可能集體性延宕。

　　王秀槐（2002）的研究對於臺灣青少年之生涯發展之了解，以及開始將本土現象與西方理論做對話有很大的貢獻，特別是發現（家庭）重要他人實質對臺灣青少年之影響性很大。相關研究發現家庭重要他人對個體生涯之影響通常可分為間接和直接的方式，前者是家庭對個體價值觀的形塑與內化，而後影響個體生涯抱負或生涯目標的形成，也就是社會化歷程（王秀槐，2002；楊康臨、洪瑞斌，2008）；後者則是家庭成員直接在個體生涯決策與選擇過程中提供建議與諮詢，造成各種程度的影響（王玉珍、吳麗琴，2009；楊康臨、洪瑞斌，2008）。

二、洪瑞斌建立雙文化自我之生涯發展架構

（一）基本背景

　　洪瑞斌（2017）以王秀槐（2002）對臺灣青少年生涯發展的本土化研究為基礎，希望進一步研究深化個案現象的概念化解釋。洪瑞斌同樣採用訪談個案深度生命史的敘說研究，針對高年級大學生及大學畢業社會新鮮人立意取樣，最後成功收入 10 名研究參與者。該研究邀請不同科系背景學

生來參與，受訪參與者相關背景分布包括：4 男 6 女，八種科系（心理系、兒家系、哲學系、法文系、醫學系、企管系、統計系、新聞系），並包含各種不同入學管道方式（推甄、聯招、插大轉學）。

洪瑞斌（2017）在參考王秀槐（2002）研究結果，看到臺灣青少年生涯發展存在「自我」和「他人」二個重要主題，以及應該有臺灣本土文化特殊性，便採用「雙文化自我」（bicultural self）作為該研究之主要理論視框。陸洛（2003，2007）沿著 Markus 與 Kitayama（1991）的獨立我（independent）與互依我（interdependent），以及楊國樞（2004）的個人取向／社會取向的觀點與研究，進一步研究提出「雙文化自我」之理論觀點，也稱為「折衷自我」。「雙文化自我」的主要論述在於主張臺灣社會在面臨西方文化導入，華人傳統文化仍存在的社會脈絡下，身處其中的個體其實經驗到二套文化系統並存，講求「獨特性」的現代西方個人取向以及重視「關聯性」之傳統華人社會取向同時作用於個體身上，形成雙文化自我。由於個體同時承載雙重文化，因此二種取向自我的共存、折衷，甚或融合就在不同個體身上具體發生（陸洛，2003，2007）。

（二）研究結果：四種生涯發展類型

洪瑞斌（2017）的研究結果與王秀槐（2002）研究結果相近，他發現受訪之臺灣青少年可區分為四種類型，包括「自我取向」、「他人取向」、「他人取向」及「自我取向」二者同時兼有之的「居間取向」群體，以及二者皆未具備的「無動力取向」群體。其中「無動力取向」群體是王秀槐研究所沒有發現的類型，是此研究特殊的發現。以下分別說明。

「自我取向」者以研究中之一位男性個案「維尼」為例，父親為藍領工人、母親為家管，國小時就因父親沉迷簽賭而對父失去認同及影響力。但從小家庭都提供基本資源並且允許其探索各種興趣，諸如自然科學、寫作、學吉他、熱門音樂、國術、心理學等，他對各種喜歡的興趣通常靠學校老師或社團及自學，都能學習到某種專精的程度，也就逐漸具備各種才藝。而維尼之才能習得的過程，也建立了他的自主性與自信心。但大二、

大三時，維尼也經歷了一段對未來焦慮、茫然的懸宕期，他懷疑是否應該收起過去的玩心，認真考研究所或者做一份「普通工作」。此時他有機會參加一個社會運動取向的地下樂團，以及參加一位學校教授的研究計畫，此老師是以關懷弱勢社會實踐為使命，他有機會去接觸與理解外籍勞工族群。最後，在以該位教授及樂團前輩為楷模下，他找到自我認同方向，他想以音樂來進行社會關懷及參與社會運動為其理想與使命，而謀生就靠吉他教學或一般打工即可。即便父母勸他別再玩音樂或社會運動，但他並不在意他們的反對。因此「自我取向」群體之生涯發展主題包括：(1)對父母之認同及影響力降低；(2)探索學習各種興趣以建立自主性與能力；(3)經歷認同懸宕期後找尋楷模協助認同定向（洪瑞斌，2017）。

「他人取向」者以研究中之一位男性個案「小原」為例，他出生於一個醫生世家，從曾祖父到同輩堂兄弟等四代家族中都一直有人擔任醫師或其他醫事人員，父親是開業牙醫，母親是老師，婚後轉家管。在「醫生世家」的家風及價值傳遞下，父母持續介入小原的生涯決策過程，包括高中要求選自然組，大學上電機系而重考至醫學系等，小原難違抗家庭期待。小原大學時才開始參加社團，因為認識原住民女孩而參加原住民關懷社團、部落服務隊等投入原住民服務與議題，但父母反對他未來去偏鄉醫療服務。小原只能寄望退休後投入偏鄉或弱勢服務，以及努力爭取分科時選擇較有人文關懷的精神科。因此「他人取向」群體之生涯發展主題包括：(1)家庭傳遞內化清楚的社會價值觀；(2)父母持續介入生涯決策過程；(3)較晚且較少進行興趣探索，個人興趣被置於末位（洪瑞斌，2017）。

「無動力取向」者以研究中之一位女性個案「小童」為例，小時候小童是由外婆帶大，外婆成為小童的依附對象。小學時小童外婆自殺身亡，造成其情感失落，因無適當引導，從此小童的生命難再形成重要的價值或目標。小童課業學習並不積極，但維持一般程度，避免讓父母師長注意；進入私中就讀，但習於獨來獨往，缺乏興趣或嗜好的參與。在生涯決策上小童沒有自己的意見，升大學時父母要她填法律系志願，結果填錯考到新聞系，因不想重考就繼續讀。大學臨畢業時，父母期待她考報社記者，男友希望兩人一起考諮商研究所，這次小童聽從男友建議。因此「無動力取

向」群體之生涯發展主題包括：(1)早期並未內化清楚的社會價值觀；(2)缺乏興趣探索或能力培養；(3)依賴重要他人代理生涯決策，但個人亦未承諾（洪瑞斌，2017）。

「居間取向」與王秀槐（2002）研究結果雷同，是介於「他人取向」與「自我取向」之間的群體，由於「他人取向」及「自我取向」同時兼有之，所以不是單一特徵或命題，而是呈現多元生涯發展敘事型態。洪瑞斌（2017）依據個體之生涯決策型態或他人——自我互動型態，再細分為四種型態，包括「往復協商」、「折衷平衡」、「衝突堅持」、「迂迴化解」。但洪瑞斌強調，此四種並非完整而固定的類別，因著不同的「他人——自我互動型態」，居間取向的群體應可以有更加多樣性的方式與型態出現。以下分別說明。

三、「居間取向」再細分四種型態

「居間取向」群體在家庭價值社會化、自我興趣發展、父母介入生涯決策方式等機制不同而形成發展型態差異。「往復協商」的個案在家庭社會化上呈現高期望及正向認同（父母親或替代父親），且父母期望也是高成就，只是有的個案之職業目標明確（小庭之於「老師」），有的不明確（小嚴）；而課業學習表現初期勝任，但中間一度不佳，也使個案之自尊受損，一度對家庭期待價值失望。另一方面個體在興趣探索也有所發展與投入，只是興趣與課業形成拮抗態勢，因投入興趣而荒廢課業或因課業表現不佳而熱衷興趣；由於家庭期望價值與自我興趣同時存在，但學業低落的經驗也讓父母稍微放鬆期待要求，晚近生涯決策也就呈現父母與個案協商取得折衷共識（洪瑞斌，2017）。

「折衷平衡」的個案在家庭社會化上呈現高度內化及正向認同，換言之其家庭期望內化程度高，但家庭期望有的是不具體的高成就（小可之出國留學），有的是負面限制（小青接收到「那些不是好工作」之想法）；而課業學習表現也勝任，使家庭期望維持；而另一方面個體在興趣探索上較晚開始，但自主投入度強；晚近生涯決策時，因家人之教養理念予以尊

重或年老無力而未加干預，也就呈現個體內在折衷考量社會期望及自我興趣來做決定（如小可考量他人之出國留學、當醫生，自己的心理學興趣，決定出國念臨床心理學為目標）（洪瑞斌，2017）。

「衝突堅持」的個案在家庭社會化上內化「謀生」期望及負向認同（小誠接受父母求生存的重要性，但不認同藍領勞工），但而後學校培養其高成就價值；而課業學習表現也勝任，使其朝向社會主流價值及生涯抱負。另個體在興趣探索上開始較晚，但自主投入度強，甚至轉系帶來價值觀解構與重構（小誠進入心理系）；晚近生涯決策在父母期望拉扯下，但個體確立自我認同而堅持興趣（小誠堅持要考心理所，不考企管所）（洪瑞斌，2017）。

「迂迴化解」的個案在家庭社會化上家庭價值內化並不明確，但負面期望限制反而清楚強烈（小愛之藝術興趣不能當職業）；而個體在興趣探索上較早開始，而且自主投入度很強、興趣清楚（小愛之藝術興趣），也引導個體之生涯發展動力。另外課業學習表現沒問題，但因主興趣被母親壓抑，使課業目標僅是應付而未認真接納；在生涯決策時母親持續及強力干預（小愛不能選設計，被迫讀統計系），個體雖無法選擇但從未放棄興趣，並在可能的選擇範圍，持續接近自我興趣，最後在專業領域找到符合興趣之工作（小愛在商業領域做品牌行銷）（洪瑞斌，2017）。

總結來說，「居間取向」群體雖然生涯發展主題可能呈現多樣性，但可歸納共通性包括：(1)家庭傳遞內化社會價值觀（正向期待或負向排除）；(2)有自我興趣探索學習之動能（早或晚期都可能）；(3)早期父母介入生涯決策，晚期可能介入，則青少年與之協商或對抗；或不介入，則青少年於內在平衡自我與他人意見（洪瑞斌，2017）。綜合前述臺灣青少年四種生涯發展類型，歸納其生涯敘說主題，整理如表 10-2 所示。

表 10-2　臺灣青少年四種生涯發展類型之生涯敘說主題

生涯發展類型	生涯發展敘說之主題		
	早期社會化情形	興趣探索與能力培養	晚近生涯決策過程
他人取向	家庭及環境內化清楚的社會價值	較晚進行興趣探索、個人興趣置於末位	父母持續介入生涯決策過程
自我取向	對父母認同及影響力低	很早就廣泛探索各種興趣、能力	經歷認同懸宕，找到楷模以確認方向
無動力取向	早期並未內化清楚的社會價值	缺乏興趣探索及能力培養	依賴重要他人代理決策，個人亦未承諾確認
居間取向	家庭傳遞內化社會價值觀	具發展與探索自我興趣之動能	早期父母介入決策，晚期可能介入，則青少年與之協商／對抗；或不介入，則青少年於內在平衡人我意見

四、本土心理學意涵之延伸討論

　　綜合臺灣青少年「他人取向」、「自我取向」、「居間取向」、「無動力取向」等四種生涯發展群體，洪瑞斌（2017）發現其背後反映二種生涯動力或敘說主軸，即社會價值期望之力量對大學生生涯方向之影響，稱為「大我」（self for collective）；另一個則是依循自我興趣與特質所培養與建立的自主性力量所驅動，即為「個我」（individual self）。「大我」之社會價值期望內涵常見的是促使個體追求成就、地位、經濟資源、社會聲望與讚賞等，亦即反映傳統社會價值觀；另外「個我」之內涵則依據興趣、能力、價值觀等個人特質，相當反映「西方心理學」主流論述觀點所強調的基本觀點或價值立場。

　　「大我」之生涯動力首先來自家庭期望與價值之社會化，期望愈高愈具體（也包含負向非期望目標之排除禁制力）、內化認同程度愈強，都帶來愈高的社會期望動力；過程中環境會引導個體投入課業學習與成績表現，高學業成績帶來高社會評價，也更強化個體接納家庭期望與社會價

值，另外有時須抑制個體對自我興趣的分心；在生涯決策時，個體會依循家庭與社會期望做選擇，同時父母也可能提供強制性或諮詢介入生涯選擇，以確保個體生涯能朝向社會期望價值。洪瑞斌（2017）引用本土文獻（陸洛，2003，2007；陸洛、楊國樞，2005；楊國樞等人，2010），進一步詮釋「大我」。典型「大我」生涯發展動力或敘說主題，在早期是重視兒童的品德及自我節制之薰陶，實際作用是家庭期望及價值觀的內化，另還有課業、才能、勤學培養的重要任務；青少年期面對社會認可的任務，個人的學業成就及行為表現是否滿足社會期望，並能建立與接受榮耀家庭及所屬群體的理想目標；成年期朝向社會期望的生涯目標於現實中發展與累積成就（社會認可的）；晚年期希望透過「天人合一」、「知天命」的修練以達到圓滿人生的狀態（洪瑞斌，2017）。

　　「個我」之生涯動力啟蒙於自我興趣的探索，若愈早探索、引發自主投入度愈高則動力愈強；若過程未被父母反對或受課業影響所壓抑，最終個體會在生涯決策時顯現自我興趣的力量；若較晚（待自我認同及效能確認）時父母不同意見干預，個體會堅持朝向自我興趣選擇。洪瑞斌（2017）進一步引用本土文獻（陸洛，2003，2007；陸洛、楊國樞，2005；楊國樞等人，2010），再詮釋「個我」。典型「個我」動力之生涯發展在早期是重視兒童的自我興趣探索及自主性培養；青少年期得面對自我認同追尋的任務，試著揚棄社會期望或主流價值觀，並建立個人的價值觀及理想目標；成年期朝向自己的生涯目標於現實中實踐與累積成就（自我認同定義的）；晚年期希望達到「自我實現」的狀態以統合自我（洪瑞斌，2017）。

　　當我們再拉回 Marcia（1980）的四種自我認同狀態，包括認同早閉、認同達成、認同懸宕、認同混淆，並與洪瑞斌（2017）研究的雙文化自我生涯發展論加以比較、對話。Marcia的四種認同狀態背後是以「是否出現危機」及「是否有承諾」等二面向做區分，但洪瑞斌研究的「他人取向」、「自我取向」、「居間取向」、「無動力取向」等四種生涯發展類型是以「大我」與「個我」等二個生涯敘說主軸或發展動力來區分。如表 10-3 所示。

表 10-3　雙文化自我生涯發展論之生涯發展分類表

	個我（自主）低	個我（自主）高
大我（他主）高	他人取向	居間取向
大我（他主）低	無動力取向	自我取向

　　綜合而言，洪瑞斌（2017）研究所發現的四種類型，可以用「大我」與「個我」高低二個面向，重新構成 2×2 的方格。看似接近 Marcia（1980）的模式，實則重構了一個雙自我的生涯發展與認同模式，反映背後個人取向、社會取向二文化下的作用力如何展現在個體生涯及自我認同發展上。而洪瑞斌的雙文化自我生涯發展論與過去研究最大差別在於，Erikson（1958，引自康綠島譯，1989）以及 Marcia 將「只出生一次者」（認同懸宕／認同達成）與「再生者」（認同早閉型）簡單區分為二類型，王秀槐（2002）則將「他人做主」以及「自我做主」視為單一軸向的二極，但洪瑞斌則將「大我」與「個我」視為二個軸向。即便二者並非獨立，但二者可能同時存在，於是「大我」（他主）與「個我」（自主）二者交錯，在概念空間上便可區分為表 10-3 之四種類型。

　　從相關案例故事來看，「他人取向」、「自我取向」確實與 Marcia（1980）理論的認同早閉型、認同達成型十分近似，因此比較大的本土特殊性便在「居間取向」、「無動力取向」二者上。如同王秀槐（2002）、洪瑞斌（2017）之研究，臺灣青少年中為數較多的「居間取向」就變成「大我」力量（社會價值）高，同時「個我」力量（自我興趣）也高的多種發展樣態。以本土雙文化自我視框來看，居間取向群體便同時承載西方「自我成長與實現」價值觀以及華人傳統「社會互依與共榮」價值觀，他們的生涯發展可能落在「自我探索─自我認同─自我成就─自我實現」以及「勤學自制─社會認可─社會成就─天人合一」二種生涯路徑之間。換言之多數臺灣青少年或許在不同程度上都要面對社會價值與家庭期待以及自我內在興趣等二股生涯動力在其身上並存，並且在他們獨特的生涯發展歷程中，經驗到折衷平衡、往復協商、衝突、迂迴化解等動態互動與辯證作用（洪瑞斌，2017）。

　　整體來看，我們可以理解臺灣青少年在生涯發展上為何經常難以定向與決策，原因就是在華人雙文化自我並存的狀態下，多數個體都得面對與承載二種文化價值及其生涯動力的往復拉扯、辯證、持續交互作用，這些都將延長生涯決定的過程，也使生涯定向歷程變得複雜、困難與充滿挑戰。另外，部分青少年生涯也會看到自我認同延宕的問題，也是因為華人傳統文化中原本就沒有「我是誰」（獨立我）的問題，同一時期青少年正透過勤學苦讀與修養品德來證明自己是被家人、社會認可之人（互依我），而正巧是透過升學機制作為關卡，於是進大學之後才較有個我發展所需要的自我探索與反思的空間。

　　最後，就生涯發展呈現特徵上「無動力取向」群體確實與 Marcia（1980）所稱的「認同混淆」型很相似，但 Marcia 並未對「認同混淆」之發展成因多做解釋，諸如何以它會不出現危機，也缺乏承諾。洪瑞斌（2017）的研究能充分解釋「無動力取向」群體呈現的迷失、無方向、漂浮的狀態，包括主流社會價值並未確實內化於個體心中，或者原本接受他人期望卻因為學業、專業表現難勝任而瓦解；另一方面個體之自我興趣探索與效能建立也不夠，使其也難以自主決策。換言之，同時處於「大我」（他主）與「個我」（自主）動力低的狀態，構成了臺灣青少年認同混淆的狀態。

參、「雙文化自我生涯發展論」在生涯諮商的應用

一、對臺灣本土文化特殊性之理解及多元文化敏感度之提升

　　將前述相關本土化研究所建立的「雙文化自我生涯發展架構」應用於生涯諮商或輔導中，可以有哪些啟示或協助呢？首先，最重要的基本工作是，諮商心理師或諮詢師需要致力於對臺灣本土文化特殊性之理解以及多元文化敏感度之提升。相當程度而言，心理學的起源與知識重要主流多來自西方歐美國家，自然反映西方文化之價值觀與意識型態。換言之，心理

師或諮商輔導人員自然而然會不自覺地成為西方個人主義文化價值的代言
人。

　　我們若深究「西方心理學」背後共通之基本預設或意識型態時，不難
發現其共通的文化觀點及預設，例如：從兒童發展理論就預設「分離—個
體化」是必經過程及發展目標，而成長是從心理脫離情感依附對象，邁向
獨立自主，確認自我認同，但劉惠琴（2001）便認為這有東西方文化差
異，並非普世皆然。又像是Rogers（1951）之「個人中心學派」主張人應真
誠面對自己與他人，活出「真我」（the true self），這幾乎也是多數治療學
派或心理學的共通原則。

　　相關文化及本土心理學的研究已經有發現與反思，例如：Markus與Kit-
ayama（1991）主張西方文化之自我是「獨立我」，重視自我特質、自我表
達，追求獨特性；而東方文化則是「互依我」，以關係及社會位置來定義
自我，追求適應或和諧性。陸洛（2007）也指出，西方個人主義文化之自
我觀是強調獨立、自決、主控、獨特性等共同特性；而華人傳統社會取向
文化下的自我觀，卻是強調互依共生、角色責任、道德修為、順應環境等
不同特性。換言之，西方個人主義追求「成為一個（獨一無二的）人」，
或許社會取向的自我追求的是「成為集體或社會中『有用』的一分子」
（洪瑞斌，2017）。

　　而「雙文化自我生涯發展論」其實提醒我們，二種取向文化其實可能
或多或少同時影響臺灣青少年，而心理助人工作者或諮商輔導人員，會不
會太過偏向西方個人主義或「個我」（獨立我）的價值取向。舉例來說，
若有一青少年個案來討論是否回去接家業，或是持續朝已投入的主修科系
專業來發展。我們未說出心底的聲音，會不會總是「當然是選主修的專業
啊，自己都已經選擇讀書及投入那麼久了」，但這可能是我們要時時提醒
自己的西方心理學主流價值觀。

　　長期來說，我們能培養自己朝向「雙文化自我」的心理師或諮商輔導
人員，甚或是「多元文化」的心理師或輔導人員，應該是重要的專業目標
及專業倫理。因此不同文化之文化價值敏感度也就變成心理師或輔導人員
應具備之核心職能或基本素養。

自我認同與生涯觀點的傳統、現代、後現代比較

本文所介紹的「雙文化自我生涯發展論」奠基於臺灣文化之本土特殊性，大方向是提醒生涯諮商工作者需要留意臺灣本土文化之特殊性，而具文化敏感性的專業人員可能發現此特殊性便在於華人傳統文化之核心價值觀，而那是傳統社會文化的產物。而近期有許多學者均紛紛提出後現代的非線性生涯特性（洪瑞斌等人，2019；Bussolari & Goodell, 2009; Cascio, 2007）。換言之，本文提出了理論架構有一半是傳統社會文化之產物，那與當今後現代社會之價值趨勢是否有衝突矛盾之處？此處討論傳統、現代、後現代之生涯觀點與自我認同方式有何不同。

現代社會的生涯觀點及自我認同形式

我們先從「現代社會」來看。基本上，「生涯」概念的提出與介入其實是工業化社會成熟後才出現，因為藍領、白領或不同型態就業機會大增，職業才可能自由選擇（金樹人，1997），而此時工作契約是相對長期、穩定的，因此「生涯」也被視為可規劃、可預期的性質（洪瑞斌等人，2019）。因此「現代性的生涯觀點」便是早期主流的生涯理論，包括「人－環境契合」（person-environment fit）論（或稱特質因素論），再加上「發展論」理論的相互補充。

「人－環境契合論」是假設透過對自我和環境的理性評估與探究，終能求取一個「最佳解答」，其背後暗含了「工作世界是可預測的」、「個體是在生命早期做一次的決定」等基本假設（Fouad, 2007）。「發展論」基本上都形成一種生涯發展「常模軌道」理論，背後假定了生涯發展是單一的、穩定的、連續的、向上路徑之觀點（Ginzberg et al., 1951）。因此，「現代性生涯」隱喻像是「一個蘿蔔一個坑」，或是「階梯」（ladder）、「軌道」（trajectory）等，反映職業生涯一經選定，路線是固定而單一的，且不斷向上爬的（Inkson, 2006）。而這些隱喻可以適用於現代工業社會多數白領、藍領工作者穩定中努力向上爬的

生涯圖像。

　　因為現代生涯觀點視職業是個人自由選擇的，所以就依賴個體的自我認識及自主性，這正吻合 Erikson（1968，引自孫名之譯，2015）提出青少年的自我認同任務，因為唯有透過個體自我探索並確認自我認同，才能產生現代工業社會所需的主動性及生涯動力（洪瑞斌，2017）。可以說 Erikson 所提出的青少年自我認同方式是屬於現代社會生涯觀點所需要的。

傳統社會的生涯觀點及自我認同形式

　　對比現代社會，我們回到「傳統社會」來看。因工業化前的傳統農業社會，自由選擇職業的空間不大，多數人的生涯路徑是「父業子承」，加上少數拜師學技藝。而古代中國透過科舉考試來求取官職仕途，是少數階級翻身的途徑，但此途徑真的是「窄門」，因為機率很低。Zoja（2000，引自張敏等人譯，2015）提到傳統農業社會男性之發展，從依附母親到進入父親生活的世界，其行動、思想都模仿父親，也對男性產生認同。當男性轉變為成人，也學會了一門職業技能，多數是父親的職業，包括技術、力量及精神。當時多是父業子承，農人的兒子是農人（工匠亦同），這提供經濟及心理的安全感，當然也沒有太多選擇。換言之，青少年通過觀察父親或身邊長輩獲得了自己作為農人（或其他職業）的意象，同時也接收家長式傳統生活方式與價值（Zoja, 2000，引自張敏等人譯，2015）。

　　在青少年自我認同方式上，傳統社會或部落時代，青少年準備邁入成年生活世界，往往會有啟蒙儀式或成年禮之協助。這類儀式通常在父性代表之男性人物的指導下，部落青少年被區隔到一個特殊空間，暴露於有死亡風險的任務中，通過此挑戰任務，完成儀式便成為成年男人，取得集體賦予的新身分（Zoja, 2000，引自張敏等人譯，2015）。古代中國也有男冠禮、女笄禮之傳統成年禮，雖已經沒有部落時代的挑戰，主要關注於外在的服裝與禮儀，但集體賦予身分認定仍是核心功能。中國在成年禮之後，便可男婚女嫁、繼承家業、命字成人（由主賓取

「字」），皆代表該青少年已具有成人身分（李隆獻，2003）。因此啟蒙儀式或成年禮就是傳統社會設計讓青少年獲得自我認同的機制。

後現代社會的生涯觀點及自我認同形式

生涯觀點的後現代轉向來自社會型態的變遷，一般稱為「後工業（或資訊）社會」、「風險（或全球化）社會」。在風險社會或後現代的境況下，代表劇烈變化、不確定性、片斷性的環境特性，例如：縮減規模（downsizing）、外包（outsourcing）、境外投資（offshoring）（Castells, 2000）、併購（Hertz, 2001）等。從此工作本質轉為「彈性化」，而生涯特性也隨之變為「不連續」。因此，生涯開始提出新思維。Inkson（2006）提出「多樣性」（protean；如希臘海神 Proteus）以及「無界限」（boundryless；如神之信使Mercury）二種新隱喻，以替代過去現代性生涯隱喻。Cascio（2007）則以「非線性生涯」來指稱生涯的不穩定狀態的觀點。

至於，後現代社會的生涯協助方面。金樹人（1997）以及洪瑞斌等人（2019）都曾整理後現代主義（postmodernism）轉向後，生涯諮商的新取向。這些學者或心理師的共通基礎是採取社會建構論（social constructionism）的範典，發展生涯諮商的方法與研究，而其中最重要的諮商方法，稱為故事敘說（narrative）或生涯敘說。社會建構論與傳統、現代主義最大差異是不再接受「真實是客觀而唯一」，轉為主張「真實是主觀的、多重的」。敘事治療或生涯敘說的核心焦點主要在「敘說或書寫過去生命故事，並且進行解構、重新框定理解或重寫」（周志建，2012；張怡婷、洪瑞斌，2019；黃孟嬌譯，2008）。換言之，生涯或生命如同故事，它沒有既定真實版本，它可以一說再說，建構不同版本。

至於後現代社會的自我認同，Giddens（1991）著眼於後現代社會處境之特徵，認為後現代自我呈現本體性不安全感，因此自我認同不再只是青少年的階段性危機，而是協助個體解決本體性不安全感的新機制，更是一生不斷進行的工作。至於自我認同上許多學者幾乎共同指向一種方法，即生命敘說或說故事。主要是透過自傳或說故事歷程個體才能選

取、組織、呈現生活經驗意義，並進一步將生命統整、連貫，同時認
識、界定自我並形成認同（丁興祥等人譯，2006；Crossley, 2000，引自
朱儀羚等人譯，2004）。甚至 Ricoeur（1988）還提出「敘事性認同」
（narrative identity）概念，主張主體其實是在自身所說的個人生命故事
中認識自己。

　　總結而言，傳統社會、現代社會、後現代社會之生涯觀點及自我認
同方式各不相同，但本文提出之「雙文化自我生涯發展論」有一半是傳
統社會文化之產物，與當今後現代社會之價值趨勢是否有衝突矛盾之處
呢？其實不會。

　　如同 Bergquist 曾指出，現今我們身處的世界其實是同時有傳統、現
代與後現代現象並存與交織的，而這卻正是後現代主義的核心精神，因
為所有差異、多元觀點都可以被收納共存（引自許立一等人譯，
2000）。因此，身處後現代境況的青少年和生涯諮商工作人員，都需要
對不同故事版本、論述、觀點或視角、價值觀或意識型態更加敏感，並
嘗試在不斷詮釋與反思中建構個人的自我認同、生涯方向與願景。

二、對「他人取向」生涯諮商的工作原則提醒

　　「雙文化自我生涯發展架構」並未將「他人取向」青少年視為不健康
或扭曲的生涯發展類型，反而將「他人取向」生涯發展視為有其自身的動
力與理想目標。「他人取向」生涯發展之動力自然是重要他人的期待及社
會認可，而「他人取向」生涯發展之理想目標應該是從「關係連結」、
「價值傳遞」到「精神連結」。

　　至於生涯諮商工作者面對可能是「他人取向」青少年時，可以透過一
些問題來詢問與澄清，確認其本身「大我」或他人期待的動力是否清晰而
影響力強大。諮商中可使用的問句，可參考如下：

　　・你很在意爸媽（或其他重要他人）的認可，或他們是否對你滿意及

驕傲嗎？

- 成為眾人讚賞與認可的人，是你的重要理想或目標嗎？
- 爸媽（或其他重要他人）對你的職業方向的期待，你是真的接受而且心裡有承諾嗎？或其實心裡不願意（只是難以違抗或怕他們傷心，或只是不知道自己想做什麼）？
- 若達到爸媽（或其他重要他人）的生涯目標，你會滿意嗎？開心嗎？
- 假如聽爸媽（或其他重要他人）選擇的生涯，結果很辛苦，甚至不成功，你會感覺如何？你會埋怨他們嗎？

但另一方面，「他人取向」青少年到較晚期時，仍有可能開啟或培養自己的興趣或其他想投入的方向。生涯諮商工作者可以與「他人取向」青少年討論如何面對這些自我興趣的面向，是純粹當作專業工作外的個人嗜好，還是逐步投入培養有可能漸漸走向雙軸向、雙動力的「居間取向」型。這是生涯諮商人員可以跟青少年工作的部分。諮商中可使用的問句，可參考如下：

- 按爸媽（或其他重要他人）期待選擇的生涯，你會不會委屈？那你自己興趣的追求呢，你要如何面對？
- 你自己有沒有一些興趣或願望在家人期待的目標下被捨棄？你感覺如何（遺憾嗎）？你要如何面對這些感覺？

另外「他人取向」青少年最重要的關鍵在於，是否打從心裡接納他人期待之生涯方向或目標，並且把這生涯目標轉成自我的承諾。簡言之，「他人取向」青少年最初是為了讓重要他人對自己滿意及認可，使親密關係之連結更堅固，但青少年如何不落入被要求、被強迫、非自願的負向被動狀態，關鍵便在於精神價值的傳遞。青少年需要在他人期待的專業生涯中，尋找到或傳承到這個專業或生涯有何內在價值及意義。舉例來說，洪瑞斌（2017）研究中的參與者小原，若能傳承接收到「醫者仁心」、「懸壺濟世」等內在精神價值，原本單純他人期待也就變成自我價值實踐。換句話說，這是個外在動機轉化為內在動機的過程，雖不容易但可能做到。

因此，生涯諮商工作者可以跟「他人取向」青少年進行催化與增能

（empowerment）工作，使青少年能夠從「關係連結」，移動到「價值傳遞」、「精神連結」。相關諮商中可以使用的問句，可參考下列問題：

- 你和爸媽（或其他重要他人）之間，有哪些關係的正向連結與互動方式？
- 讓你爸媽（或其他重要他人）滿意或認可，對你而言的意義是什麼？
- 你覺得爸媽（或其他重要他人）身上有哪些重要價值及精神，你又傳承了哪些？
- 你覺得爸媽（或其他重要他人）身上有哪些不合時宜、不恰當的價值觀及作法，你又如何調整及修改？
- 你覺得讓爸媽（或其他重要他人）珍視或驕傲的精神價值流傳下去，是你的使命嗎？如何變成你的使命？

最終而言，所謂「他人取向」的理想目標「天人合一」，其實就是將他人期待（應做）與自我認同（想做）以及優勢能力（能做）合而為一，並把尋找或傳承到的精神價值當作自己的終極使命。如同宋朝理學家張載所說的「為天地立心，為生民立命，為往聖繼絕學，為萬世開太平」，以及陸九淵的「吾心即宇宙，宇宙即吾心」，這些便成為「他人取向」者生涯所追求的終極理想目標。

三、對「自我取向」生涯諮商的工作原則提醒

雖然「自我取向」青少年看起來與 Marcia（1980）的認同達成型無異，但對「雙文化自我生涯發展架構」來說，個體自由自主的興趣探索空間並非憑空降生，它可能是父母基於教育理念，有意降低父母期待的干預，或像是藍領勞工不想子女再做勞工，也沒有清楚的期待，因此自主探索空間便出現，當然教育學習資源的提供還是必要的（洪瑞斌，2017）。

當然生涯諮商工作者面對可能是「自我取向」青少年時，可以透過一些問題來詢問與澄清，確認其本身「個我」或自我興趣的動力是否清晰且力量強大，還有包括釐清前述興趣探索空間是如何產生的，以及與父母期

待的互動情形等。生涯諮商中可使用的問句，可參考如下：

- 從小到大，你興趣探索、培養的資源從何而來？怎麼會有這些機會與空間呢？
- 你爸媽（或其他重要他人）對你曾經有生涯方向的期待嗎？若有，你是如何面對？若沒有，爸媽的想法與作法或狀態為何？他們是如何做到的？
- 你都不在意你爸媽（或其他重要他人）的期待與看法嗎？你是如何做到的？
- 找到自我認同、成為我自己，是你的重要理想或目標嗎？
- 你如何確認自己生涯方向的選擇並未受到父母或社會主流價值的影響？

假設確認較傾向為「自我取向」青少年，接下來就要探究與理解在自我認同歷程上，青少年走到什麼狀態了，是否接近認同達成狀態，或是尚在認同懸宕階段裡。若是了解「自我取向」青少年已經接近認同達成狀態時，青少年的困擾問題應該較小，生涯諮商工作者可以做的工作是更加提升確認與增能。可以透過下列問題來增進確認與增能：

- 你曾經對自我定義感到疑惑嗎？那目前清楚了嗎？如何釐清及確認的？
- 你對自己的生涯選擇有信心嗎？如何增加肯定自己的力量？
- 你覺得實現自我的潛能，對你而言的意義是什麼？
- 你覺得自己哪些能力被實現或自己哪些價值被實踐，你就不枉此生了？

假設「自我取向」青少年尚在認同懸宕狀態時，生涯諮商工作者除了陪伴與支持青少年之焦慮與混亂情緒外，還有其他介入的引導。從理論來看，這需要回到自我探索的根本工作，另外還需要足夠的空檔期時間、空間，讓青少年有機會做角色嘗試、興趣、能力試探等。另外，根據 Erikson（1958，引自康綠島譯，1989）以及洪瑞斌（2017）的研究顯示，找到「生涯楷模」學習模仿與啟發反思應有助於青少年自我認同的確定。生涯諮商中可使用的問句，可參考如下：

- 若你還在自我定義的疑惑之中，你如何降低自己的焦慮，更能容忍這樣的狀態？
- 你有足夠的時間、空間空檔或自由度，足以讓自己去追尋自我，或好好思考生命意義及方向這類問題嗎？
- 你對自己的興趣、能力、價值都很清楚嗎？探索及確認的過程為何？
- 你曾經有過學習或生涯楷模嗎？他對於你的生涯定向或自我認同有何影響？若沒有過，你覺得誰可以作為目前的生涯楷模？他有哪些值得你學習及啟發你之處？

四、對「居間取向」生涯諮商的工作原則提醒

對「居間取向」青少年來說，最大困難與辛苦之處在於「他人期望」（「大我」）以及「自我興趣」（「個我」）二股動力之拉扯與拮抗的過程。尤其當二者勢均力敵、力量相當時，「居間取向」青少年在發展過程便容易感受往復拉扯的艱辛，或是內外衝突的張力。生涯諮商工作者面對「居間取向」青少年首先要做的，就是探索個案生命中「大我」、「個我」二種動力的發展軌跡與樣貌，基本詢問問題可參見上述「他人取向」、「自我取向」二節之參考問題。換言之，就是一方面理解家庭重要他人之「他人期望」內涵、強度、意義連結等，另一方面也要認識青少年「自我興趣」方面之內涵、強度及相關資源等。

但「居間取向」青少年較獨特的是，成長過程中自己意見與父母（或其他重要他人）意見持續互動與協商的這個過程，尤其是每次生涯決策關卡，像是升高中職、升大學、大專畢業再考研究所或就業等。為了解父母（或其他重要他人）及青少年自身之行動方式、力量強度、關係型態等，每次生涯決策關卡之決策歷程與結果都應詳細探究。生涯諮商中可使用的問句，可參考如下：

- 當你國中升高中職時（或者升大學時；大專畢業往下一階段時），爸媽（或其他重要他人）的意見為何？如何影響做決定的過程？他

們的意見很明確或強烈嗎？他們的介入方式很強制或權威嗎？

・承上問題，那你自己的想法或意見為何？你如何回應爸媽（或其他重要他人）的意見與介入？或你如何影響決定的過程以接近自己的意見？你的方式或策略為何？

父母（或其他重要他人）與青少年間之互動型態，可能有非常多樣性，因為兩造之間的特質、溝通方式或力量強度都不相同。以洪瑞斌（2017）的研究發現為例，可能從外在協商（親子溝通協調）到內在協商（青少年內在權衡折衷），還有從迂迴化解（重要他人意見很強，難撼動）到衝突堅持（即便意見衝突中青少年仍能堅持自我）都有可能。相關研究中所提供的，僅是不同案例的方式，生涯諮商工作者很難提供關於行動策略的簡單建議，因為變動的可能性很大。

還好生涯諮商工作者之工作原則是清楚的，一方面我們持續促進青少年「自我興趣」之厚植深化以增強其內在力量，因為這才是青少年自主力量的根源或基礎。另一方面，我們催化「他人期待」更加內化成為青少年價值意義連結，因為我們預設且相信，當價值意義更加深化連結時，個體內在產生價值融合與意義超越就愈加可能。至於如何促進「自我興趣」之力量，或催化「價值傳承及意義連結」，可以參見上述「他人取向」、「自我取向」二節之參考詢問問題，基本上是相同的。

五、對「無動力取向」生涯諮商的工作原則提醒

依據「雙文化自我生涯發展架構」來看，「無動力取向」青少年應該是最需要協助的族群。因為在「大我」、「個我」二種生涯主軸上都缺乏動力，致使在青少年生涯發展上不但沒有方向，也缺乏能動性，所以應該回到青少年的生命發展史分別深入了解。

至於「大我」或社會期望的動力何以無法產生，自然跟青少年成長過程中家庭社會化作用未彰顯有關。若再進一步理解社會化作用不彰之原因，也有各種可能，包括家庭功能不彰（像是家庭結構、功能不完整，無法提供父母職之功能等）、重要他人期待不足（父母親或其他重要他人對

孩子缺乏正向期待）、重要他人期待遭挫敗失落（父母親或其他重要他人對孩子有期待，但孩子因能力、特質不合或增強不利、過度壓力而承接失敗）。不論如何，「無動力取向」青少年在傳統價值及家庭期待之社會化不力。生涯諮商中可使用的問句，可參考如下：

- 從小到大，你家庭的經濟及關係互動狀態如何？父母親在雙親角色責任與扮演上，有何問題？有其他家人或長輩代替他們的角色及功能嗎？

- 從小爸媽（或其他重要他人）對你的成績或行為表現所期待嗎？以及未來生涯有所期待嗎？假設沒有期待或不清楚，那爸媽（或其他重要他人）的想法或狀態是什麼？

- 承上問題，假設爸媽（或其他重要他人）其實對你有期待？那是什麼讓你並未承接他們的期待？（個人能力、特質不合？期待太過嚴苛或壓力大？期待不一致或不明確？或其他？）

- 你和爸媽（或其他重要他人）之間關係，有哪些正向的連結與互動方式？假設關係很好，那何以對父母（或其他重要他人）沒有認同仿效的感覺？假設關係不怎麼好，那是怎麼造成的？或曾經與爸媽（或其他重要他人）之親密關係有失落經驗？

另外「個我」或自我興趣的動力何以無法產生，同樣要進入青少年的成長發展歷程來理解。其中可能有不同個別差異，缺乏自我興趣動力可能由於青少年成長過程中，家庭缺乏文化學習資源；也可能成長過程缺乏探索空間（例如：升學考試體制讓青少年沒有餘裕做探索）；或是曾經有過興趣投入，只是經歷挫敗經驗、缺乏正向增強等而沒使興趣持續扎根下來。生涯諮商中可使用的問句，可參考如下：

- 你對自己的興趣、能力、價值都很清楚嗎？探索及確認的過程為何？如果不怎麼清楚，是怎麼變成如此的？

- 從小到大，你興趣探索、培養的資源從何而來？你有哪些學習資源（家庭、學校、課外）協助你培養興趣、能力？

- 對於自我興趣，你成長的過程中會有一些探索空間或機會嗎？假設沒有，是怎麼變成如此的？

・你曾經有過哪些興趣的探索與培養？這些探索有過一些正向經驗的增強嗎？或是有過一些挫敗的經驗嗎？它們如何影響這些興趣的發展？

　　在了解「無動力取向」青少年在「大我」、「個我」二者都缺乏生涯動力之生命發展史之後。生涯諮商工作者需要提供一些引導與介入，不過到青少年期時已經不易再藉由原生家庭重新社會化了，但青少年可能藉由有興趣的專業或職業領域社會化，或藉由所認同的生涯楷模催化學習培養興趣、能力的過程，並且啟動力量。當然自我探索依舊是「無動力取向」青少年的基本工作，包含興趣、價值、能力、特質等的探索，可以透過心理測驗的評估理解，也可以從生命故事訪談、回顧整理，以便進一步思考相關可能方向。生涯諮商工作者之工作方向可以視個案情況而定，假設是家庭缺乏文化或學習資源，則需要帶著個案思考與討論何處可能增加學習資源與探索空間，包含學校課程、校內外社團、免費或付費專業訓練課程、線上自學資源等。

　　由於「無動力取向」青少年過去成長經驗可能缺乏他人的期望或社會支持，所以生涯諮商工作可以嘗試討論思考增加他人之期望與社會支持部分。而如上所述，「生涯楷模」有時提供的期望與支持力量更為強大，可以朝此方向進行，包括討論生活（學校、工作或社團等）領域中有無青少年可以認同仿效的生涯楷模（如老師、教練、前輩、主管、教會長輩、社工或輔導人員），鼓勵青少年與之接近、連結與學習，與生涯楷模接觸、認同生涯楷模有助於讓青少年反思與確認自身生涯方向。當然，能夠在生活關係中找到可接觸的「生涯楷模」最好，但若沒適當對象也能夠透過名人傳記、生涯故事文本鼓勵個案找到可認同的敘事文本「生涯楷模」，也能有類似的作用與功能。

　　最後，「無動力取向」青少年也可能因興趣、能力培養之挫敗經驗或親密關係連結之失落經驗，因此習得了無助、無力狀態，生涯諮商工作者可以針對個案相關挫敗、失落經驗嘗試進行接納與療癒的工作。如此便可能協助「無動力取向」青少年脫離習得的無助、無力狀態，重新建立力量與能動性。

■ 肆、結語

本文主要介紹「雙文化自我生涯發展論」，而此理論架構主要反映目前臺灣青少年之本土狀況。特別讓人關注的是，臺灣青少年生涯定向及自我認同較困難或較延遲的問題，這在相關研究上，都顯示類似的結果。若從一般西方理論，包括 Erikson（1968，引自孫名之譯，2015）以及 Marcia（1980）的自我認同理論來探索及反思，大約僅能發現臺灣教育環境中的升學體制結構面，對個體自我興趣探索是缺乏自由空間的。但往下論述就很容易單純歸責於臺灣教育體制問題、教改不力等。可是若這樣的升學體制結構如此不堪，為何這麼多年，改變相當有限呢？原因就是，迄今「大我」或社會取向的文化價值觀或意識型態依然部分存在臺灣民眾集體心靈中。

因此，本文最重要的論點或發現，就是「個我」（自我興趣）與「大我」（社會期望）是二個生涯主軸及生涯動力，二者可能同時並存。因此「雙文化自我」架構便預設多數臺灣青少年在「個我」與「大我」二生涯主軸，可能有或多或少的發展與動力，對「居間取向」青少年來說，就需要在二者間持續相互折衝、協商與平衡。對部分青少年而言，此發展過程可能是艱辛的挑戰。

在生涯諮商應用方面，本文應可提供生涯諮商與就業輔導人員參考。來自西方個人主義文化的生涯諮商理論模式，多數透過自我探索去單向增強個人興趣、價值、能力，而未將家庭脈絡視為重要探索與處理因素。本文認為如此作法可能解決部分個案問題（若經增強後個我動力顯著大過大我動力時），但也可能加深個案的矛盾與衝突，特別若是身處強勢社會價值傳遞的家庭。其次，是否必然將家庭期待所代表的「大我」動力視為阻礙個體生涯發展的負向因素。在現代化工業社會發展之前，「父業子承」是多數人的生涯路徑，而且除了職業與專業之培養訓練外，背後其實還有文化價值的精神性傳遞功能。因此若能跳脫具體職業選擇的意見衝突，便能發現傳統文化精神傳承的正面價值，因為從農業到工業社會演變，其過

程造成文化歷史之斷裂（Zoja, 2000，引自張敏等人譯，2015），如同 Erikson（1958，引自康綠島譯，1989）所提出的「世代間新陳代謝」觀點，以及洪瑞斌（2012）的討論，都說明這應是辯證性超越與創新的過程，而非全盤接收（過於守舊僵化）或完全揚棄傳統文化價值（造成歷史斷裂性）。

　　如此一來，「折衷自我」亦即「居間取向」者的生涯發展看似辛苦而反復拉扯的漫長過程卻有了正向的意義，因在「個我」、「大我」雙動力下的互動協商中，個人才有可能兼顧文化精神的傳承，並保有自我興趣的發展。另外，這也帶來社會革新與世代間新陳代謝的健康社會發展，而非造成歷史文化的斷裂。總結而言，本文建議相關生涯協助之專業人員應具備本土心理學觀點及多元文化基本素養，以便增進對個案生涯的多面向理解，並能提升介入在地個案之適切性。換言之，這對長期接受西方心理學教育、容易成為西方個人主義代言人的多數心理工作者與諮商師來說，確實是關鍵的專業反思與挑戰。

參考文獻

中文部分

丁興祥、張慈宜、曾寶瑩、王勇智、李文玫（譯）（2006）。**質性心理學：研究方法的實務指南**（原主編：J. A. Smith）。臺北市：遠流。

王玉珍、吳麗琴（2009）。大一生回顧升學生涯抉擇與生涯適應之脈絡相互影響模式探究。**中華輔導與諮商學報，25**，39-79。

王秀槐（2002）。人我之際：臺灣大學生生涯建構歷程之研究。**本土心理學研究，17**，167-242。

田秀蘭（1998a）。**我國大專學生生涯決定問題分類系統之研究**。行政院國家科學委員會專題研究計畫成果報告。（計畫編號：NSC-87-2413-H-153-004）

田秀蘭（1998b）。男女大學生生涯阻礙因素之分析研究。**教育心理學報，30**（1），133-148。

朱儀羚、康萃婷、柯禧慧、蔡欣志、吳芝儀（譯）（2004）。**敘事心理與研究：自我、創傷與意義的建構**（原作者：M. L. Crossley）。嘉義市：濤石文化。（原著出版年：2000）

李茂興（譯）（1998）。**生涯諮商理論與實務**（原作者：R. S. Sharf）。臺北市：弘智文化。（原著出版年：1997）

李隆獻（2003）。歷代成年禮的特色與沿革：兼論成年禮衰微的原因。**臺大中文學報，18**，85-138。

周志建（2012）。**故事的療癒力量：敘事、隱喻、自由書寫**。臺北市：心靈工坊。

金樹人（1997）。**生涯諮商與輔導**。臺北市：東華。

金樹人、林清山、田秀蘭（1989）。我國大學生生涯發展定向之研究。**教育心理學報，22**，167-190。

洪瑞斌（2012）。向大海進軍：以李安的生命敘說反思成年男性的轉化之道。載於李文玫、鄭劍虹、丁興祥（主編），**生命敘說與心理傳記學**（頁103-133）。桃園縣：龍華科技大學通識教育中心。

洪瑞斌（2017）。「個我」與「大我」：以雙文化自我觀點建構臺灣大學生生涯敘說。**本土心理學研究，47**，161-231。

洪瑞斌、劉淑慧、彭心怡、盧怡任（2019）。生涯發展與諮商的後現代轉向：朝
　　向生涯建構論的開展。**臺灣生涯發展與諮詢學會生涯電子報，37**，1-8。

孫名之（譯）（2015）。**同一性：青少年與危機**（原作者：E. H. Erikson）。北京
　　市：中央編譯出版社。（原著出版年：1968）

袁志晃（2002）。生涯未定大學生生涯發展阻力因素之探討。**國立彰化師範大學
　　輔導學報，23**，109-130。

康綠島（譯）（1989）。**青少年路德**（原作者：E. H. Erikson）。臺北市：遠流。
　　（原著出版年：1958）

張怡婷、洪瑞斌（2019）。自我敘說作為專業反思與發展之方法：一位設計師的
　　奇幻探險旅程。**生命敘說與心理傳記學，6**，117-150。

張敏、王錦霞、米衛文（譯）（2015）。**父性**（原作者：L. Zoja）。北京市：世
　　界圖書。（原著出版年：2000）

許立一、許立倫、夏道維、辜柏宏（譯）（2000）。**後現代組織**（原作者：W.
　　Bergquist）。臺北市：地景。

陳坤虎、雷庚玲、吳英璋（2005）。不同階段青少年之自我認同內容及危機探索
　　之發展差異。**中華心理學刊，47**，249-268。

陳麗如（1996）。**生涯發展阻隔因素量表（大專版）：指導手冊**。臺北市：心
　　理。

陸洛（2003）。人我關係之界定：折衷自我的現身。**本土心理學研究，20**，
　　139-207。

陸洛（2007）。個人取向與社會取向的自我觀：概念分析與實徵測量。**美中教育
　　評論，4**，1-24。

陸洛、楊國樞（2005）。社會取向與個人取向的自我實現觀：概念分析與實徵初
　　探。**本土心理學研究，23**，3-69。

游錦雲、李慧純（2010）。臺灣地區大學生生涯未定向、生涯自我效能感與就業
　　意願之關係探討：以高等教育資料庫為例。**國教新知，57**（1），26-42。

黃孟嬌（譯）（2008）。**敘事治療的工作地圖**（原作者：M. White）。臺北市：
　　張老師文化。（原著出版年：2007）

黃懂韻（2015）。**大學生生涯探索、自我認同狀態與心理幸福感之關係研究**（未
　　出版之碩士論文）。國立屏東大學，屏東縣。

楊國樞（2004）。華人自我的理論分析與實徵研究：社會取向與個人取向的觀
　　點。**本土心理學研究，22**，11-80。

楊國樞、劉奕蘭、張淑慧、王琳（2010）。華人雙文化自我的個體發展階段：理

論建構的嘗試。**中華心理學刊，52**（2），113-132。

楊康臨、洪瑞斌（2008）。**家庭與大學生生涯發展之互動關係及其社會化影響機制**。96 年度輔仁大學補助整合型計畫期末報告。

劉惠琴（2001）。大學生戀愛關係的維持歷程。**中華心理衛生學刊，14**（3），1-31。

謝茉莉（2003）。影響臺灣南部地區女大學生生涯不確定感因素之探討。**高師輔導所刊，8**，35-60。

簡君倫、連廷嘉（2009）。大學生性格類型、生涯自我效能與生涯決定之相關研究。**高師輔導所刊，21**，39-69。

英文部分

Bussolari, C. J., & Goodell, J. A. (2009). Chaos theory as a model for life transitions counseling: Nonlinear dynamics and life's changes. *Journal of Counseling & Development, 87*, 98-107.

Cascio, W. (2007). Trends, paradoxes, and some directions for research in career studies. In H. Gunz & M. Peiperl (Eds.), *Career studies* (pp. 549-557). CA: Sage.

Castells, M. (2000). *The rise of the network society*. New York, NY: Free Press.

Fouad, N. A. (2007). Work and vocational psychology: Theory, research, and applications. *Annual Review of Psychology, 58*, 543-564.

Giddens, A. (1991). *Modernity and self-identity: Self and society in the late modern age*. Cambridge, UK: Polity Press.

Ginzberg, E., Ginsburg, S. W., Axelrad, S., & Herma, J. L. (1951). *Occupational choice: An approach to a general theory*. New York, NY: Columbia University Press.

Hertz, N. (2001). *The silent takeover: Global capitalism and the death of democracy*. New York, NY: Free Press.

Inkson, K. (2006). Protean and boundaryless careers as metaphors. *Journal of Vocational Behavior, 69*, 48-63.

Marcia, J. E. (1980). Identity in adolescence. In J. Adeslon (Ed.), *Handbook of adolescence psychology* (pp. 159-187). Toronto, Canada: John Wiley & Sons.

Markus, H., & Kitayama, S. (1991). Culture and the self implications for cognition, emotion, and motivation. *Psychological Review, 98*, 224-253.

Ricoeur, P. (1988). *Time and narrative* (Vol. III). Chicago, IL: University of Chicago Press.

Rogers, C. (1951). *Client-centered therapy*. Boston, MA: Houghton Mifflin.

創新

第十一章　緣起緣滅：東方緣觀與生涯諮商（金樹人）

第十二章　德性存在生涯模式：易經和現象學之啟發（劉淑慧）

第十一章　緣起緣滅：東方緣觀與生涯諮商

金樹人

摘　要

　　「緣起法則」長久以來即深深融入華人庶民的生活，「緣」在華人文化結構中形成了一種獨特的語言習慣與生活智慧。緣觀的梳理與應用，將更能貼近本土思維習慣與啟發當代人的生涯智慧。本文首先從傳統的說文解字與佛學緣起觀探討緣觀之本質，進而從心理語意的構念分析與敘事分析，爬梳緣觀的現代意義與心理適應歷程。其次再分析與比對緣起論述與當代相關生涯發展理論或模式（生涯混沌理論、善用機緣論、共時性現象）的異同。

　　緣觀的知識系統轉化為因應生涯變動或心理調適的動能，本文提出培養「緣力」的應用向度，包括「識緣力」、「應緣力」與「惜緣力」等三方面。最後針對緣觀在生涯諮商的應用，提出說明與建議。

行到水窮處，坐看雲起時。

看得，如何？看不得，又如何？

緣在惜緣，緣去隨緣，是灑脫人生，還是生命智慧？

壹、前言

老子對於虛實盈虧的本質，看的甚為通透，《道德經》有云：「大成若缺，其用不弊」，宇宙洪荒，大成若缺。蒼穹內外，萬物孕育，至大而成；本質上看起來若似還有欠缺，但實際的作用卻是虛位以待。若懸若缺之處，卻暗喻了無盡展延的智慧：可控中以待不可控，必然中預留偶然。

一、玉玦：可控中以待不可控

玉玦是一種古老的玉製裝飾品，為環形形狀，有一缺口（如圖 11-1 左圖所示）。在中國古代主要用作耳飾和佩飾。玉的質地細膩，柔潤如脂，孔子把它昇華至君子品德，象徵著人格的仁、義、禮、智、信，且賦予高貴、吉祥、溫柔、沉穩的高尚情操，具有高度的精神內涵。

圖 11-1 龍首文玉玦（左）與金繕工藝：黑樂茶碗（右）

資料來源：上海代代傳承文化傳媒有限公司（2015）（左）

NHK Culture Center（n.d.）（右）

莊子曰：「緩佩玦者，事至而斷。」儒士衣帶上掛個玉玦，「玦」的諧音為「決」，表示遇事善於決斷。東漢古書《白虎通義》也說：「君子能

決斷則佩玦。」為何能斷、果斷、決斷的君子或儒士，不是配戴完整無瑕的美玉，而是有個缺口的玉玦？這裡面隱藏著什麼象徵性的意涵與智慧？

　　求全是有情眾生的天性，然而蘇東坡早就感嘆：人有悲歡離合，月有陰晴圓缺，世事古難全。曾國藩把自己的書齋命名為「求闕齋」，並在《家書》中諄諄告誡子孫：「君子求缺，小人求全」（imperfect as perfect, perfect as imperfect），這也是曾國藩閱盡世間滄桑後的徹悟——從「缺」處求「全」。求全，抉擇的求全，是期待面面俱到，唯恐稍有差遲，成千古恨。求缺，君子求缺而非守缺，此並不是君子的謙虛，而是對於自己理性認知的侷限性，了然於懷；對於環境變化無常的不可預測性，心存敬畏。

二、金繕：偶然機遇的美學

　　對於偶然或不可控造成的缺陷與碎裂，日本工藝以一種藝術的象徵形式賦予高度的詮釋與評價。日文中有一個特殊名詞：kintsukuroi（金繕い，golden repair）。「金繕」是一種高貴精緻的工藝修復技術，將偶然造成破碎的器物以鎏金加以黏合復原，完整了殘缺（如圖 11-1 右圖所示）。

　　在碎裂之處修鑄以最珍貴的物質，修復之後的樣貌，既是原形又已非原形。殘缺之紋，其走向蜿蜒內斂，襯托出一種難以言喻的美感，使得整個器物散發出一種莊嚴堅韌的生命力。其形其意，揭示殘缺的完整性。

　　金繕之藝，表面上是修復，美飾隙裂以鎏金，不僅是一種美學，也是一種哲學：在生命的裂片與裂片之間連綴以無常的緣起事件，我們必須坦然面對緣起緣滅的無常法則。

▌ 貳、因緣觀的基本概念

　　可控與不可控、必然與偶然、常與無常，流轉出生命的常態和宇宙的本質。唯物辯證法試圖回答世界的存在狀態，其中的範疇之一就是必然性與偶然性。必然性是事物發展過程中一定會發生的趨勢；偶然性是事物發展過程中可能會出現，也可能不會出現，或以不同預期方式出現的趨勢。

緣起緣滅，因緣際會，是必然，還是偶然？

印順導師倡導人間佛教，一生顛沛流離。在其 89 歲回顧的自傳《平凡的一生》中，第一章的標題是：「一生難忘是因緣」。他提到：「……只覺得——有些是當時發覺，有些是事後發現，自己的一切，都在無限複雜的因緣中推移。因緣，是那樣的真實，那樣的不可思議！有些特殊因緣，一直到現在，還只能說因緣不可思議」（印順，2001，頁 2）。

千古以來，「緣」這一個概念在華夏大地流轉，其究竟之義為何？

一、「緣」的說文與解字

中國現存最早字典《說文解字》，釋出的是「緣」最早的語意。古語的「緣」，用來作為「邊緣」或「邊飾」：「此以古釋今也。古者曰衣純。見經典。今曰衣緣。緣其本字。緣者、沿其邊而飾之也。深衣曰。純袂緣。純邊廣各寸半。袂緣猶袂口也。廣各寸半者、表裏共三寸也。既夕禮注曰。飾裳在幅曰綼。在下曰緆。」

清朝的《康熙字典》整理出來之「緣」，是指「依循」或「連絡」：「循也。《孟子》猶緣木而求魚也。順也。《莊子·養生主》緣督以為經。夤緣，連絡也。《韓愈·古意》青壁無路難夤緣。」

當代的緣觀加入佛學的「因緣觀」之後，其義逐漸明朗清晰。《漢語大辭典》將「緣」的語意歸納成三大類。

其一，邊緣或邊飾：(1)裝飾衣邊；(2)邊飾；(3)器物的邊沿；(4)弓用生絲纏繞然後漆飾。由「邊緣」衍生出「圍繞」和「沿著」之意，比如《荀子·議兵》中「限之以鄧林，緣之以方城」，「緣」字即「圍繞」之意；陶淵明的《桃花源記》「緣溪行，忘路之遠近」之中，則是「沿著」的意思。這兩者都與「空間」相關（張祥龍，2002）。

其二，憑藉或攀援：(5)圍繞；纏繞；(6)攀援；攀登；(7)牽連；(8)循；順；沿；(9)憑藉；依據。例如：《漢書·西域傳贊》中「都盧，體輕善緣，此原竿戲也」，又如：《荀子·正名》中「緣耳而知聲，……緣目而知形……」。

　　其三，機遇或緣分：(10)佛教名詞，「因緣」的省稱。例如：陸遊〈曉出城東〉詩中「巾褐已成歸有約，簞瓢未足去無緣」，也有「機會」之意；又如：《史記・田叔列傳》中「少孤，貧困，為人將車至長安，留，求事為小吏，未有因緣也」；又見於「籠鳥得緣便飛去」（黃君玉《雜纂・樂自由》）句子中。由此，「緣」更具有了「時間」的含義，一如「恰逢其時」的「機緣巧合」（張祥龍，2002）。

　　從「緣」這個字使用的沿革來看，古人視之為一種「邊緣」或「依附」的概念，無論是作為名詞或動詞，都是依託或攀援於某個相對的主體，但其本身不是主體。及至佛學東漸，高僧大德將印度巴利文的 paticca 譯成「緣」，paticca-samuppāda 譯成「緣起」，堪稱信達雅兼具。由此，緣起的概念深深影響著華夏子民的人與人之關係、人與物之關係，乃至人與天地之關係。隨著朝代的更迭，戰亂的顛沛流離，緣的意涵隨著在世存有（being-in-the-world）（Heidegger, 1996）經驗的積累，逐漸加深加廣。

二、「緣起」的本質

　　印度古文用「緣—起」（梵文：pratītya-samutpāda；巴利文：paticca-samuppāda）這兩種語境來說明「緣」的意涵。paticca-samuppāda 中的 **paticca** 是「相依」（dependent, or interdependent）之意，中文譯為「緣」，表示諸法依緣而生，諸法依緣而滅。paticca-samuppāda 中的 **samuppāda** 意指「升起」（origination, or co-arising）。因此，paticca-samuppāda 的原意是「由彼此關涉而生起」（dependent origination or interdependent co-arising），簡稱「緣起」，表示一切現象的生起與存在，不是各自獨立，而是彼此依存，彼此影響（萬金川，1998）。

　　佛學的根本義理認為，事物存在的真實樣態原本性空，一切物理現象的存有，均屬相互依存。一切萬有，山河大地草木叢林，沒有一樣是以獨立、恆常、純粹的狀態存在。當兩種或多種因素和合在一起，新的現象就會產生。但在和合之前，並沒有任何獨立的因素存在；和合之後，因素的性質產生了新的變化（宗薩蔣揚親哲仁波切，2016）。

這種依存的狀態如同《華嚴經》對因陀羅網的譬喻。因陀羅網是帝釋天王布置天宮的羅網，這是一張用來裝飾宮殿、綴滿珍寶的美麗之網。在這張網上，綴滿無數的明珠，每一顆明珠都映現出所有其他明珠，每一顆明珠也都含攝其他明珠的影子，各各影現，光光互攝。

> 忉利天王帝釋宮殿，張網覆上，懸網飾殿。彼網皆以寶珠作之，每目懸珠，光明赫赫，照燭明朗。珠玉無量，出算數表。網珠玲玲，各現珠影。一珠之中，現諸珠影。珠珠皆爾，互相影現。無所隱覆，了了分明。相貌朗然，此是一重。各各影現珠中，所現一切珠影，亦現諸珠影像形體，此是二重。各各影現，二重所現珠影之中，亦現一切。所懸珠影，乃至如是。天帝所感，宮殿網珠，如是交映，重重影現，隱映互彰，重重無盡。（《華嚴經・因陀羅網》）

在「緣起法」的宇宙觀中，人不只是一個獨立的個體，而是與周遭的人、事、物，與一切宇宙萬物都有著密切的連結，息息相關。

三、傳統緣起論的意涵

緣聚則生，緣散則滅。《雜阿含經》云：「此有故彼有、此無故彼無；此生故彼生、此滅故彼滅」（293 經）。這是東方智慧對於生命，乃至萬物存在的基本看法。印順（2003）認為，佛法即以因緣說為立義之大本。

（一）緣起的類別

佛理對於「緣起」的類別，分成因緣（hetu-pratyaya; primary cause）、次第緣（samanantara-pratyaya; proximate condition）、緣緣（ālambana-pratyaya; objective-support condition）、增上緣（adhipati-pratyaya; superior condition）等四類。除此四緣之外，別無第五緣（《中論》：「因緣次第緣，緣緣增上緣，四緣生諸法，更無第五緣」），說明如下。

1.因緣

「因緣」是緣觀的主緣；「因緣」係指依因而起之緣。世間所有現象的成立，必須眾緣和合，其中最主要的就是依因而起的「緣」。如土石為山嶽的主因，種子為草木的主因。山嶽是依土石的因緣而立，草木是依種子的因緣而立。

2.次第緣

「次第緣」又名「等無間緣」，係指種種緣起，相續無間，次第生成。「等」是相等、同等之意；「無間」，謂沒有間斷。等無間緣特別適用於心識的流轉，譬如人的心心念念，剎那生滅。前一念便是後一念的次第緣，念念相續。前念滅時，後念已起，這種生滅相繼毫無間斷的發生作用，稱為等無間緣。

3.緣緣

「緣緣」又稱「所緣緣」，即所緣之緣，係指心識對境界的緣起作用。心識為「能緣」，境界為「所緣」。「緣緣」，謂「主體的心識」緣上「客體的境界」時，境界就是心識所緣之緣。換言之，緣緣是一種「被知覺的客體」與「能知覺的主體」間之關係。《俱舍論》卷七（大二九·三七上）：「所緣緣性即一切法，望心、心所隨其所應。謂如眼識及相應法，以一切色為所緣緣。如是耳識及相應法以一切聲，鼻識相應以一切香，舌識相應以一切味，身識相應以一切觸，意識相應以一切法為所緣緣。」例如：在一堆的應徵函中，求才者的心識（能緣）在眾多不同的求職信件中決定了一封（所緣），求才者與這封信的結緣關係即是所緣緣。

4.增上緣

「增上緣」是指以上三緣之外，對現象生起的一切助緣。增上，意指特別或殊勝（predominant），有強勝之勢用。凡是能「促成」或「不妨礙」緣起之助力者，皆稱為增上緣。此緣即使不直接為人所覺知，依舊有

華人生涯理論與實踐：本土化與多元性視野

特別殊勝之影響，因此增上緣較緣緣更普遍。增上緣適用於一切心理現象與自然現象。

增上緣有兩種作用：一是促成順緣，一是促成孽緣，又稱「順增上緣」與「逆增上緣」。「順增上緣」如順風，在助緣中順水推舟；「逆增上緣」如逆風，在孽緣中興風作浪。種子藉由順增上緣而萌芽，或因逆增上緣而夭折。順與逆是認知上的二元觀點，係就「因—緣—果」的歷程予以評價，尤其是從對於「果」的感受來論斷緣性。然而就緣起的本質來看，「增上緣」的特性單純只在於「增上」（superior）的輔助。印順總結了一生的因緣，無論是順遂或橫逆，不可知不可見，只能說「不可思議」，應是對緣生現象中「增上」這個特性的深刻體悟。

印順認為，此四緣可以說明所有事件發生的過程（印順文教基金會推廣教育中心，2018）。舉例來說，玻璃杯掉到地上打破了，就有這四個緣起的條件（condition）。首先，是因為有人杯子沒拿好，從手中滑出（「外因」），且玻璃本身易破（「內因」），這是「因緣」；破碎之前所有接二連三的重力加速度等條件，都是「等無間緣」；而之所以會破是碰撞到地板，而地板是硬的（相反地，地板如鋪軟墊，杯子掉落亦不見得會破），這是「所緣緣」；再者，杯子墜下途中，沒有任何阻礙物或屏障，也沒有人即時去接住它，以至於讓杯子直撞地板，可視為是「逆增上緣」。

（二）緣起的特性

谷口風狂烈燄飄，何期驟雨降青霄。
武侯妙計如能就，安得山河屬晉朝？
（《三國演義》第 103 回）

諸葛孔明將司馬懿父子困在葫蘆谷中，擂木火石齊下，眼看司馬氏就要葬身火海，突然之間電閃雷鳴，下起了大雨，淋息了火，司馬父子三人

406

得以逃出葫蘆谷。此時，諸葛孔明長嘆一聲：「『謀事在人，成事在天』。不可強也」（《三國演義》第 103 回）。

在諸葛孔明十拿九穩的盤算中，出現了功敗垂成的一場大雨。這大雨下得突然，為何在必然勝算中出現了無法預期的偶然？諸葛孔明運籌帷幄，向來料敵如神。他在事敗之後感嘆，有些事情不可強也。諸葛孔明之逆緣成就司馬父子之順緣，這一役影響深遠，因緣際會，從此山河屬晉。若從《中觀》緣起論觀之，謀事與成事，這些可測或不可測的現象，都有其深邃的質地與體性。

《中觀》的緣起論包含緣起現象中的四種特性：「此緣性」（ida.mpratyayataa）、「相待性」（apek.sya）、「生滅性」與「空寂性」（印順，2003，2004；劉嘉誠，2000），以下分述之。

1.此緣性：依因待緣，果不可計

緣起的第一重意義為「此緣性」，此緣性就是「此有故彼有，此生故彼生」的意思，也就是由於有此因所以有彼果，它指出了緣起現象中因果序列的依存性（劉嘉誠，2000）。

因果，是佛學體系的基本教義之一，用以說明現象界一切關係的本質。「因」為能生，「果」為所生。雖說有因必有果，有果必有因，然而許多事情「因可計，果不可計」。為何因可計，果不可計？關鍵之處在於因緣觀的本質之一屬依因待緣：有因無緣，不能生果；因緣俱足，始能生果。

一切事物的生成，都是「因」、「緣」和合的「果」。袁隆平素有雜交水稻之父的美譽，在袁隆平及其團隊指導下，設在山東日照的超級稻百畝高產攻關基地，在 2016 年 9 月刷新了世界紀錄：最高緯度雜交水稻畝產 980.43 公斤。當時，袁隆平表示，超級稻從 700 公斤提高到 800 公斤，花了十年時間；從 900 公斤提高到 1,000 公斤，技術上已沒有障礙。在氣候條件適宜情況下，畝產突破 1,000 公斤基本沒有問題。

種稻的技術是「因」，突破畝產 1,000 公斤是「果」，氣候條件適宜情況是「緣」。有了技術就一定能夠突破產量？有因就一定能得乎果？非

也。因果之間，必更有「緣」以助之：適宜的溫度、充分的雨水、用心的呵護，果乃漸次成熟。如是，三年國中三年高中，寒窗苦讀，就一定能夠考上理想的大學？非也。用心準備筆試與面試，就一定能夠找到志在必得的工作？未必。因此在因果之間，「緣」扮演了一個不容小覷的重要角色。

當我們談到「因」和「緣」時，有兩種從屬的特性：主因和助緣。主因是產生某種事物的材料，助緣則是促成因緣作用的因素（索甲仁波切，1996）。換言之，「因」是事物生起的主要條件或基本條件，「緣」則是事物生起的次要條件或輔助條件。主「因」加上助「緣」，才能成就「果」。

2.相待性：相關互涉，即緣即起

> 門門一切境，迴互不迴互。
> 迴而更相涉，不爾依位住。
>
> （石頭希遷禪師《參同契》）

緣起的第二重特性，是由「同時」或「共時」來看依因待緣的依存關係。中觀論大師月稱根據緣起的字源，提出了「相待性」的解釋（劉嘉誠，2000）。此一特性強調沒有無因之果，也沒有無果之因。緣起除了指涉時間先後的依因待緣關係，也含攝同時呈現彼此相關互涉的「即緣即起」。

這種彼此相關互涉的現象相當微妙，如同一行禪師所謂的「互即互入」（inter-being）。《雜阿含經》以「譬如三蘆，立於空地，展轉相依，而得豎立，若去其一，二亦不立，若去其二，一亦不立，展轉相依，而得豎立，識緣名色亦復如是。展轉相依，而得生長」（288經）來作比喻。三根蘆葦，若要穩穩的立在空地上，因蘆葦的粗細長短不同，所擺放的角度與交叉的角度也不同；若要使得三蘆「而得豎立」，必須是各種原因與條件之彼與此的相互依待結果。

　　這種相互觀待的「相待性」微妙指出了緣起的質地：緣起緣滅看似主從因果在作用，可在緣起最纖細之處，沒有主從，而是互為主從；沒有因果，而是互為因果。如同《華嚴經・因陀羅網》所描寫：「如是交映，重重影現，隱映互彰，重重無盡。」

3.生滅性：緣起流轉，緣滅寂靜

> 大江東去，浪淘盡，千古風流人物。
> 故壘西邊，人道是，三國周郎赤壁。
> 亂石崩雲，驚濤拍岸，捲起千堆雪。
> 江山如畫，一時多少豪傑。
> 遙想公瑾當年，小喬初嫁了，雄姿英發。
> 羽扇綸巾，談笑間，檣櫓灰飛煙滅。
> 故國神遊，多情應笑我，早生華髮。
> 人生如夢，一尊還酹江月。
>
> （蘇軾〈念奴嬌・赤壁懷古〉）

　　緣起法則包括了兩大相生相滅的定律：流轉律與還滅律（印順，2004）。《雜阿含經》說：「有因有緣世間集，有因有緣世間滅」（53經）。因與緣的相依相待：一種是相依相生，稱為流轉律；另一種是相依相滅，稱為還滅律。因緣的流轉與還滅，就是通稱的緣起與緣滅。

　　緣起流轉，十二因緣。依緣起（理則）而緣生（事象），生命中的事象前後相續不斷演變，總結為十二因緣（巴利文：Nidāna），也稱十二緣起支（巴利文：paṭicca-samuppāda-aṅga）。此十二緣起支分別是：無明、行、識、名色、六入、觸、受、愛、取、有、生、老死。它們都是無常緣生、和合流動，相續而無間斷，是「此有故彼有、此生故彼生」的緣起關聯。

　　緣起還滅，究竟涅槃。水的本性是平靜的，海水的後浪推前浪，是因為風的鼓動，如果風停息了，海水將復歸於平靜。浪浪相續，是流轉律；

風平浪靜，是還滅律。「此無故彼無，此滅故彼滅」風平浪靜的極致狀態，即屬究竟涅槃（印順，2003），由十二因緣的流轉，歸於空歸於滅。這如同攪動海水的因緣離去，波浪自然回到平靜，也就是還原了水的本性。

4. 空寂性：性空緣起，緣滅性空

緣起來自於空，緣滅復歸於空。龍樹在《中論》第二十四品第十八頌裡說道：「眾因緣生法，我說即是空。」一切法（現象）都是依因待緣，沒有固定的體性，本質上是處於「空」的狀態。緣起實相的如是空寂之性，在整個中觀學裡，是一個極其重要的概念。

性空緣起，由體起用。從表面上來看，緣起的形式五花八門，包括了四大類：因緣、次第緣、所緣緣、增上緣。以此「四緣」而成就所有的物理現象，無論是看得見的或看不見的、有形的或無形的；然而，這緣起現象的本體與源頭卻是空寂的。《中論・觀四諦品》提到：「以有空義故，一切法得成；若無空義故，一切則不成。」有依空立，凡是「有」，均依「空」而立。一切現象也正因於在體性上是「空」的狀態，真空妙有，所以才有緣生緣滅的可能。

緣滅性空，攝用歸體。緣起的空寂性表現在《中論》歸敬偈中的八不緣起：不生不滅，不常不斷，不一不異，不來不出（劉嘉誠，2000）。生與滅，常與斷，一與異，來與出，這是我們能夠識見的紅塵現象。從外在的表象邊見往內層層觀察緣起深邃的本質，龍樹用這「八不」形容緣起的實相：外在的沸騰翻攪宛如鏡花水月，內在的安然素樸純屬空然寂靜。

四、緣觀的現代意義

「緣」長久以來就融入了華人庶民的生活，「百年修得同船渡，千年修得共枕眠」，在華人文化結構中自然形成了一種獨特的語言習慣與生活智慧。徐欣萍、黃光國（2013）深入分析文獻中傳統對於「緣」所理解的內在成分，大致歸納有三種內涵：(1)與人或物的「各種關係」；(2)行動上

的主動性與被動性（類似某種生命態度與因應行為）；(3)佛教的教義。這是一種由上而下的概念分析。為進一步了解現代年輕人對「緣」所理解的心理意涵，學者們也企圖透過由下而上的科學分析方法，對「緣」的生活語言進行心理語意的構念分析，同時探究緣觀運作的心理適應機轉。

（一）緣觀心理語意的構念分析

徐欣萍、黃光國（2013）在對現代緣觀進行的心理語意分析中，所採用的構念分析方法稱為聯想組合分析法（associative group analysis, AGA）。AGA 是一種社會心理學針對知覺與感受進行深度分析的方法（彭永新，2012），常用於跨文化研究，主要的分析單位是透過自由聯想所得到的主觀意象與意義、認知單元或是精神表徵（Szalay & Fisher, 1979）。運用此方法時，會請受試者寫下對某個關鍵詞聯想到的相關詞語，然後針對這些詞語進行歸類和統計（高一虹等人，2003）。Szalay 與 Deese（1978）在 1978年首次使用 AGA，此後多位華人學者利用該方法進行華人對特殊詞語運作的心理語意研究，例如：高一虹等人（2003）採用 AGA 調查「非典」一詞的跨地區心理意義；彭永新運用 AGA 研究華人大學生有關職業信念的心理意義。

徐欣萍、黃光國（2013）的研究對象為臺灣地區的大學生（N＝310），受測學生對「緣」所產生之心理意義成分，可包含：「關係」（46.8%）、「宗教」（19.9%）、「情感」（11.6%）、「其他」（7.3%）、「機運」（7.0%）、「自然」（5.1%）、「生命態度」（2.2%）等七項（如圖 11-2 所示）。

徐欣萍、黃光國（2013）進一步將「關係」、「情感」兩類歸屬於「關係」，「關係」在此七項心理意義成分中的重要百分比遠超過其餘各項類別，說明「緣」的意涵穿梭於世間各種錯綜複雜的人際關係，也包含著濃厚的情感狀態。此外，「機運」、「自然」、「生命態度」及「其他」等項則可綜合命名為「天命觀」，反映出「緣」的心理認知運作機制，也融入了個人處世的整體心態或關注面向。他們將「緣」在社會互動

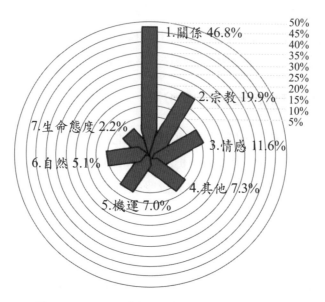

圖 11-2　緣觀的心理語意圖（N ＝ 310）

資料來源：徐欣萍、黃光國（2013）

層次所彰顯出的文化結構，整合為：(1)「關係」；(2)「天命觀」；(3)「宗教」等三大基本主題。緣的結構與功能透過「文化認知基模」或「集體潛意識」持續影響現代人。

另外，李迪琛（2017）的研究對象（男＝ 69，女＝ 217）是遍布中國大陸南方各個地區的大學生。研究結果顯示，年輕人對「緣」的認識主要來自於：「情分」（21.63%）、「緣分」（19.63%）、「生滅」（13.67%）、「因果」（12.64%）、「註定」（10.19%）、「奇妙」（6.57%）、「佛學」（4.26%）、「緣別」（3.80%）等八方面（如圖 11-3 所示）。

李迪琛（2017）分析詞語內容後發現，當代年輕人的緣觀受宗教的直接影響較少，但仍繼承了傳統文化中的緣分含義。他們對「緣」主要持著積極正向的態度，傾向於將良好的關係、情感歸因於緣，對「緣」的主觀體驗含有不可控制的天命感受和奇妙的情緒體驗，亦認為「緣」是一個有

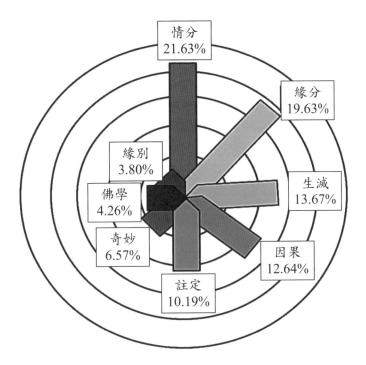

圖 11-3　緣觀的心理語意圖（N = 288）

資料來源：李迪琛（2017）

起有落的動態生滅過程。

　　上述兩個研究，係從語意記憶（semantic memory）中抽取當代年輕人緣觀的概念。李迪琛、金樹人（2018）則進一步從情節記憶（episodic memory）中分析緣分故事中的緣觀特性。在質性分析部分，根據六位研究參與者的故事內容，將涉及描述緣的特性之故事歸類，利用「類別─內容法」進行分析，發現「緣」的特性可以分為三大類共十一項，如圖 11-4 所示。

　　第一類「緣即變易」，表現緣的複雜多變特質，包括：(1)不確定性：緣的來去無法解釋、無法預知、無法控制；(2)複雜性：緣的面具千變萬

緣的特性

緣即變易　　　　　　緣牽一線　　　　　　　緣來如此

| 不確定性 | 複雜性 | 聯結性 | 輪迴性 | 吸引性 | 推動性 | 啟蒙性 | 時間性 | 有限性 | 適配性 | 能動性 |

圖 11-4　緣的特性

資料來源：李迪琛、金樹人（2018）

化，不可捉摸，只有當事者能夠賦予其緣的意義。

　　我覺得是另一種緣分，是另一種不確定的東西。

　　緣就是你遇到的每一件事、每一個人，然後你自己發生的任何變化，這些都是緣分。

　　第二類「緣牽一線」，表現緣如線一般的牽引串連特質，包括：(1)連結性：「緣」如線一般將事件的因果串連，創造無序中的有序體驗；(2)輪迴性：「緣」循環往復的出現在我們螺旋上升的人生當中，幫助個體適應環境的轉變，獲得穩定的發展；(3)吸引性：「緣」可以引導人最終成長為如其所是的自己；(4)推動性：「緣」可以直接或間接推動人的生涯發展；(5)啟蒙性：「緣」可以在冥冥中幫助人開啟心智；(6)時間性：「緣」出現在合適或特殊的時間點，由起到落，帶來獨特的影響。

　　緣分這個東西就是一條線，一條線穿著這三個珠子，可是這條線在哪裡，你也看不到，然後這條線會怎樣穿，你都不知道，但是我知道這個東西存在。

　　就是緣分，可能就是指你跟某一件事、某一個人的冥冥之中的一種聯繫，你看不到它，可是你感受得到它會給你帶

來結果。

有可能就是你的成長歷程不是一條往前的線，它是一個圈。你感覺是一直在往前走，但是它有可能就是一個圈，你又回到了原來的那個地方，然後可能遇到的那些新的人，就感覺和以前的人很相似。

它可能就是類似於逆境緣吧，你不能按照你自己想要的那條路去走，它給了你一個新的方向，然後你在這個新的方向上面反而發現了新的道路。

第三類「緣來如此」，一方面表現除了另外兩類之外的本來面貌，亦表達人對自己應該盡到的力量，包括：(1)有限性：「緣」發生在我們身邊，並與我們相伴而行；(2)適配性：「緣」與人相互匹配、相互選擇，給人帶來獨一無二的影響；(3)能動性：隨緣盡分，盡分隨緣。

我選擇了它，它也選擇了我。

我自己可能就是當新的方向出現的時候，我就去思考它存在的意義，從此走上了康莊大道。

你很盡力，你很盡力，你想要這個東西，你很盡力的做到這裡了，然後這時候你的心可以放下來，保持一種比較平靜的感覺，然後期待的是外界的力量去幫你達到後面的這個部分，然後去……就是得到了這個緣，可是如果你心一直很盡力，很想要很想要，太過了，已經過到了這個，就是用所有的力量，太多了太多了，這時候你就得不到這個緣，可能就換了一個方向了。

一個事情的結果跟你自己肯定有一定的關係，剩下的另外一半就是緣，那些不可控的、玄乎其玄的東西。

綜合上述這些研究，緣觀的現代意義大致浮現。從現象學的角度來看，在當代年輕人的語言認知構念中，緣的現象普遍存在於生活中的各種關係，涵蓋了人與人的悲歡離合，以及人與萬事萬物的親疏遠近。從詮釋學的角度來看，「緣觀」也是一套對於在關係中「為何有些事情會不預期的發生，又為何有些事情會預期的不發生」之解釋系統，這套系統透過傳統與當代社會建構的機制，涵化了現代年輕人應對關係中順境或逆境的心理／靈性調節法則。

（二）緣分運作與心理適應

　　在詞語分析中（李迪琛，2017），當受試者看到「緣」這一個單字時，出現的單一聯想詞最多的就是「緣分」，其所占比重位列所有出現詞語中的第一位（19.63%）。徐欣萍（2012）將「緣」與「分」的結構與功能拆開，從文化心態與心理適應兩個層面進行分析，提出了「關係互動中的緣分運作與心理適應歷程模型」（如圖 11-5 所示）。

　　該模型結合儒道佛三家思想，將「緣」與「分」分別視為關係與人倫互動的思維基礎。在「緣」的部分，主要受到佛家與道家「因果報償」、

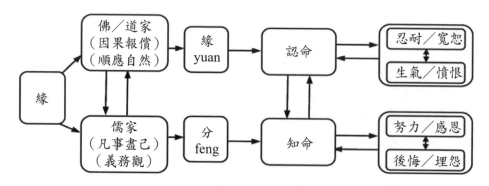

圖 11-5　關係互動中的緣分運作與心理適應歷程模型

資料來源：徐欣萍（2012）

「順應自然」信念的影響，滋生出「認命」的心態，進而採取「忍耐」或「寬恕」的因應行動，反之則容易產生「生氣」或「憤恨」的情緒；在「分」的部分，主要受到儒家「凡事盡己」與「義務觀」的影響，發展出「知命」的心態，進而採取「努力」或「感恩」的因應行動，反之則容易產生「後悔」或「埋怨」的情緒（徐欣萍，2012）。人在面臨關係情境的問題發生時，會通過對「緣」與「分」的歸因與信念（認命型緣觀／知命型緣觀），而產生各種主動積極的應對行動或被動消極的調適行為，以達到心理適應的目的（徐欣萍，2016）。

參、因緣觀與當代生涯發展理論

工業革命由 3.0 進入 4.0 的劇變時代，傳統的理性生涯決策模式難以滿足多變的生涯環境。在這樣的背景下，生涯混沌理論（the chaos theory of careers）（Pryor & Bright, 2011）、善用機緣論（planned happenstance theory）（Krumboltz, 1998; Mitchell et al., 1999）、共時性（synchronicity）現象（Guindon & Hanna, 2002）等理論或模式相應而生。這些新興理論或模式，多強調對意外、巧合、機會、共時性事件等非線性情況的正向關注，以更加靈動與開放的態度來看待「變」或「無常」對個體生涯發展的影響（李迪琛、金樹人，2018）。

一、緣起與生涯混沌理論

一切萬事萬物，都因為各種條件的相互依存，而處於生生滅滅、不斷的變異中，不具恆常性。此說與當代的混沌理論所描述的體性若合符節。生涯混沌理論將生涯發展視為一個複雜多變的開放系統，它的本體是複雜的、動態的、隨機的、非線性的，其現象的形式包括「蝴蝶模式」、「機遇事件」、「靈性與召喚」等概念（Pryor & Bright, 2011）。

以「蝴蝶模式」為例，Pryor 與 Bright（2011）提出了「生涯蝴蝶模式」的隱喻。「生涯蝴蝶模式」的圖形宛如一個數學描述無限的符號∞

（infinitas），左側代表可控的規劃活動（planning activities），右側代表不可控的機遇活動（unplanned activities），像是一隻展開雙翼的蝴蝶（如圖11-6所示）。這個模式象徵了「可控」與「不可控」是一體的兩面，當一個人投入可控的生涯活動時，不可預期的階段轉折（phase shift）（Burston, 1992）有可能隨時發生。也就是說，不可控的機遇事件改變了原來行進中的生涯軌道，必須重新規劃。就如同在戰場上，預擬的作戰計畫遇到瞬息萬變的戰情時，現場即時的運籌帷幄，才是致勝之道（In battle plans are useless, but planning is indispensable.）（Nixon, 1962）。

　　「生涯蝴蝶模式」的理念來自於混沌理論中有名的蝴蝶效應（butterfly effect）——一隻蝴蝶的翅膀震動，其在系統中連動的擴散效應有可能造成

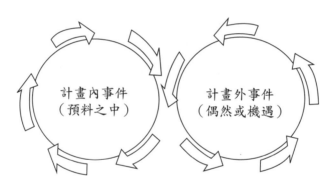

圖 11-6　生涯蝴蝶模式

資料來源：Pryor 與 Bright（2011）

數千公里以外的颶風。蝴蝶效應相當敏感於初始條件（sensitivity to initial conditions），一個很微小的起始差異，都有可能造成系統漸進或突然的巨大變化（Lorenz, 1993）。

　　麻省理工學院（MIT）氣象學家 Edward Lorenz（1917-2008）採用微分方程式建立預測氣象系統的架構，此原是一種純粹因果性的方程式系統。為了省事，他將輸入的數據刪除了小數點以下第四位以後的數字，這千分之一的誤差，卻引發了極大的改變。系統對於初始狀態有著驚人的敏感

性，在初始值上細微的差異，就會導致運動軌道的截然不同。他發現的模式圖像形成一個獨特的雙螺旋形，類似於蝴蝶的雙翅，這就是混沌理論有名的「蝴蝶效應」，又稱為 Lorenz 吸子（Lorenz attractor）（蕭如珀、楊信男譯，2010）（如圖 11-7 所示）。

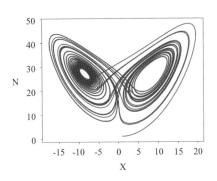

圖 11-7　Lorenz 吸子

資料來源：Cook（2020）

　　Lorenz 吸子由看似渾然一體的左右兩個系統構成，各自圍繞一個不動點（吸子的核心）。當運動軌道在一個系統中由外向內繞到中心附近時，會因為任何不穩定的條件影響，而跳到另一個系統的外緣繼續向內繞，然後在達到中心之前，再因新的非線性條件之介入，跳回到原來的那一個系統的外緣，如此構成隨機性的來回盤旋。相對於原來的普通吸子，另一個系統維度的吸子稱為奇異吸子（strange attractor）。

　　奇異吸子是混沌系統的一種特徵，說明自然界的現象同時具有總體穩定性和局部不穩定性的共同作用。看似穩定又極易失序，無序中的每個細節部分又有與系統整體相同的結構。

　　當沿著既定的生涯路徑前行時，宛若沿著吸子的外緣逐漸向內部的核心前進。核心也就是一個生涯目標（吸子）。生涯路徑若是遇到不可預期的意外或變化（有如混沌理論中因意外而產生的初始條件），就會岔入到另外一個系統的外圍。此時的吸子已經不是原來的吸子，而是另外一個維

度系統中的吸子，在系統不斷反饋下，使得當事人朝向這個吸子前進。

　　若以蝴蝶效應來解釋生涯發展狀態，生命中自身的意外打擊、教育或社會制度的驟變、家庭經濟支柱的崩毀、重要他人的相遇與分離等，其隨機性與複雜性可造成極大的波動。初始條件的細微差別經由系統的回饋過程不斷地放大與縮小，個人後續的生涯或命運可能因此而天差地別。

　　以緣起論觀之，在「生涯蝴蝶模式」的蝴蝶雙翅上，左翅的行為沿著穩定吸子前進，緣分事件（初始條件）在意料之外不期然地發生，使得生涯路徑轉向右翅，形成奇異吸子。系統的回饋過程不斷地放大與縮小，相當於無數在時空中推移的「緣緣」、「次第緣」或「增上緣」的作用。

二、緣起與善用機緣論

　　上述蝴蝶右翅的計畫外事件（the unplanned），以常理來看，就是一種意外。意外純屬機率，雖然沒有人能迴避意外的發生，這種機率事件在過去傳統的生涯理論是略而不談的。直到 Krumboltz 提出「善用機緣論」（Krumboltz, 2009, 2011, 2015; Krumboltz et al., 2013; Mitchell et al., 1999），才特別強調個人生涯發展過程中機緣（happenstance）與機會（chance）的影響。

　　Krumboltz 的善用機緣論關注機遇、巧合、意外等偶發事件對生涯發展的影響，並指出培養應變力的重要性，建議在生涯發展的過程中保持好奇、堅持、彈性、樂觀與冒險的心態，且敢於面對生涯發展中的各種不確定性（Mitchell et al., 1999）。機緣（偶發事件）對生涯選擇的影響，包括：(1)改變了原本的生涯路徑；(2)提供了更多的選擇、機會或彈性；(3)擴展了原本的自我概念；(4)在人際關係與事物處理上帶來了新的連結（Williams et al., 1998）。

　　職業復健師接觸的都屬此類個案，從天而降的天災人禍，包括疾病、車禍、意外傷害等事件，衝擊著當事人現有的生涯計畫，被迫做出職涯的改變。一項對 772 位澳洲高中與大學生的研究發現，高達 69.1%的學生在做生涯決定的過程中，自認受到偶發事件的影響（Bright et al., 2005）。

　　緣起緣滅不能控制，也無法預測。萬事萬物依緣生滅，具有「迴互而又不迴互」的特性：迴互是一種相互依存的「互即互入」（inter-being），緣起之時，萬事萬物相互關涉，在系統中迴互對應；緣滅之時，還原「不迴互」的平靜無涉狀態。善用機緣論僅強調對機緣事件的緣生與流轉，以及如何培養偶然力（serendipity），並不涉及機緣巧合的還滅歸寂。

三、緣起與共時性現象

　　緣起除了指涉時間先後的「依因待緣」，也含攝時間同時呈現彼此關涉的「即緣即起」。這種共時性的依託關係，如同衣服由絲線穿梭構成，經線、緯線不斷交織，布匹就出現。布匹的樣態與絲線的經緯，它們與時俱進，同時存在。線依託布，布也依靠線。這種共時性的依待關係，是緣起現象的主要特性之一（萬金川，1998，頁150）。

　　Carl Jung 在其臨床經驗中發現，個體潛意識中浮現出的心理期待，有時會以意義深長的方式與外在事件相互契合。這種契合感通的現象顯示出一種內在心理世界與外在現實世界巧妙的同步性或平行性，迥異於因果律的聯繫，此稱之為「共時性」（synchronicity）。從共時性的字源來看，最核心的意義與時間有關：「同時呈現」（simultaneity）。兩種以上的事件同時呈現，尚且包括了「有意義的巧合」（meaningful coincidence）這一層重要概念。

　　Jung 的這種原創性觀念，挑戰了西方建構知識的因果論假設。共時性倡議的底氣，一方面來自於 Jung 本人心理分析案例的積累，另一方面最重要的理論基礎與運轉機制，竟是來自於《易經》的提點（楊儒賓譯，1993）。

　　Jung 鑽研《易經》與占卜有數十餘年的基礎，在 1920 年代初期遇到漢學家尉理賢（Richard Wilhelm, 1873-1930）之後，許多的疑惑豁然開朗。《易經》對共時性理論的關鍵啟發，至少有兩方面。其一，對於巧合事件機率性的重視：西方實驗室裡產生的真理，在嚴格的變項操控下，機率的干擾是必須被小心翼翼處理，甚至刻意排除的。Jung 在《易經》中驚訝的

發現，中國人的心靈似乎完全被事件的機率層面吸引住了。西方科學忽視的機率與巧合，竟然是東方探索自然現象的主要情懷。

其二，共時性的發生，必須包括觀察者主觀的心理狀態與事件客觀的發生機率，正如同卜卦在成卦時的整體情境狀態：多重機率的撞擊，加入了主客觀情境的複雜因素後，產生了極其微妙的變化，這是《易經》這套宏大體系解釋自然現象的基礎。他稱這種變化的圖像是「包容了一切最精緻、超感覺的細微部分」：

> 在古代中國人的眼中，（《易經》卜卦）實際觀察時的情境，是機率的撞擊，而非因果鏈匯集所產生的明確效果；他們的興趣似乎集中在觀察時機率事件所形成的緣會，而非巧合時所需的假設之理由。當西方人正小心翼翼地過濾、較量、選擇、分類、隔離時，中國人情境的圖像卻包容一切到最精緻、超感覺的細微部分。（楊儒賓譯，1993，頁 219-220）

共時性有效之處，在於當事人要認定發生的同步事件確實對應心靈的狀態，這與《易經》卜卦是否有效有著驚人的相似性（楊儒賓譯，1993，頁 222）。Jung 以占卜為例說明這種現象：想像一個算卦的情境圖像，這裡面包含有物理情境與心理情境。物理情境包括投擲三枚硬幣或撥算 49 根蓍草，心理情境包括擲卦者的心理事件與期待。這些條件構設出來的情境（心＋物）每一次都是獨一無二，無法用實驗法複製。

Jung 藉此進一步豐富了共時性這種對應或平行關係是如何發生的：「共時性原理認為事件在時空中的契合，並不只是機率而已，它蘊含更多的意義。一言以蔽之，也就是客觀的諸事件彼此之間，以及它們與觀察者主觀的心理狀態間，有一特殊的互相依存的關係」（楊儒賓譯，1993，頁221）。

在緣起法中，萬事之間的此生與彼生有「空間上」相互依存的對應關係，也有「時間上」先後的線性因果關係。在平面的空間，「此有故彼有、此無故彼無」的緣起現象，幾乎等同共時性所描述的同步性現象。然而加入了時間的維度，因在前，果在後，「此生故彼生、此滅故彼滅」。

　　在時間的維度上，緣起的「即緣即起」現象幾乎等同共時性所描述的同步性，本文前揭以因陀羅網解釋緣起，Jung 學派的學者也用因陀羅網解釋共時性現象。然而，兩者在時間性的解釋上，尚有細微的差別。緣起論解釋寰宇內外萬事萬物之間的此有彼有、此無彼無，涵蓋廣袤的人、事、物之間繁複交錯的有無與彼此。共時性現象則特別關注於啟動這種現象的「個體」，如同《易經》占卜必須要有一個「問者」。在「問者的心態」與「解答的卦爻」之間，產生共時性的符應。

　　在空間的維度上，「緣」發生於因與果之間，在緣起法的因果關係中，必須是「因」與「緣」兩者俱足，才能生「果」。「緣」在因果關係中扮演著重要角色，其作用機制在因與果之間有無窮開闊的解釋空間。然而，共時性是一種純然非因果性的連結法則，對應的共時性事件一經心靈啟動後，這些相續的物理事件（N≧2）與心靈事件平行發展，這種同時又平行發展的本質，Jung 無從解釋，只能籠統稱之為一種心靈事件與物理事件兩者同時呈現的等價性質（equivalence）（楊儒賓譯，1993，頁 264）。

　　東方的緣觀與西方生涯理論所提到的混沌、偶發（意外、巧合、機會）或共時性現象，同中有異，異中有同。「緣」作為從傳統到現代華人家喻戶曉的庶民生活哲學，緣起論的緣觀對生涯諮商能有哪些重要的啟示？以下說明之。

肆、緣觀對生涯諮商的啟示

　　緣起論是一種對因緣和合現象的詮釋，妥善說明自然現象的必然與偶然。萬事萬物依緣起（理則）而緣生（事象），也因緣滅而緣寂，是為緣觀。細觀人間現象的十二種因緣（無明、行、識、名色、六入、觸、受、愛、取、有、生、老死），展現了生老與病死等諸多痛苦與煩惱的來源（印順，2003）。傳統佛學藉著這十二因緣，解說生死流轉之苦的成因，以及解脫生死束縛的依據。無論是傳統的緣起論抑或是現代的緣分觀，這套知識系統的詮釋與轉化，從涵攝文化的視角，應有助於強化現有心理療癒的機制，增進華人心理調適與心理健康（徐欣萍、黃光國，2013）。

一、「緣觀」與「緣力」

若要將緣觀的知識系統轉化為因應生涯變動或心理調適的動能，則吾人必須具備哪些基本能力？以下分別從「識緣力」、「應緣力」與「惜緣力」等三方面說明之，此緣觀三力可統稱為「緣力」。

（一）緣力：緣觀三力

1.識緣力

這是一種事前正確認識緣觀的基本能力，也是一種充實緣力的先備知識。識緣力在於了解緣起緣滅的自然現象，以及這種緣起現象在生命事件中的積極作用，包括了順境緣與逆境緣。

2.應緣力

這是一種遭逢機緣事件的處置能力，也是一種緣力在面對事件的具體展現歷程。這個歷程包括「起心」、「動念」、「隨緣」與「識見」四個步驟（如圖 11-8 所示）：

(1)「起心」，是面對緣分事件來臨時的最原始素樸之心智準備狀態。

(2)「動念」，是面對緣分事件的所有心智動員狀態，包括盡最大的努

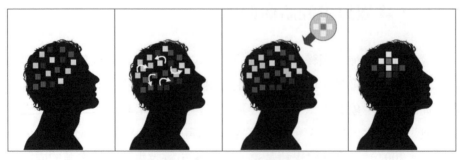

| 步驟 1：起心 | 步驟 2：動念 | 步驟 3：隨緣 | 步驟 4：識見 |

圖 11-8　應緣力的四個歷程

資料來源：修改自 Frey（2012）

力蒐集資訊與整合舊有的經驗智慧。「起心」和「動念」這兩個階段竭盡所能，讓「盡分」的程度達到極大化。

(3)「隨緣」，是以緣觀經歷事件的來臨與變化，從「無緣」接觸「邊緣」，繼而進入其「緣心」，產生對於人、事、物的密切關聯（緣起）。無論是順緣或逆緣，乘載其中，浮沉上下。

(4)「識見」，是有意識地覺察在緣分事件中人與事的變化，靜觀其變，運籌帷幄。「識見」是一種後設認知（metacognition），屬於一種對緣分事件默照決行的智慧。

3.惜緣力

這是一種對緣分事件沉潛後的深度反思能力，也是緣力中最為縱深的觀察視角。這種反思能力包括三個向度：

(1)對於順緣或逆緣事件中促成緣分事件相關人士的感恩。

(2)順境緣中持盈保泰之餘，對於盛極必衰的惕勵與警覺。

(3)在經歷的逆境緣中，發現困厄底層中所隱含的啟示與意義。

（二）「緣觀三力」的哲學實存脈絡

「緣觀三力」對應著存在現象學所衍生的三種實存（being）狀態，從緣起緣滅的自然現象中，理解人與自己、人與他人、人與自然的關係，從而活出有意義的人生。這三種對應分別為：「識緣力」映照「being-in-the-world」、「應緣力」映照「being-on-the-world」、「惜緣力」映照「being-for-the-world」。

1.「識緣力」與「being-in-the-world」

Martin Heidegger（1889-1976）在巨著《存在與時間》（*Sein und Zeit*）中提出「人活在天地間」的重要哲學概念：dasein。dasein 一詞很難翻譯成中文的術語，它由兩部分組成：da（此時此地）和 sein（存有、是）。「da」在德文中是個很活潑的詞，有「那裡」、「這裡」；「於是」、「那

麼」、「但是」；「那個」、「這個」；「因為」、「當……時」、「雖然」等意。細細考究，dasein 蘊含著：(1)相互纏結；(2)純發生或生成；(3)有限；(4)域或存在空間；(5)原初的時間等五個基本意涵（張祥龍，2002）。為表達 da 與 sein 本身的關係，一般也譯作「親在」、「此在」等。當理解 dasein 的時候，不能將 da 理解為此時此地，而是指通過對「存在」的領會而展開的存在方式。存在的基本形式不是以一種主體或客體的方式，而是以在世的展開狀態中領會存在本身（維基百科，無日期 a）。張祥龍（2002）經深入考究後進一步主張，「緣在」是最貼近於 dasein 的中文意涵。

從 dasein 的概念延伸，Heidegger 主張有關「人」、「我」本質的追尋要回到「人」、「我」之「如何活在世界之中」，也就是「在世存有」（being-in-the-world）。這樣的「在世存有」由三個相扣的環節所構成：(1)世界如何存有；(2)人如何存有；(3)人如何與世界之中的他者（周身人事物等存有者）共同存有於世（劉淑慧、夏允中、王智弘、孫頌賢，2019）。

「識緣力」即是一種對「緣在」（dasein）狀態的理解。人被拋擲於世，這種 Heidegger 主張的「被拋擲性」（thrownness），意指我們被拋進這個世界，成為一種在世存有，本質上是無法決定的，存在之前不可能預先決定自己要否存在，如同眾生與萬物的緣起與緣滅。「識緣力」即在於了解緣起緣滅的自然現象，以及這種緣起現象在生命／生涯事件中的積極作用，包括了對於順境緣與逆境緣的態度，例如：一位從中國大陸到澳門讀書的研究受訪者指陳：「我覺得我挺慶幸我能夠跟著這些千絲萬縷的緣在走的，我覺得這些緣給了很多方向或者是一些鏈接……說不清的……讓我成為我想要成為的那個樣子，那個人」（李迪琛、金樹人，2018）。

有了這層理解，對於「緣在」所帶來的處境，人自然會採取主動積極的思維，主要的作為是以在境遇之上（being-on-the-world）接觸、籌劃與反思的「應緣力」。

2.「應緣力」與「being-on-the-world」

「應緣力」是一種遭逢機緣事件的處置能力，也是一種緣力在面對緣

分事件的具體展現歷程。這個歷程的四個階段：「起心」、「動念」、「隨緣」與「識見」，相當於對順逆處境的接觸、籌劃、學習與思考。「being-on-the-world」的介詞 on，即是一種在「緣此」處境中「居於其間、居於其上」的運籌，例如：原本目標中最期待且熟悉的某大學研究所並沒有考上（「起心」、「動念」的「盡分」），落入了第二志願。隨遇而安後，進入新而陌生的環境（緣起），不僅遇到了終身伴侶（結緣），所接觸的老師與同學也開啟了新的識見。

Heidegger 所說在世存有的「世界」，不是人所客觀認識的世界，而是與開展在其中的各種生存方式相應的「環境」。人的存在不僅僅是被動的、被拋擲的認識，還包括了在這個世間主動的承擔、完成、表示、訊問、思慮、討論與決定等（滕守堯，1996）。

在這個因緣和合的世間，「應緣力」隨著緣起事件（起或伏）的開展，不是被動地跟隨與追隨，也不是盲目的抗爭或挑釁，而是盡力盡分之後的靜觀、悅納與沉澱，從而在事件的挪移中，積累出自己寓居於世的照見。

3.「惜緣力」與「being-for-the-world」

Heidegger 的存在現象學顛倒了 Descartes 的「我思，故我在」，倡導「我在，故我思」。上述隨緣的經歷是一種「我在」的深刻體驗，「應緣力」從對緣分事件的準備、動員、經歷到反思，最後的落點也就是對於「緣在」的認知反思能力，而這種反思的存有特性延伸至「惜緣力」。

Duvall 與 Béres 舉出了四種層次的反思（黃素菲譯，2016）：

(1) 反思（reflection），是行為主體立足於自我以外，批判地考察自己。

(2) 反思性（reflectivity），是行為主體立足於自我以外，批判地「考察自己的行為及其情景」的意識與能力。

(3) 反身性反思（reflexivity），涉及到「辨識心理、身體所有面向的自我」之能力，以及「辨識環境脈絡如何影響我們的行動或認知方式」之能力。

(4) 批判性反思（critical reflection），是指一種實踐技能，由經驗累積

產生經驗知識而自我教導，以使我們能夠探索自己的經驗，從行動中去反思。反思「行動過程」，而且反思「行動本身」。

「惜緣力」的內涵包括了「對他者」與「對自己」這兩大方向的反思。Heidegger 的學生 Levinas 認為人的生存不能沒有「他者」（the other），我與他是相伴而存在的。由此，Levinas 提出一種「為他」（for the other）的生存型態，強調人的生存應當是在關係中生存，而且應是以「為他」來將自己與他人關聯在一起（張鍠焜，2007）。

對促成緣分事件相關「他者」的感恩，較偏向反身性反思，強調辨識人境脈絡中的「他者」如何影響我們的行動或認知方式，而形成一種我與「他者」存有的倫理關聯；也就是珍惜緣分，進而將倫理關係延伸至廣結善緣，以及成為更多「他者」的貴人。對於順境緣中的惜福與警覺，則需要立足於自我以外考察自己的行為及情景。至於逆境緣中所隱含的啟示與意義，則需要動用批判性反思對於「行動過程」和「行動本身」的深度探問。這是一種我「為何」有這些遭逢，我「為何」以這種方式寓居於這個世間的深層思考。因而，我們得以從「安身」的層次深入「立命」的狀態，超越「自我」與「他者」，而直指「being-for-the-world」的存在。

1079 年，蘇軾因「烏臺詩案」被貶謫到黃州（今湖北黃岡），三年後寫下意境深遠曠達的〈赤壁賦〉。蘇軾從反身性反思進入通透的批判性反思，逆境不再是單向的逆境，而昇華至「不知東方之既白」的從容與「天人合一」的大度。

存有狀態中種種的失落、牽絆、糾結，若不用因緣的視框看待這些碎片，較難發現不相干的事件中隱含的深層道理。「緣力」即是把破碎的故事裂片沿著邊緣連綴起來；透過識緣、應緣與惜緣，讓生命的肌理展現出存有的整體輪廓。

二、緣觀在生涯諮商的應用

後現代的生涯發展面臨科技與職場的急劇變化，從生涯教育到生涯諮商都必須有所因應。緣起論在生涯諮商的應用，是一種對於預期之外、無

法控制的無常與偶然的對治。以下分別臚述緣觀在生涯諮商的應用。

（一）體認必然與偶然交替出現是常態

「種瓜得瓜，種豆得豆」的因果思維，是一種有因必有果的閉鎖性思維，已經無法應付多變的生涯（protean careers）。緣起的本質是空性與無常，因緣、緣緣、次第緣、增上緣在因與果之中加入了不可捉摸的偶然性。對現代的人來說，必須改變內在固有對恆定與控制的思考範式，體認緣起現象的現代意義，接受複雜性、不確定性、多變性的思維模式。「計畫」與「變化」原為事象發展的一體兩面，彼此渾然交錯。在體認生涯發展的過程中，必然與偶然交替出現是常態，因此要以創造、好奇、想像與彈性的心態面對變化無常的生涯發展。

此種體認可透過緣分事件的敘事練習，進而加深「識緣力」。所謂緣分事件是指：(1)意料之外：沒有刻意追求，卻意外的發生了；(2)影響重大：這些事件對生涯發展產生了一定且重要的影響。敘事練習進行的步驟包括：

1. 在紙上畫出一條生命線（life line）。
2. 回憶從出生到現在，發生在自己身上與生涯有關的緣分事件（包括逆境緣與順境緣）。
3. 敘事的反思：這些緣分故事對自己的生涯／生命產生之影響。
4. 命名：為這些事件命名。

（二）對於「盡分」與「隨緣」的等量齊觀

一切現象皆依因待緣而生起，雖說成事在緣，但先決條件是謀事在人。「盡分」就是依因待緣的「因」，凡事「盡分」是成事的必要條件（necessary condition）。成功不可測，生涯抉擇所有盡本分的探索活動、所有教育準備的努力，都在蓄積成功的條件（Mesaros, 2019）。

隨緣不是不思進取，而是要盡分隨緣，盡分之後才能隨緣。隨緣而不盡分，只會成為懶惰或推諉的藉口。「隨緣」是一種伴隨盡分的靜觀，以

平和穩健的心態，面對與接受盡分當下順境緣或逆境緣的發生。

　　或問，要盡多少分，才能放心隨緣？行到水窮，坐看雲起，有時，奮力行到半途，已然彩霞滿天；有時，行到山窮水盡，卻逢傾盆大雨。行行復覓覓，看得，如何？看不得，又如何？緣起緣滅，原本需要諸多條件聚散，盡多少分，隨多少緣，由不得算計。《易經‧繫辭下》：「君子藏器於身，待時而動，何不利之有？」藏器於身，是一種才華的蘊藏與蓄勢的努力。待時而動，對「時」的判斷，是一種緣起識見的積累與智慧。因此，盡多少分才算盡，似乎也沒有一個標準答案。「盡分」與「隨緣」的等量齊觀，「盡分中隨緣」與「隨緣中盡分」，也是一種智慧了。

（三）隨緣而不攀緣

　　這是應對機緣事件的兩種不同心態與境界。攀緣是對緣起事件的控制與執著，是一種對有因必有果的線性期待。就認知結構而言，攀緣的心理建構缺乏了一種「建構流轉」（constructive alternativism）（Kelly, 1958）的權變與彈性。Kelly 的「建構流轉」即是禪佛中的轉念，念轉即業轉。不攀緣，就是在遇到逆緣或孽緣時，能採取多元的構念，隨機應變，而發展出適應困境的新策略。不攀而隨，隨而不攀，也是正念減壓療法（Mindfulness-Based Stress Reduction, MBSR）對於處理壓力事件的重要原則。

　　相對於攀緣，隨緣則是對緣起事件的恆順與安受。大凡生涯規劃多是有所求，如考上適性的大學科系，應徵上心儀的工作職缺等，其結果不外「求而得之」或「求而不得」。「求而得之，我之所喜；求而不得，我亦無憂」，自是一種積極變通的瀟灑；往深層看，更是一種生命的智慧。唐朝百丈懷海禪師有句話說：「有緣即住無緣去，一任清風送白雲。」百丈禪師隨緣而不攀援，緣裡來去，「乾坤贏得一閒人」，安閒更自在。隨緣的態度，在今日也是一種心理調適與幸福感的指標。

（四）創造助緣與廣結善緣

　　西諺：「機會是給已經準備好了的人。」偶然力（serendipity）是指善

用機緣的能力。謝佳伶（2019）針對 7 位 40 歲以上遭遇中年生涯轉換人士的研究發現，善用機緣能力包括善於觀察並主動接觸與採取行動；接納未知偶然與保持彈性順勢而為；資訊整合與串連；維持人際關係與信賴關係，保持聯繫；善於評估可接受妥協的範圍；培養興趣與終身學習並於適當時機展現經驗與技能等。

　　一個人能否善用機緣，先得創造助緣與廣結善緣。上述的善用機緣能力，涉及內在系統與外在系統的準備。內在系統包括個人內在的開放、積極、主動，以及來自於對興趣與能力理解的自我效能感，都在創造助緣的條件。林於荻（2017）發現，並非所有偶發事件都會影響個人生涯轉換，個人心智模式必須為同在模式（being）時才有回應偶發事件之抉擇權，透過提升覺察力，個人才能掌握偶發事件或創造機會。在外在系統方面，人際的關係建立與緊密接觸，包括家人、朋友、同學、同事等，都有可能在關鍵時刻促成關鍵的機緣巧合事件（林於荻，2017；郭璨灎，2010；陳韋妏，2009；曾信熹，2007；楊雅嵐，2009；謝佳伶，2019）。因此，創造助緣與廣結善緣成了生涯發展過程中，必須重點培養的基本能力。

（五）順境緣中慎防亢龍有悔

　　《周易・乾卦・象傳》：「潛龍勿用，陽在下也。見龍在田，德施普也。終日乾乾，反復道也。或躍在淵，進無咎也。飛龍在天，大人造也。亢龍有悔，盈不可久也。」逆境緣與順境緣在生命的長河中跌宕起伏，處於逆境時，應當潛龍勿用，或韜光養晦，或藏器於身。較為人所忽視者，凡人處於順境中，有如飛龍在天，飛黃騰達之際，得意而忘形。

　　盈不可久也。《易經・豐卦・彖曰》：「日中則昃，月盈則食，天地盈虛，與時消息，而況乎人乎！」月滿則虧，盛極必衰，天地日月尚不能久，人豈能常保盈泰。福禍總相倚，如何在順境緣中避免亢龍有悔，關鍵之一在於抱持「君子終日乾乾，夕惕若，厲無咎」一般中正平和的心境與態度（羅秀美，2008），日間勤勉，夜間警惕，以盈為戒。此皆在在警示順境中持盈保泰、居安思危、虛己謙下的重要性。

（六）理解逆境緣中的活潑生機

逆境緣的出現，彷彿存在的處境落入混沌理論所描述之「混沌的邊緣」（edge of chaos, EOC）（Pryor & Bright, 2011）。在一些複雜系統中，事物往往處於「混沌的邊緣」——落入有序和失控之間，看似有序卻往邊緣推進，或是即將落入失控，而幸又未失控。在這種情況下，一些微小偏差就會給結果帶來巨大影響。弔詭的是，這種狀態往往最充滿活力和創造性。蘇東坡最感人肺腑的作品多是出現在屢遭貶謫的「處境侷限」（boundary situation），王陽明學中「心即理」的精要也是得之於此種生命中難堪的困厄處境——「龍場悟道」。危機就是轉機，老子也以「禍兮福之所倚」來描述這種二元並存的微妙現象。

哲學家 Karl Jaspers（1883-1969）所謂的「處境侷限」，同時兼具受苦與超越的特性。從生涯教育的角度來看，應培養學生認識這種逆境的雙重特性：在面對逆境或意外事件的不確定或失落時，一方面要接納不可逃避的苦難，另一方面要掌握混沌邊緣的活潑生機，逆緣的「處境侷限」才具有超越的積極意義。

許多學者把逆境視為是「逆增上緣」，強調在生涯／職涯發展的過程中培養生涯韌性（career resilience）的重要性（Collard et al., 1996）。華人在困境中累積的智慧尤勝一籌，《菜根譚》指出：「藏巧於拙，用晦而明，寓清於濁，以屈為伸。」拙、晦、濁、屈，均是侷限的處境，在拙晦之中藏巧、而明，在濁屈之中寓清、為伸，皆為蘊藏在「逆增上緣」之中的生機與智慧。

（七）逆境緣中如何依因待緣

逆緣中何時能等到順緣？一種最佳的情況是逆緣之後，很快的就等到順緣；另一種不幸的情況是逆緣接二連三無預警地到來，長夜漫漫，不知何時盼到破曉。雖說依因可待緣，這「待」究竟要等多久？從心理療癒的角度觀之，如何在遭逢停頓無助的谷底時，以最佳的心理狀況靜待機緣，

從谷底上升；從生涯發展的角度觀之，如何在生涯發展瀕臨無望絕望之際，堅持到最後一刻，靜待黎明；此在在都是生命中的巨大挑戰。

在逆緣的黑洞中，是何滋味？黑洞中的「奇異點」（spacetime singularity）差可比擬。黑洞有著極為強大的磁場，能夠吸入包括光在內的所有物質。物體落入黑洞之後，將會趨近位於中心的「奇異點」。「奇異點」是一個體積無限小、密度無限大、重力無限大、時空曲率無限大的點。在這個點，目前所知的物理定律無法適用（維基百科，無日期 b）。遭逢逆緣或孽緣的心理黑洞，其情其景也不遑多讓：自我無限小、心理時空無限小、希望無限小，然而恐懼無限大、焦慮無限大、抑鬱無限大。

Janine Shepherd 原是澳大利亞的越野滑雪運動員，生涯目標是在奧運中奪魁。在一次訓練時意外失事，醫生認為她不可能活下來，足足癱瘓了六個月。令人驚奇的是，在事故發生後的一年，她獲得了飛行員執照，接著得到商業駕駛執照和飛行教練執照，最終成為特技飛行教練（Shepherd, 2019）。在漆黑的前半年，她生不如死，對餘生無望，然而在最為慘淡之際，不同的增上緣隨後緩慢發生。

隨緣的「隨」在這種情況下，並不只是隨波逐流，更能彰顯依因待緣的底蘊：沉潛蓄勢，隨機應變。

這些生命鬥士的角色楷模可以作為生涯教育或生涯諮詢的激勵素材，讓學生理解因緣的無常，以及學習如何在逆緣中伺機脫困。學術界對於逆境中心裡的黑洞本質，以及依因待緣的正面療癒意義，還需要豐實以更多的實徵性研究。

（八）辨認緣分事件的軌跡與模式

在生涯發展的過程中，緣分事件往往不是單一孤立的，緣緣總是相續。「你無法預先把點點滴滴串連起來；只有在未來回顧時，你才會明白那些點點滴滴是如何串在一起的」（Jobs, 2005）。機緣事件個別發生時無法串連，回顧就是一種串連的方式，讓串起點點滴滴事件當中的絲線，呈現出如何串在一起的特有形狀。

單一事件的發生或可歸諸於機率，若將時間拉開，從不同的緣起現象發生的軌跡中，或可觀察出一些個人生涯行事特有的風格或模式。這就像混沌理論中的碎形（fractals）。每一個人的生涯發展都是一個整體，整體的系統之內充滿大小不一的碎形，有如零散的緣起故事，反覆疊代。碎形與整體有著極高的自我相似度（self-similarity），在單獨觀看的時候，是看不出這種碎形模式（fractal patterns）的。後現代的生涯建構理論採取了 Alfred Adler 的早期記憶觀點，外加敘事的方法，協助個體發覺緣分事件中隱藏的生涯主題（career themes），而對自己的碎形模式形成新的理解與認識。此種覺察具有強大的能動力，是主導未來生涯新篇章（new chapter）的核心魂魄（Savickas, 2005）。

（九）探索緣分事件的深層意義

　　緣起現象的流轉還滅看似零散無章，在凌亂中容或掩隱簡單至極的章法，別有深意。生涯過程出現的每個看似不相關之順緣或逆緣事件，其實是「雪花飄落，片片各得其所」，有待當事人自行判讀。一連串發生的事件看起來像隨機甚至混亂，然而在隱映互彰的背後，似乎暗藏著更高秩序和目標（林於荻，2017）。這讓身歷其境的人，無法忽視裡面隱藏的深義。

　　「（1985 年）蘋果公司開除我，是我人生中最好的經驗。讓我進入了這輩子最有創意的時代」（Jobs, 2005）。Steve Jobs 怎料的到被自己創辦的公司開除，如果沒有開除後的沉潛，就沒有後來再進入蘋果，創造了風靡全球的 iPhone 手機，更料不到後來積勞成疾的胰臟癌。在他的生涯發展中，順增上緣與逆增上緣交替疊代出現，「所以你得相信，眼前你經歷的種種，將來多少會串連在一起。你得信任某些東西，無論是什麼：直覺也好，命運也好，生命也好，或者因果業力」（Jobs, 2005）。

　　印度 Mohandas Gandhi 曾說：「吾生即吾義」（My life is my message.）（王敏雯譯，2015）。如果在職涯起步之時，吾生吾義或可視為起始生涯征途的目標與抱負；如果像 Jobs 一樣從經歷的種種當中回顧，深刻的發現

到「你得信任某些東西，無論是什麼」，或許吾生吾義指涉之處，就是一生懸命的最高秩序和目標。

結論

「知者不言，言者不知」（《道德經》五十六章）。凡涉及本體者，因為其不可捉摸，所以難以描述。一旦訴諸文字，一旦企圖精準描述，就發現僅能窺其一二。白馬非馬，馬不是只有一種顏色，當指涉或標示「白馬」時，只能揭示白馬而無法含攝其他顏色或質性的馬。關於緣觀的爬梳，也會遇到同樣的困境。真理遠在天邊（Truth is out there.），緣的本質經過互文性（intertextuality）的分類與分析，眾裡尋他千百度；然而，沒有呈現出來的、沒有被描述到的，或許更重要，卻在燈火闌珊處。

西方對於生涯發展的必然與偶然自有論述。東方緣起論與這些理論或模式的映照，讓我們更清楚理解緣起現象的本質。詩人 William Butler Yeats（1865-1939）說：「人可以體現真理，但他無法知道」（Man can embody truth but he cannot know it.）（Thomas, 1987）。從本體論進入知識論，吾人還需要從體悟中進行更多的質性或量化研究。由「體」起「用」，或攝「用」歸「體」，體與用的交互辯證，若有更多實證的資料佐證，或許能讓我們更清楚的把握緣起本質，以及在生涯發展上的應用。

參考文獻

中文部分

上海代代傳承文化傳媒有限公司（2015）。**上海博物館：龍首文玉玦**。取自 https://sns.91ddcc.com/t/48626

王敏雯（譯）（2015）。**我對真理的實驗：甘地自傳**（原作者：穆罕達斯・卡朗昌德・甘地）。臺北市：遠流。

印順（2001）。**平凡的一生**。新竹縣：正聞。

印順（2003）。**佛法概論**。新竹縣：正聞。

印順（2004）。**中觀新論**。新竹縣：正聞。

印順文教基金會推廣教育中心（2018）。**四緣說與四因說**。取自 https://reurl.cc/7XO4G9

李迪琛（2017）。**緣的心理意義及其對生涯發展的影響**（未出版之碩士論文）。澳門大學教育學院，澳門。

李迪琛、金樹人（2018）。緣的特性及其對生涯發展的影響。**教育心理學報，50**（2），341-362。

宗薩蔣揚親哲仁波切（2016）。**近乎佛教徒**。臺北市：皇冠。

林於荻（2017）。**雪花飄落，片片各得其所：由偶發事件與預見力到初啟如實之路**（未出版之博士論文）。輔仁大學，新北市。

徐欣萍（2012）。華人關係互動中的緣分運作及其心理適應歷程。**本土心理學研究，37**，57-97。

徐欣萍（2016）。**華人社會關係中的緣觀認知運作歷程：理論建構與實徵研究**。臺北市：索引數位。

徐欣萍、黃光國（2013）。大學生緣觀構念研究與對本土化諮商的啟示。**教育心理學報，45**（2），241-259。

索甲仁波切（1996）。**西藏生死書**。臺北市：張老師文化。

高一虹、顏靜蘭、陳向一、夏紀梅、郭賽華（2003）。「非典」一詞心理意義的跨地區比較：對京，滬，穗，港，臺大學生的調查。**語言教學與研究，6**，1-10。

張祥龍（2002）。「Dasein」的含義與譯名（「緣在」）：理解海德格爾《存在與時間》的線索。普門學報，**7**，1-15。

張鍠焜（2007）。E. Lévinas「為他」倫理學及其德育蘊義。教育研究集刊，**53**（3），67-92。

郭璦瀅（2010）。生涯偶發事件及其共時性之詮釋研究（未出版之博士論文）。國立臺灣師範大學，臺北市。

陳韋妏（2009）。柳暗花明又一村：轉業者的機緣巧合（未出版之碩士論文）。國立臺灣師範大學，臺北市。

彭永新（2012）。華人大學生職業生涯信念研究：以北京、香港、澳門、臺北為例。北京市：社會科學文獻出版社。

曾信熹（2007）。偶發事件對諮商心理師專業發展影響之敘說研究（未出版之碩士論文）。國立臺灣師範大學，臺北市。

黃素菲（譯）（2016）。敘事治療三幕劇：結合實務、訓練與研究（原作者：J. Duvall & L. Béres）。臺北市：心靈工坊。（原著出版年：2011）

楊雅嵐（2009）。偶發事件對流浪教師生涯決定影響之敘說研究（未出版之碩士論文）。國立臺灣師範大學，臺北市。

楊儒賓（譯）（1993）。東洋冥想的心理學：從易經到禪。臺北市：商鼎文化。

萬金川（1998）。中觀思想講錄。嘉義市：香光書鄉。

維基百科（無日期a）。此在。取自 https://reurl.cc/pd79ld

維基百科（無日期b）。重力奇異點。取自 https://reurl.cc/WdjA55

劉淑慧、夏允中、王智弘、孫頌賢（2019）。自我及其在生活世界中的運作：從存在現象學處境結構觀之。中華輔導與諮商學報，**55**，1-26。doi: 10.3966/172851862019050055001

劉嘉誠（2000）。中觀學的基本觀點。法光，**131**。

滕守堯（1996）。海德格。臺北市：生智。

蕭如珀、楊信男（譯）（2010）。【物理發展史】羅倫茲（**Edward Lorenz**）和蝴蝶效應。取自 https://case.ntu.edu.tw/blog/?p=1616

謝佳伶（2019）。中年期生涯轉換歷程與善用機緣經驗（未出版之碩士論文）。國立臺灣師範大學，臺北市。

羅秀美（2008年9月12日）。《經典名句》潛龍勿用 飛龍在天 亢龍有悔。人間福報。取自 https://reurl.cc/z80pxe

外文部分

Bright, J., Pryor, R., & Harpham, L. (2005). The role of chance events in career decision making. *Journal of Vocational Behavior, 66*, 561-576.

Burston, J. W. (1992). *Chaos and order in the world of the psyche*. London, UK: Routledge.

Collard, B., Epperheimer, J. W., & Saign, D. (1996). *Career resilience in a changing workplace*. Columbus, OH: ERIC Clearinghouse on Adult, Career, and Vocational Education. (ED 396 191)

Cook, J. D. (2020). *A different view of the Lorenz system*. Retrieved from https://www.johndcook.com/blog/2020/01/26/lorenz-system/

Frey, C. (2012). *Up your impact*. Retrieved from https://reurl.cc/KkZdNR

Guindon, M. H., & Hanna, F. J. (2002). Coincidence, happenstance, serendipity, fate, or the hand of God: Case studies in synchronicity. *The Career Development Quarterly, 50*(3), 195-208.

Heidegger, M. (1996). *Being and time* (Trans. by J. Stambaugh). Albany, NY: State University of New York Press.

Jobs, S. (2005). Stay hungry, stay foolish. *Stanford Report, June 14*. Retrieved from https://reurl.cc/b5M30r

Kelly, G. (1958). Man's construction of his alternatives. In B. Maher (Ed.), *Clinical psychology and personality: The selected papers of George Kelly* (pp. 66-93). New York, NY: John Wiley & Sons.

Krumboltz, J. D. (1998). Serendipity is not serendipitous. *Journal of Counseling Psychology, 4*, 39-392.

Krumboltz, J. D. (2009). The happenstance learning theory. *Journal of Career Assessment, 17*(2), 135-154. http://dx.doi.org/10.1177/1069072708328861

Krumboltz, J. D. (2011). Happenstance learning theory. *Journal of Employment Counseling, 48*, 89-91.

Krumboltz, J. D. (2015). Practical career counseling applications of the happenstance learning theory. In P. J. Hartung, M. L. Savickas, & W. B. Walsh (Eds.), *APA handbooks in psychology. APA handbook of career intervention, Vol. 2. Applications* (pp. 283-292). Washington, DC: American Psychological Association. http://dx.doi.org/10.1037/14439-021

Krumboltz, J. D., Foley, P. F., & Cotter, E. W. (2013). Applying the happenstance learning theory to involuntary career transitions. *The Career Development Quarterly, 61*(1), 15-26. http://dx.doi.org/10.1002/j.2161-0045.2013.00032.x

Lorenz, E. N. (1993). *The essence of chaos*. Washington, DC: University of Washington Press.

Mesaros, C. (2019). Chaos, careers, and (unpredictable) change. *The Career Development Network Journal, 35*(2), 6-12.

Mitchell, K. E., Levin, A. S., & Krumboltz, J. D. (1999). Planned happenstance: Constructing unexpected career opportunities. *Journal of Counseling & Development, 77*(2), 115-124. http://dx.doi.org/10.1002/j.1556-6676.1999.tb02431.x

NHK Culture Center. (n.d.). 壊れた器が蘇る金継ぎ. Retrieved from https://www.nhk-cul.co.jp/programs/program_445133.html

Nixon, R. (1962). *Six crises*. Garden City, NY: Doubleday.

Pryor, R. G. L., & Bright, J. E. H. (2011). *The chaos theory of careers*. New York, NY: Routledge.

Savickas, M. L. (2005). The theory and practice of career construction. In S. D. Brown & R. W. Lent (Eds.), *Career development and counseling: Putting theory and research to work* (pp. 42-70). Hoboken, NJ: John Wiley & Sons.

Shepherd, J. (2019). *Janine Shepherd: A broken body isn't a broken person* [Video file]. Retrieved from https://reurl.cc/qdynyD

Szalay, L. B., & Deese, J. (1978). *Subjective meaning and culture: An assessment through word associations*. Mahwah, NJ: Lawrence Erlbaum Associates.

Szalay, L. B., & Fisher, G. H. (1979). Communication overseas. In E. C. Smith & L. F. Luce (Eds.), *Toward internationalism: Readings in cross-cultural communication* (pp. 57-82). Rowley, MA: Newbury House.

Thomas, C. (1987). Knowledge and embodiment in Yeats. *South Central Review, 4*(4), 53-60.

Williams, E. N., Soeprapto, E., Like, K., Touradji, P., Hess, S., & Hill, C. E. (1998). Perceptions of serendipity: Career paths of prominent academic women in counseling psychology. *Journal of Counseling Psychology, 45*(4), 379.

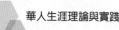 華人生涯理論與實踐：本土化與多元性視野

第十二章　德性存在生涯模式：
易經和現象學之啟發

劉淑慧

摘　要

　　德性存在生涯模式（virtue existential career model）援用西方現象學（回到生活世界、我他相互構成、為我與為他雙向超越）和東方《易經》（和諧轉化、適時順勢而動、盡性立命）作為後設理論架構，以轉化與應用西方現代與後現代兩類生涯論述與實務運作，形成一套生涯發展本質論述與輔導運作模式之初發想。該模式具有下列特色：(1)掌控落實與悅納變通兩種籌劃策略和諧辯證；(2)安身與立命兩個生涯願景層面相生相成；(3)為我與為他兩個生涯發展方向亦此亦彼、雙向開展；(4)籌劃與實踐歷程終而有始、生生不息。綜此，生涯是活出來的，生涯發展歷程即「在世間持續活出個人意義之整體經驗與故事」，個人在此過程中承擔起抉擇之自由與責任，在具有時間性與空間性的置身處境中持續選擇與創造存有，在事實性和超越性之交織開展中讓處境為籌劃所照亮，讓過去、現在、未來相互勾連而綻放出獨特的時間性。生涯之生氣勃發，始於既有生涯籌劃之窒礙難行、在世存有之斷裂難續；突破困局之動能，源自看似對立元素之間的相互轉化。個人藉由真實體驗、領會籌劃、決心抉擇、實際行動，周而復始、持續循環，從而不斷超越，既朝向自我之無限新可能性開放，也朝向他者之無限新可能性開放，創造生命意義、提升德性修養。正向生涯發展奠基於唯變所適、適時順勢而動，以期透過既掌控又悅納的剛柔並濟方法，達到既安身又立命的兼容並蓄目標。該模式提出了相對應的生涯輔導架構，並據以發展出華人生涯網，用以提供交互勾連的事實性與敘說性生涯資訊、相互延伸的量化評量與質性探索，以及交錯運用掌控落實與悅納變通之圓夢導引。該模式也分別研發出自助與助人之生涯輔導方案，並以電子書和影片形式公開分享。

■ 壹、緣起

此文是呼應金樹人老師與生涯學會宏願所做的學思成果小記，其根本源頭來自於我從青春期以來對生命的探問：「活著為了什麼？要如何活？實際活成什麼？」如此懸念引領我在生涯輔導與諮商的專業發展路上七彎八拐、跌跌撞撞，也引領我在陪伴爸媽最後一段路上驚愕連連、謙卑俯首，還引領我在與自己身體同行的路上且驚且喜、如實貼近。為學日益、為道日損，且行且停、躊躇前行，前路漫漫、學海無涯。藉此機緣，做個梳理，留作行腳誌念，也作為對生涯啟蒙師林幸台、論文啟蒙師蕭文的深深致謝。

此文所介紹的德性存在生涯模式，與其說是新創的個人理論或純粹本土研發的新理論，不如說是援用現象學之西方哲學和《易經》之東方哲學作為後設理論架構，用以轉化與應用西方生涯理論的論述與實務運作，所形成的一套生涯發展本質論述與輔導諮商運作模式之初發想，箇中混搭著微調（西方理論應用的文化調整）、探幽（西方理論中掩隱的東方元素）、詮釋（東方哲思對生涯理論的註解），以及共舞（東方智慧對西方生涯理論的挹注）。

■ 貳、向西方現象學取經：回到生活世界、我他相互構成、為我與為他雙向超越

現象學運動始於 Husserl 在 1913 年出版的《純粹現象學通論：純粹現象學和現象學哲學的觀念（I）》（*Ideen zu einer reinen Phänomenologie und Phänomenologischen Philosophie*）（李幼蒸譯，2004）。Husserl 認為，我們平日熟悉的心理學是一種奠基於自然科學的、將本質事物心理化的事實性科學，他呼籲心理學者轉而關注生活世界中的事物本質。自此而後，現象學運動就像一條河流，有著若干平行分支，各以不同速度朝向不同方向開

展（洪漢鼎，2008）。其中，較為心理學界熟悉的重量級人物，包括：催生存在諮商的 Heidegger〔發表《存在與時間》（*Sein und Zeit*），陳嘉映、王慶節譯，2006〕與 Sartre〔發表《存在與虛無》（*L'etre et le Neant*），陳宣良、杜小真譯（2000）〕；催生研究方法的 Gadamer〔發表《詮釋學 I：真理與方法》（*Hermeneutik I, Wahrheit und Methode*），洪漢鼎譯（2008）〕與 Ricoeur〔發表《時間與敘事》（*Time and Narrative*），Ricoeur（1984/1985, 1985/1988）；《從文本到行動》（*From Text to Action*），Ricoeur（1986/1991）；《自我宛若他者》（*Oneself as Another*），Ricoeur（1994）〕；催生倫理學的 Levinas〔發表《時間與他者》（*Le Temps et l'autre*）、《從存在到存在者》（*De l'existence à l'existent*）、《整體與無限》（*Totalité et Infini*），賴俊雄編（2009）〕。

一、回到生活世界

德性存在生涯模式深受前述 Heidegger 與 Sartre 的存在現象學、Ricoeur 的敘事現象學、Levinas 的他者現象學之啟發。人活著，無論是思或不思，都以行動在回答著：「究竟我是誰？我從哪裡來？我將往哪裡去？這輩子想要活成怎樣？目前實際活得怎樣？將如何活成想要的樣子？」存在現象學主張，這些問題所探問的「人」、「我」、「生命」，不能被看成「名詞」來做定性定量的解析定義，而要透過他們「如何活在天地人間」〔即在世存有（being-in-the-world）〕的「動詞」來做臨近觀察、細緻描述（劉淑慧，2018；劉淑慧、夏允中等人，2019）。換言之，生涯是活出來的，是人在世存有之具體展現（劉淑慧，2005，2018）。

回顧生涯領域的典範更迭，Parsons（1909）的職業輔導以境為核心，主張境為人所倚、人選擇與適應境（引自 Brown & Lent, 2005）；Super（1953）的生涯輔導跨了一大步，轉移到以人為核心，主張境為人所用、人主觀建構境。然而，Heidegger 卻早在 1927 年就給出在世存有作為核心（陳嘉映、王慶節譯，2006），主張人境相生相倚，境為人所創、人為境所顯（劉淑慧，2013）。

在世存有具有空間性。人總是「活在世界之中」，對箇中人事物（他者）展開各種作為，這樣的在世存有是由三個相扣環節所構成：(1)世界如何成為世界；(2)個人如何與周身人事物（他者）相互交往；(3)個人如何成為自己（陳嘉映、王慶節譯，2006；劉淑慧、夏允中等人，2019；May, 1983）。個人的主觀生活世界（空間）就是個人與他者各種有意義關聯的綜合體，包含四個層次：(1)物質世界，指人在各種生物性組成與機制之中展開的內在與外在調適（May, 1983; McIlroy, 1979; van Deurzen, 1997）；(2)社會世界，包括人與他人在錯綜複雜社會網絡中的相互遭逢、關聯、變化（May, 1983; McIlroy, 1979; van Deurzen, 1997）；(3)個人世界，指人對自己或他者的覺察、關注、理解、連結（May, 1983; McIlroy, 1979; van Deurzen, 1997）；(4)靈性世界，則是人對靈性或終極理想的覺察、關注、理解、連結（McIlroy, 1979; van Deurzen, 1997）。這些世界彼此環扣，任何一部分的偏限、缺損都會影響到其他世界。因此，生涯不只是 Parsons 的工作（job），也不只是 Super 的生活型態（life-style），或是人本心理學的超越性自我（transcending self），還觸及了靈性層面（spiritual realm）。所謂的生涯信念、職業態度或工作價值，其實就是個人面對根本存有議題的態度與價值，反映出個人想在世界中尋找怎樣的位置來活出自己的意義（McIlory, 1979; van Deurzen, 1997）。

二、我他相互構成

人在世界之中的籌劃是領會與投入世界的方式，會帶來事實性和超越性的交織開展（May, 1983; Merleau-Ponty, 1962）。人總是置身於被拋處境，不得不面臨許多未經挑選甚至超出預期的事實性所侷限，包括：地球生態變化、全球政經趨勢、區域性職業結構、與生俱來的家庭、既已成形的個人素質，乃至個人的過去行動等。然而，人對自己、他者、世界的理解卻沒辦法像實證科學那樣客觀一致，而總是站在自己的立場，工具性地、籌劃性地把自己、他者、世界看成「如何為我所用之物」來加以理解並發生關聯。滿腹學識、兩袖清風的人，對於以賺錢為目標的人來說，是不值一

顧的廢物，對於以學習為目標的人來說，卻是取之不竭的寶藏（劉淑慧，2018）。同時，人的籌劃也投出了不同於當下處境的未來可能性，面對湧現的未來可能性，人為之憂煩、操心、掛念，從而形成未來何去何從的抉擇（陳嘉映、王慶節譯，2006；陳榮華，2017），並展開行動，以改變、超越既有處境（Merleau-Ponty, 1962）。亦即，處境給出事實性，侷限了人，人則因籌劃而得以領會、改變、超越處境，讓處境為籌劃所照亮（May, 1983; Merleau-Ponty, 1962），因此，處境中的事實性和超越性是相生相成的。

人在處境中的籌劃具有時間性，每個當下，都是過去、現在、未來的同時綻放（May, 1983）。籌劃總是立足於此時此刻，召喚某種過去，放進未來的可能性之中，從而展開朝向特定可能性移動的實際行動；在此，過去被帶到現在，被重新理解、賦予意義、活出新生。同時，未來也需要被帶到現在，在想像、預演中，被具體勾勒、成為導引、被實際活出。還有，現在也需要往過去、未來延伸，以便被充盈、落實，並往前移動，以超出它自己（劉淑慧，2018）。

生涯歷程就是在具有時間性與空間性的置身處境之中，不斷展開籌劃、往前超出、創造新存有的歷程（陳嘉映、王慶節譯，2006）。就像圖12-1 的循環，人透過當下的真實體驗，帶出對過去的理解與對未來的籌劃，進而在決心的引領中，從多元可能性之中做出抉擇，並帶出實際行動，以超越當下處境，接著再度在行動經驗中真實體驗、領會籌劃、決心抉擇、實際行動，周而復始、持續循環（劉淑慧、陳奕靜等人，2014）。此即所謂「存在總是往前超出它自己」，一旦停止超出自己，存在也就終止了（項退結，2006；陳榮華，2017）。此中所展現的自我，處於持續演變的「成為」（becoming）歷程，任一當下的「就是」（being）轉眼即逝，撲面而來的是無限的新可能性（May, 1983）。

在處境中做出抉擇，既是人的自由，也是責任。不論個人面對的是什麼樣的既成與將成事實性，諸如個人的身心障礙、社會文化的剝奪迫害、周身資源的匱乏窘迫，能夠限制的都只是人的行動自由（freedom of do-ing），並無法撼動存在自由（freedom of being）（劉淑慧，1995；劉淑慧、陳奕靜等人，2014），人永遠都可以自行選擇：(1)如何看待處境；(2)領會

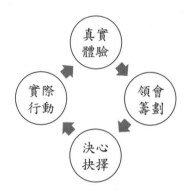

圖 12-1　生涯經驗之行動與詮釋循環

資料來源：劉淑慧、陳弈靜等人（2014）

與籌劃出哪些可能性；(3)選擇與創造出哪種可能性（劉淑慧，1995；Frankl, 1992）。而且，不論是抱持「即便受到限制，我還是可以」的主導態度去追求自己之想要，還是抱持「情況就是這樣，我只能」的受控態度去接受自己之不想要，人所選擇的行動都相當於在當下處境中做出了抉擇，並因而朝向特定的可能自我和在世存有樣貌而開展。不論抉擇之後實際湧現的是否如同預期，都將成為人的新處境，等待著新的抉擇與行動。換言之，人無可避免地會在處境中做出抉擇，並創造與承擔自己的存有（劉淑慧，1995；Cohen, 2003; Yalom, 1980）。

　　Sartre 指出，正是人在處境中的籌劃、超越、創造，彰顯出人的獨特性（陳宣良、杜小真譯，2000）。人沒有固定的本質，在沒有既定目的與命運的人生中，必須為自己找出存在的意義；每次籌劃之中所蘊含的領會與所為何來，給出了生命意義之所在（陳嘉映、王慶節譯，2006）。生涯發展過程就是「人在一片虛無、無所憑恃之中開展出在世存有，藉由不斷抉擇、創造而尋求自身存在意義的歷程」（劉淑慧、陳弈靜等人，2014；Mcllroy, 1979; Schultze & Miller, 2004），透過領會當下處境並做出抉擇，讓個人的潛在可能性得以在其工作與生活世界中開展成實際存有樣貌（Harren, 1979），並感受到生命的意義感（Cohen , 2003），而在被拋處境中活出我之為我這個人（Homan, 1986）。

那麼，有什麼會左右人的理解和籌劃方向呢？根據 Heidegger 的詮釋循環，人「現身」在處境中，並因前理解與意向而對該處境中的自己、他者、世界有了無言的「領會」，之後才藉由言詞的勾畫「表達」對處境之理解；值此之際，言詞所承載的公眾觀點也隨之滲入，導引出理解與籌劃之中的可能性，形塑了在世存有的展開（陳嘉映、王慶節譯，2006）。因此，在經商家庭長大的孩子，從小聽聞著利害計算，就容易以賺錢為目標；曾經受惠於醫師、教師、社工師、心理師的人，習慣了這些專業的話語、思維，也常因此立志投身相關領域（劉淑慧，2018）。關於個人生命經驗的「表達」，是人藉由敘事向自己和他人「展現出」自身存有的方式，經由篩選自己的小歷史和生活世界的大歷史，針對其中種種存在的可能性和核心關切點，加以想像、組織、串連、布局，代表個人的生命故事於焉產生（沈清松，2000；Ricoeur, 1985/1988）。前理解與意向不同，故事自然兩樣，因此，即便是同一個人，在三十而立之年回顧前半生，看到的可能是父母對自己的關愛與管束，以及自己在求學、就業歷程的快樂和辛苦，說出的是一個「奮鬥成長以獲得成功」的故事；在六十耳順之年回顧前半生，看到的可能是父母對自己的期望與掛念，以及自己對子女的祝福與呵護，說出的是一個「代代相傳以延續生命」的故事。

三、為我與為他雙向超越

但，若僅僅如此，人這一生豈不只是「自以為是、唯利是圖、受人左右」！Heidegger 說，確實如此，但幸好有死亡的存在，人可以真正活著。當人體驗到自己正日益靠近死亡，就會從心理上與心靈上仿若已死的狀態中甦醒過來，重新審視過去種種的「理所當然」，感受到「萬物無常」的「無」（nothingness），陷入無所依靠的「無家感」（unheimlich；uncanny），油然升起「要如何在未來渾沌不明中做出取捨並承擔後果」之存在焦慮（existential anxiety），以及「自己未活出本真存在」之存在罪咎（existential guilt）。「往者已逝、來者未明」的裂隙開啟了心之耳，讓人得以聽見良知的召喚，而不再盲目沉淪於世俗生活，轉而承擔存在的自由

以及為自身存有做抉擇的責任，以追求與實踐個人獨特的意義，展開本真性的在世存有（陳榮華，2017；Cohen, 2003; May, 1983; Mcllroy, 1979）。

　　Levinas 則說，幸好有他者的存在，人可以成為真正的人。由於 Levinas 曾經歷過集中營的納粹惡行，他深切批判 Heidegger 以「自我」作為軸心、以存有作為意義根源的論述，認為 Heidegger 漠視了他者的他異性，以至於誇大了自身的無限性，而容易形成對他人的暴力（羅文興，2014）。Levinas 轉而主張，主體性的完成需要走出孤獨的自我、走向他者（張鍠焜，2007），並以「他者」（非我）作為出發點，闡述了一個由「自我」裂解、朝向「非我」、再由「他者」返回「自我」的倫理實踐路徑（翁士恆、彭榮邦，2018）。面容（face）是 Levinas 提出的關鍵隱喻，用來指稱他者呈現自身的方式。當他者在我眼前出現時，出現的不僅是肉眼可見的具體容顏，還有肉眼不可見的面容意義（鄭惠觀、洪如玉，2016）。他者透過面容，向我凸顯了「他是他、我是我」（羅文興，2014）。Levinas 提醒人，在凝視他者面容時，要覺察自己的權力和自由如何壓迫了他者的資源，興起必須為他人負責的義務之心，並願意侷限自己的權力和自由、克制為自己求生謀利的生物性本能，以及分享自己的資源，採取道德行動來實際回應他者的呼喚（張鍠焜，2007；羅文興，2014；Israeli, 2018; Plant, 2018）。為了獲得完整的主體性，真正該探問的終極問題是：「我應該做什麼」，直視他者，實在體察他者的相異性，如其所需地為他者服務，從而走出孤獨的自我（張鍠焜，2007），超出自身存在範圍，而抵達他人界域之中，人的本質和存有才得以開展、往前超出，存在的意義才得以完成（楊婉儀，2014；鄭惠觀、洪如玉，2016；Israeli, 2018; Plant, 2018）。

　　根據 Levinas 的觀點，生涯的核心議題應該是凝視他者、要求自己：「在我眼前的他，究竟是誰？從哪裡來？將往哪裡去？想要活成怎樣？實際活得怎樣？將如何活成想要的樣子？」據此籌劃：「我這輩子『應該』如何回應周身他者對我的呼喚？」（劉淑慧，2018）。然而，這樣的生涯豈不是會陷入「無我」的困局嗎？

　　其實，Levinas 所呼籲的，不是「我」之泯滅，而是「我」之轉化。他對「為他之我」做了精妙的描述：

　　「在關係中的『我』不再是一個經驗的主體與語言述說
的『主格』（nominative case），而是一個未連接或等待著被
動詞所指涉的『受格』（accusative case）。自我的經驗也因
此不再是由『我』（I）作為第一人稱視角的絕對經驗，而是
『為他人所存在』（being-for-the-other）的樣態，為等待被變
形與從第三人稱視角所面見的經驗結構，也是從『主格』到
『受格』的詮釋位移。」（Levinas, 1981，引自翁士恆、彭榮
邦，2018，頁 265）

　　這樣的我，對他者以及這個世界都保有開放的胸懷。換言之，與 Levi-
nas 呼籲相映的不是「無我之生涯」，而是「『為他之我』之生涯」。

　　綜合以上，Heidegger 的本真性在世存有對「為我：活出自己意義」做
出了精闢詮釋，開展出不斷地往前超出而朝向我之無限新可能性開放；
Levinas 的倫理性在世存有對「為他：承擔他人之苦」做出了精闢詮釋，開
展出不斷往外超越而朝向他者之無限新可能性開放。雙向超越的主體性開
展將呈現出倒放的 8 字型（如圖 12-2 所示）。就像「我是誰」需要用一生來
探問，「他是誰」同樣充滿無限開放，生涯是持續探問與實踐雙向超越的
過程，唯有向左也向右地持續往外繞出，才能形成完整的無限大（劉淑
慧，2018）。

圖 12-2　生涯發展中「為我」與「為他」雙向超越之倫理實踐

資料來源：劉淑慧（2018）

■ 參、向東方《易經》取經：和諧轉化、適時順勢而動、盡性立命

《易經》是東方變易哲學的經典之作，被儒家尊為「五經」之首，與《黃帝內經》、《山海經》並列為上古三大奇書，其思想廣泛被應用在華人的哲學、宗教、醫學、天文、算術、文學、音樂、藝術、軍事和武術等各領域，儼然就是中國文化之源頭（南懷瑾，1991a）。研究《易經》的主要派別可分為義理、象數兩派，兩派之下又各自分為三宗（張其成，1996），德性存在生涯模式主要得自義理派儒理宗之啟發。儒理宗以孔子所註釋的《易傳》為基礎，闡述《易經》的哲學義理，之後傳承到王弼、程頤等代表人物。黃光國、劉豁夫曾不約而同地指出，這一脈學說深刻描述出共通人性和人類社會百態，不僅是華人的文化資產，也適用於全人類，可用以發展出以華人本土文化為根但適用於全球的心理學（Cheng, 2013; Hwang, 2009; Liu et al., 2014）。

除了本文介紹的德性存在生涯模式之外，也有其他研究者嘗試結合《易經》與心理學或諮商，例如：顏婉玲（2002）的《周易心理思想研究》，廣泛地運用西方心理學概念詮釋 64 卦；高秋芬（2009）的《周易的時間觀念與生命週期研究》，則以蒙、咸、恆、姤、家人、睽、蹇、豐、謙、晉、泰、否、既濟、未濟、隨等卦，剖析 Erik Erikson 八大發展階段的挑戰；黃敏郎（2011）在《先秦儒家哲學諮商論》中，針對《易經》的生生之德、憂患意識、陰陽交感、君子謙謙、厚德載物、當位觀念、誠敬之教等，提出生活指導、道德修養的建議。還有王行（2016）、黃惠敏（2012）兩篇研究，將《易經》作為助人工作者的自我修練之用，據以提出對傳統諮商理論的反思以及對實務運作上的調整建議。而具體發展出《易經》諮商模式的則有四個研究：(1)楊淑蘭（1996）將形體視為陰、精神視為陽，從人在陰陽變動中追求平衡、參贊天地化育、生生不已等《易經》觀點，發展出相應於「乾、坤、屯、蒙、需、訟、師、比、小畜、

履、泰、否」的諮商歷程；(2)陳偉任等人（2015）嘗試結合《易經》於動機式晤談法之中；(3)楊文聖（2017a，2017b）則運用陰陽兩儀的理念，提出具有六維結構之澗水療法；(4)廖冠婷（無日期）結合敘說取向諮商與 64 卦義理，設計出一套「易能卡」，結合《易經》與敘事，以步驟化的方式導引當事人發展出對困擾之理解與超越。

一、和諧轉化

　　《易經》旨在探究變化之理，共有 64 卦，每卦包含循序發展的 6 爻。整部《易經》透過 64 卦 384 爻揭示變易之道，描述陰陽之道（簡易）如何在天地之道（不易）中展現千變萬化（變易）。由朱熹《周易本義》之釋卦體例來看，每一卦的涵意可由卦名、卦象、爻和爻位之屬性與交互作用、64 別卦之間的次序或相偶關係加以探究，象傳、卦辭、彖傳、用辭更是儒理宗用以探究義理的主要依據（侯雪娟，2012；南懷瑾，1991a，1991b；郭建勳，2003；陳居淵，2002；黃慶萱，1995；劉玉建，2005）。以下分別由乾卦與坤卦來闡明陽與陰的本質。

　　乾卦卦象為上乾下乾，6 爻都是陽爻，代表純陽之卦。《易經》以上天作為陽／乾的象徵，所謂天，既廣大無邊，包含天體萬物，又沒有具體形象。象傳如此詮釋天／陽／乾的本質：「天行健，君子以自強不息」，天體依循宇宙天地之道，展現出剛健而穩定的運行，人與天體同為宇宙萬物之一，應當效法天體健行，自立自強、從不倦怠。卦辭則以「元亨利貞」來詮釋天／陽／乾的本質：「元」字亦即「原來」的「原」，意思是萬物的源起由此開始；「亨」就是通，是說萬物有著共通的來源，又共同構成一個整體，所以彼此之間通順暢達；「利」指的是適合萬物變遷運行，對於一切都有利而和諧；「貞」就是固正，也就是固守正道，萬物應該堅持走在自身的正途上，並且恆久不息。乾卦以龍這種非常具有自主力量的天上動物作為象徵，在 6 爻處境中的龍，應該深深明白，萬物萬象乍看之下變化不居，其實有始有終、終始循環（元），因而深切體察自己所處時機和情境，並順應箇中所蘊含的天道循環之理，秉持自己應該堅持的原則，恰

如其時、恰如其分地完成自己應該完成的任務，據以實踐天德（亨、利）。天道變化有其規律，人與萬事萬物也各有其秉性以及壽夭窮通、生老病死、成住壞空的變化，若能以天德存心、奉天德行事，就能暢行正道、亨通無阻（利、貞）。若能把握元亨利貞四德，就能出人頭地，並造福他人（來知德，1997；南懷瑾、徐芹庭，1997；郭建勳，2003；陳居淵，2002；陳鼓應、趙建偉，1999；傅佩榮，2011；傅隸樸，1981；黃壽祺、張善文，2000；黃慶萱，2003，2007；劉玉建，2005）。

坤卦卦象為上坤下坤，6爻都是陰爻，代表純陰之卦。《易經》以大地作為陰／坤的象徵，所謂地，和天一樣廣大無邊，包含地面一切高山深谷、荒漠大海，具有明確可見的實體。象傳如此詮釋地／陰／坤的本質：「地勢坤，君子以厚德載物」，所謂勢，是指位置而非形狀，儘管地表高低起伏，既不平也不順，但相對於天之崇高而偉大，由上而下臨照萬物，地的位置低下，非常之卑順而深厚，由下而上承載形形色色的萬物，不挑不撿、無有好惡，一律涵容、滋養、支持。大地同樣依循宇宙天地之道，只是展現出謙卑柔順的姿態，人與大地同為宇宙萬物之一，也當效法大地的寬厚美德，以涵容、支持、成就萬物。在坤卦卦辭中同樣出現元亨利貞四字，但涵意不盡相同。以元來說，乾大、坤至，乾資始、坤資生。乾作為64卦的純陽之首，至大至上，主導一切的開始；坤作為64卦的純陰之首，緊隨在乾卦之後（至哉），以柔順的坤德與剛健的乾德相應和，呈現出大地涵容萬物的基本精神／素質／原則。亦即，萬物憑藉天道而始、憑藉地道而生，萬物靠著上天的創造導引而開始有了生氣，靠著大地的支持、供養、孕育而生長成形。以亨來說，「坤厚載物，德合无疆。含弘光大，品物咸亨」，天之德弘大無邊、地之德深厚無盡，地與天合，乃能含藏萬物，無所不蓄（含）、無所不有（弘）、無不彰顯（光）、盡皆茁壯（大），萬物都因天地合德而亨通。以利貞來說，乾之貞與坤之貞的最大差異在於後者之正道是像雌馬那樣地緊緊追隨雄馬。坤卦之所以以雌馬作為象徵動物，是因為馬不但是在大地上行走持久、負載巨大的動物，還具有柔順的特徵，雌雄馬一起行動時，總是雄馬帶頭疾奔，雌馬緊跟在後，即不僭越、也不落後。因此，所謂「牝馬之貞」指的是持久而有力量地跟

隨著主人，跟乾卦的龍之自發自主、領先在前，有所不同。所謂「君子有攸往，先迷後得主」，就是強調雌馬再有力量與能耐，都還是要追隨在雄馬之後，引申之意是說，乾為心、為理，坤為物、為欲，如果因為一己之私而衝動妄行，就會偏離正道、迷失真正的生命方向，需要時時警醒反思，順應天理良心來行動，才能守住正道、走在常軌、無往不利。若能安於柔順卑下的位置，就能與地道相應，浩瀚廣大、永無盡期，一片吉祥（來知德，1997；南懷瑾、徐芹庭，1997；郭建勳，2003；陳居淵，2002；陳鼓應、趙建偉，1999；傅佩榮，2011；傅隸樸，1981；黃壽祺、張善文，2000；黃慶萱，2003，2007；劉玉建，2005）。

綜合上述，陽／乾代表天，由上而下創造、普照萬物，是生命的起源，象徵開創、啟動、主動、引導、規範的力量，以及陽剛開創、自強不息的美德；在人類社會，陽／乾代表父、君，象徵給予、保護、主管、掌控、教導的角色。而陰／坤代表地，由下而上承載、孕育萬物，是生物的成形，象徵守成、延續、被動、配合、遵循的力量，以及陰柔包容、厚德載物的美德；在人類社會，陰／坤代表母、臣，象徵接受、支持、順從、欣賞、學習的角色。

不過，《易經》陰陽哲學的價值並不在於這些被古籍所載明的陰與陽之象徵物，而在於提供一個「從事物相對屬性來了解事物性質及其相對關係」的方法。相對於個人，家庭是更大的組織，屬陽；但相對於社區、種族、國家，家庭是較小的組織，屬陰。因此，家庭需要發揮相對於家庭成員的陽性引導、規範、保護功能，也需要發揮相對於所屬社區、種族、國家的陰性配合、遵循、支持功能。由此反觀前述現象學取向的生涯發展論述，生活世界中的客觀性是陰、主觀性是陽；時間性之中的過去是陰、未來是陽；處境中的事實性是陰、籌劃性是陽；抉擇之中的責任是陰、自由是陽；自我實現中的維護守成是陰、超越開創是陽；倫理實踐中的為我是陰、為他是陽。

相對於辨識陰陽來說，陰陽哲學更重要的價值在於陰陽之道。陰陽變化中所蘊含的天地之道可由太極圖（如圖 12-3 所示）所呈顯的亦此亦彼、對立轉化、生生不息窺知。亦此亦彼是指左右兩半魚都是黑白摻雜，陰中

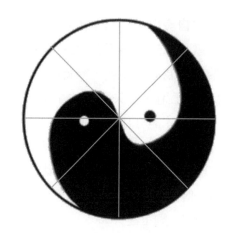

圖 12-3　心易發微伏羲太極之圖

資料來源：改編自來知德（1997，頁 577）

有陽、陽中有陰，任何事物都是陰陽共存、渾然混成；對立轉化是指看似對立的陰陽／黑白實際上會相互轉化；生生不息是指繞著圓形而黑白消長的現象蘊含著循環不止、周行不殆的概念（原圖不包含灰色線條，加上這些線條是方便讀者觀察到線條上的太極圖之黑色與白色比例的相互消長變化）（張包意琴、陳麗雲，2001；郭建勳，2003）。陰與陽之間沒有優劣高下，更不能相互競爭，反而需要相輔相成：陽性創生，陰性順承，陰陽相應，就能貞下起元、生生不息（曾仕強，2013；黃慶萱，2003；劉君祖，1997）。

陰陽之道呈現出成中英（Cheng, 2006, 2009）所謂的和諧化辯證觀（dialectics of harmonization）。表面上看起來，和諧與衝突完全相反：在和諧之中，相伴（co-existing）或相繼（succeeding）的勢力、歷程或元件，彼此之間相互補充或支持，因而相互從對方獲得力量、存在、生產力和價值；在衝突之中，存在彼此之間的是排拒、衝撞、傷害，甚至毀滅。然而，任何事物都永遠處在變化之中，和諧或衝突只是變化過程中交替出現的兩種狀態。和諧化辯證觀主張，矛盾對立（polarities）是所有事物得以存在的根基，任何矛盾對立都同時具有相對性（relativities）、對立性（opposition）、互補性（complementation）、相生性（mutual generation），因而會產生無限的生命創造（unlimited creativity of life）、回歸歷程（a process of return）、事物相互轉化性（mutual transformability of things）或反轉（reversion）。所有事物在本體論的終極本質上平等相融，任何表面上的事物間差異或分別，來自於各種原則、勢力和狀態的矛盾對立，在時間之流中，所有的事物都會因為表面的矛盾對立之間的相互排斥、相互依存及相互轉化而產生實質變化，因而會形成持續不斷的和諧化辯證歷程。整個世界是個有機的整體，構成這個世界的一切事物，彼此間相互關聯著，也互相制約著；同時，每一個事物本身也是一個小整體，其內部也呈現出多種元件相互關聯又相互制約的關係。同理，在《易經》辯證哲學中，屬性殊異、看似相反的陰與陽，實則藉由和諧化的歷程而相生相成，共同構成萬事萬物，而且這個動態的和諧化歷程之所以得以開展，正是因為陰陽同時並存的對立性（inclusive opposites）所蘊含的力量與能量（Cheng, 2009; Shen, 2003; Yao, 2013）。

　　正因為和諧化辯證，各卦的 6 爻發展中常出現吉凶反轉的現象，以下以乾卦、坤卦為例來做說明。乾卦呈現出「由吉轉凶」的現象，前五爻皆吉，第六爻卻是「亢龍有悔」。乾卦的用辭揭示貫穿 6 爻之核心精神是：「見群龍無首，吉」。身為剛健的龍／主管／主導者，最忌諱的就是過於自大、目空一切、高高在上。天體的運行無始無終、循環不已，萬物的變化始卒若環，開始與結束像一個連環，無法分辨先後，因而乾卦發展過程中的六條龍一律平等。若是各龍「順時而變、隨位而成」，六條龍無首無尾，就能吉祥平安。人在面對生命或生涯中的種種現象時，若能持守箇中正道，在適當的時機做合宜的事，並且在持守自己的元亨利貞（自立自強）之際，也尊重成全別人的元亨利貞（無私無我），則不但不會「亢龍有悔」，還能達到最高境界的領導──群龍無首、人人是主，因而獲吉（來知德，1997；南懷瑾、徐芹庭，1997；郭建勳，2003；陳居淵，2002；陳鼓應、趙建偉，1999；傅佩榮，2011；傅隸樸，1981；黃壽祺、張善文，2000；黃慶萱，2003，2007；劉玉建，2005）。

　　坤卦呈現出「由無大凶轉凶」的現象，前五爻皆無大凶，第六爻卻是

「龍戰於野，其血玄黃」。坤卦的用辭揭示貫穿 6 爻之核心精神是：「利永貞」。身為柔順的雌馬／下屬／輔佐者，最忌諱的就是助紂為虐、旁門左道、陰險狡詐，因此不論處在坤卦的哪一爻，一方面需要發揮高度的順應性，另一方面要確保自己順應的是乾元天道。坤卦的卦辭說「安貞」、用六說「永貞」，「安」是指順而不動，坤的本性是順承，需要「安貞——穩穩不動地順應正道」。在坤卦 6 爻循環中，6 爻皆陰，陰到極點，就難免變而為乾、滋生健之性，需要靠著「永貞——穩健有力地堅持正道」才能幸免於難，這裡的「永」是指健而不息（來知德，1997；南懷瑾、徐芹庭，1997；郭建勳，2003；陳居淵，2002；陳鼓應、趙建偉，1999；傅佩榮，2011；傅隸樸，1981；黃壽祺、張善文，2000；黃慶萱，2003，2007；劉玉建，2005）。

作為重要的老莊宗《易經》詮釋者，老子所撰寫的《道德經》五十八章以「禍兮福之所倚，福兮禍之所伏」來闡述「禍福相倚」的辯證思維。其中，「福兮禍之所伏」意指幸福的下面潛伏著災禍（余培林，2012），因而需要有「知幾憂患意識」，也就是《孟子‧告子》（傅佩榮，2004）說的「生於憂患而死於安樂也」。至於「禍兮福之所倚」，意指災禍的裡面隱藏著幸福（余培林，2012），此由《韓非子‧解老》（賴炎元、傅武光，2007）做了細緻的闡述：「人有禍則心畏恐，心畏恐則行端直，行端直則思慮熟，思慮熟則得事理，行端直則無禍害，無禍害則盡天年，得事理則必成功，盡天年則全而壽，必成功則富與貴，全壽富貴之謂福。而福本於有禍，故曰：『禍兮福之所倚。』以成其功也。」華人社群中耳熟能詳的「塞翁失馬，焉知非福」故事，出自《淮南子‧人間訓》（呂凱，1987），則可視為民間版的「禍兮福之所倚」之闡述。

二、適時順勢而動

《易經》陰陽之道的關鍵啟發在於唯變所適、適時順勢而動。《易經》64 卦象徵著人生的 64 種處境；各卦 6 爻象徵著天地間的人事物，從萌發、成長、發展、鼎盛、衰敗以至於滅亡或轉化為另一事物或現象之變化

歷程；各爻的位次、性質、遠近距離等因素，會交錯形成承乘比應等複雜現象，上下鄰近兩爻具有承乘關係，一四、二五、三六爻位之間則有應與關係；陽居一、三、五位以及陰居二、四、六位則屬當位關係，若陰居二、陽居五則是「居中」又「當位」（侯雪娟，2012；南懷瑾，1991a，1991b；郭建勳，2003；陳居淵，2002；劉玉建，2005）。凡此種種，構成置身處境中的時間與局勢結構，而置身其中的因應之道有三：消極的知幾憂患、積極的原始反終、根本的以德安身。

　　知幾憂患是指見微知著、隨時悔悟，只要謹慎觀察，並隨時憂懼戒備、改過向善，便能無咎害（南懷瑾，1991a；郭建勳，2003；陳居淵，2002；劉玉建，2005）。在《易經》384 爻的爻辭中，「無悔」、「無眚」、「無咎」占了 119 爻，亦即儘管物極必反，人們依然可能憑藉知幾研機、憂懼戒備而扭轉情勢、趨吉避凶。正因如此，《易經》卦辭爻辭中充滿了相對的可能性，吉卦吉爻之中常有告戒之詞，凶卦凶爻之中也常有勸勉之意（南懷瑾，1991a；高秋芬，2009；黃壽祺、張善文，2000）。

　　至於積極的原始反終，原即推原事物之初始，反即反求事物之終結。《易經‧繫辭下》第九章說：「六爻相雜，唯其時物也。」時物之時是指時機、卦時，物是指事物，時物是指萬事萬物以得時為貴。各卦之中，初爻象徵事物產生之初始，微而未顯，因而難知；上爻象徵事物發展之結局，成敗已現，因而易知。《易經》卦爻就在協助人們推原、反求，從而洞悉生死始終循環之理，藉以超越單向線性的生命開展，在終而有始之中生生不息（南懷瑾，1991a；高秋芬，2009）。

　　以德安身則可由清代焦循（2013）在《易圖略》的文王十二言之教窺知：「元亨利貞，則當位而吉；不元亨利貞，則失道而凶。失道而消，不久固屬；當位而盈，不可久亦屬：因其屬而悔則孚，孚則無咎。同一改悔，而獨歷艱難困苦，而後得有孚，則為吝；雖吝，亦歸於無咎。明乎此十二言，而《易》可知矣！」即使身處順境（當位），也要謹守元亨利貞，才能應和乾坤之道而得吉，否則即便一開始因為順境而吉，不久也會偏離正道，終究會遭致禍害。反之，只要能夠謹守元亨利貞，即便一開始因逆境（不當位）而有凶，但在經歷艱難困苦之後，終究能夠彌補過錯，

回歸內心的信實與平安穩定（左慧萱，2012；李朝木，2011）。換言之，適時、順勢不只是知幾憂患以趨吉避凶、原始反終以生生不息，更是以德安身以上應天道。

前述的和諧化辯證與適時順勢而動，形成了華人傳統的中庸思維，傾向於採用靈活變化的動態過程來處理事務，會將時間拉長、空間拉大，從而跳出「個我」的侷限視野，同時關注同一情境或對象可能出現的多種矛盾訊息，設身處地考慮到各方面的情況，辨析環境中的對立元素，使用「顧全大局」、「以和為貴」、「不走極端」、「恰到好處」等原則，同步關切與兼顧事物正反多元面向，找出可以兼容各種矛盾元素且恰如其分、合情合理的行動方案，並以和諧而委婉的方式展開實際行動，以其達到人人和諧、事事均衡的狀態。因此，個人會時時刻刻察覺自己所處情境，適時地調整或節制自己的行為，以維持與他者關係的和諧（許功餘，2006；黃囇莉，1996；楊中芳，2010）。實徵研究顯示，具有這種思維的人有比較高的生活滿意度（黃金蘭等人，2012），比較高的幸福感（高旭繁，2013），比較能夠藉由適當拿捏行為而獲得良好的心理適應（林瑋芳等人，2013），中庸思維能夠減少障礙對員工幸福感的損傷、減少挑戰對員工情緒耗竭的損傷，並且可以將挑戰轉化為有益身心健康的力量，因而提升工作滿意度（Chou et al., 2014）。

《易經》辯證哲學、中庸思維正可說明何以先前的生涯觀（career view）研究發現，掌控落實（controlling and realizing）、悅納變通（appreciating and adapting）兩種籌劃策略圓融並用，最有助於正向生涯發展。生涯觀是由劉淑慧所提出的概念，主張人人自有一套人生該如何過的觀點，用以導引個人在生涯發展歷程中要什麼〔生涯願景（career vision）〕以及如何要〔籌劃策略（projecting strategies, ways of being-in-the-world）〕（劉淑慧，1996，2005；劉淑慧、朱曉瑜，1998；Liu et al., 2014）。系列性生涯觀研究發現的掌控落實、悅納變通兩種生涯籌劃策略原型，正好分別反映出陰陽之道中的陽性力量及陰性力量，而且兩者能相輔相成地提升生涯圓滿：(1)掌控落實、悅納變通彼此緊密關聯，既對立消長，也相互轉化與支持（李玉婷，2010；李玉婷、劉淑慧，2010；蕭景方，2006）；(2)兩種策

略之運用必須依循根本的原理原則，包括兩種策略各自的核心精神（蕭景方，2006），以及兩種策略的共通核心（李玉婷，2010；李玉婷、劉淑慧，2010；張靜怡，2008；彭心怡等人，2013；蕭景方，2006）；(3)兩種策略透過持續反思、辯證、交織，而形成螺旋循環開展（李玉婷，2010；李玉婷、劉淑慧，2010；張靜怡，2008；彭心怡等人，2013；蕭景方，2006）；(4)悅納變通有助於提升生涯圓滿（洪瑞斌，2012；陳建丞，2008；游潔謙，2011；盧怡任、劉淑慧，2014）；(5)掌控落實、悅納變通兼容並蓄最有助於提升生涯滿意度、生涯韌性與幸福感（李玉婷，2010；李玉婷、劉淑慧，2010；高民凱，2011；高先瑩、劉淑慧，2012；劉淑慧、王智弘等人，2013；蕭景方，2006）。

　　其實，《易經》的辯證哲學不僅適用於華人，也早已被應用在西方心理學之中，例如：Jung 的分析心理治療（analytical psychotherapy）（Liang, 2012; Solomon, 1994）、辯證行為治療（dialectical behavior therapy）（Bankoff et al., 2012; Linehan & Wilks, 2015）、第二波正向心理學（second wave positive psychology）（Lomas et al., 2015; Wong, 2011, 2012, 2017），以及脈絡行動生涯發展理論（contextual action theory for career development）（Dyer et al., 2010）。也有愈來愈多的西方研究和理論開始強調各種心理現象具有辯證發展的特徵，像是人類發展（Komatsu, 2015）和創造歷程（Holm-Hadulla, 2013）。

三、盡性立命

　　《易經》變易哲學所推崇的人生終極目標是什麼呢？中國哲學一向推崇天人合德的理想人格境界（牟宗三，1968）。《易經・繫辭上》第五章指出：「一陰一陽之謂道。繼之者善也，成之者性也」，說明人之性體來自天道；孔子則在《論語》中指出：「君子居易以俟命」，闡明「修德以上達天道、天人合一」的向上提升使命（吳建明，2007）。《易經》卦辭更是清楚彰顯修德之重要性，每卦卦辭多以不到二十字精簡闡述要義，然而，64 卦中就有 13 卦卦辭中明白闡述修德為要，條列如下：「山下出泉，

蒙；君子以**果行育德**」、「風行天上，小畜；君子**以懿文德**」、「天地不交，否；君子以**儉德辟難**，不可榮以祿」、「雷出地奮，豫。先王以作樂崇德，殷薦之上帝，以配祖考」、「山下有風，蠱；君子以**振民育德**」、「天在山中，大畜；君子以多識前言往行，**以畜其德**」、「水洊至，習坎；君子以**常德行**，習教事」、「明出地上，晉；君子以**自昭明德**」、「山上有水，蹇；君子以**反身修德**」、「澤上於天，夬；君子以施祿及下，**居德則忌**」、「地中生木，升；君子以**順德**，積小以高大」、「山上有木，漸；君子以**居賢德**，善俗」、「澤上有水，節；君子以制數度，**議德行**」。

《易經》所彰顯的天人合德是與陰陽之道相應的元亨利貞。唐代孔穎達《周易正義》引申《文言傳》而提出「*聖人亦當法此卦而行善道……元……亨……利……貞……聖人法乾而行此四德*」，所謂聖人之道或君子進德修業，就是人在天地間學習，以形而上之天道來理解形而下之現實，並透過體悟與實踐天地之四德「元、亨、利、貞」，來效法天道的生生之德，以完成人性，達到形上人格之實現（倪淑娟，2012；彭心怡等人，2015；黃秋韻，2002；劉玉建，2005）。

所謂體悟與實踐元亨利貞四德，根據孔子對《易經》的闡述，可以展現在個人和關係兩個層次上。在個人層次上，儒家主張修身，良善之心，人人生而有之，但唯有在現實生活中恪守正道，並且不斷磨練自強不息、厚德載物的美德，才能實際顯露與完成良善秉性。在關係層次上，儒家標榜內聖外王，內聖就是修練仁心，外王則是以仁心治天下，透過修身齊家治國平天下，將對家人的仁心推而廣之，及於他人（左慧萱，2012；吳建明，2007；南懷瑾，1991a，1991b；黃秋韻，2002；Kim, 2012; Liu, 2014; Yao, 2013）。

類似《易經》這種超越個我的德性修養，已經日益受到西方心理學重視。關注德性的聲音早就陸續出現在各式各樣的正向心理治療（Walsh et al., 2017）、優勢取向諮商（Wong, 2006），以及關注社會興趣和勇氣的 Adler 取向諮商（Hamm et al., 2016），愈來愈多心理學者主張心理治療應該具有德性本質（Burns et al., 2012），不但應該契合當事人的德性思維（Dueck &

Reimer, 2003; Peteet, 2013），還要協助他們修練出良好素質（Stewart-Sickin, 2008），而第二波正向心理學更進一步強調「德性在諮商中具有核心地位」（Sundararajan, 2005; Wong, 2011, 2016）。在華人文化所推崇的美德之中，《易經》儒理宗所推崇的倫理性仁道（Hwang & Chang, 2009; Yao, 2013），在存在現象學的與他者共在或連結（Becker, 1992），以及他者現象學的倫理實踐，都可窺見異曲同工之妙。《易經》儒理宗所追求的終極性天人合德、老莊宗所推崇的本真性（Hwang & Chang, 2009），則可見之於 Jung 的同時性和神聖性主張，認為夢不只來自被壓抑到潛意識的衝突，更來自超越物質世界的神聖性（Karcher, 1999; Liang, 2012）。

　　呼應《易經》哲學，生涯發展就是在趨吉避凶的基礎上進德修業、活出天道（左慧萱，2012；李朝木，2011）。換言之，生涯或生命的發展具有兩個相互依存之面向：一是安身，指世間具象人事物的處理，在順境要守正防凶，在逆境要趨正求吉；二是立命，指藉由修養來達成世間事務的趨吉避凶以及理想人格的實踐，也就是藉由元亨利貞進德修業、活出天道。

■ 肆、呼應現象學和《易經》的德性存在生涯模式

　　劉淑慧的研究團隊以前述的現象學和《易經》觀點作為後設理論架構，梳理西方生涯理論，提出德性存在生涯模式（劉淑慧、王智弘，2014；Liu et al., 2016; Liu et al., 2015; Liu et al., 2014），用以彰顯下列生涯發展歷程特色：(1)掌控落實與悅納變通兩種籌劃策略和諧辯證（源自《易經》）；(2)安身（源自現象學之我他交往以及《易經》之趨吉避凶）與立命（源自現象學之追求意義、實踐倫理以及《易經》之盡性立命）兩個生涯願景層面相生相成；(3)為我（源自 Heidegger 存在現象學之本真性存有）、為他（源自 Levinas 他者現象學之倫理實踐）兩個生涯發展方向亦此亦彼、雙向開展；(4)籌劃與實踐歷程終而有始、生生不息（源自《易經》和現象學）。表 12-1 簡要條列出德性存在生涯模式如何與現象學和《易經》相互勾連。

表 12-1　德性存在生涯模式與現象學和《易經》之相互勾連

模式之特色	生涯願景	籌劃策略
存在： 在世存有	・聆聽良知呼喚 ・朝向本真性的存有	・生涯是活出來的：人在世存有之具體展現 ・人活在世間：無可避免地與他者相互構成 ・人活在自身抉擇中：無可避免地承擔抉擇的自由與責任 ・人活在整體時間性之中：同時承擔過去、預演未來、投入現在
德性： 自我修養	・不只自我實現，而且自我超越、修心養性 ・不只為我，而且為他 ・不只看得起自己，而且承擔起社會	・不只韌性與優勢，而且適時順勢而動趨吉避凶以安身 ・不只追求意義，而且循道而行、無愧於心以立命
和諧化： 辯證開展	・不只兼顧，而且安身立命相生相成 ・不只並重，而且為我為他亦此亦彼	・不只並用，而且掌控悅納對立轉化 ・不只螺旋循環，而且終而有始、生生不息

一、生涯發展模式

　　生涯觀研究（衍生出德性存在生涯模式的系列性研究）所發現之陽性掌控落實、陰性悅納變通的兩種籌劃策略原型（Liu et al., 2016），和西方既有的生涯理論相較之下，正好分別呼應現代與後現代兩種生涯理論取向：掌控落實呼應的是較早成形的、現代取向的、依循適配典範的生涯理論（例如：Gelatt, 1962; Hilton,1962; Janis & Mann, 1977; Katz, 1966; Peterson et al., 1991）；悅納變通呼應的則是 Miller（1995）以及 Trevor-Roberts（2006）所倡議的「在變動中開展生涯」之後現代典範（例如：Gati, 1990; Gelatt, 1989; Krumboltz, 1992, 2009; Mitchell et al., 1999; Pryor & Bright, 2003; Wilson et al., 2005）。

有鑑於此，德性存在生涯模式採用《易經》辯證哲學，作為梳理與綜合運用西方現代與後現代取向兩類生涯理論之道（Liu et al., 2016）。表 12-2 呈現出現代取向、後現代取向和德性存在三者在生涯觀以及本體論上的差異。在生涯觀的層面，現代取向生涯模式（Spokane et al., 2000; Tinsley, 2000; Tracey et al., 2000）所倡導的理想生涯是以最適配的職業作為生涯願景，採用掌控落實策略來達成工作上的安穩，運用理性和解析性思考，藉助客觀的量化評量工具和事實性生涯資訊，以獲得對自我與環境的精確性理解。後現代取向（Adams, 2006; Trevor-Roberts, 2006）傾向於建構包含多元自我和職業選擇的生涯願景，採用悅納變通策略來達成生涯發展的開放性，運用建構性和脈絡性思考，藉助主觀的質性評量活動和敘說性生涯資訊，以獲得對自我與環境的體驗性理解。德性存在生涯模式企圖以和諧化辯證的方式整合現代和後現代取向，藉由掌控落實與悅納變通之辯證而和諧地交織運用，追求安穩與開放的和諧整合。從《易經》的陰陽之道來看，現代取向偏重於陽性力量，假設人和境都具有穩定性，透過客觀的相似性連結人與境，形成線性的生涯發展歷程；後現代取向偏重陰性力量，假設人和境都具有變動性，透過主觀的意義建構連結人與境，形成非線性的生涯發展歷程；德性存在生涯模式強調陰陽轉化中的和諧化，假設人和境都具有轉化性，透過辯證性的和諧化連結人與境，形成辯證性的生涯發展歷程。

德性存在生涯模式之研發團隊（Liu et al., 2016），進一步以圖 12-4 的圓錐體來說明該模式的整體架構。圓錐體底部斜放的是太極圖，圖中的白色象徵陽性的掌控落實，上方的白色魚身代表創造性的生涯行動（掌控），也就是各種企圖實踐生涯願景的主導與掌控行動，在中間地帶的白色魚眼代表各種務實的努力（落實），用來處理個人弱勢以及環境要求或限制等；圖中的黑色象徵陰性的悅納變通，下方的黑色魚身代表接納性的生涯行動（悅納），源自於個人對自身所遭逢或被給予的一切之欣賞，在中間地帶的黑色魚眼代表各種彈性的努力（變通），用來轉化個人優勢以及環境資源，以便在現實世界中找到替代個人原先生涯願景的其他可能性。個人若能依循《易經》變易哲學的相生相成、對立轉化、生生不息等陰陽轉化原則「適時而動」，靈活應用掌控、落實、悅納、變通這四大類生涯行

表 12-2　三種生涯發展取向之理論比較

生涯特性	現代取向	後現代取向	德性存在
生涯觀			
生涯願景	最適配的職業	多元的可能自我與職業選項	持續變化的自我與職業連結
籌劃策略	挑揀與掌控	調適與欣賞	和諧化
生涯實踐目標			
不確定性之因應	掌控以求安全	調適以求變化	欣賞與善用變化
終極關切	在適配的環境中實現穩定的個人特質	在多變脈絡中建構個人認同	在世間活出天道
生涯實踐方法			
探索機制	理性與解析性思考	建構性與脈絡性思考	辯證性且整體性思考
自我探索方法	客觀量化評量	主觀質性評量	質量整合評量
環境探索方法	非涉入性的訊息分析	涉入性的訊息體驗	整合性的訊息運用
演變風格	聚焦掌控	開放欣賞	環繞關鍵點的開展變化
存有學特徵			
人與境之本質	穩定的	多變的	持續開展變化的
人與境之理想連結	客觀的人境相似性	主觀的意義建構	辯證性的和諧化
生涯發展之本質	線性	非線性	辯證性
理想生涯實踐方法	偏重於陽	陰多於陽	和諧化陰陽轉化

資料來源：Liu 等人（2016）

動，這個太極圖就能夠持續旋轉、流動，開展出圓錐體底部的安身目標——和諧地活在世間，並且盤旋而上，實踐圓錐體頂端的立命目標——活出與天道相映的個人德性。換言之，蘊藏在陰陽變化中的是抽象天道，彰顯於表的是具體事物，因此生涯發展的形而下目標在於展開落實夢想之具體生涯經驗，形而上之目的則在於仿效天地之道，活出抽象生命境界，也就是在世間生活中體悟與實踐元亨利貞四德，以活出天生自然的、契合天道

圖 12-4　德性存在生涯模式

資料來源：Liu 等人（2016）

的本性（倪淑娟，2012；劉玉建，2005）。因此，生涯發展歷程蘊含一體兩面：理想的生涯發展者既能穩穩紮根大地（安身），也能昂然承接長天（立命），活出頂天立地的生涯願景，實踐理想人格境界。

　　尋求安身與立命的生涯發展是終而有始、生生不息的籌劃與實踐歷程。在此過程中，轉化與超越始於既有籌劃之窒礙難行、在世存有之斷裂難續，成於發現、創造、開展新的可能性，例如：盧怡任、劉淑慧（2014）的研究指出，困頓激發出新學習（如圖 12-5 所示）。當熟悉的處境發生變化時，即使原有的籌劃已經受到威脅，受苦者一開始往往仍堅持原有籌劃，直到深切體驗與正視情緒與身體的反應，才開始面對及「接受」現有處境、反思原有籌劃之可行性。他們將轉變經驗視為「學習」過程，以情緒與身體反應來確認所經歷的改變，深化對自己和世界的了解，給予自己和世界新的解釋，進而「修正」既有籌劃並朝向新的可能性，從

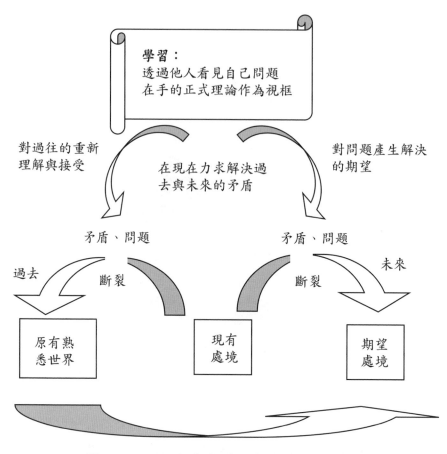

圖 12-5　因困頓與學習而超越的經驗結構圖

資料來源：盧怡任、劉淑慧（2014）

而轉化生活世界所呈現的樣態。李玉婷（2010）以及李玉婷、劉淑慧（2010）的熱情經驗研究也發現困頓激發新轉變，熱情經驗並非始於發現足以狂熱投入之事物，而是始於不堪沉淪於「只是和大家一樣工作結婚生子」的例常生活世界之無聊苦悶，因而展開不斷嘗試、轉換、移動的歷程，藉由不斷朝向本真開展，尋找與建立「志同道合、相互支持協助」的同盟生活世界與例常生活世界之交疊，在能夠回應例常生活世界基本要求的原則上，持續投入燃起熱火的同盟生活世界，並藉由同盟生活世界的精

彩，讓例常生活世界也呈現出多樣的、創意的樣貌。游潔謙（2011）採用劉淑慧（2005）生涯觀概念所進行的自助旅行者生涯觀轉變經驗研究也支持困頓激發轉變，他們的旅行經驗始於對沉淪於日常性之不耐，而旅行所提供的「非日常性」之遭逢，給出自由探索實驗的場域，讓他們得以活出不同於日常場域中的自我認同，因而在結束旅行重返日常世界時能看出先前未曾看見的生涯發展可能性，並藉由實際投入不同的生涯籌劃，而在日常生活世界中創造出富含個人意義又契合現實要求的新生涯樣貌。彭心怡等人（2013）的研究顯示，生涯韌性其實是「從斷裂、困頓到朝向新的可能性」之歷程，生涯困局來自個人與世界關聯之斷裂，韌性則是在困局中的返轉，返轉始於主客體之相互辯證，藉由覺察自由與承擔責任，重建生涯觀、看到新可能性、朝向本真開展。洪瑞斌（2012）的生涯韌性研究也有類似發現，男性失業者在墜入失業所引發的深淵狀態後，藉由生命意義的解構與再建構，從而看見新的可能性。

　　新的可能性朝向何處呢？Heidegger 鼓勵聆聽良知的呼喚，朝向本真性的存有開展；Levinas 鼓勵凝視他者的面容、承擔他人之苦，朝向為他的倫理實踐開展；《易經》則鼓勵適時順勢而動、盡性立命，朝向天人合一開展。彭心怡等人（2015）的研究具體描述了這樣的進德修業經驗（如圖 12-6 所示）。他們邀請四位投入《易經》領域超過十年以上之專家學者，訪談他們的生命經驗以及對《易經》變易哲理的體會，發現學易者的生涯發展是持續在次次困頓中追尋天道而往前超越的循環歷程。他們在困頓中展開現實處境與內在核心籌劃之兩相辯證、核對與磨合，藉由體驗「物我合一、生生不息」的天地之「道」，協助自己轉化、調整心態，重新面對與詮釋自己置身處境中的意義，重新建立自己在天地人世中的生存之道，從而啟動自我轉化的能量，使個人的生涯行動盡可能貼近「道」的意涵，進而轉向新的可能性，開啟具有主體性的核心籌劃，從實踐行動中獲得自主抉擇的自由，終而轉化自己與處境。

　　綜合上述，德性存在生涯模式主張：生涯是活出來的，由個人與周遭人事物共同建構出來的物質、社會、個人和靈性世界相互環扣而成（劉淑慧、盧怡任等人，2013）；生涯發展歷程即「在世間持續活出個人意義之

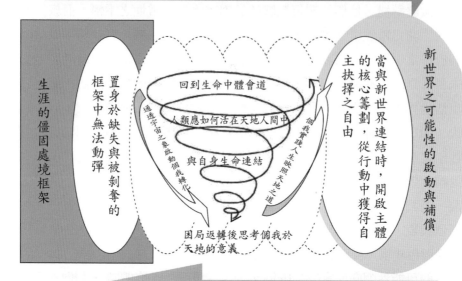

圖 12-6 《易經》生涯轉化的經驗結構

資料來源：彭心怡等人（2015）

整體經驗與故事」（劉淑慧、陳弈靜等人，2014）。個人在此過程中承擔起抉擇的自由與責任（劉淑慧，1995），在具有時間性與空間性的置身處境之中不斷選擇與創造存有，在事實性和超越性之交織開展中，讓處境為籌劃所照亮（劉淑慧、王智弘等人，2013），讓過去、現在、未來相互勾連而綻放出個人獨特的時間性（劉淑慧，2018）。生涯之生氣勃發，始於既有生涯籌劃之窒礙難行、在世存有之斷裂難續；突破困局之動能，源自生涯發展中諸多看似對立的元素之相互轉化，因而形成持續不斷的和諧化辯證歷程（Liu et al., 2016）。生涯發展歷程即持續學習與超越之歷程，在與他者交往的行動中，個人真實體驗、領會籌劃、決心抉擇、實際行動，周

而復始、持續循環，從而不斷超越，既朝向自我之無限新可能性開放，也朝向他者之無限新可能性開放（劉淑慧，2018），從而創造生命意義、提升德性修養。正向生涯發展奠基於唯變所適、適時順勢而動，包括：消極的知幾憂患、積極的原始反終、根本的以德安身，以期透過既掌控又悅納的剛柔並濟方法，達到既安身又立命的兼容並蓄目標（Liu et al., 2016）。

二、生涯輔導的運作模式與輔助資源

德性存在生涯輔導的核心理念和運作歷程，乃奠基於下列研究：(1)劉淑慧、王智弘（2014）的頂天立地生涯發展模型；(2)李維倫（2004）的療癒行動模式；(3)盧怡任、彭心怡等人（2013）的朝向本真的個人諮商模式；(4)盧怡任、劉淑慧（2014）的受苦轉變經驗之存在現象學模式；(5)彭心怡等人（2013）的生涯韌性困局返轉經驗結構；(6)洪瑞斌等人（2014）的生涯發展轉化之經驗結構；(7)劉淑慧、洪瑞斌等人（2014）的苦集滅道生涯困境轉化機制。

德性存在生涯輔導的具體運作，則是透過下列計畫，在持續解放、籌劃、執行、反思、批判之螺旋循環中逐漸建構與修正而成：(1)生涯韌性經驗之現象學探究：應用敘事、團體與《易經》視框詮釋其普遍結構與發生結構（洪瑞斌等人，2014）；(2)《易經》生涯困境反思網際網路模組之建置與困境轉變經驗結構之分析（劉淑慧、洪瑞斌等人，2014）；(3)學習獨立生活：以《易經》陰陽之道輔助機構安置少年的經驗（劉淑慧、白倩如等人，2016）；(4)德性存在生涯模式之實務研發與培訓：以自立生涯轉銜優勢與韌性團體為例（劉淑慧、白倩如等人，2019）；(5)從韌性到圓夢：邊緣青少年應用易能卡、德性存在生涯模式與網路圓夢平台（劉淑慧等人，2018）。

目前研發出來的德性存在生涯輔導的基本內涵，包含下列元素：(1)**繼往開來、投入現在**：鼓勵當事人承擔過去、預演未來、投入現在，好讓過去成為可以依靠的寶藏，讓未來成為發揮創造的資產，讓現在成為展開新實驗的契機；(2)**把握自由、承擔責任**：鼓勵當事人接納生涯中的種種限制

與傷痛，並如實看見行動限制之中依然蘊藏的自由抉擇之機會，以及無可逃避的抉擇責任；(3)**看見特色、善用優勢**：協助當事人從過去經驗中發掘自己在籌劃策略上的特色，以現在的智慧重新檢視如此籌劃策略所帶來的影響，從而學習在未來的恰當時機、情境中合宜地運用，以盡可能發揮正向影響力；(4)**看見主題、翻新再生**：協助當事人從過去經驗中梳理潛藏在自己個人特性和生涯願景之中的核心主題，以現在的眼光重新看見該主題對個人何以如此重要，也給自己機會重新決定要如何在未來生涯中調整或延續既有的核心主題；(5)**腳踏實地、懷抱希望**：協助當事人運用重新選擇的籌劃策略、核心主題，勾勒出栩栩如生的未來生涯劇，以促使當事人相信如此的籌劃策略可能有效、生涯願景可能成真，以成為支撐自己採取具體生涯實踐行動的動力源頭；(6)**剛柔並濟、安身立命**：鼓勵當事人適時順勢地應用慣用籌劃策略，使之發揮正向效果，並針對個人慣用籌劃策略（如掌控落實）之可能限制，學習適時順勢地應用看似對立的非慣用籌劃策略（如悅納變通）作為補強之道，以舒緩慣用籌劃策略可能帶來的風險；也鼓勵當事人讓自己的安身與立命之發展相生相成，安身以立命、立命以安身；(7)**持續循環、生生不息**：鼓勵當事人重新發現自己和環境還有更多新的可能性，持續嘗試在不同處境中彈性應用多元策略與優勢，讓生涯發展成為持續調整與嘗試、嘗試與調整的歷程，生生不息（劉淑慧、白倩如等人，2019；Liu et al., 2016）。

　　德性存在的生涯輔導策略可歸納為表 12-3 的五大類原型：掌控、落實、悅納、變通、綜合。在實務運作上，要視服務對象是處於順境還是逆境，據以靈活應用以上五類原型。儘管生涯輔導總是由反思開始，但處於順境而準備展開進一步發展的人，通常一開始更適合用陽性的掌控或落實，以整合目前優勢、釐清未來目標；而對於正為逆境所苦以至於困頓難行的人，通常一開始更需要用陰性的悅納或變通，以中止抱怨或氣餒、穩定身心狀態，並興發「從可做的做起」之決心。然而，物極必反，因此生涯輔導的中間歷程需要展開陰陽策略的反轉。由陽性策略入手的順境者，接著需要引入陰性的悅納或變通，以幫助他們保持謙卑、開放，以免因為過於陽剛而未能善用既有、機緣；反之，由陰性策略入手的逆境者，接著

表 12-3　德性存在的生涯輔導策略之五大原型

原型	陰陽	目標	可能活動
掌控	陽	核心： • 藉由規劃、主導、控制而挑選與創造個人所要之物 子目標： • 挑選個人所要之物 • 盤點與善用個人所擁有者 • 創造、建構與展現個人優勢 • 規劃實踐以取得更多 • 克服個人與環境障礙	• 進行評量以根據興趣、價值等用以挑選個人所要之物 • 進行評量以根據知識、技能等用以挑選個人所要之物 • 進行評量以盤點個人資產和優勢 • 條列、敘說或描繪生涯願景 • 形成或調整提升優勢之行動計畫 • 形成或調整實現生涯願景之行動計畫 • 實踐與追蹤生涯行動計畫
落實	陰中陽	核心： • 藉由合理的努力而管理個人弱點或環境要求與限制 子目標： • 了解與滿足環境要求 • 發掘與善用外在資訊與資源 • 以謙卑的方式應用個人力量 • 理解與管理個人處境	• 探索環境 • 搜尋外在資訊與資源 • 學習與應用自我行銷技能 • 學習與實踐個人的多元角色
悅納	陰	核心： • 享受生涯演變本質與任何遭逢 子目標： • 接納並善用任何遭逢之物 • 享受機緣和不確定性 • 向任何個人置身處境學習	• 平常心看待生命中的機緣和不確定性並加以體驗、賦予價值 • 發展出對個人與處境的多元觀點 • 藉由影片或想像等視覺化活動反思生涯本質 • 反思個人經驗與生命意義 • 敘說或描繪個人經驗以發覺隱含其中的價值

表 12-3　德性存在的生涯輔導策略之五大原型（續）

原型	陰陽	目標	可能活動
變通	陽中陰	核心： ・藉由彈性的努力而轉化個人資產或環境資源，以發掘契合現實的生涯願景之路 子目標： ・創意應用遭逢之物 ・在限制中創造替代性生涯的可能性 ・在苦難中承擔創造意義的責任	・腦力激盪替代選項 ・善用機緣 ・善用挫折、困難和障礙 ・創意籌劃替代性生涯可能性的行動計畫
綜合	陰陽合	核心： ・以創意又和諧的方式綜合運用陰與陽的力量 子目標： ・綜合與轉化各種對立 ・綜合與轉化陰性與陽性的生涯資產和策略	・運用腦力激盪、藝術創作或辯證方法，以綜合與轉化對立 ・學習與善用綜合與轉化陰性與陽性生涯資產和策略的方法

資料來源：Liu 等人（2016）

需要引入陽性的掌控或落實，以幫助他們獲得力量與凝聚著力焦點。最後，先後使用過陰性和陽性策略的順境者和逆境者，最終都可採用第五類之綜合策略，以調和陰性與陽性力量、創造統整感、建立更寬廣的生涯開展方向（Liu et al., 2016）。

　　為了建立當事人自助以及生涯輔導實務工作者的輔助資源，德性存在研發團隊建置了華人生涯網（Chinese Career Net, CCN；請參見 http://careering.heart.net.tw/）（劉淑慧、王智弘等人，2011；劉淑慧、鄧志平等人，2011）。CCN 提供一般使用者六大功能模組：(1)「路徑探索」：介紹一百多個學類與九百多個職業的客觀特徵，以美國勞工局建置的 O*NET 職業資料庫和我國的職業與學系資訊等客觀解析性資料為基礎，並導引使用者參

照相對應的敘說性資訊；(2)「寶藏交流」：介紹有關學習、工作和生涯發展的主觀敘說性資訊，並導引使用者參照相對應的事實性資訊；(3)「自我探索——量化評量」：提供 10 個生涯量表，並根據測驗結果導引使用者展開質性探索活動；(4)「自我探索——質性探索」：提供三系列質性探索活動，以互動式介面導引結構化生涯探索活動，並在過程中帶入 CCN 資料庫中的客觀生涯資訊；(5)「圓夢平台」：以「夢想書」、「圓夢筆記」、「圓夢積分」、「易能卡」、「時空書簡」，提供夢想籌劃、圓夢經驗梳理以及進度管理等之功能，以協助使用者籌劃與落實夢想，所有運作均導引使用者交錯運用掌控落實與悅納變通兩種策略；(6)「線上易能卡」與《易經》學習資源彙整：線上易能卡之入口設計在圓夢平台之頁面，由廖冠婷與劉淑慧共同設計（劉淑慧、白倩如等人，2019），採用廖冠婷所設計的「易能卡」牌卡圖像作為素材，結合「圓夢筆記」與抽卡機制，協助使用者運用《易經》智慧協助洞察與轉化或超越處境。同時，為幫助使用者掌握抽得卦牌之要義，在「寶藏交流」開闢「易經。生命智慧」討論區，以提供相關學習資源；其中的「易經之道」討論板提供整體《易經》之要義；「64 種智慧」討論板分別提供每一卦之要義。此外，CCN 也針對生涯輔導專業人員需求，提供「專業交流」與「施測管理」兩個功能模組，有興趣使用的人可以自行在「網站地圖及操作手冊」（http://careering.ncue.edu.tw/ccn_map.php）取得局部功能之使用導引，以及在表 12-4 之網址取得整體功能區之使用導引。若想了解「路徑探索」與「寶藏交流」兩功能區的設計理念，以及兩者如何相輔相成，以呼應掌控落實與悅納變通兼容並蓄原則，可參考：鄧志平等人（2014）以及劉淑慧、王智弘等人（2016）兩篇文章。若想了解「自我探索——量化評量」與「自我探索——質性探索」兩功能區之評量工具信效度，以及網頁設計如何呼應掌控落實與悅納變通相輔相成之原則，可參考表 12-5 之發表文章。

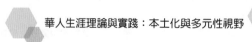

表 12-4　華人生涯網（CCN）之使用導引

手冊名稱	網址
《CCN 尋夢圓夢網路手冊》	https://reurl.cc/V6K0gY
《CCN 操作導引手冊》_A 冊會員協助	https://reurl.cc/O1d5gD
《CCN 操作導引手冊》_B 冊圓夢平台	https://reurl.cc/Nj3bg9
《CCN 操作導引手冊》_C 冊尋夢平台	https://reurl.cc/nzkq2d
《CCN 操作導引手冊》_D 冊助夢平台	https://reurl.cc/8GQ6Rg

資料來源：劉淑慧、白倩如等人（2019）

表 12-5　華人生涯網（CCN）之自我評量工具

量表／活動／發表文章	評量內涵與功能
生涯定向系列：想要類	
CCN 職業興趣量表大專版&中學版（盧怡任、王思峰等人，2013）	大專版共 48 題職業活動，評估其偏好程度。 提供 O*NET 的 Holland 六類型分數。 與 855 職業、123 學類比對契合度。 中學版共 30 題職業活動，餘同大專版。
生涯定向系列：能要類	
CCN 知識量表大專版&中學版（劉淑慧等人，2012）	大專版共 33 題知識領域（即 O*NET 的 33 知識領域），評估其重要性與要求水準。 提供前述知識領域分數以及 8 知識群分數。 與 855 職業、123 學類比對契合度。 中學版題項內容同大專版，但評估其重要性與學習潛能。
CCN 技能量表大專版&中學版（劉淑慧等人，2012）	大專版共 48 題工作技能（涵蓋 O*NET 的 35 項技能、4 能力、2 工作活動、7 自編技能），評估其重要性與要求水準。 提供前述工作技能分數以及 8 工作技能群分數。 與 855 職業、123 學類比對契合度。 中學版題項內容同大專版，但評估其重要性與學習潛能。

表 12-5　華人生涯網（CCN）之自我評量工具（續）

量表／活動／發表文章	評量內涵與功能
CCN 工作活動量表大專版&中學版 （劉淑慧等人，2012）	大專版共 41 題工作活動（即 O*NET 的 41 工作活動），評估其重要性與要求水準。 提供前述工作活動分數以及 8 工作活動群分數。 與 855 職業、123 學類比對契合度。 中學版題項內容同大專版，但評估其重要性與學習潛能。

生涯定調定位系列

CCN 生涯開展風格量表大專版&中學版 （劉淑慧、陳奕靜等人，2016） （盧怡任等人，2014）	共 10 題，評估其符合個人程度。 提供兩種開展風格分數、四選一的組合類型。 檢視使用者因應生涯議題的傾向，並鼓勵並行發展兩種開展風格。
CCN 生涯開展力量表大專版&中學版 （劉淑慧、陳奕靜等人，2016） （盧怡任等人，2014）	大專版共 16 題，評估其符合個人程度。 提供三種開展力分數。 檢視使用者因應生涯議題的能力資產，並鼓勵發展多元開展能力。 中學版添加 6 題，共 22 題，提供四種開展力分數。餘同大專版。
CCN 學職涯信念量表大專版 （劉淑慧、陳奕靜等人，2016）	共 9 組 18 題，分別評估各題符合個人程度，以及挑選每組之較適合者。 提供兩類四項學用信念分數。 檢視使用者的學涯與職涯信念，並鼓勵配合個人信念以及學系或職業的轉銜屬性來籌劃學涯與職涯。
CCN 圓滿生涯量表大專版 （劉淑慧等人，2015）	共 15 題，評估其符合個人程度。 提供三種圓滿生涯分數。 檢視使用者對目前生涯發展狀態的滿意程度，並鼓勵從多元角度提升滿意程度。

表 12-5　華人生涯網 CCN 之自我評量工具（續）

量表／活動／發表文章	評量內涵與功能
CCN 生涯開展狀態量表中學版（盧怡任等人，2014）	共 5 題，評估其符合個人程度。提供 5 題項個別分數以及總分。檢視使用者完成生涯發展任務的程度，並鼓勵從多元角度評估完成度。
質性探索活動	
職業組合卡（劉淑慧，2003，2010）（陳詒枚等人，2013）	可針對職業興趣、工作價值觀、技能、工作風格做分析，包含三個階段操作：(1)區辨偏好；(2)敘說理由；(3)藉由生涯建構方格、生涯敘事或生涯繪圖進行整合。
生涯空間建構（劉淑慧、王智弘等人，2014）	針對使用者曾經有過的生涯志向，分析其職業興趣、工作價值觀、知識、技能、工作活動、工作風格。
說心故事（劉淑慧、楊育儀，2012）	提供敘事結構，協助使用者串連測驗結果與經驗敘說，從而形成個人故事。

　　為了落實德性存在生涯輔導之運作理念，研發團隊進一步出版輔助當事人自助的《變易的力量：e 時代的生涯籌劃》（劉淑慧編著，2016）；之後，並編製相搭配的「生涯錦囊：變的力量」（劉淑慧編著，2017，2018）系列影片，該系列影片共有 18 個單元，各單元均提供：(1)完整版影片（約30 加減 5 分鐘）、精華版影片（約 8 加減 1 分鐘）、簡介片（約 0.5分鐘）；(2)搭配影片之電子書、搭配影片中活動所需之學習單。最後，研發團隊再發展出相對應的生涯輔導活動方案，與搭配 CCN 圓夢平台功能的生涯輔導活動方案，共同編製而成《CCN 尋夢圓夢活動手冊》（劉淑慧編著，2019）。以上所有資源均可由表 12-6 之網址取得。

表 12-6　「生涯錦囊：變的力量」系列影片之簡介與張貼網址

影片標題	張貼網址	主要內容	設計理念
一、整體架構			
秘笈 01《轉變力量：洞悉生涯的辯證發展》	https://reurl.cc/L3Y5o4	介紹德行存在生涯模式，幫使用者活用《易經》智慧，在變動與安穩之間，螺旋循環，展開無限可能性。	以隱喻故事介紹變動與安穩之辯證開展、領會抉擇行動反思之循環開展，以及生涯願景和籌劃策略類型等，具有陽性掌控解析性質的概念架構。
秘笈 02《解碼字典：建置隨身的生涯字典》	https://reurl.cc/exqGoQ	介紹七種生涯概念，幫使用者建立了解自己、環境和生涯發展的關鍵認知地圖。	以隱喻故事介紹美德與價值、興趣、技能、共通職能、學職信念、生涯開展風格、圓滿生涯等，具有陽性掌控解析性質的概念架構。
二、探索自我			
秘笈 04《正中紅心：勾勒精彩的生命意義》	https://reurl.cc/Qd05oO	介紹帶來生活快樂的價值和帶來存在快樂的美德，透過統整過去和展望未來，幫使用者找出生命主題。	主要採用陰性悅納與建構變通策略梳理既有經驗，但帶入具有陽性掌控解析性質的概念架構。
秘笈 05《發掘活力：探勘志趣熱情的源頭》	https://reurl.cc/Nj3bo9	介紹 Holland 興趣六型，透過興趣測驗和生活經驗連結，幫使用者找出獨特的未來定位與發揮空間。	先採用陽性掌控解析策略做評估，繼而將測驗結果帶入具有陰性變通創造性質的活動中。此秘笈應用了 CCN 的「自我探索」之「職業興趣量表」。

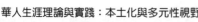
表 12-6 「生涯錦囊：變的力量」系列影片之簡介與張貼網址（續）

影片標題	張貼網址	主要內容	設計理念
秘笈 06《盤點資產：籌備長久可用的能力》	https://reurl.cc/nzkqMd	介紹 O*NET 技能架構，透過技能測驗和生活經驗連結，幫使用者找出才幹優勢與提升之道。	同秘笈 05。此秘笈應用了 CCN 的「自我探索」之「技能量表」。
秘笈 07《準備成年：成為受歡迎的工作人》	https://reurl.cc/mnaRQ1	介紹大專校院就業職能平臺（UCAN）共通職能，透過職能測驗和生活經驗連結，幫使用者釐清自己可以成為怎樣的工作人。	同秘笈 05。此秘笈應用了 UCAN 的「職場共通職能查詢」。

三、探索路徑

影片標題	張貼網址	主要內容	設計理念
秘笈 03《寶貝資訊：掌握無所不在的寶藏》	https://reurl.cc/ar-QZD3	介紹各種生涯資訊與獲取管道，更重要的是，幫使用者掌握批判性思考，有效過濾與運用資訊。	主要介紹陽性掌控解析的資料蒐集策略，但綜合蒐集陽性客觀與陰性直觀之生涯資訊，並輔以陰性的接納變動之觀點。此秘笈應用了 CCN 的「路徑探索」、「寶藏交流」。
秘笈 08《學習學習：做自己的教育部長》	https://reurl.cc/lV8NOq	介紹學系探索的四大面向及多元學習資源，幫使用者應用學職涯信念與 Kolb 架構進行學習規劃。	先採用陽性掌控解析策略做評估，繼而採用陰性變通策略，導引如何發揮習慣策略的優勢，並輔以不習慣策略做補強。此秘笈應用了 CCN 的「自我探索」之「學職涯信念量表」。

表 12-6　「生涯錦囊：變的力量」系列影片之簡介與張貼網址（續）

影片標題	張貼網址	主要內容	設計理念
秘笈 09《透視職涯：從多角度看見酸甜苦辣》	https://reurl.cc/pd79RQ	介紹職業探索的四個面向，以及相對應的資訊搜尋策略與網路資源，幫使用者深入了解想要的職業。	主要介紹陽性掌控解析的資料蒐集策略，但綜合蒐集陽性客觀與陰性直觀之生涯資訊，並輔以陰性的關注個人體驗之作法。此秘笈應用了 CCN 的「路徑探索」、「寶藏交流」。
秘笈 11《暢行職場：看透百態就自在》	https://reurl.cc/5leDLq	介紹職場文化與潛規則，幫使用者反思個人價值觀和職場文化的關係，找出自己的適應之道。	先採用陽性掌控解析策略探索目前環境，繼而採用陰性變通策略，尋找「成為我們中的我」之道。

四、開創路徑

影片標題	張貼網址	主要內容	設計理念
秘笈 10《獨家推薦：展示最佳自我》	https://reurl.cc/20X6Ar	介紹履歷和面談的準備方法，幫使用者盤點與突顯個人優勢，並了解與連結職務需求，以便成功行銷自己。	綜合陽性落實規劃與陰性建構變通兩策略，尋找「個人與企業共榮」之道。
秘笈 12《開創舞台：量身定做獨特的工作》	https://reurl.cc/62Wj4Z	介紹社會變化與產職業發展趨勢，幫使用者結合個人優勢和未來世界需求，開創獨特工作舞台。	先採用陽性掌控解析策略探索未來環境，繼而採用陰性變通策略，找出自己的獨特性，進而建立「在世界中成為我」的路徑。

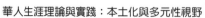
表 12-6　「生涯錦囊：變的力量」系列影片之簡介與張貼網址（續）

影片標題	張貼網址	主要內容	設計理念
秘笈 13《行走中道：統整理想與現實》	https://reurl.cc/L3Y5x4	介紹辯證的生涯觀，以及轉化理想與現實衝突所需的態度與方法，幫使用者超越正反、形成統整。	先採用陽性掌控解析策略探索自己投入理想生涯目標的優勢與弱點，繼而採用陰性變通策略，接納與轉化弱點，進而建立「在現實世界中實踐理想」的路徑。
秘笈 14《打造品牌：成為高品質的工作人》	https://reurl.cc/4RE6DL	介紹人活在社會網絡中的本質，幫使用者反思如何在工作和生活中發揮個人品德與社會責任。	先採用陽性掌控解析策略來探究個人在社群中無可避免的影響力與重要性，繼而採用陰性變通策略，發掘與善用個人價值與美德，進而建立「支持自己在現實世界中發揮良善影響力」的圖像與路徑。

五、實踐夢想

影片標題	張貼網址	主要內容	設計理念
秘笈 15《籌劃夢想：在現實中打造藍圖》	https://reurl.cc/E7kgNm	介紹掌控力和開放力的優勢與限制，以及 Haanel 圓夢三步驟，幫使用者形成具體可行的夢想藍圖。	同秘笈 08。此秘笈應用到 CCN 的「自我探索」之「生涯開展風格量表」。此秘笈之設計理念被應用到 CCN 的「圓夢平台」之「夢想書」。
秘笈 16《享受變化：歡喜迎接生涯中的意外》	https://reurl.cc/O1d5aD	介紹有利偶發力的態度以及悅納變通的方法，幫使用者看見意外變動中的契機並創造價值。	提供桌遊活動，以趣味方式導引出如何應用陽性掌控與陰性變通兩種策略來因應意外。

表 12-6　「生涯錦囊：變的力量」系列影片之簡介與張貼網址（續）

影片標題	張貼網址	主要內容	設計理念
秘笈 17《超越衝突：創造雙贏的提升契機》	https://reurl.cc/R4AL7g	介紹融合理性與直觀的抉擇分析，以及超越衝突的環節，幫使用者創造出皆大歡喜的第三選項。	先採用陽性掌控解析策略來探究抉擇的取捨本質與衝突類型，繼而採用陰性變通策略，創造出超越衝突的第三選項。 此秘笈之設計理念被應用到 CCN 的「圓夢平台」之「圓夢筆記」。
秘笈 18《管理時間：讓生命複利遞增》	https://reurl.cc/GV75qy	介紹時間管理策略，以及拖延的心理機制，幫使用者分析與建立個人時間管理風格與方法。	先採用陽性掌控解析策略來探究兩種時間管理類型的效用與限制，以及拖延的本質和循環歷程，繼而綜合陽性掌控與陰性變通策略，發掘出「讓生命複利遞增」之道。 此秘笈之設計理念被應用到 CCN 的「圓夢平台」之「圓夢筆記」。

資料來源：改編自劉淑慧、白倩如等人（2019）

■ 伍、再生緣

　　我最初在展開生涯觀研究時，並未想到要發展出理論架構，但十餘年來斷斷續續由我和我的學生所做的生涯觀研究，確實成為後來理論建構的重要基礎；這些年應眾人期待而陸續梳理出一些理論架構，但這些愈看愈像個樣子的論述，其實還有無數缺口、漏洞。貫串其中、始終如一的是，將近耳順之年卻還未能了然於心的生命探問：「活著為了什麼？要如何

活？活成什麼？」

　　誠如上文所述，生涯之生氣勃發，始於既有生涯籌劃之窒礙難行、在世存有之斷裂難續，突破困局之動能，源自對立元素之相互轉化，同理，德性存在生涯模式的發展，亦復如是。從生涯觀的反思到德性存在生涯模式的再建構，每一次的再生契機，都源自既有生涯理念的卡關，有時是在個人生涯發展歷程遭遇困頓，有時是在專業生涯發展歷程遭遇難題，每一次的突破、轉化，都源自知見視野與生命體驗的拓展。相信在現象學和《易經》之中有更多可以啟發德性存在生涯模式持續蛻變的妙理，也相信在現象學和《易經》之外有更多寶藏可以持續豐厚這個模式。

　　德性存在生涯模式不是我個人的，它是眾人智慧心血的累積成果，是嘗試穿透眾人在生活世界中活生生的生涯經驗而洞悉生涯本質的紀錄，而且它還需要不斷地被挑戰、翻轉，才能生生不息。最後，引用我在華人生涯研究中心成立時寫下的序言（將其中的「華人生涯網」、「華人生涯研究中心」等字置換為「德性存在生涯模式」六字），作為我對這個模式的未來期許。

　　　　天上，地下，人在其中。
　　　　理性掌控，直觀超越，生命在其中。
　　　　活在世間，活出天道。
　　　　德性存在生涯模式，
　　　　開山整地，
　　　　呼朋引伴。

　　　　有人來散心，
　　　　有人來栽種。
　　　　有人來溯溪，
　　　　有人來搭橋。
　　　　有人來攀岩，
　　　　有人來開路。

有人來遊樂，
有人來居住。
這山就活了。

在你心目中，
屬於你的生涯發展，是什麼樣？
屬於天地的生命開展，是什麼樣？
請你來這兒，
活成你想要的樣子，
創造你想要的世界。

地勢坤，厚德載物。
群龍無首，吉。

德性存在生涯模式，
作為一片山野，
成就眾人和天地。

參考文獻

中文部分

王行（2016）。修身與齊家：以儒家心學為助人知識的家族治療。臺北市：心理。

左慧萱（2012）。《周易・繫辭》修養論（未出版之碩士論文）。國立東華大學，花蓮縣。

牟宗三（1968）。心體與性體（第一冊）。臺北市：正中。

余培林（2012）。老子：生命的大智慧。臺北市：時報文化。

吳建明（2007）。《易傳》「天人合德」思想之研究。高雄師大學報，**22**，57-75。

呂凱（1987）。淮南子。臺北市：時報文化。

李幼蒸（譯）（2004）。純粹現象學通論：純粹現象學和現象學哲學的觀念（I）（原作者：E. Husserl）。北京市：中國人民大學出版社。（原著出版年：1913）

李玉婷（2010）。「破繭」：熱情之存在樣態探究（未出版之碩士論文）。國立彰化師範大學，彰化市。

李玉婷、劉淑慧（2010）。破繭：熱情之存在樣態探究。發表於臺灣輔導與諮商學會 2010 年會暨學術研討會：學校輔導與社區諮商專業的三級預防工作：展望與創新。國立彰化師範大學，彰化市。

李朝木（2011）。易經憂患意識之研究：以憂患九卦之詮釋為中心（未出版之碩士論文）。南華大學，嘉義縣。

李維倫（2004）。作為倫理行動的心理治療。本土心理學研究，**22**，359-420。doi:10.6254/2004.22.359

沈清松（2000）。呂格爾。臺北市：東大。

來知德（1997）。來註易經圖解。臺北市：武陵。

林瑋芳、鄧傳忠、林以正、黃金蘭（2013）。進退有據：中庸對拿捏行為與心理適應之關係的調節效果。本土心理學研究，**40**，45-84。doi:10.6254/2013.40.45

侯雪娟（2012）。**朱熹橡樹易學研究**（未出版之博士論文）。逢甲大學，臺中市。

南懷瑾（1991a）。**易經繫辭別講（上傳）**。臺北市：老古文化。

南懷瑾（1991b）。**易經繫辭別講（下傳）**。臺北市：老古文化。

南懷瑾、徐芹庭（1997）。**周易今註今譯修訂本**。臺北市：臺灣商務印書館。

洪瑞斌（2012）。失業經驗中的生涯韌性與韌力：對成年男性失業者之質性研究初探。**中華輔導與諮商學報，34**，143-173。

洪瑞斌、劉淑慧、彭心怡（2014）。**生涯韌性經驗之現象學探究：應用敘事、團體與易經視框詮釋其普遍結構與發生結構結案報告**。行政院科技部專題研究計畫（編號：NSC 102-2410-H-034-005）之結案報告。

洪漢鼎（2008）。**重新回到現象學的原點：現象學十四講**。臺北市：世新大學。

洪漢鼎（譯）（2008）。**詮釋學 I：真理與方法：哲學詮釋學的基本特徵修訂譯本**（原作者：H. Gadamer）。北京市：商務印書館。（原著出版年：1960/1990）

倪淑娟（2012）。**孔穎達易學研究**（未出版之博士論文）。華梵大學，新北市。

翁士恆、彭榮邦（2018）。以「非我」為引探究受苦經驗與療癒實踐行動：從現象學取徑。**中華心理衛生學刊，3**，253-274。

高民凱（2011）。**生涯發展歷程中真實自我的發現與實踐**（未出版之博士論文）。國立臺灣師範大學，臺北市。

高先瑩、劉淑慧（2012）。高中職學生生涯不確定性態度量表之編製與組合類型分析。**全球心理衛生 E 學刊，3**（1），1-27。取自 https://reurl.cc/Nj3bMp

高旭繁（2013）。通往華人幸福之路：性格特質與文化價值的雙重作用。**本土心理學研究，39**，165-214。doi:10.6254/2013.39.165

高秋芬（2009）。**周易的時間觀念與生命週期研究**（未出版之碩士論文）。國立臺灣師範大學，臺北市。

張包意琴、陳麗雲（2001）。和諧中變革：易經與華人的心理輔導。**本土心理學研究，14**，199-235。

張其成（1996）。**易學大辭典**。北京市：華夏出版社。

張靜怡（2008）。**理想與現實之間，尋找生命出口：中學長期代理教師之生涯觀及生涯調適歷程**（未出版之碩士論文）。國立彰化師範大學，彰化市。

張鍠焜（2007）。E. Lévinas「為他」倫理學及其德育蘊義。**教育研究集刊，53**（3），67-92。

許功餘（2006）。華人辯證思維與「性格與行為關連性內隱理論」之關係。中華心理學刊，**48**，291-313。

郭建勳（2003）。新譯易經讀本。臺北市：三民。

陳居淵（2002）。《易章句》導讀。濟南市：齊魯。

陳宣良、杜小真（譯）（2000）。存在與虛無（原作者：J. P. Sartre）。臺北市：貓頭鷹。（原著出版年：1943）

陳建丞（2008）。國中學生生涯彈性量表之編製暨調查研究（未出版之碩士論文）。國立彰化師範大學，彰化市。

陳偉任、夏允中、陳冠旭（2015）。矛盾轉化：結合「易經」人生哲學於動機式晤談法的矛盾轉化歷程。臺灣心理諮商季刊，**7**（2），1-19。

陳詒枚、劉淑慧、鄧志平、楊育儀、李華璋（2013）。融合理性與直觀的CCN職業組合卡：以網路生涯資訊與輔導系統擴展實務應用價值。臺灣心理諮商季刊，**5**（2），28-50。取自 https://reurl.cc/V6K0xR

陳鼓應、趙建偉（1999）。周易注譯與研究。臺北市：臺灣商務印書館。

陳嘉映、王慶節（譯）（2006）。存在與時間修訂譯本（原作者：M. Heidegger）。北京市：三聯書店。（原著出版年：1927）

陳榮華（2017）。海德格存有與時間闡釋（三版）。臺北市：國立臺灣大學。

傅佩榮（2004）。傅佩榮解讀孟子：新世紀繼往開來的思想經典。臺北市：立緒。

傅佩榮（2011）。樂天知命：傅佩榮談《易經》。臺北市：天下文化。

傅隸樸（1981）。周易理解。臺北市：臺灣商務印書館。

彭心怡、洪瑞斌、劉淑慧（2013）。以現象學視框探討生涯韌性之困局返轉經驗結構。發表於華人心理學家國際學術研討會。北京師範大學，北京市。

彭心怡、劉淑慧、洪瑞斌、盧怡任、張嘉惠（2015）。從易經內涵探討生涯發展中轉化之經驗結構。臺灣心理諮商季刊，**7**（2），20-48。

曾仕強（2013）。易經的奧秘。臺北市：曾仕強事業文化。

游潔謙（2011）。旅行者生涯觀轉變經驗之研究（未出版之碩士論文）。國立臺灣師範大學，臺北市。

焦循（2013）。易圖略。取自 https://www.eee-learning.com/article/3383

項退結（2006）。海德格。臺北市：東大。

黃金蘭、林以正、楊中芳（2012）。中庸信念：價值量表之修訂。本土心理學研究，**38**，3-41。doi:10.6254/2012.38.3

黃秋韻（2002）。《易傳》《中庸》之道德人文精神。哲學與文化，**29**（2），
130-144。

黃敏郎（2011）。**先秦儒家哲學諮商論**（未出版之博士論文）。輔仁大學，新北
市。

黃惠敏（2012）。**應用易經於行為偏差國中生之伴行一位教師之自我敘說研究**
（未出版之碩士論文）。東海大學，臺中市。

黃壽祺、張善文（2000）。**周易譯註**。臺北市：頂淵文化。

黃慶萱（1995）。**周易縱橫談**。臺北市：東大。

黃慶萱（2003）。「一陰一陽之謂道」析議。鵝湖月刊，**29**（3），17-19。

黃慶萱（2007）。**新譯乾坤經傳通釋**。臺北市：三民。

黃曬莉（1996）。中國人的和諧觀／衝突觀：和諧化辯證觀之研究取徑。**本土心
理學研究**，**5**，47-71。doi:10.6254/1996.5.47

楊中芳（2010）。中庸實踐思維體系探研的初步進展。**本土心理學研究**，**34**，
3-96。doi:10.6254/2010.34.3

楊文聖（2017a）。基於周易思想的心理諮詢理論研究：潤水療法的六維結構研
究。**本土諮商心理學學刊**，**9**（1），1-23。

楊文聖（2017b）。**兩儀心理療法：心理諮詢的中國闡釋**。上海市：上海三聯書
店。

楊婉儀（2014）。為他人：以生存為核心所開展的倫理意義。**哲學與文化**，**41**
（5），153-168。

楊淑蘭（1996）。**建立易經諮商模式可能性之初探**（未出版之博士論文）。國立
臺灣師範大學，臺北市。

廖冠婷（無日期）。**易能卡**。臺中市：左西人文空間。

劉玉建（2005）。**《周易正義》導讀**。濟南市：齊魯。

劉君祖（1997）。**易經與生涯規劃**。臺北市：牛頓。

劉淑慧（1995）。從自由與責任看生涯規劃。諮商與輔導，**118**，29-32。

劉淑慧（1996）。人生觀：生涯領域錯失的一環？輔導季刊，**32**（2），52-59。

劉淑慧（2003）。**職業組合卡之實施：透過結構化生涯晤談建立生涯願景**。發表
於中二區 92 年輔導教師生涯輔導工作研討會。國立彰化女子高級中學，彰
化市。

劉淑慧（2005）。全人生涯發展模式之構思。載於**全人發展取向之輔導與諮商專
業人力培育學術研討會論文集**。彰化市：國立彰化師範大學輔導與諮商學

系。

劉淑慧（2010）。生涯諮商本土化：融合直觀與理性的自製職業組合卡專業訓練工作坊。發表於 2010 年臺灣輔導與諮商學會諮商心理人員繼續教育系列。國立彰化師範大學，彰化市。

劉淑慧（2013）。生涯輔導專業人員培訓工作坊。Kajang, Selangor：新紀元學院。

劉淑慧（2018）。生涯作為倫理實踐。發表於言語、意義與行動：華人倫理實踐論壇。國立政治大學，臺北市。

劉淑慧（編著）（2016）。變易的力量：e 時代的生涯籌劃。臺北市：張老師文化。取自 https://reurl.cc/0oL48K

劉淑慧（編著）（2017）。生涯錦囊：變的力量完整版（系列影片）。彰化市：國立彰化師範大學華人生涯研究中心。取自 https://reurl.cc/KkZdnq

劉淑慧（編著）（2018）。生涯錦囊：變的力量精華版（系列影片）。彰化市：國立彰化師範大學華人生涯研究中心。取自 https://reurl.cc/KkZdnq

劉淑慧（編著）（2019）。CCN尋夢圓夢活動手冊。彰化市：國立彰化師範大學華人生涯研究中心。取自 https://reurl.cc/D9aKQE

劉淑慧、王智弘（2014）。頂天立地的生涯發展模型：華人生涯網的理論基礎。臺灣心理諮商季刊，6（1），76-87。取自 https://reurl.cc/X6oZYg

劉淑慧、王智弘、陳弈靜、鄧志平、楊育儀、林妙穗、蘇芳儀、盧怡任（2013）。華人生涯網生涯開展風格量表之編製與應用。發表於第五屆兩岸四地高校心理輔導與諮詢高峰會論壇。香港城市大學，香港。

劉淑慧、王智弘、鄧志平（2014）。華人生涯網的建置理念與實務應用。發表於大專生涯發展與輔導學術研討會。國立彰化師範大學，彰化市。

劉淑慧、王智弘、鄧志平、王思峰、李華璋、黃健峰（2011）。融合理性與直觀的生涯資訊與線上輔助系統之建構與應用：以華人生涯網為例。發表於 2011 心理治療與心理衛生年度聯合會之臺灣心靈健康資訊協會會中工作坊。實踐大學，臺北市。

劉淑慧、王智弘、鄧志平、李華璋、盧怡任（2016）。安身立命的生涯資訊系統：客觀事實與主觀敘說的聯姻。臺灣心理諮商季刊，8（3），1-22。取自 https://reurl.cc/Mvr6xp

劉淑慧、白倩如、王智弘、洪瑞斌、蔡素琴（2016）。學習獨立生活：以易經陰陽之道輔助機構安置少年的經驗結案報告。行政院科技部專題研究計畫（編

號：MOST 104-2410-H-018-010）之結案報告。

劉淑慧、白倩如、洪瑞斌、王智弘、黃宗堅、蔡素琴（2019）。**德性存在生涯模式之實務研發與培訓：以自立生涯轉銜優勢與韌性團體為例**。行政院科技部專題研究計畫（編號：MOST 105-2410-H-018-007-MY2）之結案報告。

劉淑慧、朱曉瑜（1998）。再看生涯觀的架構：理性之外還有什麼？**輔導季刊**，**34**（3），1-7。

劉淑慧、吳淑禎、陳斐娟、許鶯珠、洪雅鳳、楊育儀（2015）。**德行存在生涯模式之理論比較與其應用在大學新生班輔之方案評估**。發表於臺灣心理學年會。國立臺灣師範大學，臺北市。

劉淑慧、林淑君、白倩如、洪瑞斌、蔡素琴、盧怡任、彭心怡（2018）。**從韌性到圓夢：邊緣青少年應用易能卡、德性存在生涯模式與網路圓夢平台進行圓夢之經驗分析**。行政院科技部專題研究計畫（編號：MOST 107-2410-H-018-008-MY2）之計畫書。

劉淑慧、洪瑞斌、盧怡任、彭心怡、張嘉惠（2014）。**易經生涯困境反思網際網路模組之建置與困境轉變經驗結構之分析**。行政院科技部專題研究計畫（編號：MOST 103-2410-H-018-008）之計畫書。

劉淑慧、夏允中、王智弘、孫頌賢（2019）。自我及其在生活世界中的運作：從存在現象學處境結構觀之。**中華輔導與諮商學報**，**55**，1-26。doi: 10.3966/172851862019050055001

劉淑慧、陳奕靜、盧怡任、蘇芳儀（2016）。CCN 生涯風格量表組合之概念架構、量表編製與實務應用。**臺灣心理諮商季刊**，**8**（3），24-53。取自 https://reurl.cc/V6K0vy

劉淑慧、陳弈靜、盧麗瓊、盧怡任、敬世龍（2014）。存在現象學取向生涯輔導方案：以馬來西亞經驗為例。**輔導季刊**，**50**（3），13-23。

劉淑慧、楊育儀（2012）。**CCN 說心故事之設計理念與應用**。彰化市：國立彰化師範大學華人生涯研究中心。

劉淑慧、鄧志平、王智弘（2011）。**具生命與文化主體特色的生涯諮商工作坊**。發表於第三屆兩岸四地高校心理輔導與諮詢高峰論壇會前工作坊。澳門科技大學，澳門。

劉淑慧、盧怡任、洪瑞斌、楊育儀、彭心怡（2013）。在世間活出個人獨特意義：存在現象學取向生涯觀與其在華人生涯網設計理念的落實。**輔導季刊**，**49**（4），2-13。

劉淑慧、蘇芳儀、李華璋、楊育儀、王智弘、鄧志平（2012）。**CCN職能評量工具之線上功能與其在生涯輔導上的應用**。彰化市：國立彰化師範大學華人生涯研究中心。

鄧志平、楊育儀、劉淑慧、王智弘、盧怡任（2014）。以 O*NET 職業資料建構三層次職能架構：兼顧職涯訓練和生涯輔導需求的可跨職業之職能架構。**輔導季刊，50**（4），39-49。

鄭惠觀、洪如玉（2016）。責任、回應與愛的教育：Levinas 他者倫理學之啟示。**嘉大教育研究學刊，37**，57-82。

盧怡任、王思峰、劉淑慧、張詒婷、吳珮瑜、陳瑞舲（2013）。CCN 職業興趣量表：鑲嵌在生涯資訊與輔導系統中的線上施測與解釋系統。**臺灣心理諮商季刊，5**（1），1-16。取自 https://reurl.cc/7XO4QD

盧怡任、彭心怡、李玉婷、游潔謙、劉淑慧（2013）。**朝向本真的個人諮商模式：以現象學視框探究生涯轉變經驗之研究為基礎**。發表於華人心理學家國際學術研討會。北京師範大學，北京市。

盧怡任、劉淑慧（2014）。受苦轉變經驗之存在現象學探究：存在現象學和諮商與心理治療理論的對話。**教育心理學報，45**（3），413-433。doi:10.6251/BEP.20130711.2

盧怡任、劉淑慧、敬世龍（2014.10）。**臺南市國三學生生涯開展風格、生涯開展力與生涯開展狀態之相關研究**。發表於臺灣輔導與諮商學會年會。國立臺灣師範大學，臺北市。

蕭景方（2006）。**打開生命的禮物：幸福生涯之建構與追尋歷程**（未出版之碩士論文）。國立彰化師範大學，彰化市。

賴炎元、傅武光（2007）。**新譯韓非子**。臺北市：三民。

賴俊雄（編）（2009）。他者哲學：列維納斯的倫理政治。載於賴俊雄（編），**他者哲學：回歸列維納斯**（頁5-40）。臺北市：麥田。

顏婉玲（2002）。**周易心理思想研究**（未出版之碩士論文）。國立臺灣師範大學，臺北市。

羅文興（2014）。E. Lévinas 為他倫理學的師生關係之探究。**教育科學期刊，13**（2），124-145。

英文部分

Adams, M. (2006). Towards an existential phenomenological model of life span human development. *Existential Analysis, 17*(2), 261-280.

Bankoff, S. M., Karpel, M. G., Forbes, H. E., & Pantalone, D. W. (2012). A systematic review of dialectical behavior therapy for the treatment of eating disorders. *Eating Disorders, 20*(3), 196-215. doi:10.1080/10640266.2012.668478

Becker, C. S. (1992). *Living and relating: An introduction to phenomenology.* Thousand Oaks, CA: Sage.

Brown, D., & Lent, B. W. (2005). *Career development and counseling: Putting theory and research to work.* Hoboken, NJ: John Wiley & Sons.

Burns, J. P., Goodman, D. M., & Orman, A. J. (2012). Psychotherapy as moral encounter: A crisis of modern conscience. *Pastoral Psychology, 62*(1), 1-12. doi:10.1007/s11089-012-0456-x

Cheng, C. (2006). Toward constructing a dialectics of harmonization: Harmony and conflict in Chinese philosophy. *Journal of Chinese Philosophy, 33*, 25-59. doi:10.1111/j.1540-6253.2006.00389.x

Cheng, C. (2009). On harmony as transformation: Paradigms from the Yijing《易經》. *Journal of Chinese Philosophy, Supplement to 36*, 11-36.

Cheng, C. (2013). Preface: Chinese philosophy as world philosophy: Humanity and creativity. *Journal of Chinese Philosophy, 40*(3/4), 365-370.

Chou, L., Chu, C., Yeh, H., & Chen, J. (2014). Work stress and employee well-being: The critical role of Zhong-Yong. *Asian Journal of Social Psychology, 17*, 115-127.

Cohen, B. N. (2003). Applying existential theory and intervention to career decision-making. *Journal of Career Development, 29*, 195-209.

Dueck, A., & Reimer, K. (2003). Retrieving the virtues in psychotherapy: Thick and thin discourse. *American Behavioral Scientist, 47*(4), 427-441. https://doi.org/10.1177/0002764203256948

Dyer, B., Pizzorno, M., Qu, K., Valach, L., Marshall, S. K., & Young, R. A. (2010). Unconscious processes in a career counselling case: An action-theoretical perspective. *British Journal of Guidance & Counselling, 38*(3), 343-362. doi:10.1080/03069885.2010.482395

Frankl, V. E. (1992). *Man's search for meaning: An introduction to logotherapy* (4th ed.). Boston, MA: Beacon.

Gati, I. (1990). Why, when, and how to take into account the uncertainty involved in career decisions. *Journal of Counseling Psychology, 37*, 277-280.

Gelatt, H. B. (1962). Decision-making: A conceptual frame of reference for counseling. *Journal of Counseling Psychology, 9*, 240-245.

Gelatt, H. B. (1989). Positive uncertainty: A new decision-making framework for counseling. *Journal of Counseling Psychology, 36*(2), 252-256. doi:10.1037/0022-0167. 36.2.252

Hamm, J. S., Carlson, J., & Erguner-Tekinalp, B. (2016). Adlerian-based positive group counseling interventions with emotionally troubled youth. *The Journal of Individual Psychology, 72*(4), 254-272.

Harren, V. A. (1979). A model of career decision making for college students. *Journal of Vocational Behavior, 14*, 119-133.

Hilton, T. L. (1962). Career decision-making. *Journal of Counseling Psychology, 9*, 291-298.

Holm-Hadulla, R. M. (2013). The dialectic of creativity: A synthesis of neurobiological, psychological, cultural and practical aspects of the creative process. *Creativity Research Journal, 25*(3), 293-299. doi:10.1080/10400419. 2013.813792

Homan, K. B. (1986). Vocation as a quest for authentic existence. *Career Development Quarterly, 35*, 15-23.

Hwang, K. (2009). New approach of indigenous social psychology in the age of globalization. *Taiwan Journal of East Asian Studies, 6*(2), 111-130. doi:10.6163/tjeas. 2009.6(2)111

Hwang, K. K., & Chang, J. (2009). Self-cultivation: Culturally sensitive psychotherapies in Confucian societies. *The Counseling Psychologist, 37*(7), 1010-1032. doi: 10.1177/0011000009339976

Israeli, N. (2018). The face of the Other: Levinasian perspectives on "nudity and danger." *Existential Analysis: Journal of the Society for Existential Analysis, 29*(2), 198-209.

Janis, I. L., & Mann, L. (1977). *Decision-making: A psychological analysis of conflict, choice and commitment.* New York, NY: Free Press.

Karcher, S. (1999). Jung, the Tao, and the classic of change. *Journal of Religion and Health, 38*(4), 287-304.

Katz, M. R. (1966). A model of guidance for career decision-making. *Vocational Guidance Quarterly, 15*, 2-10.

Kim, S. (2012). Virtue politics and political leadership: A Confucian rejoinder to Hanfeizi. *Asian Philosophy, 22*, 177-197.

Komatsu, K. (2015). On the dialectic nature of human mind: The dynamic tension between sameness and non-sameness. *Integrative Psychological and Behavioral* Science, *50*(1), 174-183. doi:10.1007/s12124-015-9325-3

Krumboltz, J. D. (1992). The wisdom of indecision. *Journal of Vocational Behavior, 41*, 239-244.

Krumboltz, J. D. (2009). The happenstance learning theory. *Journal of Career Assessment, 17*(2), 135-154. doi:10.1177/1069072708328861

Liang, H. (2012). Jung and Chinese religions: Buddhism and Taoism. *Pastoral Psychology, 61*(5-6), 747-758. doi:10.1007/s11089-012-0442-3

Linehan, M. M., & Wilks, C. R. (2015). The course and evolution of dialectical behavior therapy. *American Journal of Psychotherapy, 69*(2), 97-110.

Liu, J. H. (2014). What Confucian philosophy means for Chinese and Asian psychology today: Indigenous roots for a psychology of social change. *Journal of Pacific Rim Psychology, 8*(2), 35-42. doi:10.1017/prp.2014.10

Liu, S., Hung, J., Peng, H., Chang, C., & Lu, Y. (2016). Virtue existential career model: A dialectic and integrative approach echoing eastern philosophy. *Frontiers in Psychology, 7*, 1761. doi:10.3389/fpsyg.2016.01761

Liu, S., Lu, Y., Deng, C., Wang, C., Keh, F. B., & Tsai, Y. (2015). Social practice of a career guidance project: Based on the wisdom of classic of changes. *Journal of Pacific Rim Psychology, 9*, 50-64. doi:10.1017/prp.2015.13.

Liu, S., Wang, C., Deng, C., Keh, F. B., Lu, Y., & Tsai, Y. (2014). Action research using a Chinese career model of the wisdom of classic of changes and its applications. *Journal of Pacific Rim Psychology, 8*(2), 83-94. doi:10.1017/prp.2014.11

Lomas, T., Hefferon, K., & Ivtzan, I. (2015). The LIFE model: A meta-theoretical conceptual map for applied positive psychology. *Journal of Happiness Studies, 16*(5), 1347-1364.

May, R. (1983). *The discovery of being: Writings in existential psychology*. New York, NY: W. W. Norton.

McLaughline, K., & Pellauer, D. (Trans.) (1984). *Time and narrative* (vol. 1) (P. Ricoeur). Chicago, IL: The University of Chicago Press. (Original work published 1983)

Mcllroy, J. H. (1979). Career as life-style: An existential view. *The Personnel and Guidance Journal, 57*, 351-354.

Merleau-Ponty, M. (1962). *Phenomenology of perception* (Trans. by C. Smith). London, UK: Routledge & Kegan Paul.

Miller, M. J. (1995). A case for uncertainty in career counseling. *Counseling and Values, 39*(3), 162-168.

Mitchell, K. E., Levin, S. A., & Krumboltz, J. D. (1999). Planned happenstance: Constructing unexpected career opportunities. *Journal of Counseling & Development, 77*, 115-124. doi:10.1002/j.1556-6676.1999.tb02431.x

Peteet, J. R. (2013). What is the place of clinicians' religious or spiritual commitments in psychotherapy? A virtues-based perspective. *Journal of Religion and Health, 53*(4), 1190-1198. doi:10.1007/s10943-013-9816-9

Peterson, G. W., Sampson, J. P., & Reardon, R. C. (1991). *Career development and service: A cognitive approach*. Pacific Grove, CA: Brooks/Cole.

Plant, B. (2018). Levinas in therapy. *Theory & Psychology, 28*(3), 279-297.

Pryor, R. G. L., & Bright, J. E. H. (2003). The chaos theory of career. *Australian Journal of Career Development, 12*(3), 12-20.

Ricoeur, P. (1984). *Time and narrative* (Vol. 2) (Trans. by K. McLaughline & D. Pellauer). Chicago, IL: The University of Chicago Press. (Trans. work published 1985)

Ricoeur, P. (1985). *Time and narrative* (Vol. 3) (Trans. by K. Blamey & D. Pellauer). Chicago, IL: The University of Chicago Press. (Trans. work published 1988)

Ricoeur, P. (1986). *From text to action* (Trans. by K. Blamey & J. B. Thompson). Evanston, IL: Northwestern University Press. (Trans. work published 1991)

Ricoeur, P. (1994). *Oneself as another*. Chicago, IL: University of Chicago Press.

Schultze, G., & Miller, C. (2004) The search for meaning and career development. *Career Development International, 9*(2), 142-152.

Shen, R. T. (2003). Some thoughts on intercultural philosophy and Chinese philosophy. *Journal of Chinese Philosophy, 30*(3/4), 357-372.

Spokane, A. R., Meir, E. I., & Catalano, M. (2000). Person-environment congruence and Holland's theory: A review and reconsideration. *Journal of Vocational Behavior, 57*(2), 137-187. doi:10.1006/jvbe.2000.1771

Solomon, H. (1994). The transcendent function and Hegel's dialectical vision. *Journal of*

Analytical Psychology, 39, 77-100.

Stewart-Sickin, J. A. (2008). Virtues, values, and the good life: Alasdair MacIntyre's virtue ethics and its implications for counseling. *Counseling and Values, 52*, 156-171.

Sundararajan, L. (2005). Happiness donut: A Confucian critique of positive psychology. *Journal of Theoretical and Philosophical Psychology, 25*(1), 35-60.

Super, D. E. (1953). A theory of vocational development. *American Psychologist, 8*, 185-190. doi:10.1037/h0056046

Tinsley, H. E. A. (2000). The congruence myth: An analysis of the efficacy of the person-environment fit model. *Journal of Vocational Behavior, 56*(2), 147-179. doi: 10.1006/jvbe.1999.1727

Tracey, T. J. G., Darcy, M., & Kovalski, T. M. (2000). A closer look at person-environment fit. *Journal of Vocational Behavior, 56*(2), 216-224. doi: 10.1006/jvbe.1999.1733

Trevor-Roberts, E. (2006). Are you sure? The role of uncertainty in career. *Journal of Employment Counseling, 43*(3), 98-116.

van Deurzen, E. (1997). *Everyday mysteries: Existential dimensions of psychotherapy.* London, UK: Routledge.

Walsh, S., Cassidy, M., & Priebe, S. (2017). The application of positive psychotherapy in mental health care: A systematic review. *Journal of Clinical Psychology, 73*(6), 638-651. doi:10.1002/jclp.22368

Wilson, T. D., Centerbar, D. B., Kermer, D. A., & Gilbert, D. T. (2005). The pleasures of uncertainty: Prolonging positive moods in ways people do not anticipate. *Journal of Personality and Social Psychology, 88*, 5-21.

Wong, P. T. P. (2011). Positive psychology 2.0: Towards a balanced interactive model of the good life. *Canadian Psychology, 52*(2), 69-81.

Wong, P. T. P. (2012). Toward a dual-systems model of what makes life worth living. In P. T. P. Wong (Ed.), *The human quest for meaning: Theories, research, and applications* (pp. 3-22). New York, NY: Routledge.

Wong, P. T. P. (2016). Self-transcendence: A paradoxical way to become your best. *International Journal of Existential Psychology and Psychotherapy, 6*(1).

Wong, P. T. P. (2017). Meaning-centered approach to research and therapy, second wave positive psychology, and the future of humanistic psychology. *The Humanistic Psychologist, 45*(3), 207-216. https://doi.org/10.1037/hum0000062

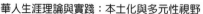

Wong, Y. J. (2006). Strength-centered therapy: A social constructionist, virtues-based psychotherapy. *Psychotherapy: Theory, Research, Practice, Training, 43*(2), 133-146. doi:10.1037/0033-3204.43.2.133

Yalom, I. D. (1980). *Existential psychotherapy*. New York, NY: Basic Books.

Yao, X. (2013). The way of harmony in the four books. *Journal of Chinese Philosophy, 40*(2), 252-268.

國家圖書館出版品預行編目（CIP）資料

華人生涯理論與實踐：本土化與多元性視野／金樹人
、黃素菲主編 -- 初版. -- 新北市：心理, 2020.10
　面；　公分. --（輔導諮商系列；21126）
　ISBN 978-986-191-932-4（平裝）

1.生涯規劃　2.諮商

192.1　　　　　　　　　　　　　　　　　109015921

輔導諮商系列 21126

華人生涯理論與實踐：本土化與多元性視野

策　　劃：台灣生涯發展與諮詢學會
主　　編：金樹人、黃素菲
責任編輯：郭佳玲
總 編 輯：林敬堯
發 行 人：洪有義
出 版 者：心理出版社股份有限公司
地　　址：231 新北市新店區光明街 288 號 7 樓
電　　話：(02) 29150566
傳　　真：(02) 29152928
郵撥帳號：19293172　心理出版社股份有限公司
網　　址：http://www.psy.com.tw
電子信箱：psychoco@ms15.hinet.net
排 版 者：辰皓國際出版製作有限公司
印 刷 者：辰皓國際出版製作有限公司
初版一刷：2020 年 10 月
I S B N：978-986-191-932-4
定　　價：新台幣 650 元